고려후기 신분변동 연구

고려후기 신분변동 연구

김 현 라 지음

혜안

책을 내면서

　이 책은 필자의 박사학위논문인 『高麗後期 下層身分 硏究』를 수정·보완하고, 또 신분제를 이해하는 데 도움이 되는 두 편의 논문을 더하여 펴낸 것이다. 본서는 전체적으로 고려시기 대민지배체제의 근간인 신분제가 해체되어 가는 과정, 즉 고려후기 신분제의 변동에 대한 분석을 통하여 그 특징과 의의를 구명하고자 하였다.

　주지하듯이, 역사상 일반화된 신분이라는 개념은 근대 이전 모든 국가에 공통하는 용어로서, 국가의 지배체제 속에서 법에 의해 규정된 사회적 지위를 나타내고 있다. 예컨대 갑오개혁 시기에 단행된 개혁 중에서 신분제의 철폐가 근대적 제도 개혁의 表象으로 간주되고 있는 것은 전근대 사회에서 신분제가 가지는 성격을 反證한다고 할 수 있다.

　돌이켜보면, 필자가 신분제에 대해 관심을 가지게 된 계기는 필자가 대학과 대학원 과정을 보내었던 1980년대라는 시대상황과 무관하지 않은 듯하다. 이 시기는 민주화라는 大義 하에 전국적으로 운동이 전개되면서 대학가에서는 인문·사회과학 이론이 확산되었고, 이와 동시에 역사학계에서도 사회경제사에 대한 관심이 증폭되었다. 이러한 사회적·학술적 動向 속에서 필자가 몸담고 있었던 부산대 사학과 내에서도 '세미나'라는 명목의 소규모 스터디 모임이 활성화되었고, 필자도 '사회과학 이론 독서토론회'에 참여하게 되었다. 이 토론회에 참여하면서 당시 심화되고 있던 한국사회의 정치적·사회적 갈등은 전근대 한국사회에서도 이와 유사한 갈등, 그중에서도 계급적 갈등이 계기적으로 상존하였고, 또한 역사학에서 이에 대한 연구 영역은 신분사(신분제)라는 것도 자연스레 알게 되었다.

"필연은 늘 우연의 옷을 입고 나타난다."라는 말이 새삼 떠오른다. 우리가 일상에서 접하는 인연도 마찬가지일 것이다. 필자가 전근대 한국 사회의 신분제에서 고려시기를 대상으로 하게 된 것도 지도교수이신 채상식 선생님과의 인연 때문이다. 필자는 학부 때부터 선생님의 연구실에 자주 드나들었고, 이 과정에서 고려시기사에 관한 다양한 전공 서적들을 접하게 되었으며, 또한 간간이 연구실에서 선배들을 지도하실 때 언급하시는 선생님의 고견을 접하게 되면서 자연히 관심은 고려시기로 한정되어 갔다. 이러한 시대상황과 개인적인 인연 등으로 필자는 학부 졸업논문을 「고려시대 천민항쟁 연구」로 잡았고, 석사과정에 진학한 이후에는 학위논문 제목도 「고려후기 노비제의 변화양상」으로 하였다.

필자는 석사논문을 준비하면서 고려시기사 연구에 대한 많은 성과물들을 대할 수 있었고, 또한 논문지도를 받으면서 선생님으로부터 고려사회를 보는 시각, 논문을 작성하는 방법 등 연구자로서의 갖추어야 할 기본적인 소양도 길렀다. 이러한 일련의 과정에서 필자는 고려시기, 그중에서도 고려후기는 신분제에서도 노비제의 개혁, 부곡제의 소멸과 칭간칭척제의 정비, 악소·악승으로 대표되는 특수 신분층의 발생 등 하층신분을 둘러싸고 급격한 변동이 발생한 대전환기였다는 점, 또 그 이면에는 이들 하층신분에 대한 사회·경제적 배경과 국가의 정책이 맞물려 있었다는 점 등도 알게 되었다. 게다가 이들 하층신분과 관련된 연구는 고려시기 신분제에 대한 이해뿐만 아니라 조선시대 신분제, 더 나아가 한국사에 내재하는 신분제의 추이를 이해하는 데도 불가결한 분야라고 인식하게 되었다. 이러한 문제의식에서 필자는 박사과정에 진학하여 고려후기 신분제의 변동을 대표하는 여러 하층신분에 관한 사료들을 체계적으로 정리·분석하여 논문으로 완성·발표하였고, 이들 일련의 연구 성과물을 종합한 것이 필자의 박사학위논문 「고려후기 하층신분 연구」이다.

학위논문을 제출한 후 필자는 동아시아 신분제에서 고려 신분제의 위치, 다시 말하면 동아시아 각 지역에서 전개된 중국법의 계수와 고유법과의 융합을 통한 독자화 과정에서 고려시기 신분제가 갖는 특징 내지 성격을 양천질서라는 관점에서 접근하였고, 그 결과물이 본서 제6장에 수록된 「고려·당·일본의 율령신분제 연구─천인제를 중심으로─」와 「고려·당·일본의 율령과 양천질서」이다.

기존의 학위논문을 수정·보완했다고는 하지만 막상 이렇게 한 권의 책자로 엮고 보니 형식과 내용 등 모든 점에서 허점투성이인 듯하여 두려움이 앞선다. 그래도 부족하나마 본서가 책자로 엮어진 것은 많은 분들의 도움이 없었다면 불가능한 일이다. 먼저 석·박사 지도교수인 채상식 선생님은 필자가 개별 하층신분의 존재양태에 대한 분석에만 전념하던 것을 신분제라는 거시적인 관점에서 각 개별신분의 유기적인 관계를 파악하도록 지도해주셨다. 학위논문을 심사해 주셨던 윤용출 선생님은 조선시대사 전공자로서 필자에게 고려후기 신분제에 대한 연구는 조선시대와의 관계성도 중시해야 한다는 점을 지적하여 필자가 한국중세사에서 고려시기 신분제를 이해하는 데 큰 도움을 주셨다. 또 경북대학교 장동익 선생님은 필자가 소홀히 했던 고려시기 기본 자료에 대한 이해와 배치 등을 세심하게 지적하여 본 학위논문에서 관련 자료가 제자리를 찾도록 배려해 주셨다. 또 김기섭 선생님과 이종봉 선생님은 학위논문의 전체적인 구성뿐만 아니라 문장 하나하나도 놓치지 않고 꼼꼼하게 읽고 문제점을 지적하여 학위논문의 완성도를 높이는 데 도움을 주셨다. 이 자리를 빌려 가없는 감사를 드린다. 또 본서가 세상에 나올 수 있게 된 것은 부산대학교 한국민족문화연구소의 민족문화학술총서로 선정되었기 때문이다. 필자의 학위논문을 전문학술서로 출간되게끔 선정해주신 한국민족문화연구소 소장 김동철 선생님께도 고마움을 전한다.

이밖에 학부시절부터 인연을 맺고 있었던 선후배님들, 특히 대학원에 진학해서 처음 접했던 한국고중세사연구회와 부경역사연구소의 중세1분과의 여러 선후배님들, 전기웅 선생님, 이정희 선생님, 위은숙 선생님, 구산우 선생님, 조명제 선생님, 정용범 선생님 등 선배님들과 정은정 선생, 한정훈 선생, 정영현 선생 등 후배님들에게도 감사의 말을 전하는 바이다.

필자에게 항상 격려를 아끼지 않는 남편 전영섭에게도 감사의 말을 전한다. 그리고 계모라는 소리를 들을 정도로 소홀히 했던 우리 아들과 딸, 상하·상은에게도 이 책이 엄마의 부족했던 책임을 어느 정도 채울 수 있었으면 하는 바람이다.

그리고 무엇보다도 지금까지 도움을 받고 있는 딸에게 든든한 응원군이 되어 주시는 필자의 부모님, 돌아가신 시어머님께도 감사의 말씀을 드린다.

끝으로 부족한 글을 예쁘게 만들어주신 혜안출판사의 관계자 여러분께도 감사의 인사를 올리는 바이다.

무술년에 금정산 자락에서
김 현 라 씀

목 차

표 목차

머리말

1. 연구성과

고려사회는 12세기에 접어들면서 초기 이래 구축되었던 제반질서가 서서히 해체되어 가기 시작하였다. 곧, 정치적으로는 문벌귀족체제가 극도로 강화되면서 문벌 상호간의 대립 및 지방향리의 자제로서 과거를 통해 등장한 신진관료층과 기존 문벌관료층과의 대립이 나타나기 시작하였고, 사회·경제적으로는 문벌귀족을 중심한 권세가들의 토지집적으로 이전의 전시과체제가 무너지고 농장이 형성되었으며, 사상적으로는 특정 사원을 그들의 원찰로 삼은 문벌귀족들이 불교종파까지도 장악할 정도로 보수적인 방향으로 전개되었던 것이다.

이와 같이 고려후기는 사회 전반에 걸쳐 전기와는 다른 역사적인 전개를 보이고 있다. 이 점은 본서에서 다루고자 하는 신분제도 예외는 아니다. 그러면 여기서는 고려후기 하층신분에 대한 기존의 연구상의 특징과 문제점을 검토하여 본서의 연구방향을 제시하고자 한다. 고려후기 하층신분에 대한 연구는[1] 크게 네 부분으로 나눌 수 있다.

---

[1] 고려시기 하층신분(민)에 대한 연구성과는 적지 않지만, 여기서는 본서가 고찰하는 후기에 한정하여 그 성과를 기술하고 전기에 대하여는 필요한 부분만 언급하기로 한다. 고려시기 신분제에 대한 연구성과는 朱雄英, 「高麗朝 身分制 硏究의 成果와 課題」 『歷史敎育論集』 10, 1987 ; 朴菖熙, 「高麗後期의 身分制 動搖」 『國史館論叢』 4, 1989 참조.

첫째는 고려후기 신분제의 변화 내지 하층신분의 존재형태에 대한 배경 또는 원인을 밝히려는 연구경향이다. 이에 대한 대표적인 연구로는 고려후기 하층신분의 변화양상을 향촌사회 내지 기층지배질서, 곧 本貫制와 연관시켜 접근한 채웅석의 일련의 논고를 들 수 있다.[2] 그는 고려시기 지방문제에 대하여 향촌사회의 내부와 외부, 즉 중앙과 지방의 상호관계 속에서 고찰하고, 향촌사회의 내부 문제로는 향촌사회의 자율적인 질서로서 香徒共同體, 豪俠과 무뢰배의 존재와 민의 유망·항쟁 등을 들고, 외부의 문제로는 화폐유통과 수공업 및 정치세력의 동향과 정치운영론 등에 주목하고 있다. 특히 본서의 주된 연구대상인 신분제에 대하여 그는 본관제의 관점에서 신분편성원리를 설명하고 있다. 그에 의하면 본관제적 지배질서는 양인층을 대상으로 하는 편제로서 군현과 부곡제 지역, 주현과 속현 등이 그 격에 따라 구분되어 그 내부에 있는 사람을 대상으로 토지소유, 호구이동, 과거응시 등에서 영역 사이에 규제가 이루어졌고, 이러한 본관제적 질서가 12세기 이후 사회변동으로 더 이상 유지가 어려워지자 국가는 일련의 관주도 鄕村統制策을 통해 이를 극복하고자 하였지만, 이 정책의 실패로 나타난 새로운 대민편제가 고려후기의 군현제와 신분제의 정비였다고 한다.

채웅석은 본관제적 지배질서가 국가권력과 향촌재지질서와의 공존과 타협의 산물로 등장하였다고 보고, 12세기 본관제의 변질 원인을 향촌공동체 내부의 대립과 갈등에서 빚어진 자체 모순보다는 공동체와 그 외부, 즉 국가권력과의 긴장과 대립관계에서 찾고 있다. 채웅석의 이러한

---

2) 채웅석, 「12, 13세기 향촌사회의 변동과 '민'의 대응」 『역사와 현실』 3, 1990 ; 「고려중기 사회변화와 정치동향」 『한국사』 5, 한길사, 1994 ; 「고려시대 향촌지배질서와 신분제」 『한국사』 6, 한길사, 1994 ; 「군현제와 향촌사회」 『한국역사입문』 2, 풀빛, 1995 ; 「고려사회의 변화와 고려중기론」 『역사와 현실』 32, 1997 ; 「고려전기 사회적 분업 편성의 다원성과 신분·계층질서」 『한국중세사연구』 45, 2016 참조.

본관제론은 계급지배론, 즉 지배를 위한 질서라는 시각이 전제가 되어있음은 말할 나위도 없다. 예를 들어 고려초에 형성된 향촌공동체가 治邑과 籍의 작성을 통해 국가질서 속으로 편재되었다거나 12세기 이후 개간의 확대현상과 농업기술수준의 증대로 발전된 소농민의 안정화는 국가의 일방적인 수탈로 인해 위협을 받았다고 한 것은 국가의 역할을 중시한 단적인 표현이라 할 수 있다.

그러나 향촌공동체의 변질에는 외연적 영향인 국가에 의한 지배질서의 강요도 그 원인이 있지만 향촌공동체의 실제 구성원인 하층민의 존재도 무시할 수 없다. 이는 고려중기 이후 전개된 민의 유망과 항쟁이 사회변동의 주된 요인으로 작용하고 있는 것에서도 쉽게 알 수 있고, 게다가 농민항쟁기에 향리층도 이미 수탈자로서 농민의 공격대상이 되어 향촌사회의 주도권을 상실하고 그 대신 중앙에서 요직을 역임한 品官 세력이 새롭게 대두하고 있는 점도 이것을 뒷받침해준다.

다음으로 주목되는 연구는 향촌사회의 내부구성의 변화에 따른 기층사회의 전반적인 동요를 중시한 견해이다. 이러한 관점에 선 대표적인 연구자는 박종기이다.[3] 그는 고려후기 하층신분의 변화상을 기층사회의 전반적인 동요 그 가운데에도 지방통치의 핵심인 군현제에서 찾고 있으며, 이 군현제의 변화가 고려신분제의 해체와 밀접한 관련을 가진다고 하였다. 그는 고려후기 농민층의 유망과 항쟁이 지방제도의 변동을 초래하였고, 이것이 신분제의 변화에까지 영향을 미쳤다고 한다. 다시 말하면, 고려후기 민의 유망과 항쟁은 그들에게 주어진 여러 가지 제약의 극복이지만, 그로 말미암아 지배층의 동요와 자기 분열을 야기하고 결국

---

3) 박종기, 「고려전기 향촌지배구조의 성립과 그 성격」, 『역사와 현실』 3, 1990 ; 「고려시대 민의 존재양태와 사회의식의 성장」, 『역사비평』 18, 1992 ; 「12, 13세기 農民抗爭의 原因에 대한 考察」, 『東方學志』 69, 1990 ; 朴宗基, 『高麗時代 部曲制硏究』, 서울大學校出版部, 1990.

고려 군현제의 해체를 초래하였다는 것이다.

그러나 박종기의 이러한 관점은 하층민의 변동을 군현제와 관련된 민의 유망과 항쟁에만 국한시킨 결과 고려후기에 전개된 사회 전반의 변화상을 적극적으로 설명하지는 못하고 있다. 이는 국가 또는 官을 사회의 구조적 변동의 주체로 보는 것에서 비롯된 한계이다. 물론 그 이면에는 채웅석과 마찬가지로 지배를 위한 질서라는 시각이 전제가 되어 있다. 최근 그는 이러한 한계를 극복하기 위하여 고려사회를 지배와 자율의 이중적 원리가 작용하는 공간으로 파악하고 있다.[4] 이는 종래 고려후기 사회를 지배를 위한 질서라는 계급론에만 국한되던 시각에서 전환하여 지배층과 하층민의 상호 정합적 또는 보완적인 구도 속에서 이해하려는 것이다. 그러나 그의 이러한 시각의 전환에도 불구하고 실제 그의 논고에는 지배의 측면은 어느 정도 설명하고 있지만, 자율적 측면에 대해서는 거의 언급이 없다. 따라서 하층민의 변동과 신분제의 변화를 상호 유기적으로 고찰하기 위해서는 농민항쟁과 유망뿐만 아니라 종교나 신앙, 촌락공동체나 자율적 조직 등에 대한 연구도 필요하다고 생각된다.

한편, 고려후기 하층신분의 변화를 지배를 위한 질서라는 시각에서 탈피하여 농업경영면에서 하층민의 존재양태를 구명한 연구가 있어 주목된다. 그러한 연구로 대표적인 이가 위은숙이다.[5] 그는 소농민경영과 농장경영을 중심으로 한 농업경영과 이에 따른 농업기술의 연구를 통해 소농민의 존재를 고찰하였다. 즉, 그는 고려후기 경제의 핵심적

---

4) 박종기, 『지배와 자율의 공간, 고려의 지방사회』, 푸른역사, 2002 ;『고려의 부곡인, 〈경계인〉으로 살다』, 푸른역사, 2012. 이러한 박종기의 논지를 수용하여 부곡의 위치와 입지조건 등을 분석한 논문으로 정요근, 「고려시대 鄕·部曲의 성격 재검토-下三道의 향·부곡 주요 밀집 분포 지역에 대한 분석을 중심으로 -」『사학연구』124, 2016이 있다.

5) 위은숙, 『高麗後期 農業經濟研究』, 혜안, 1998.

구조를 수취와 권농관계를 매개로 한 국가-소농민 관계 및 농장의 발달로 파악하고, 이에 의거하여 농장의 형성과 그 내부의 생산관계를 중심으로 소농민의 성격을 구명하고 있다. 그에 의하면, 고려사회는 12세기 이래 수리사업과 신품종의 도입, 그리고 농업기술의 발전 등으로 농업생산력과 직물업이 발전하였고, 그에 짝하여 소농민은 그들의 농업경영을 안정시켜 나갈 수 있었고 부농 이상 계층에게는 부를 축적하는 계기를 마련해 주어 고려후기 사적 대토지소유의 발전의 배경이 되었다고 한다. 또한 그는 종래 막연하게 언급되었던 소농민의 구체적인 경영상태에 대하여 조선초기의 농서인『農事直說』을 통하여 제시하고 있는데, 고려후기의 기본적인 농업경영 단위는 2牛 3人이고, 최소한도의 자립재생산이 가능한 표준적 토지소유규모는 1결이라고 하였다. 이는 통일신라와 고려전기와 비교할 때, 토지생산성의 증대와 소농민경영이 성장할 수 있는 조건이 마련되었음을 나타내는 것이지만, 현실적으로 정쟁과 전쟁으로 이러한 자립재생산 조건이 확립되지 못하여 소농민의 몰락을 초래하였다는 것이다. 그러나 한편으로 고려후기 부세의 기준이 토지소유 규모인 점, 삼세 이외에 상공과 잡공이 현물세로 부가되어 수취가 강화되고 있는 점, 物納制와 雇立制의 부분적 허용이 이루어진 점 등은 소농민의 성장을 보여주는 것이라고 한다.

　이처럼 위은숙은 고려후기의 농장을 중심으로 전개된 생산력 발전에 따른 소농민의 성장이라는 측면에서 고려후기를 전기에 확립된 고려체제가 붕괴되어 가는 혼란기가 아니라 사회변동기 또는 발전기로 파악하고 있다. 그러나 농장이 당시의 농업경영의 중심을 이루었다면 농장주와 전객농민 사이의 토지소유관계(수조지집적형 농장)와 농장주와 노비전호와의 소유관계와 생산관계(소유지집적형 농장)가 해명되어야 소농민의 존재가 더한층 부각될 것이고, 또한 농업경영에서 생산자의 성격을 구명하기 위해서는 신분제와 연관지어 살펴보아야 할 것이다.

이와는 달리 오일순은 계서적 차별을 받고 있던 양인농민의 신분적 평등을 役制의 추이를 통해 고찰하였다.[6] 그는 고려시기 역제의 구성원을 직역층, 직역이 없는 백정층, 부곡제 지역의 雜尺層 등으로 나누고, 이러한 복잡·다양성을 띠는 구성원에 대하여 역제를 통해 그 변화를 추적하고 있다. 특히 그는 雜色役의 발생과 변화를 분석하여 고려후기의 신분변동을 구명하였다. 즉 잡류는 관리와 군인을 제외한 잡다한 사람을 지칭하는 용어로 변하면서 그들의 직역은 백정층의 身役으로 충당되었고, 아울러 잡척제가 붕괴되면서 종래 잡척층이 담당하던 역 가운데 상당 부분이 백정농민의 徭役으로 해결하는 방식으로 변하였음을 지적하고 있다. 아울러 오일순이 원의 諸色戶計의 영향으로 성립된 雜色役戶에 주목한 것은 특기할 만하다. 잡색역호의 거주민은 干尺層이라 불리는 身良役賤層인데, 간척층은 특수 행정구역 주민이 조선 태종대 일반 양인화 하기까지의 과도기적 신분층이다. 오일순의 잡색역, 잡색역호를 통한 고찰은 고려에서 조선초까지의 거시적 신분변동에 대한 흐름을 이해하는 데 도움이 된다. 다만, 身役에서 큰 비중을 차지하는 軍役이나 鄕役 등이 연구의 대상에서 제외된 점은 아쉬움으로 남는다.

그리고 고려시기에만 국한되던 하층민과 신분문제를 조선시기까지 시야에 넣어 접근한 연구도 있는데, 그 중심 연구자는 유승원이다.[7] 그의 연구는 양인확대의 관점에서 양인과 노비의 중간계층인 稱干稱尺者들의 양인화 과정을 통하여 신분제도의 변화 및 양천제의 정착을 추구하고 있다. 즉 그는 여말선초에 진행된 사회변동의 일단을 신분제를 통하여 구명하려는 목적에서 신분의 분류·검출기준을 세습적인 법제적 차등=권리·의무상의 차등에 두고 조선초기 신분제의 기본틀을 정립하였으며, 이를 위해 신량역천층 가운데 驛吏·鹽干 등을 검토하여 이들이 법제적으

---

6) 오일순, 『高麗時代 役制와 身分制 變動』, 혜안, 2000.
7) 劉承源, 『朝鮮初期身分制研究』, 乙酉文化社, 1987.

로는 양인층에 속하지만 천역을 世傳하는 특징을 도출하고 있다.

이상은 특정신분을 대상으로 고려후기 하층민의 존재와 그 변화 양상을 구명한 것이다. 이러한 연구경향과는 달리 사회변동에 따른 대민편제의 변화를 중시한 관점에서 시도된 것이 貢戶制 연구이고, 이는 일본인 北村秀仁에서 비롯되었다.[8] 그는 공호의 범주를 군현인 가운데 자기의 토지를 보유하고 경작하는 농민에 한정시키고 있다. 공호를 자작농에 한정시킨 것은 여러 가지가 이유가 있지만, 그 가운데 恭讓王朝에 보이는 '貢賦百姓'과의 관련을 중시한 것이 주된 이유이다. 그는 공부백성을 공부를 내는 백성이란 의미로 해석하고, 이를 기초로 공호의 부담인 공부를 직접 표시한 단어로 보았으며, 백성은 我國百姓, 도내 군현인 등을 가리키는 포괄적인 용어로 풀이하였다. 따라서 공부를 낼 수 있는 자만이 공호가 될 수 있다는 것이다. 또한 그는 조준의 상소문 중 '白丁代田百姓附籍 當差役者'라는 사료에 주목하여 백정은 백성의 부담적인 측면(역의 부담자)을 부각시킨 용어로 규정하고, 이러한 성격을 지닌 백정을 조선의 '高麗判定百姓層'과 관련시키고 있다. 즉 공민왕 10년 이전에 백정이 백성층에 부적되어 하나의 계층으로 존재하였기 때문에 조선시기의 고려판정백성은 바로 이 백정을 가리킨다는 것이다.

한편, 채웅석은 앞서 언급한 본관제적 지배질서가 무너지고 새로운 대민편제로 공호제가 시행되었다고 하였다.[9] 그에 의하면, 고려사회의 본관제적 질서는 12세기 이후 생산력 발달, 지배층의 민에 대한 수탈과 잦은 정쟁, 민의 유망과 항쟁 등으로 무너졌다고 한다. 특히 농민항쟁을 계기로 이 질서는 사회발전에 정합적이지 못하고 극복의 대상이 되었으며, 국가는 지방관의 증치, 향리의 위상 격하, 지역공동체의 음사금지

---

8) 北村秀仁, 「高麗時代の貢戶について」 『大阪市立大學人文硏究』 32-9, 1981.
9) 蔡雄錫, 「高麗後期 地方支配政策의 변화와 '貢戶'의 파악」 『論文集』 1, 카톨릭대학교 성심교정, 1994.

등 관주도의 향촌통제책을 통해 본관제적 지배질서를 유지하려고 하였지만, 거주지통제정책이 향촌사회에서의 계급분화, 극심한 유망으로 현실적으로 유지가 어려웠고, 거주지와 본관의 분리로 자율적 질서의 하나인 望族意識이 단순히 문벌이나 본관을 확인하는 기준으로 변화되어 본관제적 지배질서가 소멸하게 되었다는 것이다. 그러한 본관제적 지배질서의 소멸 이후 국가에서 새로운 대민편제의 방법으로 공호제를 도입했다고 한다. 공호제의 도입은 여러 가지 변화를 보였는데, 현거주지 정책으로 군현인과 부곡제민의 신분적 동질화 현상, 부곡제의 해체 등이 그것이라고 한다. 또한 하층민을 공호제로 파악할 때 현거주지 정책과 함께 전민변정도감을 통해 신분이 양인으로 변정된 이후 공호에 충당되었고, 따라서 고려후기에 보이는 鹽戶 등은 공호의 일종으로 소금을 공물로 내는 자들로 이해하고 있다.

위에서 살펴보았듯이 공호제에 대한 연구는 고려후기 사회변동에 대한 정부의 대책으로 이해하는 것이 일반적이다.[10] 그런데 공호제의 구체적인 내용에 대하여는 아직 명확하지 않다. 앞서 언급한 채웅석의 견해처럼 현주지 정책으로 하층민을 파악하고 전민변정도감을 통해 양인으로 변정한 이후 공호에 충당했다는 것은 다소 무리가 따른다. 고려후기 전민변정도감은 여러 번에 걸쳐 설치되었지만, 뚜렷한 성과를 내지 못할 정도로 권세가의 방해가 극심하였던 시대적 배경을 고려해야 한다. 따라서 공호제에 대한 구체적인 내용을 파악하기 위해서는 여말선초 양인확대정책의 기준과 그 대상에 대한 연구가 이루어져야 할 것이다.

둘째는 신분제의 변화를 제도사적인 관점에서 접근한 연구경향이다. 이러한 연구는 특히 개별 신분을 중심으로 진행되었다. 먼저 백정농민을 대상으로 한 연구는 稅制의 변화를 중심으로 살펴본 이정희의 논고가

---

10) 蔡雄錫, 「高麗後期 地方支配政策의 변화와 '貢戶'의 파악」; 朴宗基, 「高麗時代 鄕·部曲의 變質過程 − 中央集權化 過程과 관련하여 − 」 『韓國史論』 6, 1980.

주목된다.[11] 그는 백정농민의 지위를 徭役制度의 변화와 관련하여 고찰하고 있다.[12] 곧, 그는 통일신라에서 고려로의 조세제도의 변화 및 그것이 조선초의 조세제도로 수렴되어 가는 과정을 설명하고, 이 속에서 백정농민의 성장을 도출하고 있다. 예를 들어 고려시기 調制를 설명하면서, 통일신라의 조에는 포와 지역특산물이 포함되었지만, 고려시기에는 그것이 분리되어 일반민에게는 調布를, 군현에서는 공물을 징수하게 되었고, 그 배경으로 토지생산성이 한 단계 높아져 호별 단위로 수취하는 것이 가능해졌다고 한다. 또한 그는 고려전기 면역의 대상자였던 현직품관과 양반가족, 그리고 공장·상인·양수척까지도 12세기 이후에는 요역을 부담하였고, 이는 조선건국 이후 왕족으로부터 노비에 이르기까지 부과되는 戶役으로 자리 잡았다고 하였다.

이정희의 연구는 고려시기 요역제의 전반에 대해 체계적으로 정리하고 있기 때문에 고려시기 요역제의 성립과 구조·추이를 파악하기가 용이하다. 다만, 요역이 良役이라는 관점에서 요역이 면제된 工匠·商人 등을 천류신분층으로 분류하고 있는 것은 의문으로 남는다. 이는 자칫 양인층에 공장·상인 등이 제외되는 인상을 주어 고려 신분제의 기본틀인 양천제와 모순이 일어날 소지가 있다. 본서의 고찰대상인 신분제와 관련해서는 요역뿐만 아니라 역제의 전반적인 흐름 속에서 살펴볼 필요가 있다. 또한 12세기 이후 양반층과 품관층과 같은 요역 부담층의 확대는 요역의 부과기준에 대한 해명이 수반되어야 할 것이다.

부곡제의 변화를 중심으로 신분제를 고찰한 대표적인 연구로는 박종기의 논고를 들 수 있다.[13] 그는 지방제도의 변화 속에서 부곡제가

---

11) 이정희, 『고려시대 세제의 연구』, 國學資料院, 2000.
12) 요역제도는 국가가 백정을 대상으로 노동력 자체를 징발하는 것도 국가운영에서 중요하지만 대부분의 현물세도 요역노동 없이는 징수할 수 없었기 때문에 요역제도의 성립과정이나 운영체계 그 자체가 조세제도 전반과 직결되고, 이것은 국가와 과세의 대상인 백정민과 중요 연결고리가 되고 있다.

소멸되어 나가는 과정을 검토하고, 아울러 부곡제민의 신분, 수취체계 및 부담 등을 분석하여 부곡제의 전체상을 조망하고 있다. 그에 의하면, 부곡제의 범주에 속한 향·소·부곡과 장·처 등의 지역이 국가의 공적영역으로서 고려의 독특한 수취체계 운영원리에서 창출되어, 군현제 영역과 함께 복합적인 지방제도를 구성하고 있다는 것이다. 이처럼 그가 공적 지배질서를 통한 지배와 수취의 실현을 강조한 이유는 부곡제가 중국과 달리 공적 영역이고 그 민이 公民=良人임을 강조하려는 것이다. 실제 박종기는 부곡제민의 신분에 대하여 그들이 받았던 차별조항을 검토하여 부곡인은 군현인과 마찬가지로 국가의 조세와 역역을 부담하는 공역부담층이며 仕路의 진출도 가능한 양인신분임을 밝히고 있다.

이러한 부곡제는 중앙정부와 재지세력간의 결합관계에 의해 형성된 특성으로 군현체제가 속현·부곡 등의 광대한 임내로 구성되었고, 그것은 결과석으로 재지세력이 임내를 실질적으로 지배하면서 민에 대한 수탈을 용이하게 하는 구조적 모순을 가지고 있었다고 한다. 이러한 구조적 모순으로 부곡제민은 군현인보다 부담이 과중하였고, 그에 따른 궁핍화와 이탈은 중앙정부에 대한 광범한 저항으로 귀결되었으며, 부곡인의 저항은 농민항쟁으로 나타났고, 이것이 부곡제의 변질을 초래하여 부곡제의 소멸로 이어졌다는 것이다.

박종기의 연구는 부곡제의 변질을 통하여 고려후기 변화상을 구명한 점에서 주목되지만, 부곡 이외의 하층민에 대하여는 거의 언급이 없어 아쉬움으로 남는다. 그리고 그의 논고에는 부곡제민이 부담했던 수취의 내용에 대하여는 구체적인 언급이 생략되어 있기 때문에 부곡제에 속한 각 개별집단의 차별성과 공통성이 모호하다는 느낌을 지울 수 없다. 끝으로 부곡제민의 신분 문제이지만, 그는 부곡제민의 신분을 양천제의

---

13) 朴宗基, 『高麗時代 部曲制硏究』, 서울大學校出版部, 1990.

구도에서 양인이라는 등질적인 범주에 한정시킨 결과 부곡제민의 신분 변질에 대한 해명이 결여되어 있는 점도 차후 연구과제로 지적해둔다.

고려시기 노비제를 체계적으로 구명한 연구자는 홍승기이다.[14] 홍승기는 고려귀족사회에서 차지하는 노비제의 성격 및 정치세력의 변화에 대응한 노비제의 추이를 전체적으로 조망하고 있다. 특히 그는 노비를 재물로서가 아니라 인간으로서 파악해야 한다고 주장하고, 그들이 종사한 일과 생계유지에 유의하여 노비소유주와의 연관 속에서 노비제를 고찰하였다. 따라서 노비를 公·私奴婢로 구분하여 각각 이들의 특성을 분석하였고, 고려 전·후기를 비교하여 고려후기 일반화되는 농장경영에 주목하여 이들이 농업노동에서의 비중을 심도 있게 다루었다.

이처럼 홍승기의 연구는 노비제에 대한 전반적인 부분을 취급하고는 있지만, 12세기 이후 노비에 의해 전개되는 유망의 원인을 단순히 주인의 수탈에만 두고 있다. 이러한 관점 때문인지 무인집권기 이후 노비의 신분상승의 일부분인 정치·사회적 진출 문제를 중시하고 있지 않다. 또한 그는 고려후기의 농장경영을 노비가 담당했다고 하지만, 실제 농장의 경영은 투탁 또는 압량된 농민층이 다수를 점하고 있다. 이는 고려후기 노비문제를 해결하기 위해 시행된 전민변정도감에서 노비변정의 대상이 기존의 노비가 아니라 양인으로 私民化된 사람들인 것을 통해서도 쉽게 짐작된다.

또한 홍승기는 노비제에 국한되어 있던 신분제에 대한 시각을 확대하여 고려시기 신분제의 운영원리를 통한 사회변동도 고찰하고 있다.[15]

---

14) 洪承基, 『高麗貴族社會와 奴婢』, 一潮閣, 1983. 고려후기 노비제에 대하여는 이 홍승기의 연구서 이외에도 일부 논고가 있지만 대체로 서지학적인 연구에 머물고 있다(노비제에 대한 서지학적인 연구로는 南豊鉉, 「13世紀 奴婢文書의 吏讀」 『檀國大論文集』 8, 1974 ; 洪淳鐸, 「松廣寺 圓悟國師 奴婢帖」 『湖南文化硏究』 8, 1976 ; 許興植, 「國寶戶籍으로 본 高麗末의 社會構造」 『韓國史硏究』 16, 1977 ; 朴秉濠, 「高麗末의 奴婢贈與文書와 立案」 『춘재현승종박사화갑기념논총』, 1979 등 참조).

그에 의하면, 고려의 신분질서는 귀족(文班·武班·南班), 양인(鄕吏·軍人·雜類, 군현의 농민, 향·소·부곡인 및 津尺·工匠·商人), 천인(사노비·공노비·사원노비)으로 이루어졌고, 이러한 구분기준은 사회적 권리나 의무 즉 役이며, 역의 수행은 씨족을 단위로 행해졌다고 한다. 그는 고려후기 신분제의 동요는 고려의 신분원리인 신분을 고정시키는 원칙과 함께 신분을 이동시키는 원칙이 무너졌기 때문이라고 하였다. 즉 고려는 모든 구성원이 각각 특정한 신분계층에 속하여 일정한 임무를 대대로 수행해야 하지만, 한편으로는 본래의 신분계층에서 이탈하여 다른 임무를 세습할 수도 있었고, 이러한 원리 가운데 신분이동이 우선되어 고려신분제가 동요되었다는 것이다.

이상의 연구는 고려후기 신분제도의 변화과정을 분석하는 데 머물지 않고 부곡제의 소멸이나 요역제의 변화과정을 통한 농민의 성장, 농업적 부의 축적을 봉한 노비농빈의 성장, 賤系출신의 官係진출 등 다양한 시각에서 하층신분의 동향을 다룬 점에서 시사하는 바가 크다. 그러나 각각의 신분 또는 계층에만 한정하였거나 종래 알려진 신분 이외의 하층신분에 대하여는 상대적으로 관심이 적었기 때문에 하층신분의 존재형태를 전체적으로 조망하기 어렵다는 것이 한계로 지적된다. 다시 말하면 기존의 연구는 여말선초의 신분변화를 양인층의 확대와 양인농민의 성장 식으로 조망하고는 있지만, 고려시기 하층민의 양인층으로의 편제 과정에 대하여는 거의 관심이 없었던 것이다.

셋째는 고려후기 사회 전반의 변화에 따른 하층신분(민)의 존재형태 내지 대응양상에 대한 연구경향이다. 앞서 든 두 개의 연구경향이 국가정책 등을 중심으로 본 하층민의 동향에 주목하였다면, 이것은 실제 이러한 사회변화에 직접 대응해서 하층민이 자신의 처지나 신분을 변화시켜

---

15) 洪承基, 『高麗社會史硏究』, 一潮閣, 2001.

나가는 과정을 추구한 연구라 할 수 있다. 이 시기 하층민의 대응양상에
대한 시각은 대체로 소극적 대응과 적극적 대응이라는 두 가지 형태로
나뉘어져 있다. 먼저 전자의 경우는 대체로 국가의 수탈을 피하기 위한
流民(流亡)이나 투탁이 논급되고 있다. 이 유민·투탁은 고려후기 사회변
동을 취급한 연구에서 집중적으로 분석되고 있다. 그 가운데 주목되는
연구는 기존에 다루지 않았던 원간섭기를 대상으로 하층민의 존재를
분석한 김순자의 논고이다.16) 그는 원간섭기 민의 동향 가운데 중심을
유민으로 보고, 유민발생의 정치·사회·경제적 배경을 추적하고 있다.
그에 의하면, 이 시기에 발생된 유민은 수취의 강요와 토지의 침탈에
대응하기 위해 국내로는 고려에 설치된 원부속기관과 대원관계상의
권력기관 또는 권세가의 농장으로 투탁하였고, 국외로는 雙城·女眞·遼陽
·瀋陽 등 元의 영역으로 유망하였다고 한다.

   후자의 적극적인 대응으로는 하층민의 抗爭,17) 賤系출신의 관계진출18)
및 새로운 집단 내지 계층의 출현으로 대별된다. 이 가운데 항쟁은
고려후기 하층민의 동향으로서 가장 주목받았다. 이것은 하층민에 대한
사료가 전체적으로 부족함에도 민란에 대한 사료가 상대적으로 많은
것에서 비롯됨은 말할 나위도 없다. 다만, 기존의 연구는 농민항쟁,
노비항쟁이라고 하여 막연하게 중세 농민의 신분 해방으로까지 의미를
두었다. 그러나 실제 항쟁연구는 1990년대 이후 본격적으로 진행되어
농민·노비들이 12세기 이후 항쟁에 직접 참여하는 원인에 대하여 심층적
으로 분석되고 있다. 이와 아울러 유망도 단순히 자연적인 재해나 굶주림

---

16) 김순자, 「원간섭기 민의 동향」『역사와 현실』7, 1992.
17) 고려후기 항쟁에 대하여는 李貞信,『高麗武臣政權期 農民·賤民抗爭硏究』, 고려대
    民族文化硏究所, 1991 ; 신안식, 「대몽항쟁기 민의 동향」『역사와 현실』7, 1992
    등 참조.
18) 賤系출신의 관계진출과 관련해서는 특히 노비출신의 관직 진출이 주목되고
    있다(洪承基,『高麗貴族社會와 奴婢』, 一潮閣, 1983).

등에 의해 일어나는 것이 아니라 시대상을 반영한 결과로 보려는 것이 요즈음의 추세이다.

지금까지 고려후기 하층신분의 존재형태 내지 대응양상에 대한 전체적인 연구경향에 대하여 개설하였지만, 그 가운데 하층민의 항쟁 또는 봉기를 다룬 대표적인 연구는 이정신의 논고이다.[19] 그는 고려후기 농민들의 광범한 봉기에 대하여 정치적·경제적·사회적 측면 등 여러 방면에서 그 배경 내지 원인을 정리하고 있다. 그에 의하면, 무인집권기 이후 권력을 둘러싼 정치적 난맥상과 이를 이용한 지방관의 수탈 및 대토지 겸병 현상, 그리고 피지배층의 사회의식의 성장 등이 明宗·神宗 연간의 농민봉기의 배경이 되었고, 그 가운데 특히 농민봉기는 토지 소유관계의 모순을, 그리고 천인봉기는 신분적 각성이 주된 원인이 되었다고 한다.

이정신의 연구는 무인집권기 농민·노비 항쟁을 역사발전의 한 주체로 설정하고 있는 점이 주목된다. 그러나 그의 무인집권기 농민·천인 항쟁에 대한 상세한 고증과 정리에도 불구하고 이 시기 항쟁의 원인으로서 정치기강의 문란이나 수탈, 대토지겸병과 같은 경제상황의 모순만을 들고 있는 것은 당시 항쟁이 지방단위로 광범위하고 치열하게 전개된 사실을 전달하기에는 다소 부족하다.

다음으로 고려후기 사회변동 속에서 전개된 하층민의 대응에 대한 연구로서 필자의 관심을 끄는 것은 천계출신의 관계진출 및 새로운 집단 내지 계층의 출현을 다룬 논고이다. 후자와 관련해서는 특히 惡少가 주목되었다. 악소에 대한 종래의 연구경향은 악소를 불량배나 폭력배로 보고, 이들의 존재 그 자체는 통치질서의 이완, 국가사회의 문란을 대변한다는 연구와[20] 고려중기 이후 출현하는 무뢰와 호협을 추적하여 악소

---

19) 李貞信, 『高麗武臣政權期 農民·賤民抗爭硏究』.
20) 金昌洙, 「麗代惡少考」 『史學硏究』 12, 1961.

가 가지는 사회적 성격을 구명한 연구가[21] 있다.

　이러한 최근의 연구경향은 사회의 주된 구성원인 하층민을 중심으로 그들의 동향을 고찰한 점에서 의의가 적지 않다. 다시 말하면, 이들 연구는 고려후기 하층신분의 동향에 대하여 종래 자주 언급되었던 유망이나 대농장으로의 투탁 이외에도 사회 기층에 존재했던 다양한 무리들까지도 주목한 점에서 특기할 만하다. 다만, 양적 확대에도 불구하고 하층민 가운데 여전히 그 범위가 특수층에 한정되어 있는 것은 아쉬움으로 남는다.

　넷째, 이상과 같은 하층민의 동향과 직접 연관된 것은 아니지만 본서가 구명하는 고려후기 하층신분과 관련하여 도외시할 수 없는 것이 고려시기 신분제에 대한 연구이다. 주지하듯이 고려시기의 국가적 신분제가 양천제라는 것이 현재 학계의 대세이다.[22] 필자도 기본적으로 양천제에 동의하지만, 양천제의 내부적인 범주 내지 신분구조에 대하여는 다양한 견해가 있다. 그 가운데 중심을 이루는 허홍식의 경우, 양인은 입사권(품관·진사·제생·급제·사심·서리), 향리(향리·향직), 학생(학생·유학), 서인(서인·군인·백정)의 네 계층으로, 천인은 집단천인(향·소·부곡·역·관·진)과 공·사노비로 구성된 것으로 파악하고 있다.[23] 이와는 달리 김난옥은 고려신분제를 양천제로 이해하는 것은 동일하지만, 양인 내부에 백정농민보다 신분적으로 열악한 驛人·商人·雜尺層과 같은 賤役·賤事를 담당

　21) 채웅석, 「고려중·후기 '무뢰(無賴)'와 '호협(豪俠)'의 행태와 그 성격」『역사와 현실』8, 1992.
　22) 武田幸男, 「朝鮮の律令制」『岩波講座世界歷史』6, 1971 ; 許興植, 「身分制와 職役」『韓國史硏究入門』, 지식산업사, 1981. 고려시기의 양천제에 대한 정리는 金蘭玉, 『高麗時代 賤事·賤役良人硏究』제1장 「良·賤의 意味와 良賤制」, 신서원, 2000 참조. 고려의 신분제는 이 양천설 이외에 귀족·양인(양민)·천인의 3분설(홍승기, 「신분제도」『한국사』15, 국사편찬위원회, 1995)과 귀족양반·중간계층(향리·서리)·양인(양민)·천인의 4계층설(朴龍雲, 『高麗時代史』上, 一志社, 1985)도 있다.
　23) 許興植, 「高麗時代의 身分構造」『高麗社會史硏究』, 아세아문화사, 1981.

하는 특정 계층을 중심으로,[24] 채웅석은 정호층을 포함한 상층 양인인 '中間階層'의 존재형태에서 고려시기 신분제를 이해하고 있다.[25]

한편 양천제와는 다른 시각에서 중간계층을 하한으로 하는 지배층의 범주와 그 이하의 피지배층 범주와의 사이에 가로 놓인 신분적 격차를 더 중시하는 견해가 있고, 김광수가 여기에 해당된다.[26] 그는 지배층은 문벌귀족을 중심으로 한 상급지배층과 중간계층에 포괄되는 하급지배층으로 구성되고, 피지배층은 양인과 천인으로 구성되었다고 한다.

그런데 신분제에서 중요하게 다루어야 하는 분야는 개개의 신분 용어, 특히 民·平民·百姓·庶人 등 하층신분 용어에 대한 개념문제이다.[27] 이 가운데 하층신분을 대표하는 것은 백성과 서인이지만, 일찍부터 연구자의 관심의 대상이 된 것은 백성이다. 고려시기 백성을 다룬 대표적인 연구자는 李佑成과 武田幸男이다. 우선 최초로 백성을 분석한 이우성은 '鄕吏百姓', '其人百姓' 능의 사료를 들어 백성을 일반병민과 나른 상층신분으로 규정하고 신라의 大監 또는 弟監에 비유하였다. 이와는 달리 武田幸男은 조선조의 지리지의 분석을 통해 人吏姓과 百姓姓을 구분하고, 백성은 백성성에 포함되는 계층으로서 군현에 살고 있지만 농민과는 구별되는 정치사회적 특징을 지닌 신분으로 규정하였다. 한편, 백성과 유사한 성격을 지닌 庶人은 법적·사회적으로 백성과 거의 동등한 신분으로 이해되고 있다.[28] 이들 연구에 의해 백성·서인 등 하층신분의 존재형태와 그 성격이 어느 정도 구명된 것도 사실이다. 그러나 가장 큰 문제는

---

24) 金蘭玉, 『高麗時代 賤事·賤役良人硏究』, 신서원, 2000.

25) 채웅석, 「고려 '중간계층'의 존재양태」 『高麗·朝鮮前期 中人硏究』, 신서원, 2001.

26) 金光洙, 「中間階層」 『한국사』 5, 국사편찬위원회, 1975.

27) 李佑成, 「麗代 百姓考」 『歷史學報』 14, 1961 ; 武田幸男, 「高麗時代の百姓」 『朝鮮學報』 28, 1963 ; 河泰奎, 「高麗時代 百姓의 槪念과 그 存在形態－高麗 平民身分 理解를 위한 試論－」 『國史館論叢』 20, 1990.

28) 金蘭玉, 『高麗時代 賤事·賤役良人硏究』, 63~72쪽.

위에서 제시한 개개의 하층신분의 경우 그 법제적 개념·성격상 명확하게 차이가 있음에도 불구하고 연구자에 따라 자의적·무비판적으로 사용하고 있는 점이다. 예를 들어, 백성과 서인은 법제적 신분으로서 그 성격이 명확히 구별됨에도 혼용되고 있다. 그리고 『高麗史』에서 빈출되는 민은 단독으로도 사용되지만 貧民·齊民·富民 등의 용례가 일반적이고, 그 의미도 단순히 일반 사람을 지칭할 뿐이며, 따라서 법제적 신분용어는 아니다. 이는 평민도 동일하다. 이처럼 각 신분에 대한 자의적인 사용은 고려율에 대한 연구가 거의 이루어지지 않은 우리의 연구수준에서 빚어진 한계이고, 차후 극복되어야 할 선결과제라고 하겠다.

최근 고려시기 율령 연구가 활성화되면서[29] 신분제를 율령제와 관련하여 보는 연구가 있다. 율령은 고대의 황제적 국가질서를 반영한 것으로, 이를 禮的秩序라고 한다. 따라서 율령체제는 바로 국왕중심의 국가질서를 가리킨다. 이 질서에서 가장 중요한 것이 바로 신분제인 양천제로, 대표적으로 전영섭의 연구를 들 수 있다. 그는 중국의 唐律 전공자로, 동아시아사라는 공간적 배경 하에 당률이 고려에 어떻게 적용되는가를 연구하였다.[30] 특히 그는 고려시기 신분제에 대한 문제점을 지적하고, 戶婚法을 중심으로 가족질서와 천인에 대해 알아보고자 하였다. 이 일련의 연구는 당률이 고려율령 성립과 발전에 큰 영향을 끼쳤다는 것을 입증하였다. 다만 그는 고려율령이 가지는 고려의 독자성이나 송의 영향에 대해서는 그렇게 언급하고 있지 않아 이에 대한 보완이 요구된다.

이상 대략적으로 살펴보았듯이 고려후기 하층신분에 대한 연구는 다방면에 걸쳐 많은 성과를 축적하였음을 알 수 있다. 그럼에도 불구하고

---

29) 영남대학교 민족문화연구소 편,『고려시대 율령의 복원과 정리』, 景仁文化社, 2009 ; 蔡雄錫,『『高麗史』刑法志 譯註』, 新書苑, 2009.

30) 全永燮,「戶婚法을 통해 본 唐宋元과 高麗의 家族秩序와 賤人」『역사와 경계』 65, 2007 ; 全永燮,「高麗時代 身分制에 대한 再檢討」『民族文化論叢』37, 2007.

기존의 연구는 다음의 몇 가지 점에서 문제점 내지 과제를 내포하고 있다. 첫째, 고려후기 신분제에 대한 편협한 이해이다. 기존의 연구는 신분제에 대하여 계급론, 다시 말하면 지배를 위한 질서라는 시각에서 국가의 일방적인 역할을 중시한 결과 기층사회의 변화를 도외시하거나 그다지 중시하지 않았다. 그러나 국가적 제도의 창출은 국가와 기층사회의 상호 합의가 전제가 됨은 말할 나위가 없다. 따라서 이러한 양자를 아우르는 연구가 진행될 때 사회통합의 메커니즘이 정합적으로 설명될 것이다.

둘째, 고려후기 신분재편의 배경 내지 원인에 대한 이해가 부족한 점이다. 물론 종래의 연구에도 이러한 변화를 초래한 정치·사회·경제적 배경 등에 대하여 언급하지 않은 것은 아니지만, 사회 전반에 대한 체계적이고 종합적인 설명은 미흡한 실정이다.

셋째, 고려후기 하층민의 동향에 대한 접근방식의 문제이나. 기손의 연구는 하층민의 동향에 대하여 전반적으로 국가의 대민지배체제와 관련지어 추구한 결과 단순히 정치제도사, 향촌사회의 변화 등에 초점이 두어지고 있을 뿐 그들의 존재형태를 체계적·심층적으로 도출하지 못하였다. 이는 첫째에서도 언급하였듯이 종래 신분제 연구가 지배를 위한 질서라는 시각에서 접근한 것에서 연유함은 말할 나위도 없다.

넷째, 고려후기 하층신분에 대하여 특정 신분에 편중되어 있는 점이다. 앞서 언급하였듯이 기존의 연구는 다양한 하층신분을 대상으로 하고 있지만, 주로 백정농민과 역, 부곡인의 신분과 수취체계, 노비농민의 법제적·경제적 지위 등 특정신분에 국한되었고, 더욱이 12세기 이후 계층분화에 따른 다양한 하층민의 대응양상을 다루고는 있지만, 이들 각각의 신분을 전체적으로 조망하는 종합적인 연구는 이루어지고 있지 않다.

다섯째, 고려후기에 대한 역사인식에서 비롯된 문제점이다. 고려후기의 연구자는 무인집권기에 축적된 여러 모순이 원간섭기라는 특수한 시기를 지나면서 증폭되었고, 공민왕대에 이르러 비로소 공적질서가 회복된다고 파악하고 있다. 그러나 실제 원간섭기에 시행된 여러 정책은 시대적 한계로 일부 제약은 있지만 여러 부분에서 상당한 변화를 초래하는 등 긍정적인 측면도 부정하기 어렵다. 그럼에도 고려후기 연구자들은 무인집권기에서 원간섭기까지의 기간에 대하여 시기구분을 하지 않고 모순의 증폭이라는 관점에서 일률적으로 규정함으로써 이 시기가 가지는 다양성을 간과하였던 것이다. 결국 고려후기에 대한 연구자들의 이러한 공통된 인식, 곧 고려후기를 일관되게 모순의 증폭기로만 이해하는 시각으로 말미암아 이 시기에 출현하는 다양한 신분층에 대하여는 그다지 주목하지 않았고, 게다가 이들이 여말선초에 재편되는 과정에 대하여도 중시하지 않았으며, 여기에 지배를 위한 질서라는 시각이 맞물리면서 고려후기만이 지니는 사회통합 메커니즘의 해명이라는 논리는 연구자의 관심 밖이었던 것이다.

여섯째, 신분은 원론적으로 법제적인 부분에 초점이 두어진다. 그러므로 율령에 기재된 신분의 의미와 그것이 작동하는 사회에 대한 고찰이 우선 진행되어야 할 것이다. 물론 사회통합 메커니즘의 해명이라는 차원에서 보면, 국가에 의한 신분편성의 구조와 원리를 정합적으로 이해하기 위해서도 국가의 강제력만으로는 부족하고 현실사회의 구조와 원리를 넣어야 하지만 그 경우에도 법제적 신분 즉 율령에 나타난 신분이 우선 구명되어야 한다.

2. 연구방향

고려후기 신분제의 변동과 관련하여 주목되는 역사현상으로는 앞서
언급한 사회 전반의 변화에 상응하여 하층신분의 대량증가와 그 구성이
다양화한 점, 이들 하층신분의 동향이 여러 가지 형태를 띠고 전개되고
있는 점, 그리고 이러한 하층신분의 움직임에 대한 대응으로서 신분제가
재편되고 있는 점 등을 들 수 있다.[31] 이처럼 고려후기는 전기 이래의
대민지배체제가 와해되면서 민간에서의 계층분화에 따른 사적 예속민
의 증가와 이에 대한 국가의 대응이라는 역사적 전개를 보이고 있다.
고려후기의 이러한 구조는 기본적으로 사적 지배의 확대와 공적 지배의
회복이라는 왕조 말기의 일반적 현상이라 할 수 있다. 다만, 이러한
역사적 전개에서 경시할 수 없는 것은 이 속에 고려후기만의 특징이
도출되고 있는 점이고, 그것은 전자의 사적 예속민의 증가, 곧 사적
지배의 확대라는 추세 속에서 새로운 하층신분의 출현을 들 수 있다.
본서에서 고찰하고자 하는 악소와 악승도 그 가운데 하나라고 할 수

---

31) 본서에서 사용하는 하층신분 또는 하층민의 개념과 범주에 대하여 일언해둔
다. 주지하듯 하층신분 또는 하층민은 다소 막연한 표현이다. 실제 국가의
기반 내지 기층사회의 근간을 이루는 신분에 대한 일반적인 용어는 백성,
소농민, 일반민, 민, 하층민 등 그 표현이 다양하다. 그 가운데 하층민의 존재를
경제적인 관점에서 본 경우에는 소농민이라는 용어를 많이 사용하고, 향촌사
회의 변동과 연계하는 입장에서는 민 또는 기층민이라는 표현을 쓴다. 이처럼
다양한 표현이 나오는 것은 결국 어떤 정형화된 규칙이 없음을 말해준다.
이러한 실정에서 국가의 기반 내지 기층사회의 근간을 이루는 신분에 대한
적합한 단어를 사용하기란 쉽지 않지만, 본서에서는 신분과 계급관계를 고려
하여 양자를 아우르는 개념으로서 하층민이라는 용어를 사용하기로 한다(물
론 그 법제적 개념도 고정화되거나 정형화된 것은 아니지만 이들을 하층신분
이라고 부르기로 한다). 그리고 그 범주로는 백정농민, 부곡인, 노비농민 등으
로 보는 견해도 있지만(박종기, 「고려시대 민의 존재양태와 사회의식의 성장」
『역사비평』 18, 1992), 본서에서는 편의상 사회적 분업에 기초한 구분인 사농공
상 가운데 사를 제외한 농공상에 종사하는 백정과 그 아래의 부곡인, 노비
등을 그 범주에 넣었음을 미리 밝혀둔다.

있다.

후자의 국가의 대응, 곧 공적 지배질서의 회복이라는 관점에서 보면, 이 시기에는 役을 기초로 한 호적의 재편성이 두드러지고 있다. 곧 당시 국가에서는 대민지배체제의 회복을 위해 여러 가지 개혁정책을 시행하였고, 그 가운데 호적에서 이탈된 많은 사적 예속민을 국가의 지배체제 속에 흡수·편제하는 것이 선결과제였음은 말할 나위도 없다. 그런데 또 한편으로 고려후기의 대민지배체제의 회복은 왕권 강화와 불가분의 관계에 있음은 주지하는 대로이다. 이러한 측면에서 볼 때, 왕권 강화를 위해서는 무한히 확대해 가는 사적권력을 극복 내지 약화시키는 것이 필수적임은 당연하다. 당시 국가에서는 그러한 사적권력의 극복 내지 약화의 방법으로 국가직속의 役戶, 곧 良人役을 확보하는 정책을 펴고 있다. 요컨대 고려후기 국가는 대민지배체제의 회복과 왕권 강화를 위하여 身役을 기초로 이탈호구를 재편성하였던 것이다.

아울러 이 시기 국가가 시행한 양인역 확보책에서 주목되는 것은 역↔호적편제가 貢役(貢戶)의 방향으로 전개되고 그 결과 貢戶가 대량으로 출현하고 있는 점이다. 공호는 여말선초의 신분변정의 과정 속에 백성층으로 편재되어 양역의 확대와 함께 양인신분으로 재편하게 된다.32)

이처럼 고려후기는 사회전체를 조직·편제하는 공적질서와 개인이나 집단에 의해 형성된 사적지배가 병존·대립하던 시기였다. 따라서 이러한 시대상황에 주목하면, 이 시기 국가가 시행한 정책은 여러 기층사회의

---

32) 고려후기의 백성은 양인으로서 사회적 분업에 기초한 분업론적 편성인 士·農·工·商을 포괄하는 법제적 신분을 가리킨다. 이런 점에서 백성은 국가의 전 구성원과 일치하는 신분이라 할 수 있다(唐代의 백성신분에 대하여는 全永燮, 「唐代 良人의 身分秩序 構造와 機能」『中國中世身分制研究』, 신서원, 2001 ; 「唐代 庶人·百姓의 用例와 身分的 性格」『釜大史學』27, 2003 참조). 본서는 이러한 성격을 지니는 백성이라는 법제적 신분이 국가적 신분제인 양천제에서 어떻게 형성되어갔는가를 살펴보려는 것이다.

변화를 고려하지 않을 수 없고, 이는 신분제에도 동일하게 적용된다. 곧, 고려후기 시행된 국가에 의한 신분재편의 구조에는 기층사회의 민의 존재형태가 그 배경이 된다고 할 수 있다. 이러한 관점에서 이 시기 신분제와 관련하여 전개되는 역사현상에 대하여는 새로운 접근방식이 필요하다고 생각된다.

고려시기 신분제는 법제적으로 양천제를 원칙으로 하였다.[33] 그것은 최승로가 "본조 良賤之法은 그 유래가 오래되었다"는[34] 기사를 통해서도 알 수 있다. 고려후기에도 기본적으로 양천법이 유지되었는데, 그것은 충렬왕대의 원의 활리길사가 고려 노비제를 개혁하려고 할 때 양천제가 그 기준이 되고 있는 것에서도 짐작된다. 다만, 고려의 양천제는 양인과 천인으로 신분을 양분하는 기준으로서의 역할은 충분하지만, 현실적으로 드러나는 차별적인 지위를 명확하게 구분할 수 없다는 한계성을 가지고 있다. 이러한 점을 고려할 때, 고려후기는 조선의 양천제로 나아가는 신분제의 재편시기로 규정할 수 있다. 본서도 기본적으로 고려후기를 신분재편기로 설정하고, 기존의 연구에서 단편적으로 취급되거나 거의 논급되지 않았던 하층신분까지 시야에 넣어 그 존재형태에 대하여 종합적이고 체계적인 조망을 시도해보고자 한다.

또한 본서는 종래의 연구에서 간과하였던 원간섭기의 사회 전반의 변화를 적극적으로 추적하여 고려후기 다양하게 전개되고 있는 하층민의 동향과 국가의 대응양상에 대하여 고찰하고자 한다. 다만 앞서 언급하였듯이 이 시기 신분제에 대한 연구경향은 대체로 지배를 위한 질서라는 시각에서 국가에 의한 강제력이 중시되었다. 여기에는 당연히 국가에 의한 인민의 기계(능)적 편성이라는 계급지배의 논리가 전제가 되어

---

33) 앞의 주 22) 참조.
34) 『高麗史』卷85, 刑法2 奴婢, 成宗 元年 6月條, "正匡崔承老上書曰 本朝良賤之法 其來尙矣."

있다. 그러나 본서에서는 이 시기 하층신분에 대하여 사회통합의 메커니즘 해명이라는 차원에서 민간에서의 계층분화에 따른 사적 예속민의 증가와 이에 대한 국가의 대응이라는 두 가지의 견해를 통합하는 관점에서 접근하고자 한다.

본서는 이상의 논지에 따라 고려후기 사회 전반의 변화 속에서 전개된 하층민의 동향과 국가의 대응 양상을 살펴보고자 한다. 특히 본서는 양자를 통합하는 관점에서 공적 질서의 회복과 국가기구의 재편, 곧 신분재편의 구조 및 그 전제 내지 배경이 되는 고려후기 백정농민, 부곡인, 노비의 신분변화와 특수신분층으로서 악소·악승의 출현과 그 활동에 주목하였다.

이에 먼저 1장에서는 고려후기 하층민 정책의 전반적인 추이를 살펴보았다. 기존의 하층민 정책 연구는 개별 신분만을 대상으로 하고 있어 이를 전체적으로 조망하지 못하였고, 또 각 시기마다 하층민 정책의 차별성을 드러내지 않았다. 본서에서는 고려신분제의 변질의 사회·경제적 배경을 살피고 고려후기를 무인집권기·원간섭기·공민왕대 이후로 나누어 각 시기별로 나타나는 하층민의 동향과 그것을 담아내는 국가정책을 종합적으로 살펴보았다. 이러한 방법의 연구는 고려후기의 하층민의 동향을 좀 더 구체적으로 살펴볼 수 있게 되어 이에 대응한 정책의 성과와 한계를 함께 볼 수 있기 때문이다.

이러한 연구의 방법으로 무인집권기 전후 시기에는 관주도의 정책인 지방관의 파견과 음사정책 등을 중심으로 살펴보았다. 다음의 원간섭기에는 유망의 대량발생에 대응한 환본정책의 포기, 호구중심의 대민파악과 공호제의 실시, 음사정책 등의 국가정책을, 공민왕대 이후는 전민변정도감을 비롯한 대민정책을 살펴보았다.

· 2장은 공호제의 시행을 통한 양인층의 확대와 고려후기에 시행된 대민정책 속에서 백정농민의 성장을 살펴보았다. 기존의 연구는 12세기

이후의 대민정책을 국가중심으로 검토한 결과 그 사회의 중요 구성원이었던 백정농민의 성장과 그 동향에 대하여는 일정한 한계를 보이고 있다. 이는 이 시기 시행된 대민정책을 지배를 위한 질서라는 시각에서 접근한 것에서 비롯한다. 그러나 12세기 이후의 고려사회는 하층민의 변화가 다양하게 나타나던 시기이므로 대민정책도 이전과 다른 양태를 보이는 것은 당연하다. 본서에서는 이러한 대민정책 속에서 백정농민의 신분변화를 구명하고자 하였고, 그 접근방법으로 원간섭기의 대민정책을 적극적으로 해석하고 당시 유망민 정책인 '貢戶制' 중심으로 살펴보았다. 공호에 대한 기존의 연구는 국가가 본관제를 포기하고 현거주지 중심의 대민정책 속에서 나타난 현상으로 이해하였다. 물론 당시의 대민정책이 '호'중심이었음은 잘 알려진 사실이지만, 종래의 연구는 공호를 양인확대정책과 관련시키고는 있지 않다. 이러한 양인확대정책은 공민왕대 이후 '백성'층으로 나타나는데, 이 과정에서 고려의 신분제는 재편되어 조선의 양천제로 정착하게 되었다. 또한 이러한 신분제의 변화와 관련해 군역의 신역화와 과전법제도를 통해 하층민의 구체적인 신분상승의 모습을 검토하였다.

3장에서는 중간계층으로서 부곡제의 소멸과 칭간칭척제의 정비에 대하여 살펴보았다. 우선 본서에서는 부곡제의 소멸의 배경으로서 부곡제민이 과거입사, 혼인, 간주 등 고려율을 통해 차별을 받아온 집단임을 밝혀보았다. 기존의 연구에서는 부곡제의 해체를 부곡인의 수취부담과 그에 따른 유망에서 찾고 있다. 물론 이와 함께 정부에서 적극적으로 부곡제의 해체를 주도하였을 것으로 생각되지만, 그 시기를 12세기 이후로 보고 있다. 그러나 본서는 국가에 의한 부곡제의 해체를 부곡제지역의 군현제로의 승격과 직촌화, 그리고 북방지역 등으로의 사민정책, 둔전경영이 많이 행해지고 있는 점에 주목하여 그 해체시기를 원간섭기로 보았다.

다음으로는 부곡제의 소멸 이후에 전개되는 칭간칭척제의 정비과정을 검토하였다. 칭간칭척제의 정비는 부곡제의 소멸로 공물의 확보가 우선이었던 국가의 정책이었다. 물론 칭간칭척제가 정비되는 시기는 조선초기이다. 그럼에도 불구하고 이 문제를 다루는 것은 공호 중심으로 이루어지던 대민 지배방식이 공민왕 이후에는 신분변정을 통해 새로운 대민편재방식이 등장하고 있기 때문이다. 여기서는 염호와 염간을 중심으로 살펴 여말선초 신량역천층의 변화와 차이점을 알아보았다.

4장에서는 천인인 노비제의 변화양상과 그에 따른 여말선초 노비제의 개선책을 검토하였다. 곧, 12세기에 이르러 그 이전의 사회질서가 해체되어 가는 과정에서 발생한 대량의 유망화와 농장제의 발달로 노비제가 어떻게 변화되어 갔는가를 살펴보고, 그 속에서 고려말 노비제가 개선되어 나가는 방향에 대해 알아보고자 한다. 고려의 노비는 정치·사회·경제적인 변화에 따라 적극적으로 자신의 모습을 변화시켜왔다. 그것이 외거노비의 증가와 농장경영 노비로의 전환, 중앙관직에로의 진출 등이다. 또한 노비의 민란 참여는 그들의 신분의식의 성장을 엿볼 수 있는 부분이다. 고려정부는 노비제에 대한 원의 강압적인 간섭까지 더해지자 이 제도에 대한 정비의 필요성을 절감하였다. 따라서 고려말의 노비제의 정비는 고려사회의 노비의 모습을 일정정도 담고자 한 것이었고 그것은 노비들의 신분변화로까지 나타났다. 기존의 연구가 노비변화에 대해 단편적인 사실의 나열이나 노비제의 변화에만 관심을 가진 것에 나아가 노비제의 변질을 가져오게 된 배경을 종합적으로 이해하여 고려말 노비 결송법의 의의를 적극적으로 이해하고자 한 것이다.

5장에서는 12세기 전후 해체되어 가는 사회질서 속에서 출현하였던 특수 신분층을 살펴보았다. 고려후기 특수 신분층 가운데 대표적인 것은 정치세력으로서의 악소와 불교세력으로서의 악승을 들 수 있다. 먼저 악소는 사적지배에 편승하여 적극적으로 자신의 처지나 신분을 향상시켰던 무리들 가운데 대표적이라 할 수 있다. 그리고 악소는 고려후기 농민층 분해의 결과 무전농민으로 전락한 자들이지만, 무인집권기에 세력가의 무장세력의 일원으로 들어가 원간섭기에 일정한 정치세력으로 성장하고 있다. 종래 악소에 대한 연구경향은 단지 세력가의 기생무리로만 보았기 때문에 이들의 출현에 대하여는 그다지 중시되지 않았다. 하지만 12세기에 등장하는 악소는 특히 무인집정이라는 특이한 사회 속에서 이들의 발호가 있었던 만큼 이들의 출현은 당시의 상황과 무관하지는 않아 보인다. 악소는 귀족발호기 그리고 무인집권기·원간섭기 등 시기마다 다양한 형태를 보이지만, 특히 원간섭기에는 이들이 국왕의 측근세력으로 성장하고 있다. 그렇다면 악소에 대한 검토는 당시 하층민의 동향을 이해하는 데 중요한 실마리를 제공한다고 할 수 있다. 이에 본서는 악소가 정치세력화한 배경을 살펴보고 또한 그들이 주로 진출한 호군직에 대하여 분석해 보고자 한다.

다음으로 악승의 출현과 그 경제활동에 대하여 검토하고자 한다. 악승이 주로 활동하던 시기는 고려후기이다. 이 시기는 사회적 모순과 함께 불교계의 폐단이 특히 두드러지고, 특히 12세기 이후 불교는 정치세력과 결탁하여 사회질서의 유지를 위한 이데올로기로서의 기능을 상실하게 되었다. 이에 불교계 스스로 정화운동을 펴지만, 원간섭기에 이르면 국왕은 왕권 강화의 명분을 앞세워 불교와 결탁하게 되었다. 그 결과 불교는 그 본래의 기능을 거의 상실하였고, 이러한 추세 속에서 악승이라는 새로운 계층이 출현하였다. 본서는 이러한 고려후기 불교계의 동향에 주목하면서 악승 가운데 하층출신이 당시 무너져 가는 불교계와 결탁하여 자신의 정치적 또는 경제식리를 도모하는 실태를 분석하기로 한다.

6장에는 동아시아 율령체계 속에서 고려의 신분제, 특히 천인제가 동아시아 신분질서와 어떠한 차별을 있는가를 알아보고자 하였다. 먼저 고려·당·일본의 천인제의 성립과정을 통해 각 국가의 천인제의 성격과 차별성을 찾아보고 고려만의 차별적인 천인제의 특징을 보아 고려왕조의 성격의 일면을 알아보도록 한다.

다음으로는 율령 가운데 호혼법을 중심으로 양천질서를 구명하고자 하였다. 호혼법은 국가질서와 가족질서를 내포하는 법령이다. 이 가운데 주노질서는 가족질서와도 그 맥락을 잇고 있다. 이에 고려·당·일본의 호혼법의 상호비교와 그를 통한 주노질서의 변화를 살펴보고자 한다.

제1장 하층신분층에 대한 정책의 추이

1. 하층신분층 변동의 사회·경제적 배경

고려시기의 신분제는 12세기를 전후로 많은 변화를 보인다. 그 변화의 원인으로는 정치적으로 집권세력의 변동과 元이라는 거대한 외부의 침입, 사회경제적으로 귀족제의 난숙으로 인한 役의 과중화와 이에 따른 토지제도의 문란을 들 수 있다. 이처럼 고려시기 신분제의 변동은 사회 전반의 변화와 불가분의 관계에 있지만, 본서는 이 가운데 그러한 변화의 직접적인 계기가 되는 사회·경제적 배경에 대하여 개관하고자 한다.

고려전기의 신분제는 良賤制를 하나의 신분원칙으로 표방하여 양인층을 국가운영에 필요한 역부담층으로 설정하고, 역을 매개로 그들을 국가적인 질서에 긴박시키는 한편 역에 대한 반대급부로 역부담자에게 토지를 지급하였다. 이러한 토지지급은 역을 지속적으로 유지하기 위한 경제적인 보장책인 동시에 분급된 토지의 傳遞를 통하여 역부담자층을 재생산하는 기반이 되었다. 양천제를 외피로 하였던 고려 신분제는 이와 같이 역과 토지를 일치시킴으로써 그 고유한 특성이 구현되었던 것이다.[1) 이러한 특성을 지닌 고려의 신분제에서 구분되는 것이 丁戶層과 白丁層이다.[2) 정호층은 국가에 직역을 지면서 토지의 분급대상이

---

1) 朴宗基, 「高麗 部曲人의 身分과 身分制 運營原理」『韓國學論叢』13, 1991.
2) 金琪燮, 『高麗前期 田丁制 研究』, 부산대학교 박사학위논문, 1993.

되고 정치적으로는 지배계층 범주의 하한을 이루었던 중간계층이었으며, 백정은 일정한 직역과 전정을 받지 않고 다만 국가에 대해 조세만을 부담하는 피지배층이었다. 그러나 정호와 백정층의 구분이 법적으로 규정된 것이 아니므로 폐쇄적인 신분을 형성하지는 않았다. 따라서 백정층은 하나의 當差役者로서 정호층으로 나아갈 수 있는 길이 열려 있었다.

이러한 고려전기의 신분제는 12세기를 전후로 변화를 보였다. 신분제가 변화되는 가장 큰 원인은 田制와 役制의 결합의 붕괴이며, 그 붕괴의 직접적인 계기가 되는 것은 지배층의 토지침탈과 과도한 수취부담, 농업기술의 발달에 따른 백정농민층의 몰락·유망이었다. 먼저 지배층의 토지침탈에 대하여 검토하기로 한다.

고려사에서 12세기 전후는 사적지배가 확대되던 시기였다. 이러한 양상은 李資謙을 비롯한 외척세력, 毅宗代의 측근정지, 부인집권시기를 지나면서 더욱 확대되었다. 이 사적지배 속에서 사회적 모순으로 등장한 것이 지배층의 토지탈점이다. 특히 무인정변 이후 전개된 정치세력의 변동으로 집권 무인세력들은 권력기반을 안정적으로 유지하기 위해 많은 경제적 기반이 필요하였다. 그들은 주로 불법적인 토지탈점을 통해서 사적 경제기반을 구축하였다. 무인세력의 토지는 '廣殖田園',[3] 혹은 '兼有之一家膏沃 彌州跨郡'[4]이라고 하듯이 그 규모가 방대하였고, 그것은 이른바 농장을 통해서 확대 재생산되었다. 무인세력이 자행한 토지탈점의 방법은 공문서 위조를 통한 수조권의 침탈,[5] 고리대를 통한 토지의 침탈[6] 등이었다.[7] 그리고 원간섭기에도 이러한 양상은 附元勢力을 중심

---

3) 『高麗史』 卷128, 鄭仲夫傳 ; 卷99, 文克謙傳.

4) 『高麗史』 卷129, 崔忠獻傳.

5) 『高麗史』 卷78, 食貨1 田柴科, 明宗 18年 3月條.

6) 『高麗史』 卷79, 食貨2 借貸, 明宗 18年 3月條.

7) 申安湜, 『高麗 武人政權과 地方社會』, 19~29쪽.

으로 지속되었다.

더욱이 12세기 전후 중앙에서 전개된 권세가의 토지탈점 현상은 지방
에서도 예외는 아니었다. 곧 12세기 이전 지방관을 증치·파견한 목적은
유망민의 安集에 있었지만 12세기 이후 지방관에 의한 업무 수행은 권세
가 또는 권세가와 연결된 향리들에 의해 제약받았고, 더욱이 무인집권기
이후 무인세력들의 토지침탈이 본격화되면서 지방관도 이에 편승하여
토지탈점에 주력하였던 것이다.

다음은 민에 대한 과도한 수취이다. 주지하듯이 고려는 12세기를 전후
하여 수리시설의 확충, 시비술의 발달, 이에 따른 농지의 상경화의 확대
에 의해 농업생산력은 증대하였다. 그러나 이러한 농업생산력의 발전은
오히려 그 분배를 둘러싸고 국가권력과 지배층·백정농민을 비롯한 하층
민 사이에 갈등을 증폭시켰다. 고려왕조는 문벌귀족사회에서 상대적으
로 약화된 왕권을 강화시키기 위한 사업, 예를 들어 南京·西京과 여러
離宮의 경영과 같은 사업들을 벌이면서 수취를 확대하고 특히 力役의
동원량을 늘렸고, 지배층도 난숙한 귀족문화를 유지하기 위하여 수취를
확대하였다. 이에 하층민이 느끼는 수취의 압박은 常貢 이외의 徭役이나
官營倉庫의 고리대적 운영, 別貢, 횡렴 등의 형태로 더욱 가중되었다.[8]

이러한 국가나 지배층에 의해 전개된 토지침탈과 과도한 수취는 하층
민의 유망을 초래하였다. 이에 정부에서는 감무의 파견을 통해 이들을
안집시키고자 하였으나 유망을 막기에는 역부족이었다. 이러한 유망민
의 대량 발생은 사전과 사민의 증대를 가져오게 되어 국가재정은 극도의
위기에 직면하게 되었다.

이상 살펴보았듯이 12세기를 전후하여 전개된 지배층의 토지침탈과
하층민에 대한 과도한 수취의 압박으로 유망민이 대량 발생하였다.

---

8) 채웅석, 「고려시대 향촌지배질서와 신분제」『한국사』, 한길사, 1994, 98쪽.

이러한 상황에서 국가는 사회 전반에 걸친 체제의 재정비가 필요하였고, 본서에서 고찰하는 신분제의 재편도 그 일환에서 단행되었다.

주지하듯이 12세기를 전후로 하층민들은 자신의 처지나 신분을 개선하기 위한 노력을 시도하였다. 그러한 정황으로 살펴지는 것이 유망과 대농장에로의 투탁, 그리고 민란에의 참여, 香徒의 변질 등이다. 유망은 11세기 중엽부터 발생하기 시작하여 睿宗 연간에 열 집에 아홉 집은 비었다라고 할 만큼 그 정도는 상당하였다. 하층민의 유망의 원인은 앞서 설명했듯이 신분제 변화의 원인이 되었던 토지제도의 문란과 그에 따른 수취제도의 모순, 그리고 농법의 발달로 생산력의 증대에 따른 농민층분해였다. 물론 이러한 사회혼란을 시정하기 위해 예종조를 즈음하여 왕권 강화를 통한 官주도의 대민정책이 실시되었다. 그러나 이러한 대민정책은 이 시기 하층민의 의식을 담아내지 못한 한계를 지녔다. 이러한 한계를 가상 살 보여주는 것이 부인집권기에 일어난 新羅復興運動이다.[9]

神宗 연간에 발생했던 신라부흥운동이 3년간 진행되었을 때, 토벌군은 33번의 제사를 지내고 있다.[10] 제사에서 기원의 대상은 매우 다양하였지만 대략 태조진전, 용왕, 천황, 부처, 산신, 천신, 태일 등이었다. 이 가운데 醮祭가 많이 보이는데, 이는 도가류의 제사의식이다. 곧 초제는 천신을 비롯해서 지신 및 경내의 산천신, 그리고 太一 등 星宿에 대해 제사를 지내는 것으로 주로 왕실의 안녕과 수복을 기원하거나 천재지변이나 病禍 등에 대한 소재를 日月星辰에 기원하는 의식이다. 토벌군이 이러한 의식을 거행한 것은 고려를 부정하고 신라를 부흥시키려는 반역이 하늘의 순리에 거역되는 행위임을 만천하에 보이고자 함이었다.[11]

---

9) 김호동, 『고려무신정권시대 문인지식층의 현실대응』, 경인문화사, 2003.
10) 李貞信, 『高麗 武臣政權期 農民·賤民抗爭 研究』, 高麗大學校 民族文化研究所, 1991, 221쪽에는 이 33번의 제사가 도표로 정리되어 있다.

특히 부처나 시조신 등을 기원의 대상으로 하였다는 것은 토벌군의
의도가 잘 드러나고 있다. 그 가운데 몇 가지 사료를 들어보면 다음과
같다.

　신종 5년(1202) 윤 12월에 올린 太一醮禮는 후백제의 횡포에서 옛 신라
를 구원해준 은혜가 고려에 있음을 알리고 있고, 또 같은 시기 豊基에서
올렸던 基州太祖眞前祭도 신라의 자손들이 은혜를 잊고 횡행하고 있음을
밝혀 앞서와 같이 신라부흥운동을 비난하고 있다. 여기에는 더 나아가
고려와 신라의 관계를 예속관계로 보아 신라부흥운동을 주인에게 덤비
는 행위로까지 묘사하기도 하였다.[12] 이러한 지배층의 의식은 국가에
질병과 재앙이 일어나는 것도 신라부흥운동 때문이라고 하듯이,[13] 하층
민의 반란은 순리를 거역하는 행위로 인식하였다.

　이처럼 고려 정부의 인식은 하층민을 다스림의 대상으로만 보고 당시
의 사회변화에서 이들의 희생만을 강요하는 것이었다. 그러나 이와는
달리 하층민은 스스로 자신의 처지를 개선하려고 적극적으로 행동하였
다. 예를 들어 신종 5년(1202)에 경주에서 발생한 利備·孝佐의 난에서
이비 부자는 하층민과 밀접한 관련을 가지는 장소였던 城隍祠에서 반란
의 성공을 기원하고 있다.[14] 당시 성황사는 그 지역을 지키는 수호신을
모시는 장소이므로 이비는 이곳을 활용하여 지역민을 결집하였던 것이

---

11) 李貞信, 『高麗 武臣政權期 農民·賤民抗爭 研究』, 223쪽에도 토벌군이 제사를 통해
　　하늘이나 시조신, 부처 등의 힘으로 반민을 토벌시킬 것을 바랐기보다는 다른
　　지역 농민들이 이들의 항쟁에 가담하지 못하도록 달래려는 위무책의 일환이었
　　으며, 관군에게는 토벌의 정당성을 주입시켜 반민들과 같은 피지배층인 군인
　　의 이탈을 막기 위한 조처라고 보았다.

12) 『東國李相國集』 卷38에 의하면, 1203년 정월에 울주에서 올린 蔚州戒邊城天神祭
　　가 그러한 내용을 담고 있다.

13) 신라부흥운동을 토벌한 정부군이 올린 33번의 제 중 1202년 12월(黃池), 1202년
　　윤12월(尙州), 1203년 3월(大邱, 2회) 등의 것이 국가의 자연적 재앙이 이때
　　일어난 반란을 그 원인으로 보았다.

14) 『高麗史節要』 卷14, 神宗 6年 4月條, "慶州賊徒 都領利備父子 潛禱城隍祠."

다.15)

이에 하층민은 자신의 처지를 개선하고자 더욱 적극적으로 유망이라는 방법을 선택하였다. 明宗 18년의 개혁교서에 보면 하층민의 동향이 어느 정도 유추가 된다. 이 개혁교서 가운데 이 당시 하층민의 동향과 관련되는 것은 수령의 침해와 하층민의 유리도산에 대한 것이다.

재추의 건의에 의하여 다음과 같이 제하기를, "백성은 곧 나라의 근본이다. 내가 그들이 토지에 안착하여 생업을 즐기게 하려고 하기 때문에 조신을 파견하여 근심을 나누며 덕화를 베푼 것이다. 근래에 들건대 수령들이 그리 긴급하지도 않은 公事로 백성을 침해하며 괴롭히고 소란스럽게 굴므로 백성들이 그 폐해에 견딜 수 없어서 유리·도산하여 죽을 땅으로 굴러 떨어진다고 하니, 나는 이를 매우 불쌍히 여긴다.16)

이 사료에서 당시 하층민들의 유망·도산이 얼마나 많이 발생하고 있는가를 볼 수 있다. 또한 유망민 발생의 원인으로 수령의 탐학을 들고 있다. 백성의 안집을 위해 파견된 수령이 오히려 유망을 더 조장하고 있는 것에서 관주도의 대민안정책의 실패를 엿볼 수 있다.

이상과 같이 하층민은 유망을 통해 관주도의 대민안정책에 대해 거부의 뜻을 보였다면, 유망하지 않고 있는 하층민은 스스로를 보호하기 위하여 그들의 자위조직을 형성하였다. 그것이 고려후기에 나타나는 향도이다. 고려전기와 다른 향도가 보이기 시작한 것은 인종조의 萬佛香徒이다. 다음은 만불향도에 관한 사료이다.

---

15) 정부토벌군도 하층민이 성황사를 중심으로 결집한다는 것을 알았고 이에 성황사의 무당을 꾀어 반란의 두목인 이비를 체포하고 있다(『高麗史節要』卷14, 神宗 6年 4月條).

16) 『高麗史』卷75, 選擧3 凡選用監司, 明宗 18年 3月條.

陰陽會議所에서 제의하기를 "근래에 중, 속인 잡류들이 떼를 지어 가지고 만불향도라는 명목으로 염불도 하고 불경도 읽어 허황한 짓을 하며 혹은 서울과 지방의 사원들의 중들이 술과 파를 팔며 혹은 무기를 가지고 날뛰면서 유희를 하는 등 윤리와 풍속을 문란케 하고 있으니 청컨대 어사대와 금오위에 지시하여 이를 순찰하여 금지하게 하십시오"라고 하니 왕이 조서로써 승인하였다.[17]

위의 사료에는 첫째, 내외사원의 승려들이 술과 안주를 판매하고 있고, 둘째, 향도가 염불행위를 하고 허황된 짓을 하고 있으며, 셋째, 병장기를 들고 포악한 짓을 하며 날뛰고 유희를 하여 윤상과 풍속을 더럽히는 것 등이 지적되어 있다. 이러한 향도의 형태는 단순히 퇴폐상으로 간주될 수도 있지만 중과 俗人, 雜類들이 떼를 지어 만불향도에 참여하고 있다는 것은 당시 하층민의 참여가 많았을 것으로 추정된다. 아울러 위의 사료에 의하면, 하층민들이 사원경제에 참여하고 있는 점, 그들만을 위해 독경을 하고 있는 점, 이러한 자신들의 행위를 위한 보호수단으로써 무기를 지니고 있는 점 등에서 볼 때 만불향도는 하층민 중심의 향도로 생각된다. 이는 이전의 향도와는 상당한 차이라 할 수 있다. 다만, 위의 사료에는 국가질서에 위배되는 대상을 숭배하는 淫祀를 직접적으로 묘사하고 있지는 않다. 그러나 만불향도에 참여한 자들이 행한 허황된 짓 등에 대하여 국가가 윤리와 풍속을 문란케 하는 행위로 간주하여 금지조치를 취하고 있는 것은 이들 만불향도의 행위가 일반적인 의식에서 벗어났음을 말해 주며, 거기에는 음사행위도 포함되었을 것으로 생각된다.

또한 이러한 향도의 성격 변화는 당시 하층민이 전기 이래의 지배체제가 붕괴된 상태에서 생존을 위해 그들 스스로 새로운 공동체적 질서를

---

17) 『高麗史』 卷85, 刑法2 禁令, 仁宗 9年 6月條.

모색하고 있음을 보여준다. 그러나 무인집권기를 전후로 스스로의 처지를 개선하고자 하는 하층민의 노력은 몽골의 침입으로 타격을 입게 되어 投蒙이라는 극단적인 방법을 선택하기까지 하였다.[18] 특히 최우정권 때 강화도의 천도는 하층민으로서는 더 이상 고려정부에 대한 믿음을 저버리는 행위로 받아들였기 때문이다.

한편 고려후기에 전개되는 하층민의 신분변화는 당시 이들의 의식의 변화와도 밀접한 관련이 있다. 고려전기 이래 국가에 의한 강제적인 피수탈자로만 존재했던 하층민은 12세기 전후의 변화상에 적극적으로 참여하여 자신의 처지나 신분을 개선하고자 하였다. 이것은 당시 향도의 변질에서 엿볼 수 있다. 흔히 향도의 퇴폐상으로 지적되는 인종대의 만불향도 사료는 단순한 퇴폐상이 아니라 이 시기 사회변화에 따른 피지배층의 대응양태였다. 佛會를 이용한 상거래행위, 불교와 재래신앙의 습합, 새로운 질시의 갈닝 등은 닝시의 시대변화에 따른 하층민의 동향을 대변해준다. 이러한 향도의 변화는 원간섭기가 되면 더욱 다양해져 여성만의 향도, 향촌의 소농민 중심의 향도 등도 보이고, 불교신앙의 요소가 배제된 순수한 향촌사회의 기능만이 강조되는 향도까지 출현하였다.[19]

사회변동 세력의 일부였던 노비들은 저항으로써 자신의 처지를 개선하고자 하였다. 고려시기 노비의 저항은 대략 10건인데, 발생시기는 주로 무인정변 이후이고, 발생지역은 전국적으로 분포하였고, 官奴인 경우는 공역노비, 私奴인 경우는 솔거노비가 주를 이루었다. 저항의 동기는 신분적 제약에서 벗어나려는 것이 대부분이었고, 무인정변 이후 정치적 격변과 향촌사회의 저항에 따른 사회혼란, 대몽전쟁기의 경제적 궁핍, 그리고 대몽강화 이후 외세의 간섭이라는 새로운 상황 등에서

---

18) 김순자, 「원간섭기 민의 동향」 『역사와 현실』 7, 1992.
19) 채웅석, 「고려시대 향촌지배질서와 신분제」, 100쪽.

비롯되었다. 즉 자신들의 신분적인 차별을 극복하고 새로운 위기에서 벗어나기 위한 저항이었으며, 때에 따라서는 지배세력에 저항하려는 세력들과 연합하기도 하였다.[20]

또 한편으로는 항쟁이라는 수단 이외에 개인적으로 세력가에 기생하여 중앙의 정치세력으로 들어가는 무리도 발생하였다. 이러한 양상은 무인집권기부터 나타나기 시작하여 원간섭기에는 국왕이나 附元輩를 배경으로 중앙관직에까지 진출하였다. 무인집권기부터 세력가들은 사적인 무력을 양성하여 세력을 키웠다. 이 과정에서 노비들은 자신의 주인에 대해 돈독한 충성심을 발휘하여 그들의 신임을 얻을 수 있었고, 그것을 바탕으로 신분적 상승을 꾀할 수 있었다.

노비들이 이러한 모습을 띨 수 있었던 것은 무엇보다도 노비가 농업에 주로 종사함으로써 일부지만 명종대 평장사 김영관의 외거노비인 平亮과 같은 부류가 출현했다는 것과 당시 집권층의 변화가 주원인이었다. 노비는 고려전기에는 주인의 일상생활을 주로 보살피는 일을 담당했으나 12세기 이후 농장의 발달로 농업노동의 참여가 증가하였다. 이 속에서 외거노비들은 농업기술의 발전을 배경으로 일정한 부를 축적하였던 것이다. 또한 고려후기 집권층의 변화는 사적지배세력이 확대되는 무인집권기와 원간섭기에 일어났고, 이때의 정치적 권력 획득은 문벌과 같은 신분제적 요소가 아닌 개인적인 실력, 특히 사적인 무력에 의해 결정되었다.

이상과 같이 12세기 전후의 하층민의 신분변화는 토지의 탈점과 수취제도의 과중, 이에 따른 유망에서 비롯되었다. 또한 이 과정에서 노비들도 자신의 처지를 극복하기 위해 항쟁에 참여하거나 세력가의 기생세력으로서 활동하였다. 다음에는 이들 하층민을 안정화시키고 수취의 대상

---

20) 申安湜, 『高麗 武人政權과 地方社會』, 209~210쪽.

으로 확보하기 위한 정부의 대민정책은 어떻게 전개, 실현되었는지를
검토하기로 한다.

2. 대민정책의 추이

1) 무인집권기 전후

주지하듯이 고려전기는 귀족정치라고 부를 정도로 귀족권력이 꽃을
피우게 된다. 그러나 11세기 말 고려사회는 귀족세력의 강력한 대두
및 거란족과 여진족의 침입이라는 대내외적으로 위기에 처하게 되었고,
이에 안팎으로 발생한 위기에 대처하기 위한 강력한 리더십이 필요하게
되었다. 이러한 시대적 배경에서 개혁의 중심은 국왕이었다. 물론 국왕
중심의 개혁에는 과거제를 통해 관료로 진출한 관인들의 성장이 일정
정도 전제가 되는 것은 말할 나위도 없다. 이 시기의 국왕으로서 주목되는
인물은 肅宗·睿宗·仁宗이다.[21]

당시 국왕이 주도한 개혁에는 강력한 리더십을 발휘하기 위한 여러
가지 제도적 장치가 더불어 마련되었다. 그 가운데 주목되는 것으로는
숙종대의 화폐제도 도입, 예종대의 監務의 설치 등을 들 수 있다. 이들
정책은 강력한 지배권을 확보하기 위하여 추진된 것이었다. 다만, 정책의
추진 과정에는 당시 위정자의 민에 대한 인식이 엿보이는데, 그것은

---

21) 이들 국왕의 개혁에 대하여는 최근 變法的 法家思想과 復古的 儒學思想이 결합한
託故改制의 復古思想(鄭修芽, 『高麗中期 改革政治와 北宋新法의 受容』, 서강대학교
박사학위논문, 1999)과 功利主義的 新法改革(蔡雄錫, 「12세기초 고려의 개혁추진
과 정치적 갈등」『韓國史研究』112, 2001)이라고 하여, 이 시기의 개혁을 구체화
하는 연구가 진행되고 있다. 이들 연구에 보이듯이 이 시기 개혁의 중심은
국왕이라 할 수 있다.

하층민을 治政의 대상으로만 여기고 심지어 민을 적대적인 존재로 설정하고 있는 점이다.

이는 화폐 사용에 대한 반대에 직면한 예종의 조서에 잘 나타나고 있다. 곧, 예종은 화폐가 국가를 부강하게 하고 백성을 이롭게 하는 것이라고 역설하면서 "무릇 한 가지 법을 만들면 많은 비방이 일어나는 까닭에 백성과는 시작할 때 의논해서는 안 된다"고 하여,[22] 백성을 논의의 대상에서 배제시키고 있다. 예종이 말한 이 내용은 『商子』更法條에 나오는 商鞅의 말이다. 상앙은 秦의 제도를 개변할 때, 變法者의 입장에서 愚者인 백성과는 의논할 필요가 없고 聖人이 결정해야 한다는 정치관을 보인 인물로 알려져 있다. 당시 국왕과 개혁을 추진하는 관료들은 상앙의 변법사상을 익히 알았고, 따라서 개혁의 추진 과정에서 상앙의 백성관을 하나의 이념으로 취하였을 것이다.[23]

이처럼 이 시기에 시행된 국왕 중심의 개혁은 왕권 강화에만 중점을 두었기 때문에 하층민은 고려의 대상이 되지 못하였다. 더욱이 국왕중심의 개혁마저도 의종대를 전후하여 단절되었기 때문에 이 시기의 대민정책은 지속되지 못하였고, 따라서 당시 하층민의 요구는 국가정책에 적극 반영되지 못하였다.

12세기에 고려정부가 실시했던 대민정책 가운데 우선 눈에 띄는 것은 감무의 파견이다. 『高麗史』地理志에 의하면, 고려 전시대 감무가 파견된 것은 총 186회이고, 그 가운데 고려초와 현종 10년의 세 사례를 제외한 나머지 183사례는 모두 예종대인 12세기 이후에 집중되었고, 특히 12세

---

22) 『高麗史節要』卷7, 睿宗 元年 7月條, "詔曰 朕覽兩府臺諫兩制 及長齡殿儺校員等封事 其所論 躬行自省 奉承祖訓者 旣已存心 庶幾踐行矣 … 其使錢之法 乃古昔帝王 所以富國便民 非我先考 殖貨而爲之也 … 凡立一法 衆謗從起 故曰 民不可慮始 不意 群臣託太祖遺訓 禁用唐丹狄風之說 以排使錢 然其所禁 蓋謂風俗華靡耳 若文物法度 則捨中國何以哉 祖訓所禁 非謂使錢 明矣."

23) 鄭修芽, 『高麗中期 改革政治와 北宋新法의 受容』, 147쪽.

기인 예종대·인종대·명종대·신종대가 전체의 75%에 이르고 있다.[24] 이처럼 고려왕조는 12세기 이후 각 지역에 대대적으로 감무를 파견하고 있음을 알 수 있다.

그러면 12세기 이후 감무가 대대적으로 파견된 목적 내지 의의는 무엇일까? 우선 예측할 수 있는 것은 유망민의 방지 및 재지세력의 견제·장악을 통한 중앙집권의 강화를 들 수 있다. 감무의 파견이 유망민의 안정의 일환인 점은『高麗史節要』에 실려 있는 예종의 詔書를 보면 어느 정도 알 수 있다. 곧, 이에 의하면, 예종 원년에 시행된 감무파견은 유망을 줄이고 이들을 按撫토록 하는 데 그 목적이 있고, 그 원인으로 민의 유망현상을 들고 있다.[25] 이는 예종대 무렵부터 하층민의 유망이 광범위하게 이루어진 현실적 사정이 감무파견의 직접적인 배경임을 말해주는 것이고, 따라서 그 목적도 이들을 안무하여 생업에 전념케 함으로써 생산력을 향상시키는 데 있음은 당연하다고 하겠다.

그런데 감무파견의 목적이 유망민의 안정화에 있다면 그 대상지역에 部曲制 지역도 포함이 되었을 것이다. 이 시기 부곡제 집단은 권세가와 토호세력의 탈점, 국가적 수요의 증대에 따른 과중한 수탈 등으로 해당 주민이 유망하면서 그 고유한 기능이 상실되어 갔다.[26] 이러한 부곡제민의 유망이 군현제 지역의 역의 과중화로 나타나 군현인까지 유망하였던 것이다.

또 지방관들은 11세기 중엽부터 勸農使의 직임을 겸대하였다. 이들은 먼저 수리사업을 통해 하층민의 안정화를 도모하였다. 그러한 기록으로

24)『高麗史』地理志에 보이는 감무파견의 시기별 분류에 대하여는 元昌愛,「高麗中·後期 監務增置와 地方制度의 變遷」『淸溪史學』1, 1984 참조.

25)『高麗史節要』卷7, 睿宗 元年 4月條, "詔曰頃以西海道儒州安岳長淵等縣 人物流亡 始差監務官 使之按撫 遂致流民漸還 産業日盛 今牛峯兎山等二十四縣 人物亦漸流亡 宜準儒州例 置監務招撫."

26) 朴宗基,『高麗時代 部曲制研究』, 188쪽.

는 인종조 知樹州였던 張文緯에 의한 저습지 개발,[27] 의종조의 溟州수령이었던 林民庇에 의한 渠 준설과 灌田,[28] 洪州에 出守했던 李文著에 의한 거 준설과 관전[29] 등이 보이며, 이 시기는 수리관계 기사가 집중되는 때이기도 하다.[30] 그리고 수리관계의 목적이 하층민 안정화나 재정충실 등으로 나타나는 것으로 보아 이때 지방관들은 하층민의 유망에 대한 대책으로 추진되었음을 알 수 있다.[31]

한편, 12세기 이후 중앙정부의 지방관 파견은 국가가 재지세력을 견제·장악하려는 의도도 강하게 내포하고 있었다.[32] 위에서 언급하였듯이 예종대 무렵부터 하층민의 유망현상이 극심한 배경에는 재지세력에 의한 하층민의 수탈이 자리하고 있음은 말할 나위도 없다.

이상과 같이 예종대 이후 중앙정부에서는 하층민의 유망 방지 및 재지세력의 통제를 통한 중앙집권력 강화의 일환으로 대대적으로 지방관을 파견하였다. 다만, 이러한 의도 내지 목적을 지닌 지방관의 파견이 실제 하층민의 생활안정에 어느 정도 기여를 했는지에 대하여는 사료의 한계로 명확하지 않다. 오히려 이와는 반대로 지방관의 파견이 지방관과 하층민, 또는 지방관과 향리간의 알력을 증가시켜 이들에 의해 하층민의 생활을 한층 더 피폐하게 만들었을 가능성이 높다. 이것은 앞서 언급했듯이 12세기에 실시된 대민정책에 하층민에 대한 배려가 거의 없었기 때문에 나온 결과로 볼 수 있다.

그러나 이러한 정책마저도 무인집권기에 지속적으로 전개되지 못해

---

27) 『韓國金石文追補』 張文緯墓誌銘.

28) 『高麗史』 卷99, 林民庇傳.

29) 『韓國金石總覽』上, 李文著墓誌.

30) 고려시기 수리관계 기사는 17건이 보이는데 이 가운데 12세기에만 한정하면 10건이다(위은숙, 『高麗後期 農業經濟硏究』, 20~23쪽).

31) 이종봉, 「高麗後期 勸農政策과 土地開墾」 『釜大史學』 15·16합집, 1992.

32) 감무파견의 목적·특징 등에 대하여는 元昌愛, 「高麗 中·後期 監務增置와 地方制度의 變遷」 ; 朴宗基, 『高麗時代 部曲制硏究』, 176~185쪽 참조.

사회모순은 더욱 악화되었다. 이는 무인집권기에 발생한 민란 가운데 지방관과 향리 및 하층민과의 알력으로 일어난 난이 적지 않음에서 알 수 있다.[33] 또한 무인집권기의 지방관의 파견은 앞 시기의 무인집권자들의 경제력을 차단하기 위한 것도 하나의 목적으로 등장하여,[34] 지방민의 안집과는 일정정도 괴리되는 면도 나타났다. 이는 이 시기에 파견된 지방관조차도 토지탈점의 주체인 권세가의 사적 인맥과 관련되기 때문이다.[35] 이 시기의 지방에 파견된 수령이 급하지 않은 일로 하층민을 침탈하고 괴롭혀서, 그들이 폐단을 견디지 못하고 유망한다는 사실은[36] 무인집정자들의 수조지겸병 등을 통한 사적 기반의 확대경쟁에서 비롯되는데, 이것을 관리운영하기 위해서는 자신의 인맥에서 선출한 지방관이 필요했기 때문이다.

한편 이 시기 중앙정부가 실시했던 대민정책 가운데 또 하나 주목되는

---

33) 지방관과 하층민 사이의 갈등에 의해 일어난 민란 가운데 대표적인 것으로는 明宗 12년 3월에 발생한 全州民의 항쟁이다. 이 항쟁은 全州司祿 陳大有와 上戶長 李澤民이 모의하여 백성을 수탈한 것이 주된 원인이었다(『高麗史』卷20, 明宗 12年 3月 甲寅條). 그리고 지방관과 향리간의 갈등에 의한 민란은 神宗 3년 4월에 발생한 晉州公私奴隸의 반란이다. 이 민란은 표면적으로는 자신들을 수탈하던 州吏에 대한 항거이지만 그 배경에는 司祿 全守龍과 倉正 鄭方義라는 진주지역의 지방관과 토호의 갈등이 자리하고 있다(『高麗史節要』卷14, 神宗 3年 4月條).

34) 申安湜,『高麗 武人政權과 地方社會』, 제2장「무인정권의 대민정책」참조.

35) 무인집권기 대민정책은 명종 18년 3월에 발표한 교서에 잘 나타나 있는데, 이 글의 많은 부분이 수령과 권세가, 그리고 향리층의 수탈로 인한 토지탈점과 농민 유망문제를 언급하고 있다. 이 가운데 권세가와 향리층은 서로의 결탁을 통해 거짓으로 閑地 내지 자기의 家田으로 칭하여 수조권자로 행세하여 수조권을, 차대를 빌미로 하층민의 정전을 빼앗아 소유권까지 침탈하고 있다(김인호,「무인집권기 문신관료의 정치이념과 정책-명종 18년 조서(詔書)와 봉사(奉事) 10조의 검토를 중심으로-」, 116쪽). 명종 18년의 교서에 대해서는 다음의 논문 참조 바람. 김인호, 앞의 논문 ; 채웅석,「명종대 권력구조와 정치운영」『역사와 현실』17, 1995 ; 신안식,「고려 명종대 무인정권의 대민정책」『역사와 현실』24, 1997.

36)『高麗史』卷75, 選擧3 銓注, 凡選用監司, 明宗 18年 3月條.

것은 淫祀를 금지한 점이다. 음사는 운명공동체적 의식을 높이고 지역 내 통합의 계기로서 기능한 共同祭儀를 가리키는데, 나말여초 사회변동 과정에서 각 지역의 호족들이 지역 내의 갈등을 해소하고 결속을 다지는 기능으로 도입하였다. 특히 고려시기에 자의적 공동체들을 주도하였던 가계의 인물들이 城隍神, 山神으로 숭배되고 있고,[37] 공동제사의 대상이 된 것에서도 음사와 하층민의 습합정도가 살펴진다.[38]

음사의 기준은 고려말 성리학자들에 의해 제시된 것으로 "제사를 드려서는 안 되는 것임에도 제사를 드리는 것"이다.[39] 즉 국가에서 정해 놓은 것 이외의 대상에 대해 제사를 올리는 것을 음사라고 규정하여 성리학적 질서에 대항하는 행위를 가리키는 용어였다. 본래 고려시기의 음사는 국왕에서부터 하층민에 이르기까지 보편적으로 행해지고 있었다.

그런데 이 음사와 관련된 사료는 12세기 이후 많이 보인다. 특히 仁宗代와 毅宗代에는 국왕 자신이 巫覡信仰이나 陰陽秘說에 심취해 있었다. 예를 들어, 인종은 빈번히 巫를 궁중에 모아 기우행사를 열었고, 심지어 자신의 병이 위독하자 무당의 말에 따라 金堤 碧骨堤의 제방을 끊기까지 하였다.[40] 의종도 卜者였던 榮儀의 말에 따라 전국의 신사에 사신을 끊임없이 보냈으며, 민간의 집을 빼앗아 이궁이나 별관으로 삼기까지 하였다.[41] 이 시기에는 하층민도 음사를 많이 신봉하였는데, 12세기 향도의 변질이란 측면에서 자주 거론되고 있는 인종대의 萬佛香徒[42]는

---

37) 梁山의 金忍訓, 義城의 金洪術, 密陽의 孫兢訓, 谷城의 申崇謙 등은 왕건을 도와 고려 건국에 공로를 세운 해당지역 자위조직의 영수이거나, 그 지역 출신의 장수로서 죽은 후에 그 지역의 성황신으로 신봉된 예이다(金甲童,「高麗時代의 城隍信仰과 地方統治」『韓國史硏究』 74, 1991).

38) 蔡雄錫,『高麗時代의 國家와 地方社會』, 192~193쪽.

39)『禮記』,「曲禮」.

40)『高麗史』卷17, 仁宗 24年 2月, 庚申條.

41)『高麗史』卷123, 榮儀傳.

42)『高麗史』卷85, 刑法2 禁令, 仁宗 9年 6月條.

당시 일반인의 음사에 대한 신봉이 어느 정도였는지를 추측케 한다.

그런데, 위에서 언급하였듯이 국가에서는 이에 대하여 일관되게 禁令으로 규제하고 있다. 더욱이 향도의 변질에는 하층민이 자신들의 이익을 위한 이권단체적인 성격이 강하게 느껴진다. 그럼에도 국가에서는 이를 계속 금압하고 있다. 이는 국가가 이러한 하층민의 변화를 인지하지 못하고 이들에 대하여 이전의 향도적 질서 즉 국익을 위한 단체 또는 동원자로만 인식하였음을 의미한다.

한편 음사와 관련하여 주목되는 것은 12세기 이후 이러한 음사의 유행에 대하여 지배층 내부에서도 반감을 가진 이가 나오는 점이다. 일례를 들면, 의종 때 儒者인 咸有一은 九龍山의 神像을 활로 쏘아 물의를 일으키고 있다.[43) 이것은 비록 개인적인 차원이지만 당시 治者層에서도 음사의 유행에 대한 반감이 상당하였음을 말해준다. 12세기 전후하여 음사에 대한 국가의 규제책이 등장하는 것도 이러한 치사층의 음사에 대한 반감이 작용하였을 것이다. 특히 이 시기 음사규제책이 나오게 된 것은 12세기 肅宗代 이후 개혁정치의 연장에서 유교의 禮的 秩序를 수용한 것과 연관이 있어 보인다. 이 시기에는 유교질서의 회복으로 國學이 설치되고 있다. 국학은 이상적인 先王의 도를 구현하는 곳이고, 이곳에서 국정을 책임질 인재 양성이 이루어지고 있다. 여기서 말하는 선왕은 이상사회에 나오는 선왕 시대를 가리키며 北宋代의 正學이라는 학풍을 계승하는 것이었다.[44) 예종 11년에 발표한 신교의 내용 중에 '선왕의 가르침은 巡陰陽 奉神祇 信賞罰 公黜陟 崇學校 美風化'라고 하는 대목은[45) 이를 단적으로 보여준다.

---

43) 『高麗史』卷99, 咸有一傳, "聞九龍山神最靈 乃詣祠 射神像 旋忽起闔門兩扇防其矢 又至龍首山祠 試靈無驗 焚之 是夜 王夢有神求救者 翼日 命有司復構其祠."
44) 鄭修芽, 『高麗中期 改革政治와 北宋新法의 受容』, 155~158쪽.
45) 『高麗史節要』卷7, 睿宗 11年 4月條.

당시 음사에 대한 국가의 규제책은 크게 두 가지 방향에서 전개되고 있다. 하나는 국가에 의한 금령의 강화이다. 곧, 바로 위에서 언급하였지만, 인종대의 만불향도 사료가 『高麗史』 형법지 금령조에 나오고 있는 것은 당시 음사에 대한 국가의 금지가 강력하였음을 시사한다. 물론 만불향도에서 독송한 것이 어떠하였는지는 관련사료가 없어 구체적으로 알 수 없지만 국가의 治政에 위배되었을 것은 쉽게 짐작된다. 그러나 이 시기 중앙정부에서 추진한 음사에 대한 규제는 그 대상이 하층민에게 한정되어 있다. 이는 음사금지 측면에서 한계점이 생기게 마련이다. 따라서 국가의 이러한 금령을 통한 규제책은 그다지 효과를 보지 못했을 것으로 생각된다.

이에 따라 중앙정부에서는 음사에 대하여 원천적인 금지보다도 정책을 통해 금지하는 방향을 취하였고, 그 결과 시행된 것이 다름 아닌 지방관의 지속적인 관여이다. 지방관이 음사에 관여한 사료로는 李奎報의 경우를 들 수 있다. 이규보는 全州의 司祿兼掌書記로 파견되었을 때, 성황제에 고기를 사용하는 것을 보고는 이를 금지시키고 있다.[46] 이규보의 이러한 조치는 이미 지방에 보편화되어 있는 성황신이나 산천신에 대한 제사를 일관하게 규제하기보다 일반 민들이 신봉하는 신에 대하여 지방관이 관여함으로써 지방을 장악하고자 했던 것이다.[47]

이상에서 살펴보았듯이, 무인집권기 전후 중앙정부에서는 지방관의 파견과 음사금지책을 시행하여 대민지배체제를 회복·강화하고자 하였다. 그러나 이러한 일련의 정책은 집정자들이 기대한 만큼 효과를 보지 못한 듯하다. 그 원인에 대해서는 여러 가지가 있겠지만, 무엇보다 국가

---

46) 『東國李相國集』 卷37, 祭神文.
47) 金甲童, 「高麗時代의 城隍神仰과 地方統治」 『韓國史硏究』 74, 1991, 17~23쪽. 김갑동의 연구는 기존의 고려후기 연구자와 같이 12세기 이후 즉 여말선초에 이르는 전 시기에 걸쳐 지방관이 성황신앙에 관여함으로써 지방민을 통제하는 방향으로 나아갔다고 설명하고 있다.

에서 시행한 일련의 대민정책이 당시 하층민의 존재양태 및 이들의 의식과는 상당한 괴리 내지 모순된 점을 들 수 있다.

2) 원간섭기

앞서 검토하였듯이 12세기 중앙정부에서 시행한 대민지배정책은 다양한 형태를 보이는 하층민의 동향에 대하여 직시하지 못한 측면이 많았다. 그런데 이러한 상황에서 하층민은 몽골과의 항쟁을 30년 정도 겪게 되었다. 이러한 외환 속에서 정부로부터 보호를 받지 못한 하층민은 그들 스스로 자구책을 강구하지 않으면 안 되었다. 이와 동시에 주목되는 것은 원간섭기 국가에서 시행한 대민지배정책이 이전과는 사뭇 다른 방향으로 전개되고 있는 점이다. 그것은 국왕중심의 대민지배체제의 지향이다. 국왕은 부원세력의 배세와 함께 왕권을 상화하기 위하여 이전 시기와 달리 하층민에 대한 인식에서 뚜렷한 차이를 보인다. 그러면 원간섭기 대민정책은 구체적으로 어떤 방향으로 전개되었는가에 대하여 살펴보기로 한다.

우선 주목되는 것은 流亡民에 대하여 還本政策을 포기한 점이다. 유망민은 그들이 살았던 지역에서의 삶을 포기하고 다른 곳으로 이주한 자들이므로 정부에서는 이들에 대한 推刷를 우선적으로 실시하였다. 그러나 이러한 단순한 추쇄는 하층민을 다시 유망의 길로 나아가게 만들었다. 이에 정부에서는 하층민의 안정화 정책과 함께 추쇄를 실시하기도 하였다. 그러나 이러한 정책은 국가기강의 혼란과 私的세력의 확대로 성과를 그다지 기대할 수 없었고, 결국은 추쇄정책의 포기로 나아갔다.

유망민에 대한 추쇄정책의 포기는 원종 11년(1270)부터 보인다.[48]

---

48) 『高麗史』 卷30, 忠烈王 11年 3月 辛卯條, "下旨 一 流移鄕吏 不拘年限 已曾還本 今百姓 之流移者 亦宜刷還 然流移已久 安心土着 若皆還本 卽彼此遷徙 必失農業 依前庚午年以

이 시기는 대몽항쟁이 종료된 지 얼마 되지 않은 때이므로 이탈된 하층민에 대한 추쇄는 당연하였다. 그러나 대몽전쟁은 40년이라는 기간을 소요하였기 때문에 유망민의 本貫地로의 강제추쇄는 상당한 무리가 따를 수밖에 없었다. 이에 원종 11년에 추쇄를 포기하는 명령이 내려졌다.[49]

忠烈王代에 이르면 다시 추쇄포기인 現居住地政策(勿還本政策)이 실시되었다.[50] 이 정책이 다시 시행된 것은 두 가지로 해석할 수 있다. 하나는 충렬왕 11년(1285) 이전까지 환본정책을 고수하였지만, 이 시기에 다시 현거주지 정책으로 방향을 바꾸었을 것이라는 점, 또 하나는 충렬왕 11년의 현거주지 정책은 이 정책을 다시 한 번 강조하여 그 대상인 유망민이나 정책담당자에게 환기시키기 위한 것이라는 점이다. 그런데 충렬왕 11년의 현거주지 정책 이전에 환본에 대한 어떠한 관련 사료가 나오지 않는 것을 고려하면 후자가 타당하다고 생각된다. 즉 충렬왕대에는 현거주지 정책이 계속 실시되었다고 보아도 무방할 것이다. 다만, 충렬왕대는 북방지역을 지배하고 있던 재지세력에 대한 견제차원에서 북방지역에 한해서는 환본정책을 계속 견지해 나갔을 것으로 추측된다.[51] 이는 이 시기의 추쇄가 북방지역에 한정하여 행해지고 있는 것에서도 알 수 있다.[52]

上例 已訖還本人外 並皆不動 使之安業."

49) 원종 11년에는 현거주지 정책과 함께 추쇄책도 시행되었다. 이때 추쇄책이 시행된 지역은 북부지역으로 역에서 도피한 자, 죄를 범하고 도망한 자, 공사노비로서 천인신분을 모면하려는 자들이 몽골의 주둔군과 서경에 의탁하고 심지어 일반민을 유인해 가는 일들이 심해지니, 이를 금지하고 그들을 모두 돌려보내 줄 것을 요청하였다(『高麗史』卷26, 元宗 11年 閏11月條).

50) 주 48)과 동일.

51) 북방지역은 반고려세력과 함께 원의 정치적 간섭이 강하게 미치던 지역이다. 충렬왕대 북방정책에 대해서는 본서 3장 「부곡제의 소멸과 稱干稱尺制의 정비」 참조.

52) 북부지역에는 기존에 雙城摠管府와 東寧府가 설치되어 있었고 이곳을 관할하는 자들이 親元反高麗系 인물이므로 이 지역에 대한 경계는 항상적일 수밖에 없었

그런데 이러한 충렬왕대의 정책은 忠宣王·忠穆王代에 이르면 다시 환본 정책으로 후퇴하게 된다. 이는 충선왕과 충목왕대의 정치지향과 밀접한 관련이 있다. 즉 충선왕은 古制回復을 개혁의 주된 방향으로 삼았고, 충목왕대는 충선왕대의 정책을 이어 整治都監의 실시와 함께 환본정책이 실시되었다. 그러나 이들의 집권 시기는 짧았으므로 원간섭기의 국왕들 은 현거주지 정책을 고수했다고 보아도 무방할 것이다.

원간섭기 고려정부는 유망민에 대한 현거주지 정책을 실시한 후 이들 에 대한 새로운 대민편제를 단행하였다. 이는 군현인의 유망과 부곡제의 소멸 등으로 국가가 수취할 수 있는 대상이 상당히 줄어들었기 때문이다. 원간섭기의 대민편제로 주목되는 것은 충렬왕대에 실시한 鷹坊과 營城伊 里干이다.[53] 이리간은 취락을 뜻하는데, 이처럼 국가에서 인위적으로 취락을 설치한다는 것은 徙民政策이 뒤따라야 가능하다. 사민은 국가에 서 강제적으로 인구를 이주시키는 정책이므로 국가나 사민대상자 모두 일정한 부담이 수반된다. 특히 북방지역으로의 사민은 그 부담이 크다고 할 수 있다.

다음으로 원간섭기에 시행된 정책 가운데 또 하나 주목되는 것은 田과 民에 대한 計點事業이 지속적으로 전개되고 있는 점이다. 곧 충렬왕 5년(1279)에 국왕은 계점사를 전국에 파견하여 이들을 통해 逋戶나 逃戶 로 인한 부세체계의 모순으로 심각한 사회 문제가 야기되고 있다는 것을 파악하였다.[54] 이러한 실태 파악을 통해 충렬왕은 18년(1292)에 호구의 점검과 토지의 墾荒을 살핀 이후 貢賦를 計定하는 정책을 실시하

다(梁元錫, 「麗末의 流民問題」『李丙燾博士華甲紀念論叢』, 1956).

53) 이 정책에 대하여는 본서 3장 「부곡제의 소멸과 稱干稱尺制의 정비」에서 상세히 서술하고 여기서는 개요만 언급한다.

54)『高麗史』卷79, 食貨2 戶口, 忠烈王 5年 9月條, "分遣計點使於諸道 初都評議使司言 … 近來兵饉相仍 倉儲懸罄 橫斂重於常貢 逋戶累其遺黎 (中略) 由是累發計點使 而未見 成效 及東征之役 發民爲兵 故復有是命."

였다.55)

　이러한 충렬왕대의 정책은 이후 충선왕에 이어지고 있다. 곧 충선왕은 즉위 원년(1309)에 大臣을 諸道에 보내어 민호를 검괄하고 있다.56) 충선왕 원년에 시행된 민호 검괄도 앞서 충렬왕대에 토지의 간황까지 파악하고 있는 점을 고려하면, 단순히 호구만 파악된 것은 아니었을 것이다. 그러나 토지를 불법으로 점유하였던 세력가가 광범위하게 존재한 상황에서 토지까지 파악하기에는 상당한 어려움이 따랐을 것이다. 이에 충선왕은 충렬왕에 이어 군현제의 개편 등을 통해 지방 세력가의 존재를 어느 정도 희석시키고자 하였다. 충선왕 원년에 牧制가 신설된 것은 이를 반증한다.57)

　그런데 충렬왕 이후 시행된 일련의 정책 가운데 특히 주목되는 것은 호구에 대한 파악을 가장 중요하게 다루고 있는 점이다. 이 시기 括戶라든지 造戶라는 용어가 빈번하게 출현하고 있는 것이 이를 말해준다. 이러한 때문인지 이 시기 공부의 과세기준도 호구파악의 전제 하에서 이루어지고 있다.

　이 과정에서 등장한 것이 貢戶制이다. 공호제는 무인집권기부터 보이는 제도이다. 원간섭기에 국왕주도의 대민정책이 실현되면서 이 제도가 본격적으로 등장하였다. 공호제에 대해서는 다음 2장에서 자세히 서술할 것이므로 여기서는 약간의 언급만 하도록 한다. 공호제는 수취의 대상을 확보하기 위한 국가정책이다. 明宗代의 사료이기는 하지만 '貢戶

---

55) 『高麗史』卷79, 食貨2 戶口, 忠烈王 18年 10月條, "敎曰 諸道之民 自兵興以來 流亡失業 在元往己巳年 計點民戶 更定貢賦 厥後賦斂不均 民受其病 可更遣使量戶口之縮 土田之 墾荒 計定民賦 以遂民生."

56) 『高麗史』卷110, 金台鉉傳, "忠善即位 分遣大臣 括諸民戶 台鉉爲楊廣水吉道計點使行 水州牧使 諸道報斂諸司受指書 每回牒曰 當依楊廣水吉道所爲 行之 故諸道皆取法 以商 議贊成事 例罷 閑居者十年 忠肅八年 起爲斂議評理 尋判三司事."

57) 『高麗史』卷56·卷57, 地理志는 忠宣王 元年에 신설된 여러 牧이 열거되어 있다.

良人'은 국가가 공호제를 어떠한 의도에서 실시한 정책인가를 엿볼 수 있는 사료이다. 즉 공호로 파악된 모든 하층민을 양인으로 보고자 하는 것이다. 특히 공호에 충당된 대상이 逋戶나 隱戶라는 것에서[58] 국가의 의도를 쉽게 짐작할 수 있다.

모든 하층민을 공호로만 파악하는 것은 국가로서도 문제가 된다. 원종대부터 설치된 전민변정도감은 공호의 신분을 국가가 변정하여 이들을 완전한 수취의 대상으로 삼고자 하는 것이었다.

국가의 이러한 대민정책은 음사정책에도 보인다. 이 시기의 음사정책은 규제와 장려라는 두 가지 면이 병존하고 있다. 우선 이 시기의 음사규제는 12세기와 마찬가지로 국가가 직접 행하고 있다. 예를 들어 충선왕은 즉위년에 開京에서 巫覡과 陰祀를 성 밖으로 추방하는 조서를 내렸고,[59] 忠肅王은 德水縣에 사냥을 갔다가 매와 말이 죽자 성황신사를 소각하였다.[60] 이러한 사료들은 개인적으로 음사를 규제하거나 하층민만을 대상으로 하던 12세기에 비해 음사정책이 매우 강경해졌음을 말해준다. 그러나 한편에서는 앞서 살펴본 이규보 등의 사료와는 달리 이 시기에는 국가가 음사에 대해 적극적으로 수용하고 있는 점이 주목된다. 그 가운데 대표적인 것이 성황신에 대한 爵號의 하사이다. 예를 들어 충렬왕 7년에 중외의 성황과 명산대천의 祀典에 등재된 성황에 모두 德號를 가하고,[61] 충선왕 복위년에도 이와 비슷한 조치를 취하고 있다.[62] 더욱이 시기적으

---

58) 『高麗史』 卷79, 食貨2 戶口, 忠肅王 12年 10月條, "下敎 一開城府五部及外方州縣 以百姓爲兩班 以賤人爲良人 僞造戶口者 據法斷罪 一權勢之家 廣置田莊 招匿人民 不供 賦役者 所在官司 推刷其民 以充貢戶" ; 『高麗史』 卷79, 食貨2 鹽法, 忠肅王 12年 10月 條, "以逋戶貢塩加徵貢戶" ; 『高麗史』 卷85, 刑法2 禁令, 忠穆王 5年條, "國制內乘鷹坊 投屬人 並皆革罷 令各縣別抄及貢戶定役."

59) 『高麗史節要』 卷22, 忠烈王 24年 4月條 ; 『高麗史』 卷85, 刑法2 禁令, 忠肅王 後8年 5月條.

60) 『高麗史』 卷34, 忠肅王 6年 8月 壬子條.

61) 『高麗史』 卷29, 忠烈王 7年 正月 丙午條, "中外城隍名山大川 栽祀典者 皆加德號."

로 후대의 자료이지만, 趙浚의 田制改革 속에 성황신사에 지급된 位田을 이전대로 지급할 것을 건의하고 있는 것으로 보아 이 시기에는 작호에 맞는 위전의 지급도 행해졌을 것으로 생각된다.

그렇다면 원간섭기에 음사류를 배척하면서도 한편에서는 성황신사 등을 제도권 안으로 흡수한 이유는 무엇일까? 이에 대하여 주목되는 것은 이 시기에 성황신앙이 하층민과 밀접한 관련을 가지는 점이다.

성황신앙과 하층민과의 관계에 대하여는 다음의 사료에 잘 나타나 있다.

> 胡僧 指空이 延德亭에서 계율을 설법하니 士女들이 달려와 경청하였다. 鷄林府司錄 李光順도 역시 無生戒를 받고 임지에 갔는데 주민들로 하여금 성황제에 고기를 쓸 수 없게 하고 민간에서 돼지 기르는 것을 금하기를 심히 엄하게 하였다. 그러자 주인들이 하루에 그 돼지들을 다 죽여 버렸다.[63]

위의 사료에 의하면 무생계를 받은 이광순은 임지에 나가 주민들의 성황신의 제사를 금하고 더 나아가 이 제사에 고기를 쓰지 못하게 하였다. 이에 백성들은 자신들이 기르던 돼지를 다 죽이고 있다. 이는 하층민에게 보편화된 신앙인 성황신에 대한 지방관의 탄압에 대한 불만의 표출이었던 것이다.

따라서 국가로서는 이렇게 민간화된 성황신을 이전 시기와 같이 단순히 억압만 할 수는 없다. 특히 당시는 하층민의 안정화가 국가의 운명과 직결되는 시기였다. 이러한 시대적 상황에서 국가는 自衛組織的 성격을 지닌 성황신사 등에 대한 국가적 배려가 필요했던 것임은 당연하다.

---

(62) 『高麗史』 卷33, 忠宣王 復位年 11月條.
(63) 『高麗史』 卷35, 忠肅王 15年 7月 庚寅條.

한편으로 이 시기는 성리학이 도입되던 때이다. 성리학을 지배이념으로 삼고자 하는 충선왕을 비롯한 치자층은 음사를 적극적으로 배격하고자 하였다. 앞서 언급한 충선왕과 충숙왕이 무격과 음사를 성 밖으로 추방하고 심지어는 성황신사를 소각하는 것도 이와 무관하지는 않다. 그러나 이들 국왕조차도 하층민의 규합 장소인 성황신사를 무시할 수는 없었다. 그것은 이 시기에 유행한 음사 가운데 성황신사가 하층민과 가장 습합되어 있었기 때문이다. 이러한 측면에서 볼 때, 국가에서는 성황신사를 제외한 다른 음사는 배격하고 대민장악의 차원에서 이를 받아들이고 장려하였을 것으로 사료된다.[64]

한편, 이 시기 하층민의 생활의 변화는 향도의 변질에서도 엿볼 수 있다.[65] 고려후기에 등장하는 향도 사례는 거의 이 시기에 집중되어 있다.[66] 그 시기를 구체적으로 제시하면, 충선왕 3년(1311),[67] 충숙왕 10년(1323),[68] 충숙왕 17년(1330),[69] 충숙왕 후8년(1339),[70] 충혜왕 후3년

---

64) 고려후기 국가에 의한 성황신사의 수용은 조선시기의 태종대에도 보인다. 태종은 국왕권을 앞세워 지방세력을 장악하고자 이사제 등을 실시하고자 하였다. 따라서 하층민의 신앙의 대상 중 가장 보편적인 성황신만을 국가 제도 속에 넣어 장려하고 있다(韓㳓劤,「朝鮮王朝初期에 있어서의 儒教理念의 實踐과 信仰·宗教─祀祭問題를 中心으로─」『韓國史論』 3, 1976).

65) 고려후기 향도의 성격 변질에 대해서는 채상식,「한국 중세시기 香徒의 존재양상과 성격」『한국민족문화』 45, 2012 참조.

66) 무인집권기 이후의 향도는 12사례가 있는데, 명종대의 것이 1번이고, 공민왕 이후가 4번이며 나머지는 원간섭기이다.

67) 『韓國金石遺文』, 至大四年銘鐘, "至大四年 辛亥二月日 智岑△閑 香徒淸信戒女等 造上藥師菴小鐘 鑄△成△△△△△富 同願 △△女 加叱同."

68) 柳麻理,「1323年 4月作 觀經十六觀變相圖(일본 隣松寺藏)」『文化財』 28에서 인용, "龍朔 至治三年 四月日 同願內侍徐智滿 勸善道人 心幻 同願道人 智鐸 同願 林性圓 同願 李氏, 洛山下人 僧英訓 尼僧某伊 古冗三伊男 祿△女 善財女 故明伊女 古火伊女 秀英伊女, 楊州接 延達伊男 仇之伊女 今音寶女 無張伊男, 中道接 戶長 朴永堅 鄭奇 僧石前 縛猊伊女 加△只伊女 五味伊女 防守男 燕芝女, 十方施主 楊州△香徒△."

69) 『韓國上代古文書資料集成』, 阿彌陀三尊圖畫記, "香徒等 金思達 草兼 金三 閑守 金呂 金二 仁界 尹白 萬眞 正延 松連古火也 松百 助達 所閑 金甫 水口 戒明 戒山 大△ 于斤伊 永宣 孝△ 三日 幹善禪△ 天曆三年庚午 五月."

(1342),[71] 충혜왕 후3년[72]의 6번이다.

그 가운데 충선왕대 향도는 小鐘의 조성을 위해 향도 淸信·戒女 등이 조직한 것이다. 충숙왕 10년의 향도는 佛畵 조성을 위해 楊州 지역에서 이 지역의 승려와 戶長, 그리고 일반 신도들이 중심이 되었고, 충숙왕 17년의 경우는 불화조성을 위해 향도 24인이 모인 것이며, 충숙왕 후8년의 사료는 開城에서 城中婦女들이 設齋點燈하기 위해 모였다. 충혜왕대의 앞의 사료는 松林寺 香銳 조성을 위해 신도들이 결성한 것이고, 뒤의 경우는 개성지역에 국왕행차시 등을 드는 무리들이 齋를 設하기 위해 만든 것이었다.[73]

이상의 사료에서 우선 눈에 띄는 것은 향도에 여성의 참여가 많다는 점이고, 향도가 조성한 공작물의 규모가 그리 크지 않고 소종이나 불화, 향완 등이라는 점이다. 또 향도에 동원된 인원도 상당히 줄어들고 있다. 비록 우왕대의 사료이지만 향도를 香徒宴이라고 표현하는 것[74]에서 추측하면 이 시기 향도는 불교신앙 그 자체 보다는 '祀神團體的'인 기능이나, 향촌사회의 상부상조하는 '契'의 성격을 갖는 존재로 변신하거나,[75] 지역민의 공동체적인 유대강화를 위한 모임이라고 할 수 있다.[76] 또한 향도의 규모가 축소된 것도 공동체의 사회구성이 대단위에서 소단위로 이행했

---

70) 『高麗史』卷85, 刑法2 禁令, 忠肅王 後8年 5月條, "監察司牓示禁令 一城中婦女 無尊卑老少 結爲香徒 設齋點燈 群往山寺 私於僧人者 間或有之 其齊民 罪坐其子 兩班之家 罪坐其夫."

71) 『韓國金石遺文』, 至正二年銘松林寺香銳, "至正二年 壬午 三月十七日 松林寺香銳 施主 結願香徒 坐主內安 樂分三成寶 棟梁元△崔家造."

72) 『高麗史』卷36, 忠惠王 後3年 6月 甲寅條, "幸神孝寺 燈燭輩結香徒 設祝壽齋於是寺 王押座齋筵."

73) 이상의 향도에 대한 전거는 蔡雄錫, 『高麗時代 國家와 地方社會』, 301~302쪽에 자세히 열거되어 있다.

74) 『高麗史』卷122, 沈于慶傳.

75) 채상식, 앞의 논문, 2012, 80쪽.

76) 蔡雄錫, 『高麗時代 國家와 地方社會』, 301~313쪽.

음을 의미하고, 이는 농업기술의 변동과 관련이 있다.[77] 즉 원간섭기 전후 자연촌을 기반으로 한 連作農法의 발달에 의해 이러한 소규모적인 모임이 나타났던 것이다.

하층민 정책의 또 하나는 部曲制 지역의 郡縣制 지역으로의 승격이다. 이 시기의 승격은 비율로 보아도 상당하다. 즉 고려시기 부곡제 지역이 縣으로 승격된 사례는 30개 정도 찾아지는데,[78] 고려초부터 仁宗 대까지 현으로 승격된 것은 13개이다. 그러나 13개 사례 중 7개의 것은 顯宗 대까지의 것으로, 이것은 국초 지방제도의 정비과정에서 실시된 것이다. 또한 나머지 6개의 사례도 묘청의 난 진압에 따른 전공의 고과로 인한 것이었다.[79] 따라서 30개의 사례 중 고려후기에 나타나는 나머지 17개 중 2개는 몽골침입 시기에 나타나는 것이고,[80] 원간섭기만을 한정해서 보면 11개 사례가 나타난다.

다음을 보노록 하자.

가야향→ 춘양현[81]

---

77) 蔡雄錫, 『高麗時代 國家와 地方社會』, 312~313쪽에는 고려후기의 향도의 변질이 서술되어 있지만, 원간섭기의 변화를 중시하지 않고 고려후기 전체의 변화양 상 속에 언급하고 있다. 결국 채웅석은 소규모화된 향도가 휴한농법을 극복한 농업기술의 발전으로 출현했다고 보면서도 그 시기는 고려말로 상정하고 있는 듯하다.

78) 이 자료는 오일순, 『高麗時代 役制와 身分制 變動』, 혜안, 2000, 147~150쪽의 것을 인용하였다.

79) 오일순, 『高麗時代 役制와 身分制 變動』, 150~151쪽.

80) ①『高麗史』卷56, 地理1 忠州牧條, "高宗四十二年 以多仁鐵所人 禦蒙兵有功 陞所爲翼 安縣"; ②『高麗史』에는 기록이 없고 『世宗實錄地理志』를 통해 그 변화를 알 수 있는데, 이때 處仁部曲을 處仁縣으로 승격시킨 시기는 나오지 않지만 김윤후가 원수 살례탑을 쏘아 죽인 공로로 현으로 승격된 것으로 보이기 때문에 여몽항 쟁기가 아닌가 하는 추측을 하게 된다.

81) 『高麗史』卷57, 地理2 尙州牧, 安東府條에 "忠烈王以加也鄕人護軍金仁軌有功 陞其鄕 爲春陽縣"으로 되어 있고 그 승격의 정확한 시기는 『新增東國輿地勝覽』卷24, 安東大都護府 建置沿革條에 忠烈王 10年으로 표기되어 있다.

용산처→ 부원현[82]

고이부곡→ 고흥현[83]

합덕부곡→ 합덕현[84]

대청부곡·소청부곡→ 청기현[85]

덕산부곡→ 재산현[86]

식촌부곡→ 풍안현[87]

도내산은소→ 용안현[88]

퇴관부곡→ 내성현[89]

길안부곡→ 길안현[90]

이지은소→ 이지현[91]

이상의 사례는 원간섭기에 부곡제 지역이 현으로 승격되는 사례만 제시한 것이다.[92] 이것을 단순히 이 시기의 특이한 정치구조인 측근정치

---

82) 『高麗史』 卷56, 地理1 廣州牧, 果州條, "忠烈王十年陞州之龍山處爲富原縣."

83) 『高麗史』 卷57, 地理2 羅州牧, 寶城郡條, "高興縣本高伊部曲 高伊者方言猫也 時有猫部 曲人仕朝則國亡之讖柳庇以譯語通事于元有功忠烈王十一年改今名陞爲監務."

84) 『世宗實錄地理志』 卷149, 洪州牧條, "合德縣 本屬德豊縣 爲部曲 忠烈王二十四年戊戌 以邑人火者黃石良 入元朝有寵 陞爲縣."

85) 『世宗實錄地理志』 卷150, 寧海都護府條, "靑杞縣 本大靑部曲 舊屬靑鳧縣 小靑部曲 舊屬英陽縣 高麗忠烈王三十年甲辰 合大靑小靑部曲 爲靑杞縣."

86) 『高麗史』 卷57, 地理2 尙州牧, 安東府條, "忠宣王以敬和翁主之鄕德山部曲爲才山縣."

87) 『高麗史』 卷57, 地理2 羅州牧, 寶城郡條, "忠宣王二年 又以仕元宦者李大順之請 陞食村 部曲 爲豊安縣."

88) 『高麗史』 卷57, 地理2 全羅道, 咸悅縣條, "忠肅王八年 縣之道乃山銀所人伯顔夫介 在元 有功於本國 陞所爲龍安縣."

89) 『高麗史』 卷57, 地理2 尙州牧, 安東府條, "忠惠王以宦者姜金剛 入元有負綎之勞 陞其鄕 退串部曲爲奈城縣 後又陞吉安部曲爲縣."

90) 위와 같음.

91) 『高麗史』 卷57, 地理2 慶尙道, 永州條, "麗季陞本州梨旨銀所爲縣"; 『新增東國輿地勝 覽』 卷27, 河陽縣 고적조에 梨旨縣의 승격시기를 忠肅王 後4年(1335)으로 기록되 어 있다.

로 인한 산물로만 치부해 버리기에는 승격사례가 많고, 또 광범한 군현인과 부곡제민의 이동이 전제된 시기이므로 개인적인 공로만의 이유로 이러한 현상을 보기에는 어딘가 석연찮은 측면이 많다. 물론 이 시기는 부곡제민과 군현인과의 차별이 거의 해소되어서 현으로 승격된다고 해도 그들의 신분 지위나 세역부담에 큰 변화가 오는 것은 아니었다. 그렇지만 부곡제민은 공물부담 등에서 다소 불리한 점에서 현으로 승격되기를 희망하였고, 특히 吏의 입장에서는 읍세의 확장을 바라는 측면도 많았을 것이다.[93)

이러한 배경이 전제되었기 때문에 원간섭기의 국왕들은 적극적으로 부곡제의 해체를 시도하였다. 이러한 시도는 당시 국왕의 대민지배의 방향과도 직결되어 있었다. 또한 『高麗史』 地理志에 의거하여 임내의 독립 및 속현·향·소·부곡의 승격 사유를 분류하면, 왕의 安胎地와 왕실의 내외향이 14읍, 공신·권신의 내외향이 17읍, 入元仕宦·宦侍·官人의 출신지 및 그들의 내외향이 15읍, 왕사·국사의 출신지가 6읍, 주민의 공로가 27읍이었고, 그 나머지는 대부분 독립·승격 사유가 밝혀지지 않았다.

이상의 승격사유를 보면 중앙집권적 지방통치체제의 강화와 연관된다.[94) 즉 국가가 지방관을 파견하여 부곡제 지역을 승격하여 그 지역의 지방세력을 견제 또는 장악하고자 했던 것이다. 또 이 정책은 더 나아가 국왕 측근세력을 통한 왕권의 강화와도 관련이 있을 것으로 추측된다.[95)

---

92) 이때 현으로 승격 중 속현으로 된 경우도 있었다. 예를 들어 충렬왕 10년에 加也鄕이 春陽縣으로 된 것이 그것이다.

93) 오일순, 「高麗前期 部曲民에 관한 一試論－田柴科制度·一品軍과의 관련을 중심으로－」『學林』7, 1985.

94) 李樹健, 『朝鮮中世社會史硏究』, 一潮閣, 1985, 459쪽.

95) 위의 본문에서 보이는 군현제로 승격된 사례 중에서 가장 대표적인 것이 충렬왕대에 가야향을 춘양현으로 승격시킨 것이다. 승격의 이유는 호군 김인궤의 공로로 인한 것인데 이때 호군은 국왕 최측근세력을 일컫는 것이다. 호군에 대해서는 김현라, 「고려후기 護軍의 地位와 構成員」『지역과 역사』14, 2004 ; 김

다음으로는 원간섭기에는 향·소·부곡의 直村化도 시행되었다. 보통 屬縣의 직촌화는 공민왕 이후에 사례가 많이 나타난다. 그것은 고려말 왜구의 침입으로 인해 토성이민이 유망됨과 동시에 직촌화에 반대하던 토착세력의 방해작용이 거의 없었기 때문에 가능한 것이었다. 특히 이 현상은 하삼도의 연해지방에 집중해서 나타나는 것을 볼 수 있는데, 이는 이 지역이 왜구의 피해가 다른 지방보다 심하여 토성이민이 각읍마다 流散하였기 때문이다.

그러나 부곡제 지역의 직촌화는 이보다 앞선 시기로 추측된다.[96] 그것은 『世宗實錄地理志』 소재의 속현지역 보다 부곡제 지역의 대부분이 태종 9년에 소멸되어 직촌화되었거나 혁파과정에 놓여 있었다는 것에서 알 수 있다. 물론 이 시기가 원간섭기라고 단정할 수는 없지만 앞서 살펴보았듯이 이 시기에 부곡제 지역의 승격 사례가 빈번하게 나타나는 것이 하나의 징표로 볼 수 있다.

마지막으로 奴婢制에 대한 정비가 시도되었다. 노비제는 국내에는 전민변정사업의 일환으로, 국외로는 원의 압력에 의해 변질의 길을 걸었다. 먼저 국내의 노비정책은 유망민의 추쇄과정에서 실현되었다. 물론 유망민의 추쇄가 노비와 직접적인 관련은 없지만 이 속에 노비신분까지도 포함이 되었을 것이므로 田民辨正都監을 통해 노비신분의 변정이 이루어졌다. 또한 권세가에 의해 집적되어 대농장 속에 경작인구로 투탁 또는 壓良되어 노비신분화 되었던 자들에 대한 변정도 꼭 필요한 작업이었다. 국외적으로는 노비문제는 원의 간섭을 많이 받았다. 원의 노비문제에 대한 간섭은 元宗 12년(1271)과 충렬왕 복위 이후에 나타난다. 원이 이 문제에 대해 집착을 하는 것은 노비가 권세가의 경제적인

현라, 「원간섭기 호군 직제의 편성과 역할—왕권 강화의 일면—」『역사와 세계』 45, 2014. 참조.

96) 李樹健, 『韓國中世社會史研究』, 一潮閣, 1984, 436~437쪽.

원천이 되므로 이에 대한 제재의 필요성에서 나온 것이기도 하지만 한편으로는 많은 공물의 확보가 필요한 시점이므로 양인층의 확대는 꼭 필요한 작업이었기 때문이다.

이상의 원간섭기의 하층민 정책은 국왕이 주도하여 이전 시기에 시행되었던 대민정책의 모순을 극복하고자 하였다. 그러나 앞서 언급했듯이 감무의 파견이 충렬왕대에만 보이고 그 이후는 지방관의 역할을 볼 수 없다는 것은 대민정책의 한계를 더 많이 노출하고 있는 것이다. 예를 들어 하층민의 안정에 가장 위협이었던 것 중의 하나가 바로 고리대이다. 이런 폐단을 극복하고자 충렬왕은 義倉의 復置를 명하고,[97] 충선왕대는 有備倉[98]과 典農司[99] 등의 구휼제도가 마련되기도 하였다. 전농사는 備荒을 구실로 권세가의 賜給田에 田租를 거둠으로써 국가재정을 확충하고 이들의 경제기반을 약화시키고자 하는 것이었다. 유비창은 왕실 私庫的 성격을 지니고 있고, 작은 규모나마 진휼활동을 하였던 것으로 보인다. 그러나 전농사는 그 수세의 대상을 권세가의 사급전으로 삼았기 때문에, 유비창은 왕실재정의 악화로 실패하고 말았다.[100]

원간섭기의 이러한 대민정책도 원과 부원세력이라는 이중적인 간섭으로부터 자유로울 수가 없었다. 이에 국왕은 자신의 세력을 중심으로 새로운 질서를 재편하고자 12세기보다 더 적극적으로 대민정책을 시행하였다. 앞서 보았던 공호나 음사, 그리고 다음 장에서 살펴 볼 부곡제의 재편 등이 그 예라고 할 수 있다. 이러한 원간섭기의 대민정책은 공민왕대에 가시적인 성과로 나타나고 있다.

---

97) 『高麗史』 卷80, 食貨3 常平義倉, 忠烈王 22年 6月條.

98) 『高麗史』 卷80, 食貨3 常平義倉, 恭愍王 20年 12月條, "忠宣王嘗置有備倉."

99) 전농사는 漢의 常平倉을 본받아 備荒을 위하여 설치되었다(『高麗史』 卷32, 忠宣王 卽位年 10月條).

100) 朴鍾進, 「忠宣王代의 財政改革策과 그 性格」 『韓國史論』 9, 1983.

3) 공민왕대 이후

공민왕은 원간섭기 국왕 주도의 대민안정책을 한층 안정적으로 시행하였고 이를 발판으로 왕권을 강화하고자 하였다. 그는 反元政治라는 구조 속에서 새로운 정치질서를 재편하고자 新興儒臣을 양성하여 여말선초의 여러 제도의 기틀을 마련하였다.

이러한 정책이 가능하게 된 것은 무엇보다도 원간섭기에 실시되었던 정책들이 어느 정도 성과를 보였기 때문이었다. 이에 농업부분에서는 이전의 대토지소유자 중심에서 농민의 대다수를 차지하는 소규모의 자영농 중심의 정책으로 바뀌었다. 즉 국가는 농민들에게 연해안 저습지 개발이 지속적으로 이루어질 수 있도록 하였고 수리시설도 소규모 단위로 설치하였다. 또한 공민왕대에 고려각본 『元朝正本 農桑輯要』가 重刊되는데, 이 책에는 이전에 보이지 않는 音意 부분이 등장하고 있다. 이 음의는 고려인 독자를 위하여 농법을 설명해 놓은 것으로, 원의 농법의 고려적 수용임과[101] 동시에 신진농법을 농민에게 쉽게 알리고자 하는 의도가 담겨 있다. 또 치자층들이 중심이 되어 이전 시기부터 행해져 오던 이앙법에 대한 대책을 제시하고 있는데, 즉 중국 강남지방의 농민들이 이용하는 수차의 도입을 국왕에게 요구하고 있다. 이앙법이 종자유실을 줄이고 적은 노동력으로 많은 수확을 올릴 수 있다는 이점에서 많은 농가에 보급되었지만, 정부에서는 한 발 더 나아가 이에 대한 장려책을 강구하였다.

이 시기 대민정책 중 하층민 안정책과 관련되는 토지문제와 신분제, 고리대문제, 그리고 하층민의 유망과 避役 문제 등을 살펴보고자 한다. 먼저 토지문제는 전민변정도감을 통해 해결하고자 하였다. 전민변정도

---

101) 魏恩淑, 「高麗時代 農業技術과 生産力 研究」 『國史館論叢』 17, 1990.

감은 원종 10년(1269), 충렬왕 14년(1288), 충렬왕 27년(1301), 공민왕 원년 (1352), 공민왕 15년(1366) 그리고 우왕 7년(1381)과 우왕 14년(1388)에 설치되었다.[102] 원간섭기부터 사회 모순의 가장 큰 쟁점이었던 토지와 양인에 대한 전면적인 개편과 개혁은 상당히 의미있는 작업이라고 할 수 있다. 그것은 한편에서는 公民과 公田의 확보를 통해 국가세수를 증대하려는 것이었고 또 한편에서는 전과 민을 탈점하고 있는 반왕세력 에 대한 견제조치라고 할 수 있다.

전민변정은 공민왕대에 가시적인 성과가 드러난다. 특히 공민왕대에 설치된 전민변정도감의 성과에 대하여는 공민왕 15년의 사료가 주목된 다. 이 개혁에서 가장 핵심이 되는 내용은 무엇보다도 '宗廟·學校·倉庫·寺 社·祿轉·軍須田·及國人世業田民'과 같은 公私田民의 豪强之家에 의한 탈점 행위의 처벌 및 규제이다.[103] 즉 호강가가 역을 도피한 주현의 驛吏·官奴· 百姓들을 은닉하여 크게 농장을 차림으로써 백성들에게는 해독을 끼치고 나라를 궁핍하게 만들고 있다는 문제의식은 농장주들이 은닉한 민호를 노비신분으로 바꾸어 국가 부역대상에서 제외시키고 자신들이 庸租를 대신 수취하는 현실을 지적하고 있는 것이다. 그런데 위에서 언급한 토지는 거의 농민층의 토지소유지 위에 지목이 설정되어 收租되고 있는 것이라고 볼 수 있다. 그러므로 당연히 收租權의 탈점으로 보여진다. 고려말기 수조지 탈점 등으로 집적된 농장의 경영은 원래는 수조지를 경작하는 농민이었으나, 점차 소유지 탈점으로 진행되어 토지와 더불어 경작농민도 예속화되어 갔다.[104] 따라서 공민왕 15년의 전민변정도감은

---

102) 『高麗史』卷77, 百官2 諸司都監各色條.

103) 『高麗史』卷132, 辛旽傳, "辛旽請置田民辨正都監 自爲判事 榜諭中外曰 比來紀綱大壞 貪墨成風 宗廟·學校·倉庫·寺社·祿轉·軍須田 及國人世業田民 豪强之家 奪占幾盡 或已 決仍執 或認民爲隷 州縣驛吏·官奴·百姓之逃役者 悉皆漏隱 大置農場 病民瘠國 感召水 旱 癘疫不息 今設都監 俾之推整 京中限十五日 諸道四十日 其知非自改者勿問 過限事覺 者糾治 妄訴者反坐 令出權豪 多以所奪田民 還其主 中外欣然."

수조지 집적형뿐만 아니라 소유지 집적형 농장까지 대상으로 하였지만 후자는 국가권력이 미치지 못한 한계로 수조지 집적형 농장의 압량된 민호를 복구하는 성과를 거두었던 것이다.[105]

이 변정의 성과는 현재 확인이 되지는 않지만, 『高麗史』 형법지 공양왕 4년 2월의 人物推辨都監條에 "공민왕 16년 이전의 노비문제와 무신년(우왕 11년, 1385) 이후의 것으로 변정도감이나 도관에 의하여 일단 처결된 것은 재고의 여지를 주지 않는다."라는 기록에서 공민왕 15년의 변정도감의 성과가 상당히 있었던 것으로 보인다.[106] 물론 이 시기 토지변정의 한계도 존재한다. 그것은 기본적으로 토지겸병의 현실과 그 발생의 구조적인 모순은 그대로 묵인 조장하면서 표면적으로 드러난 문제만 처리하였기 때문이다. 토지제도 정비가 어려웠던 당시 정황은 우왕 원년(1375) 2월 교서와 창왕 즉위년(1388) 6월 교서에도 토지문제에 대한 언급이 없는 정황에서도 알 수 있다.[107]

공민왕 15년에 시행된 변정도감은 권세가가 집적한 농장의 혁파와 농장에 예속되어 있는 자를 양인으로 회복시켰다. 즉 宗廟·學校·倉庫·寺社·祿轉·軍須田 及國人世業田民과 같은 '公私田民'의 豪强之家에 의한 탈점 행위의 처벌과 규제를 통해 전민을 바로잡고자 했던 것이다. 여기서 농민의 지위와 관련하여 보면, 양인을 私民化하는 '人民爲隷' 현상을 지적하고 있고, 구체적으로 그러한 사람으로 州縣驛史·官奴·百姓之逃役者를 지적하고 있다. 따라서 정부는 국가에 역을 부담해야 될 공민을 확보하는 것이 급선무였기 때문에 변정도감의 시정의 대상이 바로 豪强之家였다. 특히 호강지가들이 만든 농장은 압량위천 방식으로 노비로 전락한 자들

---

104) 위은숙, 『高麗後期 農業經濟研究』, 125~154쪽.

105) 『高麗史』 卷131, 辛旽傳.

106) 閔賢九, 「辛旽의 執權과 그 政治的 性格(下)」 『歷史學報』 40, 1968, 66쪽.

107) 김기덕, 「14세기 후반 개혁정치의 내용과 그 성격」 『14세기 고려의 정치와 사회』, 민음사, 1994.

이 주 노동계층이었으므로 상당한 예속성을 띠고 있었다. 따라서 이들의 해방은 단순한 신분회복 이상의 의미를 띠었고, 또 토지를 되돌려 받음으로써 자영농으로서의 기반도 다지게 되었다. 아울러 변정도감을 통해 양인확대정책이 본격적으로 실시되었고, 이것이 공민왕대의 호적작성의 기준이 되었다.

공민왕은 전란으로 인해 손실된 호적대장을 복구한다는 명분으로 호적작성을 명하였다.[108] 홍건적의 침입으로 호적이 다 유실되어 공민왕 21년(1372)을 시작으로 舊制에 의거하여 良賤 生口를 分揀成籍하고 式年마다 民部에 보내어 참고하게 하고 있다.

다음은 고리대 문제를 보도록 한다. 이 문제는 救恤制度와 관련이 된다. 고리대는 토지탈점과 과중한 부세부담으로 성행하게 되었다. 하층민들이 토지를 버리고 유망하거나 전호층이 되기 이전 富民들에게 전토를 저당잡히고 미곡을 借貸하는 절차를 밟고 있다. 하층민은 제때에 고리대를 상환하지 못하면 결국 토지를 빼앗기게 되거나 아주 헐값에 放賣할 수밖에 없었다. 이러한 상황을 막아주는 것이 구휼제도이다. 공민왕대 실질적인 구휼제도는 국가적 차원에서 시행된 것이 아니라 지방에 파견된 지방관들의 독자적인 활동에 의해 나타나기 시작하였고, 이러한 지방관의 의도가 중앙으로 파급되어 우왕·창왕·공양왕대에 점차적인 구휼제도의 정비가 이루어질 수 있게 된 것이다.[109]

다음은 하층민의 유망·피역문제에 대한 대응책을 보도록 한다. 공민왕

---

108) 이때의 호적은 양천생구를 분간하여 식년마다 戶口를 조사하여 민부에 보고하도록 되어 있어서 호적작성의 기준이 양천이었음을 알 수 있다(『高麗史』卷77, 食貨2 戶口, 恭愍王 20年 12月條, "下敎 ― 本國戶口之法 近因播遷 皆失其舊 自壬子年 爲始幷依舊制 良賤生口分揀成籍 隨其式年解納民部 以備參考."). 또한 이 호적작성에는 앞서 보았듯이 환본정책의 포기와 함께 현거주지 중심으로 이루어진 戶口가 그 대상이었다.

109) 朴鍾進,「忠宣王代의 財政改革策과 그 性格」『韓國史論』9, 1983.

은 유망하거나 피역하는 대상을 피지배계층 전부를 언급하고 있다. 특히 이 시기는 하층민뿐만 아니라 향리의 유망과 피역현상이 현저하였다.110) 유망한 무리들은 주로 중이 되거나 혹은 권세가의 농장으로 투탁하였다. 그들의 유망을 막는 방법으로 度牒制를 활용하거나,111) 丁錢을 받고 있으며,112) 또는 과거제 응시를 제한하고 있다.113) 유망·피역에 대한 정책도 그 발생 원인에 대한 근본적인 개혁은 이루어지지 않았다.

다음은 部曲制에 대한 정비이다. 12세기 이래 소멸의 길을 걸었던 향·소·부곡이 지방제도의 개편을 통해 주현으로 승격되는 경우, 移屬되는 경우, 혁파되어 直村化하는 등 주로 세 가지 경우가 있었다. 물론 이러한 제도의 변화는 12세기 이후 점차적으로 진행되어 온 것이지만 고려말에 이르면 광범하게 실시되고 있다. 특히 이 세 가지 가운데 이속은 공민왕 이후에 많이 시행되었다. 이속은 屬縣과 마찬가지로 主邑의 보강, 군현의 승격 및 犬牙相入地·越境地 등 군현의 구역 정리가 주된 목적이었다.114) 또한 직촌화의 사례도 많이 나타난다. 부곡제 지역은 일반적으로 군현제 지역에 비해 규모가 작았으므로 군현으로 승격되는 것 보다는 직촌화하는 경우가 더 많았다. 이것은 12세기 이후 군현제 지역보다 부곡제 지역이 유망의 정도가 많으므로 이 지역에서의 邑司의 유지는 어려웠을 것이다. 따라서 이곳을 직촌화하거나 군현지역에서 향리가 유입되는 경우가 대부분이었다. 이 모든 경우도 두 지역의 차별이 일정하게 해소되었기 때문에 가능하였다.115)

---

110) 『高麗史』 卷75, 選擧3 鄕職, 恭愍王 12年 5月條.

111) 『高麗史』 卷85, 刑法2 禁令, 恭愍王 5年 6月條.

112) 『高麗史』 卷84, 刑法1 職制, 恭愍王 20年 12月條.

113) 『高麗史』 卷75, 選擧3 鄕職, 恭愍王 12年 5月條.

114) 『世宗實錄地理志』 卷148, 京畿道, 水原都護府, 安城郡, "恭愍王十一年 以功爲知郡事 割水原任內陽良甘彌呑馬田薪谷四部曲 以與之."

115) 부곡제 지역의 직촌화에 대해서는 이수건, 「直村考」 『大丘史學』 15·16합집, 1978 ; 오일순, 『高麗時代 役制와 身分制 變動』, 152~154쪽 참조.

이상과 같은 대민 안정책이 가시적인 성과를 보이기는 하지만 그것의 직접 원인에 대한 개혁은 이루어지지 않은 듯 보인다. 그러나 이 시기의 표면적인 개혁이나마 이러한 정책적 성과가 바탕이 되어 고려말의 개혁이 가능하게 된 것이다. 예를 들어 이때 만들어진 호적은 공민왕 이후 人物推辨(考)都監이 설치되어 농장에 예속된 자들의 신분변정의 근거 또는 결과로서 활용되고 있다. 恭讓王 4년(1392)에 설치된 인물추변도감의 신분변정은 다음과 같다. 호적이 명백하지 않으면 모두 양인으로 하고, 原主人에게 비록 천인의 적이 없더라도 여러 대에 걸쳐 이들을 사역한 사실이 명백한 것은 천인으로 하였다.[116] 이때 신분변정의 기준이 된 것은 호적이며 또 변정은 호적작성을 원칙으로 하였다. 또한 이때 작성된 호적은 양인확대의 의지가 담겨 있다. 즉 후자의 천인도 노비주인의 항의를 사전에 방지하고자 나온 조항이지만 이것은 거의 사문화되었을 것으로 보인다. 그것은 주인가에서 누대 노비로 생활한 것이 확인되는 자들은 아예 이 변정의 대상이 되지 않았기 때문이다. 따라서 변정의 대상이 되는 자 대부분은 양인화되었을 것이다. 이것은 조선 太宗 연간에 文籍이 불량한 자 모두가 양인화로 나아가는 토대가 되었다. 또한 국가는 권세가들에게 양인으로 처결한 자에 대하여 즉각 실행을 강요하였고, 또 사사로운 노비송사를 엄금하였다. 이처럼 국가는 양인확대의 실현에 심혈을 기울이고 있다. 이는 앞서 본 公人의 확대와 함께 私田의 佃客에 대한 보호를 의미하는 것이었다.

이러한 양인확대정책은 稱干稱尺者·文籍不良者 등이 양인이 됨으로써 고려전기 이래 양인과 노비 사이에서 모호한 형태로 남아 있던 계층이 소멸하였고, 그 결과 조선시기에 양천제가 확연하게 사회지배의 틀로 확립되었던 것이다.[117]

---

116) 『高麗史』卷85, 刑法2 訴訟, 恭讓王 4年 2月條.
117) 劉承源, 『朝鮮初期身分制研究』, 乙酉文化社, 1987.

제2장 白丁농민과 貢戶制의 시행

1. 공호제의 시행 배경

주지하듯이 12세기를 전후로 하층민들은 자신의 처지나 신분을 개선하기 위한 노력을 시도하였다. 그러한 정황으로 살펴지는 것이 유망과 대농장에로의 투탁, 그리고 민란의 참여, 향도의 변질 등이다. 이 가운데 유망은 11세기 중엽부터 발생하기 시작하여 睿宗 연간에는 열 집에 아홉 집은 비었다라고 할 정도로 상당하였다. 하층민의 유망의 원인은 앞의 1장에서 설명했듯이 신분제 변화의 원인이 되었던 토지제도의 문란과 그에 따른 수취제도의 모순, 그리고 생산력의 증대에 따른 농민층분해였다. 물론 이러한 사회혼란을 시정하기 위해 예종조를 즈음하여 왕권강화를 통한 관주도의 대민정책이 실시되었다. 그러나 이러한 관주도의 대민정책조차도 무인정권의 성립으로 지속되지 못하였다.

무인정권은 자신들의 권력기반을 강화하기 위해 기존의 지배체제를 유지하려 하였고, 집권세력 중심의 권력을 집중시키기 위해 사적 지배기반의 확대를 필요로 하였다. 이로 인해 무인집권기의 고려사회는 잦은 정변과 지방사회의 저항으로 혼란에 빠지게 되었다. 예를 들어 토지탈점에 대한 대책으로 파견된 지방관은 지방사회의 안정을 위한 국가 지배력 강화라는 차원과 집권세력의 사적 지배기반의 확대라는 상호 모순이 교차되는 상황에 처하였다.[1]

그러나 무인집권자 가운데 慶大升의 사망 이후 일정 기간 동안 뚜렷한 최고집정자의 출현이 나타나지 않게 되자 이 시기는 왕·왕 측근세력·무인세력·문신계열 등 여러 세력의 제휴에 의해 정치가 이루어졌다.[2] 이러한 시대적 배경이 명종대의 개혁정치를 출현하게 하였다. 이것은 무인정권의 안정과 지방사회의 동요에 대한 대책으로서 반포된 것이었다. 그러나 지방사회의 폐단은 여전히 잠재되어 있었고 이후 李義旼의 등장은 이전 시기와 마찬가지로 공적 질서의 유지를 어렵게 했다. 특히 이 시기에는 재지세력인 향리층의 몰락과 유망으로 더 이상 관주도의 대민정책의 시행이 어려웠다.

무인집권기 하층민은 유망뿐만 아니라 항쟁까지 일으켜 그들의 처지를 적극적으로 해결하고자 하였다. 그들의 공격대상은 재지세력뿐만 아니라 국가로까지 확대되었다. 그러나 국가는 이러한 하층민의 동향에 단순히 무력으로 진압만 하였고, 이는 국가권력-재지세력-하층민의 지속적인 대립을 초래하였다.

이러한 하층민의 동향을 어느 정도 수용하고자 한 것이 최충헌의 '封事 10條'이다. 10가지 조목은 잦은 정변으로 정치운영의 불안을 해소하고 정치현안에 대한 모순 구조를 척결함으로써 정치적 안정을 이루려는 것이었다. 최충헌 집권 초기에는 이전 시기 사회경제적 모순의 연장에서 농민뿐만 아니라 노비들의 저항이 활발하게 일어났다. 이에 최씨정권은 이전 시기의 무인정권 보다도 더 강력한 지배구조를 구축하는 계기로 삼았고, 이는 곧 재지세력의 권한을 축소하고 지방을 강력하게 장악하게 만들었다. 특히 몽골의 침입으로 최씨정권의 강화천도는 하층민뿐만

---

1) 무인집권기에 파견된 지방관은 집권세력의 토지탈점과 농장 운영 등 사적 지배기반의 확대에 결탁하거나 자신들의 영달을 위한 가렴주구로 지방사회의 실상을 곤궁하게 만들었다.

2) 申安湜, 『高麗 武人政權과 地方社會』, 景仁文化社, 2002, 103~120쪽.

아니라 재지세력까지도 그들에게 등을 돌리게 하였다.

이 시기 하층민의 동향은 반정부적인 성격과 반외세적인 성격을 동시에 가진 항쟁으로 나타났다. 이는 몽골의 침략에 맞선 하층민의 자위적인 측면에서 비롯된 것이기는 하지만 이들의 의식의 성장을 볼 수 있는 단면이 되기도 한다. 그러나 몽골침입이 거의 끝나갈 즈음에는 하층민의 동향으로 投蒙현상이 나타나기도 한다.[3] 이는 일차적으로 굶주림이란 현실적 처지의 해결과 江都정부의 가혹한 수탈에 대한 대응과 새로운 생활을 영위하기 위한 욕구에서 빚어진 것이었다.

고려의 왕정복구와 삼별초의 진압은 고려지배층이 이전 시기부터 계속된 하층민의 저항을 진압한 것이었고, 이는 항몽세력의 주력이 억제된 것을 의미하였다. 이후 하층민의 동향은 광범한 유망이 주를 이루었다. 앞서 본 투몽이라는 극단적인 형태의 유망도 계속 이어졌다. 이는 전쟁 중에 포로가 되거나 삼별초의 반란에 연루되었다하여 원에 끌려가거나, 또는 생존을 위해 원으로 투항한 형태로 발생하였다. 이 시기의 유망은 12세기의 유망과는 다른 양상을 띠었다. 즉 유망은 내부적으로는 그들이 12세기 이후 자신의 처지를 개선하기 위한 노력이었던 항쟁의 실패로 선택한 것이었고, 외부적으로는 몽골이라는 거대한 간섭이 영향을 주었다.

특히 몽골의 간섭은 고려의 재정에 큰 타격을 주었다. 고려의 경제상황은 고종 18년(1231)부터 여섯 차례에 걸친 몽골의 침략으로 인구의 감소,[4] 토지의 유실,[5] 몽골의 공물강요, 권세가의 가렴주구 등으로 점점

---

3) 김순자, 「원간섭기 민의 동향」『역사와 현실』7, 1992.
4) 梁元錫, 「麗末의 流民問題－特히 對蒙關係를 中心으로－」『李丙燾博士華甲紀念論叢』, 1956.
5) 몽골과의 전쟁기간 중 인민이 산간지방으로 피난갔기 때문에 토지의 황폐화와 함께 유실이 일어났을 것으로 보인다(朴鍾進, 「忠宣王代의 財政改革策과 그 性格」『韓國史論』9, 1983).

악화되어 갔다. 특히 고종 40년 이후 고려의 재정상황은 매우 심각한
상태였다. 즉 고종 42년(1255) 봄에는 많은 하층민들이 굶어죽었는데,[6]
公山城에 入保하였던 군현의 경우에는 식량부족현상이 더욱 심하였기
때문에 출륙할 때 아이를 나무에 묶어 놓고 가기까지 하였다.[7] 또 당시는
外膳이 계속되지 않아서 內藏이 고갈되어 왕도 盡膳을 줄여야 하였다.[8]

이것은 몽골의 약탈로 더욱 조장되었다. 몽골침입 이후 전쟁피해가
가장 컸던 고종 41년(1254) 한 해에만 몽골에 잡혀간 포로는 206,800명이
었고, 죽은 이는 셀 수 없을 정도였으며, 당시 몽골군이 지나간 주군은
모두 잿더미가 되었다.[9] 더욱이 고종 45년(1258)에는 그 해의 수확물을
몽골군이 모두 가져가 버렸다.[10]

이러한 상황에서도 고려 권세가들은 계속 하층민을 수탈하였다. 이에
당시 하층민은 고려의 奉仕者가 오는 것보다 몽골군이 오는 것을 오히려
기뻐할 정도였다.[11]

이러한 양상은 몽골과 전쟁이 끝난 이후에도 계속되었다. 국가는
몽골과 강화 이후 산성이나 섬에 입보하였던 州郡의 수령에게 피난민들
을 이끌고 出陸耕種할 것을 명령하였으나,[12] 오랜 전쟁으로 굶주린 사람
들이 서로 잡아먹고,[13] 굶어죽는 사람이 계속 나오고,[14] 녹봉지급이
어려웠던[15] 당시의 경제상황은 쉽게 회복되지 않았고 회복되기도 어려

6) 『高麗史』卷80, 食貨3 賑恤, 高宗 42年 3月條.
7) 『高麗史』卷24, 高宗 42年 3月 丙午條.
8) 『高麗史』卷24, 高宗 42年 9月條.
9) 『高麗史』卷24, 高宗 41年條.
10) 『高麗史』卷24, 高宗 45年條.
11) 『高麗史』卷24, 高宗 43年 2月條.
12) 『高麗史』卷79, 食貨2 農桑, 高宗 46年 3月條.
13) 『高麗史』卷80, 食貨3 賑恤, 高宗 46年 正月條.
14) 『高麗史節要』卷17, 高宗 46年 正月條 ; 『高麗史』卷25, 元宗 卽位年 11月條.
15) 『高麗史』卷80, 食貨3 祿俸, 高宗 46年 正月條와 11月條.

웠다. 元宗 4년(1263) 4월에 몽골에 보낸 表에 의하면 당시 고려사회는 "전쟁이 끝난 이후에도 기근이 이어져서 民口 중 남은 사람은 100에 2, 3이 안 되고, 땅에서 걷은 것은 10중 8, 9도 없는" 상태였다고 한다.[16] 물론 이것은 몽골의 과도한 貢物 요구 때문에 나온 것이므로 과장된 면도 있겠지만 30년 동안의 전쟁으로 야기된 戶口와 토지유실이 쉽게 회복되지는 않았음은 자명한 일이다.

고려정부의 재정기반을 어렵게 만든 것 가운데 또 하나는 충렬왕대의 元의 일본원정이다. 고려는 1차 원정의 경비로 牛 3,000두, 農器 1,300事, 종자 15,000漢石, 전함 1,800척, 正軍 17,960명 이외에도 의복, 군마 등을 부담하였다. 이러한 부담은 막대하여 정상적인 수입으로도 감당하기 어려웠다. 여기에 원으로 가는 정기적인 공물, 국왕의 親朝 등이 고려 정부의 부담을 더욱 가중시켰다. 이상과 같은 재정 부족을 극복하기 위해 고려 정부는 원간섭기에 재정개혁을 단행하기도 하였다.[17]

그러나 이러한 재정개혁은 지속되지 못하여 국가 재정기반의 허약화를 초래하였다. 이에 하층민의 유망은 더욱 광범하게 진행되어 정부로서는 새로운 대민정책을 통해 세액의 확충과 함께 민생안정을 도모할 필요가 있었다. 그것이 바로 공호제의 시행이었다.

2. 공호제의 시행과 대민편제의 방향

공호제는 하층민을 수취대상으로 삼고자 할 때 이를 파악하는 기준을

---

16) 『高麗史』 卷25, 元宗 4年 4月 甲寅條.
17) 충선왕은 고려후기 왕실재정의 중요 기반이었던 內莊宅과 內庫를 약화시키고 대신 料物庫·義成倉·德泉倉을 설치하였다(朴鍾進, 「忠宣王代의 財政改革策과 그 性格」, 71~75쪽).

'戸'로서 하는 대민파악방식이다. 원간섭기 고려정부는 유망민에 대한 현거주지 정책을 실시한 후 이들에 대한 새로운 대민편제를 단행하였다. 이는 군현인의 유망과 부곡제의 소멸 등으로 국가가 수취할 수 있는 대상이 상당히 줄어들었기 때문이다. 원간섭기에 시행된 정책 가운데 주목되는 것은 토지와 백성에 대한 計點사업이 지속적으로 전개되고 있는 점이다. 이는 奸臣의 농간으로 전민이 탈점됨으로써 야기된 '人民艱食'·'官庫空虛'·'私門富溢' 하는 상태를 均租定賦함으로써 '國用周備'·'俸祿瞻給'·'民産豊足'케 하려는 것이었다.[18] 그러나 유망민이 대량 발생하고 있는 현실에서 이러한 정책의 시행은 어려웠다. 이에 먼저 원종 10년 (1269)에 戶口만을 기준으로 하는 '更定貢賦'가 시행되었다. 이러한 기준은 불완전한 것이었기 때문에 항상적으로 이를 시정하기 위한 노력도 함께 하고 있다. 예를 들어 충렬왕 5년(1279)에 국왕은 계점사를 전국에 파견하여 逋戶나 逃戶로 인한 부세체계의 모순이 심각한 사회 문제임을 파악하였다.[19] 이러한 실태 파악을 통해 충렬왕 18년(1292)에 토지와 호구를 중심으로 세액을 조정하자는 논의가 있었지만[20] 그 실행여부는 관련 사료가 없어 확인할 수 없다.

이러한 충렬왕대의 정책은 이후 충선왕에 이어지고 있다. 충선왕 원년(1309)에 대신을 여러 道에 보내어 민호를 조사하고 있는데,[21] 단순

---

18) 『高麗史』 卷33, 忠宣王 卽位年 11月 辛未條.

19) 『高麗史』 卷79, 食貨2 戶口, 忠烈王 5年 9月條, "分遣計點使於諸道 初都評議使司言 … 近來兵饉相仍 倉儲懸罄 橫斂重於常貢 逋戶累其遺黎 … 由是累發計點使 而未見成效 及東征之役 發民爲兵 故復有是命."

20) 『高麗史』 卷79, 食貨2 戶口, 忠烈王 18年 10月條, "敎曰 諸道之民 自兵興以來 流亡失業 在元往己巳年 計點民戶 更定貢賦 厥後賦斂不均 民受其病 可更遣使量戶口之縮 土田之墾荒 計定民賦 以遂民生."

21) 『高麗史』 卷110, 金台鉉傳, "忠宣卽位 分遣大臣 括諸民戶 台鉉爲楊廣水吉道計點使行 水州牧使 諸道報斂諸司受指書 每回牒日 當依楊廣水吉道所爲 行之 故諸道皆取法 以商 議贊成事 例罷 閑居者十年 忠肅八年 起爲僉議評理 尋判三司事."

히 호구만 파악된 것은 아니었을 것으로 보인다. 이 시기에 군현제의 개편을 통해 牧制가 신설되고 있는데,[22] 이는 토지와 인민을 점유하고 있었던 세력가를 견제하기 위한 장치로 보인다. 그러나 附元勢力 등 권세가의 세력이 존재하고 있는 상황에서 앞서 열거한 田과 民에 대한 계점사업의 성과는 그리 성공적이지는 못했다. 그것은 貢賦를 정한 후 新舊의 공부가 균등하지 않아서 하층민들이 살기 어려웠다는 기록이[23] 이를 반영하고 있다.

이상과 같은 일련의 정책 가운데 특히 주목되는 것은 호구에 대한 파악을 가장 중요하게 다루고 있는 점이다.[24] 이 시기 括戶라든지 造戶라는 용어가 빈번하게 출현하는 것이 이를 말해준다. 이것은 이 시기 공부의 과세기준도 戶口파악의 전제 하에서 이루어지고 있기 때문이다. 이는 과세기준의 변화를 의미한다. 고려전기 일반 민호의 부담인 租·布·役의 3稅는 토지경작을 전제로 부과되었다. 그러나 고려후기가 되면 지배층에 의한 토지탈점으로 토지소유의 불균등이 심화되면서 부세제도에 모순이 드러나게 된다. 즉 예종 3년(1108) 토지경작과 관계없이 토지 경작자, 더 나아가 族類나 隣保로부터 田租를 징수하고,[25] 특히

---

22) 『高麗史』卷56·卷57, 地理志는 忠宣王 元年에 신설된 여러 牧이 열거되어 있다.

23) 『高麗史』卷108, 蔡洪哲傳.

24) 원종 11년(1270)부터 戶口計點 방식에 의해 공부를 책정하였다. 이는 부세의 기준인 양안과 실제내용이 상당한 괴리가 있어서 결국 토지에 기초한 수취가 불가능하여 戶口점검을 통한 편의적 방법을 쓰게 된 것이었다. 더욱이 수많은 농토가 전쟁으로 황폐된 상황에서 종래 시행되던 수취기준을 그대로 시행하기는 곤란하였을 것이다. 이 방법은 이후에도 여전히 계속되었다(朴京安, 『高麗後期 土地制度 硏究』, 혜안, 1996, 176~177쪽). 충렬왕 이후의 개혁조서에는 戶口의 증감과 함께 토지의 개간여부를 가려 부세하자는 내용이 실려 있다. 이는 戶口와 함께 토지도 부세기준으로 삼아야 함에도 불구하고 당시의 정황으로 이것까지는 파악이 되지 않았기 때문에 불가피하게 나온 조항이라고 할 수 있다(『高麗史』卷79, 食貨2 戶口條, "忠烈王 十八年 十月 敎曰 諸道之民 自兵興以來 流亡失業 在元王己巳年 計點民戶 更定貢賦 厥後賦斂不均 民受其病 可更遣使量戶口之 縮 土田之墾荒 計定民賦 以遂民生.").

원종 10년(1269)의 호구조사에 따른 조세개편은 이러한 추세를 더욱 증폭시켰다. 이때의 개편은 군현단위의 공물액수를 조정한 것으로 보인다. 이를 조정한 것은 전쟁이 일어난 이후 호가 줄고 토지가 황폐화되어 공부의 수입이 이전과 같지 않았기 때문이며,[26] 그 기준은 인민의 호구였다.[27] 즉 이때의 조세개정은 전쟁 후 당면한 국가재정수입의 증가를 위해 호구를 기준으로 공물의 액수를 조정하였다는 것이다.

이러한 추세 속에서 등장하는 것이 바로 '貢戶'이다. 본래 공호는 공역을 부담하는 호라는 의미로 사용되었다. 하지만 고려후기가 되면 그 의미는 상당히 변화되었다. 그것은 호구가 조세수취의 기준이 된 것과도 관련이 있지만 逋戶나 逃戶가 발생하는 상황에서 그것을 막고 추쇄하려는 정책을 실시하면서 이들에 대한 상대개념으로서 일반화되었던 용어라고 볼 수 있다.[28] 즉 12세기부터 농민층 분해의 심화, 향촌사회의 동요로 인해 농민이 유망하나 부탁 등의 형태로 부세수취에 저항하는 상황에서, 국가로서는 지속적으로 造戶[29]나 點戶[30]의 방식으로 공호를 파악하여 이를 확보하였다.[31]

---

25) 『高麗史』 卷78, 食貨1 田制, 睿宗 3年 2月條.

26) 『高麗史』 卷78, 食貨1 田制, 貢賦, 忠肅王 元年 正月條.

27) 『高麗史』 卷79, 食貨2 戶口, 忠烈王 18年 10月條.

28) 공호에 대한 연구는 이를 3稅를 부담하는 농민층으로 보아 전호는 공호에 포함되지 않는다는 견해(北村秀仁, 「高麗時代의 貢戶について」『大阪市立大學人文研究』 32-9, 1981), 특정한 재산 등을 전제로 하지 않고 단지 세금을 내는 민호라는 일반화된 용어로 보려는 견해(蔡雄錫, 「高麗後期 地方支配政策의 변화와 '貢戶'의 파악」『카톨릭대학교 성심교정 논문집』 1, 1994)가 있다.

29) 造戶는 유망민을 검속하여 籍에 올리는 과정에서 나온 대민편제 방법이다(『高麗墓誌銘集成』, 吳元卿墓誌銘).

30) 點戶는 국가에 대한 공역부담에서 벗어나 농장에 들어간 사람들을 적발하여 공호에 충당하는 과정을 말한다(『高麗史』 卷28, 忠烈王 4年 7月條).

31) 朴宗基, 『高麗時代 部曲制 研究』, 167~194쪽에 공호에 대해 군현제와 부곡제의 해체와 관련한 약간의 언급이 있다. 이를 인용하면 다음과 같다. "현주지 부적정책인 공호제는 주민을 군현제와 부곡제 영역으로 나누어 각각의 영역을

공호가 사료상에 처음으로 등장하는 것은 明宗 18년(1188)이다. 논의의
편의상 전문을 옮기면 다음과 같다.

> 임금이 제문을 내리기를, "개경 사람들이 시골에 농장을 크게 벌려
> 놓고 폐해를 끼치는 자는 그 농장을 몰수하고 법에 의하여 그들을
> 개경으로 돌려보낼 것이다. 道門의 중들이 여러 곳의 農舍에서 貢戶良人
> 을 함부로 차지하고 그들을 부리며 또한 품질이 낮은 종이와 피륙을
> 빈민들에게 억지로 나누어 주고 이익을 취하니 이를 다 금지할 것이다.
> 나라에 바치는 공납은 토산물로서 제 때에 바칠 것이요 기타 진기한
> 물품이나 곰, 범, 표범 가죽 등속은 백성을 괴롭게 하면서 그것을 거두어
> 은밀히 바치는 일이 없게 하며 또한 역로를 이용하여 개인에게 물품을
> 보내지 말라.[32]

이 사료는 명종 18년 3월의 개혁조서 가운데 일부이다. 공호 부분을
분석하기 앞서 이 조서가 나온 명종 18년의 정치상황을 살펴보도록
한다. 명종은 주지하듯 무인집권기가 시작되면서 즉위한 국왕이다. 따라
서 이 시기는 무인들의 세력이 상당하였기 때문에 국왕의 입김은 거의
작용하지 않았다고 인식되어 왔다. 그러나 최근 연구에서 명종 특히
후반기 무렵에는 유교정치이념에 입각하여 개혁을 모색하는 것이 상대
적으로 현저해졌음이 밝혀졌다.[33] 이는 명종 16년(1186) 윤7월[34]과 20년

통한 부세수취에서 영역과 상관없이 현주지주민을 공호로 파악하여 부세를
수취한 정책이다. 유망민을 본관으로 보낼 수 없을 정도로 12세기 이후 유망이
크게 이루어져 유망민이 거주하는 현지에서 부세를 수취한 것이다. 따라서
부곡제와 군현제를 통한 고려전기 차별적인 부세수취정책은 포기되었다."

32) 『高麗史』卷85, 刑法2 禁令, 明宗 18年 3月條, "制曰 京人於鄕邑盛排農場作弊者 破取農
場 以法還京. 道門僧人 諸處農舍 冒認貢戶良人 以使之 又以麤惡紙布强與貧民 以取其
利 悉皆禁止. 凡供御物膳 各因土宜 隨卽進獻 其餘玩好熊虎豹皮 無以勞民 徵取密進
又無以驛路 贈送私門."

(1190) 9월에 실시된 지방관 근무자세에 대한 조서,35) 18년(1188) 3월 종합적인 개혁조서,36) 22년(1192) 5월 사치금지령,37) 25년(1195) 3월 吏와 勢家의 침탈금지38) 등에서 그러한 시대적 분위기를 읽을 수 있다. 이러한 일련의 정책의 연장선에서 나온 것이 명종 18년의 개혁조서인 것이다.39)

위의 사료에서 해석상의 문제가 되는 것은 '貢戶良人' 부분이다. 대개의

---

33) 명종 18년의 개혁교서가 반포되었을 때는 경대승의 사후 특정한 집권무인이 등장하지 않아 왕, 무인, 문신들의 제휴로 정치운영이 이루어졌던 시기였다. 특히 무인세력을 견제하기 위하여 왕과 그 측근세력 그리고 문신들이 각각 그들의 세력을 넓히기 위하여 어느 정도 연계를 이루면서 정책을 실시한 것으로 보인다(채웅석, 「명종대 권력구조와 정치운영」 『역사와 현실』 17, 1995).

34) 『高麗史』 卷20, 明宗 16年 閏7月 乙卯條, "制曰 民惟邦本 本固邦寧 比來守令刻剝其民 無所畏忌 人不堪苦流離 日多予甚悼焉 惟爾有司 痛懲貪吏 以戒後來 如有誅求於民 招受 賄賂者 所受雖微 皆從重論."

35) 『高麗史』 卷20, 明宗 20年 9月 丙辰條.

36) 명종 18년 3월의 개혁 조서는 『高麗史』의 여러 志에 나뉘어 수록되어 있다. 이 중 몇 가지를 들어보면 다음과 같다. 먼저 민에 대한 수령의 침해(『高麗史節要』 卷13)는 양계병마사와 5도안찰사의 수령축출로, 倉穀의 부실운영에 따른 失農(『高麗史』 卷80, 食貨3, 常平義倉條)은 그 죄를 엄격히 하여 이를 시정하고 있다. 이 명종 18년의 개혁교서는 김인호, 「무인집권기 문신관료의 정치이념과 정책-명종 18년 조서(詔書)와 봉사(封事) 10조의 검토를 중심으로-」 『역사와 현실』 17, 1995 참조.

37) 『高麗史』 卷85, 刑法2 禁令, 明宗 22年 5月條, "制曰 古先哲王之化天下 崇節儉斥奢靡 所以厚風俗也 今俗尙浮華 凡公私設宴 競尙誇勝 用穀粟如泥沙 視油蜜如瀋滓 徒爲觀 美糜費不貲 自今禁用油蜜果 代以木實 小不過三器 中不過五器 大不過九器 饌亦不過 三品 若不得已而加之 則脯醢交進 以爲定式 有不如令有司劾罪."

38) 『高麗史』 卷20, 明宗 25年 3月 癸巳條, "詔曰 比年旱災 禾稼不稔 而民不足 貪吏猶徇 私戶斂尤暴 或以不急發郵 所至侵擾 又勢家日益侵民 妨農害穀 朕甚憂之 自今諸道使臣 等 察吏臧否 問民疾苦 具狀以聞 脫有不勤 則有司存."

39) 명종대 교서가 개혁의 성격을 띠는가의 여부에 대해서는 일정정도 의문점은 있다. 그것은 무인집정자가 정책을 주도하던 시기이므로 국왕의 교서가 어느 정도의 영향이 있었는가에 대한 의문이다. 그러나 명종대에 무인집정자들의 교체의 여러 번 되었던 것이 특정세력이 부각되는 것이 불가능했기 때문일 것이다(채웅석, 「명종대 권력구조와 정치운영」, 23~29쪽). 따라서 이 시기에는 국왕도 정치세력으로서 그 역할을 어느 정도 할 수 있었으리라 추측된다.

연구자들은 공호와 양인을 따로 해석하거나 공호양인을 붙여서 보더라도 이것에 대해 어떤 특정한 의미를 부여하지는 않는 듯하다. 우선 개념을 보면, 공호는 공역을 부담하는 호라는 뜻이고, 양인은 이들의 법적신분을 가리킨다. 그런데 이를 '공호와 양인' 식으로 이분법적으로 해석하면 공호라는 신분이 애매해지게 된다. 필자는 공호양인 앞의 '冒認'이라는 부분에 주목하고 싶다. 모인은 함부로 남의 것을 자기 것으로 한다는 의미이다. 즉 공호를 모인한다는 것은 권세가들이 투탁이나 壓良爲賤을 통해 농장에 들어온 하층민을 함부로 私民化한다는 뜻이다. 실제 이 시기는 민란의 시기라고 할 만큼 하층민의 이동이 상당한 때이다. 이러한 점들을 감안할 때, 공호양인은 공호의 신분이 양인임을 나타내는 것으로 이해해야 하지 않을까 한다. 이 사료가 『高麗史』 刑法志에 기술되어 있는 것은 이러한 추측을 가능케 한다. 요컨대 '공호양인'은 명종 18년 개혁조서를 반포하면서 공호의 신분이 양인임을 명시한 것으로 보아야 할 것이다.

그렇다면 무엇 때문에 공호의 신분이 양인임을 명시하였을까? 이는 다음의 사료에서 그 실마리를 찾을 수 있다. 『高麗史』에서 이 시기 공호부분을 추려보면, '推刷其民以充貢戶',[40] '內乘鷹坊投屬人並皆革罷令各縣別抄及貢戶定役',[41] '公田還逃戶以充貢戶'[42] 등이 있다. 이를 통하여 공호에 충당되는 것이 전장에 招匿된 인민이거나 내승·응방에 투속된 민 또는 逃戶임을 알 수 있다. 이들은 당시 정부에서 유망민 또는 장원에 抑占된 자들을 公民化 시키는 과정에서 그 대상이 되었던 자들이다. 그리고 두 번째 사료인 내승·응방에 투속된 자들을 別抄[43]나 공호로서 定役化한

---

40) 『高麗史』 卷79, 食貨2 戶口, 忠肅王 12年 10月條.
41) 『高麗史』 卷85, 刑法2 禁令, 忠穆王 元年 5月條.
42) 『高麗史』 卷34, 忠肅王 元年 正月 甲辰條.
43) 별초에 대해서는 무인집권기에 몽골군과의 전쟁을 치르기 위해 선발된 임시부대적인 성격에서 출발하여 이후 정규군인화하여 군역에 대한 반대급부로 田丁

다는 것은 국가가 역의 확보를 위해 하층민을 공호로서 파악하고 있음을
말해준다.44)

이러한 공호제의 실시는 정형화된 제도는 아니다.45) 그러나 이 시기에

을 지급받으며 貢戶와 구별되는 존재로 보고 있다(權寧國, 「武臣執權期 地方軍制
의 變化」『國史館論叢』31, 1992). 그러나 『高麗史』卷82, 兵2 鎭戍, 忠肅王 5年
4月條에 있는 "判 鎭邊別抄 本以前衛散職及在京兩班輪番赴防 近年以來 主掌官吏看循
面情 以人吏百姓代之 因此貢賦日減 且無識之人 相繼逃散 當所居州縣徵關多重 民弊不
少 自今復以前衛散職在京兩班窮推輪番赴防"이라는 사료를 보면 공호와 별초가
밀접한 관계가 있음을 알 수 있다. 곧 이 사료에 의하면 별초에 충당되어야
할 전함산직과 京邸에 있는 양반 대신 백성들이 그 역을 부담하자 날로 공부가
줄어들고 있고 이에 국가에서는 逋民을 환적시키면서 이들에게 군역과 공역을
부담지우고 있다. 특히 응방호는 군사적인 성격이 강한 집단이므로 실제 이들
을 편호하였을 경우 군역에 충당하는 것이 일반적이었다. 따라서 그 외의
민호에게는 다른 일반적인 공역을 부과하였을 것으로 추측된다.

44) 채웅석은 내승과 응방에 투속한 사람들이나 별초를 공호와 구별하였다. 예를
들어 응방의 경우 포민을 초집하거나 민호의 籍을 점탈하여 이리간 등이라고
칭하면서 소제 지역에서 요역을 면제해 주는 등 공역부담에서 누락시켰다는
점과 별초의 경우 초기와는 달리 어느 정도 그 제도가 안정화된 다음에는
모군 방식을 통해 조직한 일종의 직업군인으로서 그들에게는 군역에 대한
반대급부로서 전정을 지급하였다는 점을 들어 공호와 구별하였다(『高麗時代
國家와 地方社會』, 서울대출판부, 2000, 251~252쪽). 그러나 고려후기는 호를
민으로 파악하는 것이 일반적이었기 때문에 공호도 그 일환에서 나온 용어이
다. 따라서 내승과 응방에 투속한 사람을 혁파하여 각 군현의 별초와 공호에
충당한다는 기록에서 보면 응방호는 적을 이탈한 자이므로 이들을 편호시키면
서 군현의 군역에 필요한 별초인원을 제외하고는 공호에 충당한 것이라고
해석하는 것이 바람직하다. 본래 응방호 등은 대개 군역에 충당되었기 때문에
사료상에도 별초가 먼저 나오고 나머지를 공호에 충당시키고 있다. 즉 고려전
기에는 군역을 부담하는 직역호인 군호에 대해 국가는 토지를 지급하고 요역
을 면제해 주었다. 그러나 고려후기에는 전정연립이 무너져서 직역호의 운영
이 불가능해졌다. 이에 응방호는 逋民(세금을 내지 않기 위해 도망간 민)을
대상으로 하고 있고 이들에게 토지의 지급은 없는 대신에 하층민이 부담하는
요역만큼은 면제해 준 것이다. 즉 고려후기 공호의 범주에 속한 군호는 정역호
로 하층민이 충당되었고 이들이 부담해야 할 삼세 중 요역은 군역으로 대치되
므로 요역을 따로 부담해야 할 이유는 없었던 것이다. 이러한 점이 고려전기의
군호와의 차이점이다. 이 시기 별초에 양반이 포함된다는 것도 군역이 보편화
되어 감을 보이는 것이다.

45) 채웅석은 공호제가 하층민의 유망에 대응한 것이면서 또한 양인 확보를 위한
것이라고 하고 있다. 즉 양인농민이 스스로 국가로부터의 가혹한 수탈을 피하

는 국가에 역을 부담했던 부곡제민과 군현인의 유망이 자주 발생하였다. 이러한 혼란상황에서 정부로서는 역의 확보가 매우 필요하였다. 원간섭기에 보이는 鷹坊戶나 鹽戶 등이 바로 그것이다.[46)

그런데 유망민이나 새롭게 편제의 대상이 되었던 자들을 전부 공호로서 파악하는 데에는 한 가지 문제점이 발생한다. 그것은 이 공호 속에는 군현인뿐만 아니라 雜尺人, 심지어 奴婢層까지 포함하고 있는 점이다. 따라서 정부에서는 원종대부터 田民辨正都監을 실시하여 민의 변정을 시도하지만, 실제 가시적인 성과로 이어지지는 못하였다.[47) 당시 편제대상이 되었던 하층민을 강제로 점유하고 있었던 세력가가 존재하는 한 어려운 것은 당연하다. 이에 정부에서는 유망민 등을 공호로 할 때, 이들에 대한 신분을 일괄적으로 정해 줄 필요가 있었고 그것이 바로 '양인'이었다. 그 결과 이 정책은 공호의 범주에 속했던 비양인계열의 사람들을 법적신분인 양인으로 변정할 수 있는 토대가 되었다. 공호는 앞서도 언급했듯이 정상적인 대민파악방식은 아니다. 그렇기 때문에 이들은 공양왕대의 '貢賦百姓'이라는 용어에서 보듯이[48) 고려말기에는 '백성' 신분층으로 변정되었고, 조선시기에 호적의 작성과 양천제의 정비

여 농장에 투탁하거나, 농장주들이 양인을 억압하여 천인으로 삼는 일이 자행되었다. 이는 국가 재정기반의 감소를 초래하고 사회적 갈등을 야기하였다. 그렇기 때문에 국가에서는 노비변정사업 등을 통하여 사적으로 예속된 양인들을 추쇄하여 공호에 충당했다고 한다(채웅석, 「고려시대 향촌지배질서와 신분제」 『한국사』 6, 한길사, 1994).

46) 원에서도 특정 역을 국가에서 편제할 때 '호'로써 하였다. 특히 원제국이 정비되어 가는 과정에서 잡호의 출현이 많이 보이는데, 이때의 잡호 중 일부는 유리한 민호를 대상으로 하는 경우도 있었다(太田彌一朗, 「元代における站戶の形態－馬站戶と水站戶を中心として－」 『東洋史研究』 36-1, 1977).

47) 전민변정도감이 원종대에 처음 설치된 것은 예종대 이후 유망민의 발생과 수조권 문란으로 인한 정비 때문이라고 한다(朴京安, 『高麗後期 土地制度硏究』, 혜안, 1996, 233~235쪽). 그러나 수조권을 정비할 때, 괄호를 통한 전민을 파악하고 있기 때문에 신분변정의 어려움이 따를 수밖에 없다.

48) 『高麗史』 卷81, 兵1 兵制, 恭讓王 2年 2月條.

를 통해 법적신분인 양인신분을 획득하게 되었던 것이다.[49)]

이상과 같은 공호제의 실시는 고려신분제와 관련하여 몇 가지 중요한 변화를 의미한다. 우선 영역간에 실시되었던 계서적 지배질서가 무너지면서 부곡제민과 군현인 사이에 신분적인 동질화가 이루어졌다는 사실이다. 둘째는 공호제 실시가 민의 유망에 대응한 것이면서도 또한 양인을 확보하기 위한 것이다. 私田·私民化의 진행에 따라 양인층은 매우 줄어들었다. 백정농민은 스스로 국가로부터의 가혹한 수탈을 피하여 농장에 투탁하기도 하였지만, 농장주들이 양인을 억압하여 천인으로 삼는 일이 자행되었다. 양인이 노비로 몰락하는 현상은 신분제 자체를 변화시키는 것은 아니지만 국가 재정기반의 감소를 초래하고 사회적 갈등을 야기하였다. 그렇기 때문에 국가에서는 유망민을 대상으로 공호로 파악하고 이들을 전민변정사업을 통해 양인화하였다.

이상에서 유망민 또는 농상에 투탁했던 민들에 대한 국가의 파악방식에 대해 알아보았다. 그렇다면 정착하고 있던 일반 자영민에 대하여는 국가가 어떠한 방식으로 이들을 공적지배 속에 편재했을까?

고려시기의 양인은 크게 丁戶와 白丁戶로 나누어지고, 이들을 나누는 기준은 경제력의 차이이다. 정호는 官人의 예비군으로서, 백정은 일반 군현인으로서 국가에 3稅를 부담하는 계층이다. 그런데 고려후기에 이르면 정호와 백정층의 구분 기준인 경제력이 모호해진다. 이는 한편에서는 백정농민의 성장으로 볼 수 있다. 무인정권 이후 지배층의 수탈이 가중되었기 때문에 백정농민들은 단위면적당 생산력의 증대를 위하여 여러 가지 노력을 하였다. 곧 歲易田의 상경화, 새로운 농서를 통한 선진농법의 전수, 연해안저습지 개발을 통한 농지의 확대, 저습지에 알맞은 종자의 도입 등이 그것이다.[50)]

---

49) 이 점에 대해서는 다음의 3. 공호제의 정비와 백정농민의 성장에서 다룬다.
50) 위은숙, 『高麗後期 農業經濟硏究』, 혜안, 1998.

그런데 정호층과 백정층의 모호함은 정호층이 가진 軍戶로서의 직역부과도 어렵게 되었다. 고려전기는 田丁連立에 의하여 군호가 확보되었지만, 고종 이후 祿科田의 실시로 상당히 와해되었다. 그러나 정부로서는 군역의 확보가 매우 중요하였기 때문에 군역의 부과를 통해 자영농민을 국가질서 속에 편제하고자 했으며, 이로써 국가는 자영농민의 직접 지배가 가능하였던 것이다. 이는 군역이 職役에서 보편적인 身役의 의무로 변화되었음을 의미한다.[51] 앞서 살펴보았듯이 충숙왕 12년에 응방·내승에 있는 자들을 별초로 만들었다는 것은 군역이 일반 신역화되어 갔음을 말해준다.

3. 공호제의 정비와 백정농민의 성장

고려말의 田民紊亂에 대한 정비작업은 당시 여러 세력들 간에 시행에 이견은 있었지만 그 시행의 당위성에는 누구도 조건을 달지 않을 정도로 개혁의 선결과제였다. 이 중 전제문제는 공양왕 3년에 과전법의 실시로 어느 정도의 개혁을 이룰 수 있었다. 그러나 '민'에 대한 부분은 특히 노비변정이라는 명목으로 조선 개국 이후 오랫동안 중요문제로 상정될 정도로 해결의 실마리를 찾지 못하고 난항을 거듭하였다.

이 문제는 결국 민심의 장악과 지배층 내부의 세력 확장과 직결되었기 때문에 합일점을 도출해 내기가 상당히 어려웠다. 조선왕조의 권력자들은 하층민의 편성방식과 편성된 하층민에 대한 시책을 둘러싸고 민에 대한 신분변정의 방식을 다양하게 개진하였다. 그러나 조선 개국 당시

---

51) 고려후기 군역의 신역화에 대하여는 陸軍本部편, 『高麗軍制史』, 1987 ; 權寧國, 『高麗後期 軍事制度硏究』, 서울대학교 박사학위논문, 1995 ; 尹薰杓, 『麗末鮮初 軍制改革의 推移』, 연세대학교 박사학위논문, 1996 참조.

중심인물이었던 鄭道傳과 趙浚 등은 고려말의 폐단을 극복하고 새로운 사회질서를 수립하여 강력한 중앙집권국가의 건설을 목적으로 하고 있었기 때문에 良役 확대에 주안점을 두었다. 이들이 제시한 양역 확대의 방법은 호적의 정비를 통한 국역의 부과였다.[52] 여말선초의 力役(國役)의 정비는 신분제의 재정비와 맥을 같이 하는 것이었다.

고려말 典法判書를 지낸 조준의 상소문은 그 대강을 엿볼 수 있다.[53]

가-1) 우왕 14년 8월에 대사헌 조준이 왕에게 글을 올려 이르기를 "근래에 호적법이 해이해져 수령은 그 州의 戶口를 모르며 안렴사는 그 道의 호구를 모르고 있으므로 징발할 때에 향리들은 (이를) 속이고 숨겨주어 불러서 뇌물을 받아먹으니 부유하고 건장한 자는 면제되고 가난하고 약한 자가 징발됩니다. 가난한 호가 그 고통을 견디지 못하여 도망하면 부강한 호가 그 고통을 대신 받으니 역시 이들도 빈약해져서 도망하게 됩니다."라고 하였다.[54]

가-2) 白丁代田 : 백성의 적에 등록하고 차역을 담당하는 자에게는 한 호에 토지 1결을 주고 그 조를 바치지 않도록 한다. 공사천인으로 차역을 담당하는 자에게도 역시 대전 1결을 주되 명백히 호적에

---

52) 조선초기 신분문제에 대한 연구는 다음을 참조. 金泰永, 『朝鮮前期土地制度史研究』, 지식산업사, 1983 ; 劉承源, 『朝鮮初期身分制研究』, 을유문화사, 1987 ; 李成茂, 『朝鮮初期兩班研究』, 一潮閣, 1980 ; 韓永愚, 『朝鮮前期社會思想研究』, 지식산업사, 1983 ; 이화여대 사학과 연구실 편역, 『朝鮮身分史研究』, 법문사, 1987 ; 韓永愚, 『朝鮮前期社會經濟研究』, 을유문화사, 1983 ; 韓永愚, 『朝鮮時代身分史研究』, 集文堂, 1997.

53) 고려말의 개혁에는 조준이 중심에 있었다. 韓嬉淑, 「趙浚의 社會政策方案」 『淑大史論』 13·14·15합집, 1989 ; 柳昌圭, 「高麗末 趙浚과 鄭道傳의 改革 방안」 『國史館論叢』 46, 1993 참조.

54) 『高麗史』 卷79, 食貨2 戶口, 辛禑 14年 8月條, "大司憲趙浚上疏曰 近來戶籍法壞 守令不知其州之戶口 按廉不知一道之戶口 當徵發之際 鄕吏欺蔽 招納賄賂 富壯免而貧弱行 貧弱之戶 不堪其苦而逃 則富壯之戶 代受其苦 亦貧弱而逃矣."

기록해 둘 것이다.[55]

이상의 사료 가는 조준의 상소문 중의 일부분이다. 먼저 사료 가-1)은 호적작성의 중요성을 제시한 내용이다. 물론 주지하듯이 고려말기 戶籍에 대한 경각심과 정비에 힘을 쏟은 국왕은 공민왕이다. 공민왕은 전민변정도감의 설치와 함께 호적작성의 중요성을 언급하였다.[56] 그러나 이에 대하여 개선이 되지 않았기 때문에 조준은 大司憲이 되자 적극적으로 국왕에게 건의하였던 것이다. 조준은 당시 민의 문란의 원인을 호적법이 시행되지 않은 것에서 찾고 있다.

그런데 호적작성시 신분편제의 기준을 무엇으로 정하는가 하는 문제가 제기되었다. 이러한 기준을 살펴볼 수 있는 것이 사료 가-2)의 녹과전에 대한 내용의 일부이다. 이에 의하면 백정대전의 지급 대상이 백성으로 호적에 등재되어 부역을 담당하는 자로 되어 있다. 이는 물론 호적의 중요성을 다시 강조한 것이기도 하지만 동시에 이들에게 일정한 국역을 부과하고 있는 것이 주목된다. 즉 국가는 백성 신분으로 호적에 등록된 자들이 국역을 담당할 경우 백정대전이라는 토지 1결을 부과하고 이에 대해서는 納租를 면제시킨다는 것이다. 이를 통하여 백정대전의 주된 대상은 호적에 등록되지 않은 백성임을 알 수 있다. 그리고 호적에 등재되지 않은 백성의 중심은 유망민 또는 대농장에 은닉해 있는 호일 것으로 생각된다.

고려정부는 이들을 호적에 이탈된 백성으로 등재하여 역을 부과하고 있다. 이들이 바로 앞에서 언급한, 공호제에 의해 파악된 하층민들이었다. 그런데 원간섭기 이후 실시되었던 공호제가 고려말기에 이르면

---

55) 『高麗史』卷78, 食貨1 田制, 祿科田, 辛禑 14年 7月條, "白丁代田 百姓付籍當差役者 戶給田一結 不許納租 其在公私賤人 當差役者 亦許給之 明白書籍."
56) 『高麗史』卷79, 食貨2 戶口2, 恭愍王 20年 12月條.

소멸되고 있다. 그 대신에 '貢賦百姓'이라는 표현이[57] 등장한다. 공부백성은 글자대로 공부를 부담하는 백성층을 가리킨다. 이 표현은 헌사에서 공양왕에게 올린 상소에 보이므로 율령적 성격으로 보아도 무방하다. 따라서 공부백성은 공호제가 실시되었을 때 공부를 부담하던 자들을 양인층으로 파악했던 것을 더 구체적으로 백성이라는 신분으로 명시한 용어라고 할 수 있다. 즉 신분의 변정이 전제되지 않고 국가가 일방적으로 모든 공호를 양인으로 규정하던 것에서 고려말기에 이르러 공부를 내는 자들을 백성층으로 부르고 있는 것이다. 이와 비슷한 뜻으로 볼 수 있는 것이 사료 가-2)의 백정대전의 지급대상인 백성층이다. 이러한 공호의 백성으로의 신분변정은 하층민의 유망이 소강기에 접어들면서 이들에 대한 국가의 장악력이 어느 정도 회복되었기 때문에 가능하였다.[58] 이에 대민파악의 기준이 호 중심에서 토지 등으로 바뀌었다. 따라서 공부를 내는 자에 대한 호칭도 공호에서 공부백성으로 바뀌었던 것이다. 그러면 고려시기에 신분으로서 백성이라는 용어가 어떤 의미로 사용되었는지 검토하기로 한다. 먼저『高麗史』형법지에 보이는 백성의 용례와 관련하여 주목되는 사료는 다음과 같다.

나-1) 관이 세력을 믿고 백성들의 재물을 빼앗은 경우는 1필이면 笞 20대, 2필이면 태 33대를 치도록 하라.[59]

나-2) 각 도의 전운사 및 지방관이 백성의 고소를 잘 처리하여 주지

---

57)『高麗史』卷81, 兵1 兵制, 恭讓王 2年 2月條, "憲司上狀 我國百姓 有事則爲軍 無事則爲農 故軍民一致 近年以來 各道節制使 爭先下牒 使道內郡縣及京畿農民 雖無事時 累朔居京 人馬疲困 民怨爲甚 非唯貢賦百姓 至於鄕社里長 亦皆隸屬 不利於國 不便於民 今後擇才智兼全者爲節制使 定其額數使統中外軍士 其餘節制使 一皆革罷 外方及京畿郡縣軍民 亦皆放還 勸農安業 以固邦本 從之."

58) 蔡雄錫,「여말선초 향촌사회의 변화와 埋香활동」『歷史學報』173, 2002.

59)『高麗史』卷84, 刑法1 職制條, "因官挾勢 乞百姓財物 一匹笞二十 二匹三十三."

않은 경우에는 모두 개경의 해당 관청에 제기하여 판결하도록 한다.[60]

나-3) 주·부·군·현의 향리와 백성들이 권세에 의탁하여 군사를 많이 거느리지 않는 散員이 되거나 上典으로 출세하여 백성을 침해하며 관원을 업신여기니 마땅히 안렴사나 해당 관청에 지시하여 그들의 직첩을 회수하고 本役에 충당시키도록 하라.[61]

나-4) 수령은 근심을 나누고 교화를 펴는 것이니 마땅히 小心으로 직을 받들어 힘써 백성을 편안하게 해야 한다.[62]

나-5) 정리도감에서 상소하기를 "지방 관리가 탐오하여 공정하지 못하고 백성을 해치는 경우는 존무사나 안찰사로 하여금 이를 구명 감찰하게 하되 임무를 능히 수행하지 못한 자는 처벌하십시오."라고 하였다.[63]

다-1) 正匡 최승로가 다음과 같은 글을 올렸다. "신라 때에는 公卿·百官과 서인의 의복, 신발 버선은 그 종류와 색깔이 각각 달랐는 바 공경·백관이 조회 때에는 公襴과 穿執을 갖추되 조회에서 돌아오면 편리한 대로 사복을 입었으며 서인·백성은 무늬 있는 비단을 입지 못하였으니 이는 이른바 귀인과 천인을 가르고 높은 이와 낮은 이로 분간하기 위함이었습니다. … 일반 풍속에 남을 위하여 좋은 일을 한다는 명목으로 각자의 소원에 따라 불당을 짓는데 그 수가 대단히 많으며 게다가 개경과 지방의 승려가 저마다 건축을 일삼아 널리 주군의 장리에게 권하여

---

60) 『高麗史』 卷84, 刑法1 職制, 成宗 7年判, "諸道轉運使及外官 凡百姓告訴 不肯聽理 皆令就决於京官."

61) 『高麗史』 卷84, 刑法1 職制, 忠烈王 24年, "州府郡縣鄕吏百姓 依投權勢 多授軍不領散 員 或入仕上典 侵漁百姓 陵冒官員 宜令按廉使及所在官 收職牒 充本役."

62) 『高麗史』 卷84, 刑法1 職制, 忠肅王 12年, 10月條, "敎曰 守令分憂宣化 當小心供職 務安百姓."

63) 『高麗史』 卷84, 刑法1 職制, 忠穆王 元年條, "整理都監狀 外方官吏 貪婪不公 擾害百姓 者 令存撫按察使 科理體察不能者 科罪."

민을 징발하여 일을 시키기를 나라의 역사보다도 더 급하게 하므로
민들이 몹시 고통스러워합니다. 바라옵건대 이것을 엄금하여 멀리로
는 안남·안동, 가까이는 어사도성에서 이를 조사하여 장리들에게 죄를
주어 백성의 노역을 덜게 하십시오."[64]

다-2) 근자에 듣건대 백성이 흔히 시기를 가리지 않고 소나무·잣나무를
찍는다고 하니 앞으로는 국가 수요 이외에 무시로 소나무를 베는
것을 일체 금지하라.[65]

다-3) 토지의 조세를 거두는 자들이 하나의 토지에서 4~5회씩 조세를
받아들임으로써 백성이 생계를 유지하지 못하고 유랑하게 하는 자가
자못 많으니 앞으로는 이들을 추궁하여 형틀을 씌워 개경으로 보낼
것이다.[66]

사료 나와 다는 하층신분을 구성하는 백성에 대한 일반적인 사료를
열거한 것이다. 사료 나는 官人-百姓에 관한 구도이고, 다는 백성에 대한
규제조항이다. 이것에 의하면 우선 백성도 명확하게 법제적 신분임을
알 수 있다.[67] 그러면 이러한 법제적 신분인 백성은 일반적으로 어떤

---

64) 『高麗史』 卷85, 刑法2 禁令, 成宗 元年 4月條, "正匡崔承老上書曰 新羅之時 公卿百僚庶
人衣服鞋襪 各有品色 公卿百僚朝會 則着公襴具穿執 退朝則逐便服之 庶人百姓 不得服
文彩 所謂別貴賤 辨尊卑也 … 俗以種善爲名 各隨所願營造佛宇 其數甚多 又有中外僧徒
競行營造 普勸州郡長吏 徵民役使 急於公役 民甚苦之. 願嚴加禁斷 令遠而安南安東 近
而御事都省 擒劾罪其長吏 以除百姓勞役."

65) 『高麗史』 卷85, 刑法2 禁令, 顯宗 4年 3月條, "近聞百姓斫伐松栢 多不以時 自今除公家
所用外 違時伐松者 一切禁斷."

66) 『高麗史』 卷85, 刑法2 禁令, 忠穆王 元年 5月條, "田地收租人等 每年一田四五度徵斂
使百姓失業 流移者頗多 今後窮推械送于京."

67) 고려의 신분제는 良賤制를 근간으로 하고 있다. 그런데 실제 『高麗史』에서 양인
의 용례는 적고, 百姓의 사례가 상대적으로 많다. 국가의 지배대상은 양인이므
로 양인으로만 그 대상으로 보기에는 그 범주가 너무 포괄적이다. 따라서
양인 보다는 사농공상을 그 범주로 하는 백성이라는 용어를 사용하고 있다.
특히 국가의 근간은 농민이므로 사료에서 백성으로 칭하는 경우는 거의 농민

의미로 사용되었을까?

라-1) 만약 풍속이 토지에 순응하면 융성하고 거슬리면 재앙이 있는 법인데 그 풍속이란 임금과 신하와 백성의 의복과 관이 대개 이러합니다.[68]

라-2) 전년에 고향으로 돌려보낸 학생들에게 교수할 스승이 없으므로 명령하기를 "경서를 능통하고 서적을 많이 본 사람을 택하여 경학박사, 의학박사를 삼아 12목에 각각 1명씩을 파견하여 열성으로 교수하게 하고 그 주, 군, 현 장리들과 백성들의 아들로서 공부시킬 만한 자가 있으면 모두 교육시키도록 명령할 것이요, 만일 열성으로 경서를 연구하고 효제로 소문이 있거나 의술이 쓸 만한 사람이 있다면 목, 주, 현의 관원들로 하여금 漢나라 故事에 근거하여 구체적으로 기록하고 중앙에 추천하는 것을 고정한 규정으로 하라."고 하였다.[69]

라-3) 그리고 본래 閑田이었다 하더라도 백성들이 이미 개간한 땅이면 이것 역시 빼앗는 것을 금지한다.[70]

라-4) 백정대전 : 백성으로 등록하고 차역을 담당하는 자에게는 한 호에 토지 1결을 주고 그 조를 바치지 않도록 한다.[71]

을 가리킨다. 실제 국가의 대민정책 속에 보이는 백성이 농민층을 가리킨다고 볼 수 있는 것은 개혁정책의 많은 내용이 농민을 보호하는 정책을 담고 있기 때문이다.

68) 『高麗史』卷72, 興服 冠服通制, 恭愍王 6年 윤9月條, "若風俗順土則昌 逆土則灾 風俗者君臣百姓衣服冠盖是也."

69) 『高麗史』卷74, 選擧 學校, 成宗 6年 8月條, "選通經閑籍者 爲經學 醫學博士於十二牧各遣一人 敎行敎諭 其諸州郡縣長吏百姓有兒可敎學者 幷令訓戒 若有勵志明經孝弟有聞醫方足用者令牧宰知州縣官依漢家故事具錄薦貢京師以爲恒式."

70) 『高麗史』卷78, 食貨1 經理, 忠烈王 11年 3月條, "且本雖閑田 百姓已曾開墾 則並禁奪占."

71) 『高麗史』卷78, 食貨1 祿科田, 辛禑 14年 7月條, "白丁代田 百姓付籍當差役者 戶給田一結 不許納租 其在公私賤人 當差役者 亦許給之 明白書籍."

라-5) 순방사가 결정한 전세는 해마다 주, 군에서 그 정액대로 거두는데, 권세 있는 집에서는 거부하고 바치지를 않고, 향리와 백성들이 빌린다고 하여 그 수를 채우게 되는 것이 그 끝을 볼 수 없게 되니 자기 생업을 잃고 유망하게 된다. 세를 바치지 않는 자는 권세와 지위가 있는 자를 불문하고 살펴 따져서 나에게 보고하도록 하라.72)

라-6) 순방 계정사 채홍철 등이 정한 공부는 주군의 번성 여부를 보아서 그 액수를 공평하게 함으로써 국가의 요긴한 것에 충당시키고 백성은 편안히 생업에 종사하도록 한 것이다.73)

라-7) 鄕吏와 백성이 유망하여 사방으로 흩어지고 주·군이 빈 것은 戶口가 부적되지 못한 것에서 온 불행입니다. 바라건대 지금 토지를 측량하고[量田] 경작지를 조사하여 그 토지의 다소에 따라서 호적을 정비하여 上·中·下로 하고 戶도 良賤으로 나누어서 수령은 안렴사에게 제출하고 안렴사는 版圖에 제출토록 하십시오.74)

라-8) 왕이 명령하기를, "개성부의 오부 및 지방 주현들에서 백성을 양반으로, 천인을 양인으로 만들어 戶口를 위조한 자는 법률에 의하여 그 죄를 처벌할 것이다."75)

위의 사료 라는 『高麗史』 輿服志, 選擧志, 食貨志 등에 실려 있는 백성에 관한 내용이다. 먼저 여복지와 선거지에 보이는 백성은 그 법제적 신분의

---

72) 『高麗史』 卷78, 食貨1 租稅, 忠肅王 5年 5月條, "巡訪使所定田稅 每歲州郡據額收租 權勢之家拒而不納 鄕吏百姓稱貸充數 無有紀極 失業流亡 其不納稅者 勿避權貴 糾察以聞."

73) 『高麗史』 卷78, 食貨1 貢賦, 忠肅王 元年 閏3月條, "巡訪計定使蔡洪哲等 所定貢賦 視州郡殘盛 均定其額 以贍國用要令 百姓安業."

74) 『高麗史』 卷118, 趙浚傳, "鄕吏百姓流亡四散 州郡空虛者 戶口不籍之流禍也 願今當量田 審其所耕之田以田多寡 籍其戶爲上中下 又戶分良賤 守令貢于按廉 按廉貢于版圖."

75) 『高麗史』 卷78, 食貨2 戶口, 忠肅王 12年 10月條, "開城府五部及外方州縣 以百姓爲兩班 以賤人爲良人 僞造戶口者 據法斷罪."

98

특질을 알 수 있는 내용들로 구성되어 있다. 백성은 사료 라-1)에는 '君臣'과 라-2)는 長吏, 라-5)에는 鄕吏와 대비되어 있다. 이는 '其人百姓'의 용례도 동일하다.[76] 이와 같이 백성은 군신·장리·향리·기인과 구분되어 있다. 이는 백성층의 범주에 위로는 군신, 아래로는 吏계층이 제외되었음을 말해준다. 그러면 다음으로 백성에는 이들 이외에 어떤 신분이 제외되거나 대비되었을까? 위의 사료 라-8)을 보면 백성에는 양반뿐만 아니라 賤人이 제외되어 있다. 이는 『高麗史』食貨志 과렴조에 軍官·百姓·公私奴婢[77]로 신분을 배열하고 있는 것에서도 알 수 있다.

그렇다면 법제적 신분인 백성은 어떤 의미로 사용되었을까? 이는 위에서 인용한 식화지의 사료를 통하여 알 수 있다. 이에 의하면 백성은 과세의 기본대상으로 설정되어 있다. 사료 라-3)은 세가가 백성이 개간한 땅의 탈점을 금지한 규정이고, 라-4)는 앞서도 언급했듯이 과역의 대상자로 백성을 규정하고 이들에게 토지를 급부하고 호적에 편제하고 있다. 그리고 라-5)는 백성이 유망하는 원인이 세금의 부담 때문이라 하고, 라-6)은 공부조의 기사이므로 당연히 여기의 백성이 공부의 대상자임을 알 수 있다. 또한 라-7)은 백성층이 上·中·下戶로 編戶되었음을 보여주고 있다. 백성이 과역의 기본대상인 것은 『高麗史』형법지에도 확인할 수 있는데, 위의 사료 나-3)과 다-3)에서 세금의 가중으로 백성들이 유망한다는 기록이 그것이다.

이상에서 살펴보았듯이 백성의 일반적인 용법은 법제적이든 일반 용례이든 국가에서 과역의 기본 대상자, 곧 과역 징수의 객체로 설정되어 있다. 이는 백성이 율령제적 인민편성의 주된 구성원으로서, 帳籍에 부적되어 호를 구성하는 편호가 되고 급전의 대상자인 점에서 국가에

---

76) 『高麗史』卷75, 選擧2 銓注, 顯宗 元年條.

77) 『高麗史』卷79, 食貨2 科斂, 忠烈王 15年 2月條, "軍官百姓公私奴婢 以五斗三斗爲差 ; 富商大戶三石 中戶二石 小戶一石 各道輸米有差 唯除東界平壤二道."

과역 곧 조용조를 납부하는 것은 당연하다. 즉 이들 백성은 정치적, 경제적으로 국가의 법적 수탈의 대상자이었던 것이다.

이러한 백성의 용례와 의미를 고려할 때, 공양왕대에 보이는 貢賦百姓이라는 것은 앞서도 언급하였듯이 단순히 공부를 내는 백성이라는 의미보다는 세금을 내는 대상자의 구체적인 신분으로 보아야 할 것이다.

고려말의 백성의 의미를 이렇게 생각할 때, 당시 백성층에 편재되는 자들은 바로 과역(과세)의 확보와 연관되어질 수밖에 없다. 따라서 공호민이 공부를 내는 백성층으로 포섭되었고, 이러한 신분변정의 방향이 조선초기에까지 이어지게 된 것이다. 조선시기에 백성층과 관련되는 것에 '前朝判定百姓'이라는 것이 있다. 이 전조판정백성이라는 용례는 백성층을 중심으로 과세의 대상자가 상당히 넓어졌음을 알 수 있다.

전조판정백성에 대한 연구로는 김현영과 北村秀仁의 연구가 있다. 김현영은 이들의 범주를 1392년 인물추변도감에서 정한 판지(즉 노비결송법)에 의하여 양인으로 판정된 부류로 보았다. 이들 계층의 대표적 부류는 문적의 혼란, 소실로 인하여 양천이 불명한 자와 良賤交嫁所生이다. 이들에게 백성이라는 용어를 사용하게 된 이유는 고려조에 사용한 '백성'이라는 용어가 공역을 담당하고 무직이며 경제적으로 천인과 별반 차이가 없으며 신분적으로 양인이기 때문이라는 것과 상통한다고 설명하고 있다. 또한 조선초기의 백성의 용례도 고려조의 그것을 그대로 수용하고 있다고 보았다.[78]

반면 北村秀仁은 공호의 범주[79]를 군현인 중 자기의 토지를 보유하고

---

78) 김현영, 「'고려판정백성'의 실체와 성격-14세기말·15세기초 양인확보정책과 관련하여-」『史學硏究』38, 1984.

79) 北村秀仁은 위의 글에서 등장하는 공호양인을 공호가 양인이기 때문에 공호양인으로 사료에 나타난다고 보았다(北村秀仁, 「高麗時代の貢戶について」『大阪市立大學人文硏究』32-9, 1981). 그러나 공호는 공물을 내는 호이므로 양인임이 틀림이 없다. 그런데도 굳이 형법지 자료에서 공호양인임을 내세우는 것은 당시

경작하는 농민에 한정하고 있다. 공호를 이렇게 보았던 것은 여러 가지가 있지만 그 중 공양왕조에 보이는 공부백성과 관련시켜 설명하고 있다. 즉 그는 공부백성을 공부를 내는 백성이란 뜻으로, 공호의 부담인 공부를 직접 표시한 단어로 보았다. 여기서 백성은 我國百姓, 도내 군현인 등을 가리키는 포괄적인 용어로 보았다. 따라서 공부를 낼 수 있는 자만이 공호가 될 수 있다는 것이다. 또한 조준의 상소문 중 '白丁代田 百姓附籍 當差役者'라는 사료와 관련시켜 백정은 백성의 부담면(역의 부담자)을 부각시킨 용어로 생각하였다. 그리고 백성의 부담면을 중시한 용어인 백정의 개념을 중심으로 그는 조선의 고려판정백성층과도 관련시켜 설명하고 있다. 즉 공민왕 10년 이전에 백정계층이 백성층에 부적되어 하나의 계층으로 있었기 때문에 조선시기의 고려판정백성은 바로 이 백정을 가리킨다는 것이다.[80]

양자의 연구는 각각 일정한 문제점을 가지고 있다. 우선 김현영의 연구는 고려시기에 良賤不明者 등의 계층을 백성으로 판정한 이유가 백성이 공역을 담당하고 무직이며 경제적으로 천인과 별반 차이가 없으며 이들의 신분이 양인이라는 점과 상통하다고 하였는데, 이는 매우 추상적인 설명이다. 또한 北村秀仁의 연구도 공호제가 등장하게 된 시대적 배경을 고려하지 않고 공호를 공물을 부담하는 호이고, 이들을 나타내는 포괄적인 용어로써 백성을 규정했다고 하였는데, 이 또한 무리한 해석이다. 또한 전조판정백성의 예도 그는 공호와 백정, 그리고 백성의 개념을 포괄적으로 보아 이들의 용어에 일정한 차별성을 간과하고 있다.

조선의 太宗과 世宗 연간에 나타나는 전조판정백성은 고려정부가 양천 불명자 등의 신분을 변정할 때, 이들을 과역의 대상자인 백성층으로

공호로 파악된 모든 호를 양인으로 규정하려는 고려정부의 의지가 표출되어 있다고 보아야 할 것이다.

80) 北村秀仁, 「高麗時代の貢戸について」.

파악하여 양인화시키고자 했던 정부 의지의 반영이었다. 따라서 조선시기에도 국가가 양인신분층으로 충당하기 모호한 자들을 고려시기의 백성의 범주와 동일하게 보아 이들을 과역(과세)의 대상자로 삼고자 한 것이었다.

전조판정백성의 사례에 의해 역이 정해진 자들로만 보더라도 고려말 백성층의 범주에 들어갔던 자들의 경제기반은 대단히 불안정하였다. 이 시기의 백성층의 경제적 처지를 가늠할 수 있는 것은 다음의 사료이다.

> 재추가 의논하기를 "근래에 출정으로 군량이 아주 적어졌으니 마땅히 서울과 지방의 품관과 대소 각호에서 군량을 차등 있게 내기로 하되 兩府 이하 通憲 이상은 현미 4석, 3~4품은 3석, 5~6품은 2석, 7~8품은 1석, 權務는 열 말, 산직 향리는 열 말, 백성·공사 노복은 그 호의 크고 삭은 것을 고려하여 서둘 것이다."라고 하였다.[81]

이 글은 고려후기 백성의 경제적 처지가 노비와 별반 다르지 않음을 보이고 있다. 이 시기에 백성층에 포섭되었던 자들은 앞서도 언급했듯이 불안정한 생활을 하는 자들이 많았고 이에 노비와 함께 고려의 대상이 되었던 것이다.

이에 정부가 이들의 안정화를 유도하고 과세하기 위하여 토지를 지급해 준 것이 바로 사료 라-4)의 백정대전이다.[82] 백정대전이라는 용어가 곧 백성층의 의미인 과역의 대상자임을 가리키는 것이다. 그런데 백성에

---

81) 『高麗史』 卷82, 兵2 屯田, 辛禑 2年 9月條, "宰樞議曰 近因軍征 軍糧乏少 宜令京外品官 大小各戶 出軍糧有差 兩府以下通憲以上 造米四石 三四品三石 五六品二石 七八品一石 權務十斗 散職鄕史十斗 百姓公私奴 則量其戶之大小 徵之."

82) 오일순은 백정대전을 백정이 특정한 역을 담당할 때 받는 토지로 해석하였다 (오일순,『高麗時代 役制와 身分制 變動』, 220~222쪽). 오일순도 백정대전의 대상 자인 백성의 의미에 대한 고민이 결여되어 있다.

부적된 자에게 지급한 토지명에 '백정'이라는 단어를 사용한 것은 무엇 때문일까. 그것은 추론에 불과하지만 백성을 호적에 편제할 때 연령에 따라 구분하였고, 그 가운데 백정은 국가에 대하여 직접 과역의 의무를 지는 丁을 가리킨 것이 아닌가 한다. 즉 과세의 대상자인 백성층에서 직접 그 역을 부담하는 자의 정확한 표현이 백정일 것으로 생각된다.

백정대전을 건의한 조준은 중국 주나라의 정전제를 이상으로 보고 있기 때문에 計民授田의 원칙에 따라 토지를 지급하고자 하였다.[83] 즉 고려정부는 역(세금)의 확보를 위해 하층민의 안정화는 필수적인 정책이었다. 이것이 전제가 되어야만 신분변정을 통한 양인확대정책으로 나아갈 수 있었던 것이다.

고려정부는 원간섭기를 전후로 유망민의 대책으로 逋戶나 隱戶를 복구시켜 공호로 파악하였다. 그런데 이 속에는 다양한 신분층이 존재하였기 때문에 정부는 이들에 대한 신분변정을 하지 않을 수 없었다. 이 과정에서 표현된 것이 바로 과세의 대상인 백성인 것이다. 즉 공호를 백성층으로 변정하고 이들에 대한 안정책으로 백정대전을 지급했던 것이다. 이러한 신분변정 기준이 조선초기의 고려판정백성층까지 확대·적용되었던 것이다.

이상과 같은 신분변정을 통해 과역의 대상자를 확보한 고려정부는 身役化를 단행할 수 있게 되었다. 이것을 군역의 변화를 통해 보도록 한다. 공민왕대에 군역을 부담했던 자들은 여러 계층으로 나누어진다. 그것은 이 시기에 홍건적이나 왜구의 침입 등으로 많은 군인이 필요했기 때문이다. 앞서도 보았듯이 고려전기의 군인은 田丁連立에 의해 확보되어 있었다. 그러나 원간섭기부터 이러한 원칙은 붕괴되었다. 이에 정부로서는 군인의 확보를 위해 여러 정책을 고려하게 된다. 그런데 군역은

---

83) 柳昌圭,「高麗末 趙浚과 鄭道傳의 改革 방안」『國史館論叢』46, 1993, 137쪽.

자영농민의 성장을 적극적으로 반영할 수 있었고, 정부로서는 이를 통해 자영농민을 국가지배 속에 편제할 수 있었다.

공민왕대의 군역 담당자는 양반에서부터 노비계층에 이르기까지 다양했지만, 양반이 군역에 동원되는 것은 비상시에 한정되었다. 그러나 공민왕은 양반계층을 대상으로 정식군제로서 閑散軍을 조직하였다. 한산은 前銜官·添設官·檢校官·同正官 등을 가리키는 말이다. 물론 실제 관직을 담당했던 자들은 제외되었다. 한산군의 중심은 전함관과 첨설관이었다. 이들이 한산군의 주요 구성원이 된 것은 공민왕 3년(1354)에 첨설직이 설치된 이후 첨설직의 남발로 직역을 부담하지 않은 관직자가 발생함으로써 이들을 국가제도 속에 편제할 필요가 있었기 때문이다. 이들이 閑良官으로 총칭되었고, 이것이 과전법 체제 내에서 군역의 대상자로 나타나는 것이다. 이러한 자들을 정리한 군제가 공양왕대에 보이는 三軍都摠制府와 宮城宿衛府이나.[84]

노비계층이 군역에 동원되는 것은 煙戶軍의 설치부터이다. 연호군은 翼軍의 일부분인데, 우왕 4년(1378)에 양반·백성·재인·화척을 군인으로 편성하고 人吏·驛子·官寺倉庫宮司奴·私奴는 연호군으로 편성하였다. 연호군은 고려말 병력이 몹시 부족한 상황에서 그 동안 정규적인 군역부담에서 제외된 자들을 중심으로 조직되었다. 따라서 고려말 노비층에 대한 군역부과는 일시적인 현상이지만, 조선시기에 이르면 공노비도 신역으로서 이를 부담하였고, 조선초의 雜色軍의 일원으로 정비되기도 하였다.[85]

이상에서 살펴보았듯이 고려후기의 군역은 고려전기와는 상당히 다른 형태를 보이는데, 그것은 직역의 신역화이다. 그러나 자영농민을 군역을 통해 직접 지배하고자 할 때, 정부에서는 이들 모두를 군인으로

---

84) 閔賢九,「高麗後期의 軍制」『高麗軍制史』, 陸軍本部 軍事硏究室編, 1983.
85) 李基白,『高麗兵制史硏究』, 一潮閣, 1968.

차출할 수는 없다. 그것은 자영농민 모두가 이를 감당할 경제력을 소유하고 있는 것은 아니기 때문이다. 또한 정부가 농민을 일방적으로 군역에 충원하면 농민은 그 역의 부담으로 다시 유리하게 된다. 따라서 공민왕대부터 국가는 하층민을 대상으로 軍戶를 편제하면서 이들에게 助役을 지급했다. 이 조역의 지급은 불안정한 농민호에 대한 경제적 손실 부분을 보완해주는 것이고, 이것이 조선시기의 보법으로 나아갔던 것이다.[86]

마지막으로 과전법체제 속의 하층민의 변화를 보도록 한다. 과전법은 고려말 토지 변정의 최종 성과물이라고 할 수 있다. 고려말에는 전제개혁을 둘러싸고 토지개선론자와 개혁론자가 대립하였다.[87] 그 중 개혁론자들이 중심이 되어 실시한 것이 科田法이다. 과전법은 고려말 사전에서의 수조권 난립, 수조율의 약탈성을 개혁함으로써 전국의 토지를 국가 공권력의 관리 아래에 두고 국가 존립의 경제적 사회적 기초로서 국가에 직속하는 농민층을 확보하기 위하여 고안된 것이다. 그것은 현실적 토지소유관계를 그대로 인정하면서 전국의 토지를 국가수조지로 파악한 위에 그 수조권을 중외의 국가 각 기관에 분속시켜 그 지배권을 수행하도록 하는 한편 양반 관인층과 일부 공역자에게도 응분의 수조권을 위임하여 수식케 하였다.

이러한 과전법체제 하에서는 公田과 公民의 확보가 존립의 핵심이었기 때문에 田客에 대한 보호가 나타날 수밖에 없다. 따라서 수조권자인 田主가 民田 소유농민 곧 전객에 대하여 수조권을 빙자하여 민전을 탈점하지 못한다고 규정하였고 위반자는 엄금하였다.[88] 따라서 이러한 전객 농민에 대한 보호 정책은 이전의 전시과체제에서 상당히 진전된 것이라

---

86) 閔賢九,「高麗後期의 軍制」『高麗軍制史』, 陸軍本部 軍事硏究室編, 1983.
87) 金琪燮,「高麗末 私田捄弊論者의 田柴科 인식과 그 한계」『歷史學報』127, 1990.
88)『高麗史』卷78, 食貨1 田制, 科田法條,"田主奪佃客所耕田 一負至五負笞二十 每五負加 一等 罪至杖八十 職牒不收 一結以上 其丁許人遞受."

할 수 있다. 또한 私田의 隱漏와 擴大를 방지하기 위하여 陳告遞受法을 실시하였고,[89] 철저히 경기내의 과전만을 고집하였으며 공사전에 대한 수조율도 1/10로 하였다.[90] 이것은 더 나아가 공민의 유망이나 몰락을 방지하기 위하여 無主田일 경우에는 우선적으로 공민을 우선 대상으로 하였다.[91]

이러한 과전법은 개인의 수조지가 경기도에 한정되었으므로 수조권에 입각한 지배관계는 크게 축소되었다. 이것은 수조권이 약화되고 소유권이 성장하는 기반, 즉 농민의 민간 소유지가 보편화되었음을 말해주며, 아울러 이전의 국가 또는 권세가로부터 받는 이중적 수탈구조에서 벗어났음을 보여준다. 또한 민전을 소유한 농민의 입지가 국가를 상대로 할 만큼 성장했음을 나타내는 것이기도 하였다.[92]

과전법은 전시과와는 달리 外役田·雜位田이 外官公廨田과 함께 따로 구분되어 있다.[93] 이러한 구분 방법은 관인의 식과 吏役, 雜役 사이의 질적 구분이 현저해졌음을 나타내는 것으로, 이역·잡역에 종사하는 향리 계층에 대한 억압을 의미하였다. 이는 농민이 지방세력으로부터 받던 억압에서 벗어나 국가의 직접 지배구조 속에 편제되었음을 말해주는 것이다.

또한 과전법은 외방 거주의 閑良官吏에게 軍田을 지급하고 있다. 이것

---

89) 『高麗史』卷78, 食貨1 田制, 科田法條, "其犯杖以上罪謝貼收取者 犯嫁期功以上親者 閑良官除父母喪葬疾病外 無故不赴三軍摠制府宿衛百日已滿者 判禁以後同姓爲婚者 受守信田再嫁者 有田地不作公文者 身死無妻子者 其田幷許人陳告遞受."

90) 『太宗實錄』卷3, 太宗 2年 2月條, "十分而稅其一 天下古今之通義也"; "凡公私田租 每水田一結糙米三十斗 旱田一結雜穀三十斗 此外有橫斂者以贓論."

91) 『經國大典』戶典, 田宅條, "無主田 移給他人[有軍役者死亡移徙 則給遞立者 無役人則給 田少者 移徙者 午年內還 則還給 執耕者元無田 則還給三分之二]."

92) 김태영, 「조선시대 농민의 사회적 지위」, 『한국사시민강좌』 6, 1990.

93) 『高麗史』卷78, 食貨1 田制, 科田法條, "拘收公私往年田籍 盡行檢覆其眞僞 因舊損益 以定陵寢倉庫宮司軍資寺及寺院外官職田廩給田 鄕津驛吏軍匠雜色之田."

은 전시과체제의 군역을 정호층을 대상으로 부과했던 것에서의 변화를 의미하며, 田丁連立制의 붕괴를 말한다. 그리고 그 대상을 외방 거주의 한량관리로 명시하고 있는데, 대개 이들은 無職事의 관인으로 지방유력자를 말한다.[94] 이 시기에 지방유력자들이 무직사를 가졌던 것은 고려말 첨설직의 남발 때문이었다. 국가는 이들을 국가편제에 넣기 위해 군전을 지급하여 군역을 부과하였다. 그러나 이 군전은 본인이 늙거나 죽거나 또는 병이 들었거나 도망을 하여 그 역을 수행하지 못할 경우 국가에 반납하도록 엄격한 제한을 가하고 있다.[95] 또한 이후는 한량관리가 아닌 일반 양인계층이 그 대상이 되었다. 이처럼 종래 전정연립에 의해 정호층이 지던 군역이 고려말에 이르러 농민에게 전가되었다는 것은 백정농민의 지위가 상승되었음을 의미한다고 하겠다.

과전법 실시 1년 후 조준은 常平倉의 실시를 건의하고 있다.[96] 이는 당시 도처에 흉년이 들어 생활하기가 어려운 농민을 국가가 직접 구제하고자 한 것이었다. 또한 과전법 이전에 대토지 소유자에 의해 행해지던 진휼을[97] 국가가 직접 하였다는 것은 국가의 대민 장악력이 제고되었음을 의미하기도 하지만 농민의 입장에서는 권세가의 속박에서 벗어났음을 말해준다.

물론 과전법체제는 토지소유권을 일부 제한하고 있다. 예를 들어 국가 비상시에 공·사전을 불문하고 公收권한을 발동하고 있는 점과[98]

---

94) 한량에 대해서는 다음의 논문을 참조. 韓永愚, 「麗末鮮初 閑良에 대하여」 『朝鮮時代 身分史研究』, 集文堂, 1997.

95) 『高麗史』 卷78, 食貨1 田制, 科田法條, "軍鄕吏及諸有役人 如有老病死亡無後者 逃避本役者 赴京從仕者 則代其役者 遞受其田."

96) 『高麗史』 卷118, 趙浚傳.

97) 앞서 보았듯이 농민항쟁의 주원인 가운데 하나가 탈점인데, 탈점의 수단이 대토지소유자의 고리대에 의한 것이었다. 따라서 국가가 직접 이러한 농민항쟁의 원인을 제거한다는 것은 대토지소유자의 세력을 근원적으로 차단한다는 의미도 있었다.

과전법이 民田에 설정되었다는 이유로 토지의 매매권을 제한하고 있는 점이 그것이다.[99] 전자는 王土思想에서 나온 것이기는 하지만 강대한 국가권력을 저변에 깔고 있으며, 후자도 과전이 설치된 경기도의 토지소유권을 제한하는 것이었다. 따라서 경기도의 농민들은 자신의 소유권을 되찾기 위해 노력하게 되고, 결국 世宗 6년(1424)에 이르면 이 조치는 폐지되기에 이른다.

이상과 같은 역의 보편화와 농민의 지위변화는 당시 하층민의 현실인식에 기반을 둔 것이다. 다음의 사료는 하층민의 의식을 잘 알 수 있는 사료이다.

> 권화는 우왕 때에 淸州목사로 되었는데 固城에 사는 妖民 伊金이 자칭 彌勒佛이라 하면서 여러 사람들을 유혹하여 말하기를, "나는 능히 석가불을 모시고 올 수 있다. 무릇 귀신들에 기도를 올리거나, 제사를 지내는 자, 말과 소의 고기를 먹는 자, 돈과 재물을 남에게 나누어 주지 않는 자는 모두 죽을 것이다. 나의 말을 믿지 않거든 3월에 가서 보라, 해와 달이 모두 빛을 잃게 될 것이다."라고 하였으며 또 "내가 한 번 작용하면 풀에서는 파란 꽃이 피고 나무에서는 알곡 열매가 맺힐 것이요, 또 어떤 경우에는 곡물을 한 번 심어서 두 번 수확을 할 것이다."라고 하였다. 그리하여 어리석은 백성들이 그의 말을 믿고 쌀, 비단, 금, 은을 그에게 施與하였는데 서로 뒤질세라 빨리 갖다 바치느라고 분주하였다. 또 말, 소가 죽어도 먹지 않고 내버렸으며 돈과 재물을 가진 자들은 다른 사람들에게 모조리 다 나눠 주었다. 이금이 또 말하기를

---

98) 『高麗史』卷78, 食貨1 田制, 科田法條, "如有調發大軍 糧餉不足 不問公私田 隨費多少 臨時定數 公收支用 無事則止."

99) 『高麗史』卷78, 食貨1 田制, 科田法條, "佃客毋得將所耕田擅賣擅與別戶之人 如有死亡 移徙戶絶者 多占餘田故令荒蕪者 其田聽從田主任意區處."

"내가 명령을 내려 산천의 귀신들을 파견하게 된다면 왜적은 다 붙잡을 수 있다."라고도 하였다. 무격들이 그를 더욱더 존경하고 신임하여 성황사묘를 헐어 버렸으며 이금을 부처님처럼 섬기고 그에게 복리를 달라고 빌었다. 무뢰한들이 이에 덩달아 따라 나서서 이금의 제자라고 자칭하면서 서로 거짓말로 속이기를 일삼았다. 그리하여 그들이 이르는 곳마다에서 수령들도 나와서 맞이하고 객관에 유숙시키는 자도 있었다. 그들이 청주에 오자 권화는 그 무리들을 유인하여 괴수 5명을 결박하여 가두고 조정에다 급히 보고하니 都堂에서는 여러 도들에 공문을 띄워서 그 일당을 모조리 잡아 참형에 처하라 하였다. 판사 楊元格이 그 교설을 믿었다가 이때에 이르러 도망하여 숨었으므로 그를 수색하여 붙들어 곤장을 치고 귀양을 보내었더니 그는 도중에서 죽어 버렸다.[100]

위의 사료는 우왕대에 伊金이라는 요승이 하층민을 현혹하고 있는 상황을 기술한 것이다. 이 사료를 통하여 다음의 몇 가지를 알 수 있다. 먼저 하층민은 성황을 불태우고 미륵불인 이금에게 운집하고 있다. 이는 국가에 의한 대민지배의 한계를 말해준다. 앞서 살폈듯이 城隍은 하층민과 밀접한 관련을 가지고 있었다. 이에 국가도 처음에는 이를 배격하였지만 나중에는 일정 정도 수용하여 성황신사에 位田도 지급하였다. 또한 성황신사에 대해 앞에 주군현의 명칭을 붙이고 지방관이 직접 주재하도록 하였다(예 : 松嶽城隍神祠).[101] 이는 국가가 자립화하고 있던 하층민을 성황신사를 중심으로 지배하려는 의도를 엿보게 한다. 이러한 정책은 조선이 건국된 이후에도 계승되었다.

그런데 앞서도 보았듯이 이 시기에 위전 지급이 중단된 것과[102] 위의

---

100)『高麗史』卷107, 權旺傳.
101)『高麗史』卷42, 恭愍王 19年 7月 壬寅條.

사료에서 하층민이 성황을 불태우고 있는 것은 하층민이 국가주도의 대민지배방식에 상당한 거부감을 가졌음을 말해준다. 이는 우왕대의 대민지배정책이 그 이전에 전향적이었던 공민왕대와는 달리 하층민의 요구를 적극 수용하지 못한 예증이라 할 수 있다.

또한 성황을 불태우고 미륵불의 세계를 지향했다는 것은 이 시기 매향의 모습과도 연관된다. 고려말에 이르면 彌勒下生信仰에 기반한 埋香活動 사례가 많이 보인다. 이 시기의 매향활동은 주로 高城 三日浦, 定州, 泗川지역에서 나타난다. 또 이 활동의 주도집단은 지방관, 寶, 結契, 香徒이며 여기에 승려와 지방민도 참여하고 있다. 그러나 매향주도층은 엄밀한 의미에서 어느 한 집단에 의해 주도되었다기보다는 복합적인 구성—예를 들면 지방관+보, 승려+契衆, 향도+승려 등등—을 이루었다.

이 매향주도층을 보면, 고성 삼일포 매향의 경우는 지방관의 적극적인 참여와 매향에 동원한 지방수가 9개이고, 지방관이 전답의 시납에까지 참여하고 있다. 따라서 삼일포 매향은 관이 주도하였을 것으로 보인다. 그러나 이후 매향은 하층민의 발원형태로 전환되고 있다. 정주 매향비의 경우는 매향의 주관자나 참여한 성원의 실체가 드러나지 않지만, 사천의 경우는 그 규모도 대규모이고 주도집단은 '千人結契'로 몇몇 지역의 신도들로 조직된 신앙집단이며 그 주도인물도 승려로 보인다. 따라서 사천매향은 관권이 개입되지 않은 순수 민간 차원에서 형성된 매향의 형태라 할 수 있다.

또한 고려시기의 것은 아니지만 주목되는 매향비로는 岩泰島 매향비(1405년)가 있다. 이 매향비의 주도층은 萬佛香徒이다. 이때는 만불향도가 승려를 통제·사역하고 있고, 이를 통하여 앞의 사천매향과는 또 다른 변화를 엿볼 수 있다.

---

102) 『高麗史』卷78, 食貨1 祿科田, 辛禑 14年 7月 趙浚上疏, "位田 城隍學校紙匠墨尺水汲刀尺等位田 前例折給."

이상의 매향 사례를 통하여 다음을 유추할 수 있다. 먼저 매향의 주도층이 관과 승려에서 승려를 제압하는 향도로 바뀌었다는 것은 순수 민간 차원에서 매향이 이루어졌음을 말해준다. 또한 매향의 규모가 점점 적어진다는 것은 이 시기가 중앙중심의 사회에서 지역중심으로 특히 자연촌 중심의 사회변화를 보여주는 것이었다고 할 수 있다. 요컨대 이러한 변화는 하층민들이 여말선초에 전개된 전반적인 사회변화 속에서 그들이 속한 공동체를 중심으로 매향을 행했던 것이다.[103]

---

103) 이해준, 『조선시기 촌락사회사』, 민족문화사, 1996.

제3장 부곡제의 소멸과 稱干稱尺制의 정비

1. 부곡제민의 신분에 대한 검토

良賤制는 고대 帝國의 전제주의적 지배질서를 유지하고 기능시키기 위해 국가(황제)가 마련한 하나의 신분질서를 말한다. 즉 양천제는 황제 지배체제를 유지하기 위한 국가적 신분제이다.[1] 이 질서 하에서 모든 인민은 良人과 賤人이라는 두 신분으로 대별된다. 고려시기의 신분제도 이 논의에서 크게 벗어나지 않고 있으며, 部曲制民은 그 논의의 중심에 있다.

부곡제는 연구사에서 부곡과 같은 유형의 집단을 통칭하는 용어로 사용되고 있다. 즉 부곡제는 부곡을 중심으로 鄕, 所, 莊, 處 등이 그 대상지역이다. 부곡제민에 대한 신분논의는 초기에는 천인설이 중심이었으나,[2] 1990년대에 들어서면서 이를 비판한 양인설이 대세를 이루고 있다.[3] 그러나 이러한 논의는 양천이라는 이분 구도에 지나치게 매몰되

---

1) 尾形勇(全永燮 옮김), 「良賤制의 展開와 그 性格」『세미나수당오대史』, 서경문화사, 2005.
2) 임건상, 『조선부곡제연구』, 1963 ; 旗田巍, 「高麗時代の賤民制度「部曲」について」 『朝鮮中世社會史の研究』, 法政大學出版局(東京), 1972 ; 金龍德, 「鄕·所·部曲考」『白樂濬博士華甲記念 國學論叢』, 1955.
3) 李佑成, 「高麗末期 羅州牧 居平部曲에 대하여−鄭道傳의 謫居生活을 통해 본 部曲의 內部構造−」『震檀學報』29·30합집, 1966 ; 李佑成, 「高麗時代 部曲과 그 住民」 『韓國中世社會史研究』, 一潮閣, 1991 ; 李佑成, 「李朝時代 密陽古買部曲에 대하여−

어 있는 듯하다. 또한 고려의 신분제는 조선시기로 나아가는 과도기적 성격도 일정 부분 가지고 있기 때문에 계층간의 특징을 파악할 필요가 있다. 이러한 점에서 주목되는 것이 양인과 노비의 중간계층인 부곡제민이다. 이들은 여말선초 身良役賤層이라는 신분으로 일정한 변동을 거친 뒤에 양인으로 정리되었다.

따라서 본서에서는 양인과 노비의 중간계층인 부곡제민의 신분에 대한 제설을 다시 검토하여 부곡인과 양인과의 차이점을 살펴보고, 아울러 12세기 전후 부곡제의 소멸에 따른 국가의 정책적 대응을 살펴보기로 한다. 부곡제의 소멸에 대한 기존의 연구는 부곡인의 유망이나 지방관 파견 등은 중시하였으나 국가정책과 관련지어 접근한 연구는 거의 없는 듯하다. 유망이나 지방관 파견 등은 부곡제 소멸의 계기는 될 수 있지만, 이는 부곡제 소멸의 여러 원인 가운데 일부일 뿐이다. 따라서 본서에서는 부곡제의 소멸을 종래 그다지 주목하지 않았던 국가정책, 그 가운데에도 徙民政策과 관련지어 살펴보기로 한다.

먼저 부곡제민의 신분에 대한 제설의 검토이다. 고려시기 부곡인의 신분에 대한 기존의 논쟁은 여러 방면에 걸쳐 있지만, 대체로 赴擧權(國子監 입학권 포함), 婚姻, 奸行 등을 중심으로 진행되었다. 본서에서도 논의의 편의상 이 순서로 제설을 검토하기로 한다. 첫째, 부곡인의 부거권의 유무 문제이다. 이에 대하여 거의 예외 없이 언급되고 있는 사료는 다음과 같다.

가-1) 判하기를 "오역·오천·불충·불효·향·부곡·악공·잡류의 자손은 과

部曲制의 發生 形成에 관한 一推論―」『震檀學報』 56, 1983 ; 金龍德, 「部曲의 規模 및 部曲人의 身分에 대하여(上)(下)」『歷史學報』 88·89, 1980·1981 ; 朴宗基, 『高麗 時代 部曲制研究』, 서울대학교출판부, 1990 ; 金蘭玉, 『高麗時代 賤事·賤役良人研 究』, 신서원, 2000.

거를 보지 못하도록 하라"고 하였다.4)

　가-2) 인종대에 식목도감에서 學式을 상정하였다. … 무릇 잡로 및 공인·
　　　상인·악공 등의 賤事者와 대·소공친으로서 혼인(금지 규정)을 범한
　　　자, 家道가 부정한 자, 惡逆과 귀향형을 범한 자, 천·향·부곡인 등의
　　　자손 및 스스로 私罪를 범한 자는 입학을 허락하지 않는다.5)

　위에서 인용한 사료 가는 범죄인과 향·부곡 등의 赴擧와 국자감 입학에
대한 금지 규정이다. 이 가운데 사료 가-1)은 부곡인의 赴擧權의 유무와
밀접한 관련이 있다. 천인설을 주장하는 쪽은 오역·오천·불충·불효·향·
부곡·악공·잡류 자손을 병렬로 보고 이들 모두 부거권이 없다고 한다.
이와는 달리 양인설에서는 오역·오천·불충·불효를 향·부곡·잡류 자손
을 꾸미는 것으로 해석하여, 이러한 죄를 지은 자만이 부거권이 없고
본래는 부거권이 보장되었다고 한다.

　다음의 사료 가-2)도 문제가 되는데, 천인설에서는 마지막에 나오는
'천향부곡인 등 자손'을 천인, 향, 부곡인으로 병렬적으로 해석하고 있는
반면에 양인설은 이를 천한 향·부곡인으로 해석하고, 이때 '천'은 사료
가-1)에 보이는 오역·오천·불충·불효를 가리킨다는 것이다.

　이상에서 보듯이 부곡인의 신분과 관련해서는 부거권이 중시되고
있다. 이는 부거권의 유무가 양천의 구분 및 일반 양인과의 차별성을
보여주는 중요한 잣대라고 보고 있기 때문이다. 주지하듯이 천인을
대표하는 노비의 경우 부거권이 없고, 이것이 천인인 노비신분에 대한

---

4) 『高麗史』 卷73, 選擧1 科目1, 靖宗 11年 4月條, "判五逆五賤不忠不孝鄕部曲樂工雜類
　　子孫 勿許赴擧."
5) 『高麗史』 卷74, 選擧3 學校條, "仁宗朝式目都監詳定學式 … 凡係雜路及工商樂名等賤
　　事者 大小功親犯嫁者 家道不正者 犯惡逆歸鄕者 賤鄕部曲人等子孫 及身犯私罪者 不許
　　入學."

여러 가지 법적 차별 가운데 하나라는 것이다.

그런데 위의 부곡인의 신분, 곧 양천 논쟁에서 보듯이 양인론자들은 부곡인의 부거권을 인정하고, 그 증빙으로서 부곡인과 같이 인용되고 있는 잡류를 들고 있다. 즉 잡류의 부거권은 현실적으로 성종 연간부터 인정되었기 때문에 같은 논의의 대상이었던 부곡인도 부거권이 인정된다는 것이다. 이처럼 부곡인의 부거권 유무는 잡류와 밀접한 관련이 있기 때문에 잡류의 부거권을 검토할 필요가 있다. 고려시기 잡류의6) 부거권을 엿볼 수 있는 사료를 들면 다음과 같다.

나-1) [인종 3년(1125) 정월] 判하였다. "電吏·杖首·所由·門僕·注膳·幕士·驅史·大丈 등의 자손은 군인 자손이 모두 과거에서 벼슬길을 택하는 예에 의거하여 과거에 응시하게 하되, 제술·명경의 양 대과에 합격한 사람은 5품에 한하여, 醫卜·地理·律·算의 과거에 합격한 사람은 7품에 한하여, 만일 의지가 곧고 바르며 절조가 있기로 이름이 있으며 성적이 특수한 사람으로서 대과의 갑·을과에 뽑힌 사람이면 淸要理民職의 벼슬을 허락하고, 병과·동진사과는 3품직을 허락하며, 의복·지리·율학·산학의 과거는 4품직을 허락하고, 과거에 오르지 못하고 벼슬에 임명된 자는 또한 7품직에 국한하되 玄孫에 이르러서 일반과 같이 벼슬할 것을 허락한다."7)

나-2) 왕은 이자연의 공로가 크고 직책이 중함을 생각하여 또 옷감·은그릇·안마·곡식·비단 등을 내리고 式目都監使에 임명하였다. (이에) 진언하여 "제술을 전공하는 康師厚는 열 번 과거를 보았으나 급제하

---

6) 고려시기 雜類에 대하여는 洪承基, 「高麗時代의 雜類」『歷史學報』57, 1973 참조.
7) 『高麗史』卷75, 選擧3 限職, 仁宗 3年 正月條, "判 電吏杖首所由門僕注膳幕士驅史大丈
等子孫 依軍人子孫許通諸業選路例赴擧 其登製述明經兩大業者 限五品 醫卜地理律算
業者 限七品 若堅貞節操有名聞者 所業特異者 擢大業甲乙科 則許授淸要理民職 丙科同
進士 則三品職 醫卜地理律算業 則四品職 其非登科入仕者 亦限七品 至玄孫許通."

지 못하였습니다. 갑오년에 반포한 赦詔에 의하면, 이 사람에게도
벼슬을 주는 것이 관례로 보아 의당합니다. 그러나 강사후는 儒林郎
과 堂引으로 복무하던 上貴의 증손이며, 당인은 驅史官입니다. 그리고
무자년의 制書를 보건대 '전리·소유·주선·막사·구사·문복의 자손으
로서 제술·명경·율령·서법·산수·의술·복술·地理 등 각 과의 학업으
로써 급제하거나 혹은 전투에서 큰 공훈을 세운 자는 조정에 관리로
등용되는 것을 허용한다.'고 하였고, 또 병신년의 제서에도 '상기
각항의 관직에 해당하는 사람들의 자손으로 은총을 입어 관리에
임명되는 자는 그의 조부나 아버지의 전직에 따라 재량해서 관직을
준다.'고 명시되어 있습니다. (따라서) 지금 강사후는 조정의 관리로
특별 등용해서는 안 됩니다."라고 하였다. … 왕은 이자연 등의 의론
을 따랐다.[8]

위에 든 사료 가운데 사료 나-1)에 의하면, 잡류는 電吏·杖首·所由·門僕·
注膳·幕士·驅史·大丈 등이 그 범주에 속하고, 이들은 과거에 입사하더라
도 5품에, 잡과를 통한 자는 7품에 한정시키고 있다. 이는 잡류가 雜路를
통하지 않고도 과거입사가 가능하였음을 보여준다. 그리고 사료 나-2)에
의하면, 잡류는 실제 과거에 응시하고 있다. 곧 잡로의 후손이었던 康師厚
는 靖宗 11년(1045)에 잡류에 대한 과거입사금지 규정이 반포되고 겨우
13년 이후인 文宗 12년(1058)에 이미 열 번 과거에 응시하고 있는 것이다.
그렇다면 강사후는 적어도 1048년부터 과거를 보았으므로 앞선 든 사료
가-1)의 잡류부거금지규정은 그 실시가 불투명하다는 것이 양인설의

---

8) 『高麗史』卷95, 李子淵傳, "王以子淵功高任重 又賜衣襨銀器鞍馬穀帛爲式目都監使 奏
日 製述業康師厚十擧不中 例依甲午赦詔 當脫麻 然師厚儒林郎堂引上貴之曾孫 堂引是
驅史官 伏見 戊子年制 電吏所由注膳幕士驅史門僕子孫 工製述明經律書筭醫卜地理學
業登科 或兵陣之下成大功者 許陞朝行 又見 丙申年制 上項人子孫得蒙恩入仕者 依祖父
仕路量授 今師厚不宜脫麻 … 王從子淵等議."

주장이다. 양인설 논자들은 이러한 설명과 함께 또 잡류부거입사금지가 시행되지 않았기 때문에 사료 가-2)의 국자감 입학금지조항도 시행되지 않았다고 주장하고 있다.

그런데 잡류는 문종대에 그 직제가 갖추어지고 있다.[9] 이에 의거하면, 잡류에는 入仕職과 未入仕職이 나뉘어져 있고, 미입사직은 잡로를 통해야만 입사직으로 나아갈 수 있다. 위의 사료 나-2)에 의하면, 강사후는 그 조상이 잡류 가운데 입사직인 堂引職을 가지고 있다. 따라서 잡류라고 하더라도 미입사직과 입사직을 같이 취급하기에는 일정한 한계가 있고, 또한 사료 나-1)에 보이듯이 인종대에 미입사직인 잡류를 일일이 나열하고 있는 것은 당시 미입사직도 입사직 즉 雜路를 거치지 않고도 과거를 볼 수 있었음을 말해준다. 따라서 이 사료 나-1)에 보이는 잡류의 부거권을 앞서 든 사료 가-2)의 국자감 입학권 제한과 관련지어 생각하면, 잡류는 인종대에 이르러 부거권의 제한은 소멸되지만, 국자감의 입학은 여전히 제한되었을 것을 보인다.

그러면 이러한 잡류의 특징을 염두에 두고 부곡인의 입사에 대하여 고찰하기로 한다. 아래에 인용하는 사료는 부곡인으로서 실제 관직에 나아간 경우이다.

다-1) 정문의 자는 의덕이고 草溪縣人이다. 그의 아버지 倍傑은 과거에 장원 급제하고 관직이 예부상서중추사에 이르렀으며 儒術로써 문종 때에 정승이 되었다. … 당시 宣宗이 國原公이 되자 정문은 그 府의 녹사가 되었고, 선종이 즉위하자 直翰林院兼四門助敎에 발탁되었으며 얼마 뒤에 右拾遺로 전직되었다. (이에 대하여) 대간에서 논박하여 아뢰기를 "정문의 외조부는 처인부곡 출신이므로 간관이 될 수 없습

---

9) 洪承基, 「高麗時代의 雜類」, 80~83쪽.

니다."고 하니 이에 바꾸어 殿中內給事知制誥에 제수하였다.[10]

다-2) 유청신의 초명은 庇이고 장흥부 고이부곡인이다. 그 선대는 모두 부곡리가 되었다. 국법에 부곡리는 공이 있어도 5품을 넘지 못하였다. (그러나) 유청신은 어려서 영특하고 담기가 있었으며, 몽골어를 익혀서 누차 원으로 가는 사신을 도와 응대를 잘 하였다. 이로 말미암아 (충렬)왕의 총애를 받아 낭장에 보임되었다.[11]

우선 사료 다-1)에 의하면, 鄭文은 과거에 합격하였지만 臺諫職에 임명되지 못한 이유가 外家가 부곡이기 때문이라고 한다. 부곡 양인론자들은 정문의 외가가 부곡출신임에도 과거입사가 가능한 점에 주목하여 이 사료를 부곡=양인설의 직접적인 증거로 보고 있다. 그러나 이 사료만을 가지고 靖宗代 부곡의 부거금지규정 전체를 부정하기에는 미흡하다. 그것은 뒤에 언급하겠지만, 고려율에서는 군현인과 부곡인과의 혼인으로 출생한 자는 부곡인이 된다고 규정하고 있다. 그런데 사료 다-1)에 의하면, 정문은 초계현인이다. 이것은 이 시기에 부곡인에게 적용되던 혼인율이 지켜지지 않았음을 말해준다. 그렇다면 정문이 활동하였던 선종대를 즈음하여 부곡인은 정종대의 부곡부거입사금지라는 제약에서 벗어나 과거입사가 가능했을 것으로 추측된다.

그리고 사료 다-2)에 보이는 柳淸臣의 경우에 의하면, 部曲吏는 5품限品이 적용되고 있다. 이를 근거로 부곡인은 과거입사에 큰 영향을 받지 않았다고 하고, 심지어 부곡인 전체를 부곡리와 같이 5품 한품자로

---

10) 『高麗史』卷95, 鄭文傳, "鄭文字懿德 草溪縣人 父倍傑擢魁科 官至禮部尙書中樞使 以儒術相文宗 … 時宜宗爲國原公 文爲其府錄事 及卽位 擢直翰林院兼四門助敎 尋轉右拾遺 臺諫駁奏 文外祖系出處仁部曲 不宜諫官 乃改授殿中內給事知制誥."

11) 『高麗史』卷125, 柳淸臣傳, "柳淸臣初名庇 長興府高伊部曲人 其先皆爲部曲吏 國制部曲吏雖有功不得過五品 淸臣幼開悟有膽氣 習蒙語 屢奉使于元 善應對 由是爲忠烈寵任補郎將."

보는 연구도 있다.[12] 그러나 유청신은 과거입사자가 아니고 몽골어로써 관직에 나아간 자이다. 이는 부곡출신이 과거가 아닌 다른 방법으로 관직에 진출하는 것이 일반적이었음을 말해준다. 또한 이 유청신의 활동 시기는 충렬왕대이다. 충렬왕대는 뒤에 다시 언급하겠지만, 국가가 소멸해 가는 부곡제를 정책에 적극적으로 반영한 결과 이 제도 자체에 변화가 나타난 시기였다. 따라서 이러한 시대적 상황을 고려할 때, 유청신의 경우를 부곡인 본래의 차별과 관련지어 이해하는 것은 곤란할 것이다.

이상과 같이 부곡제민의 양인과 천인설 논자들이 근거로 든 부거권은 양천 기준으로서는 그 정확성이 떨어진다. 이에 최근 이에 대한 기준으로 禮的秩序의 참가유무에 둔 연구가 있다.[13] 양천은 법적 신분으로, 이들에 대한 구분은 율령에 의하여 정해진 것이므로 부거권은 양천구분의 기준이 될 수 없다고 한다. 따라서 부거권은 천인이 가지지 못한 권리에 불과한 것이다. 부거권을 가지지 못한 계층은 상인과 공장도 포함된다. 이러한 기준에서 본다면 부거권은 양천을 구분하는 기준이 아니라 양인의 계층인 農工商人 가운데 工商人을 배제하고 農民만이 과거를 통하여 지배계층으로 진출이 가능하도록 하는 것이었다. 특히 사료 가-1)은 부거권에 대해 직접 언급한 사료이며, 시기는 정종대이다. 정종대는 신분제에 대한 여러 규제가 제정되던 시기이다. 예를 들어 賤者隨母法이 대표적이다. 이 법에 대해서 여러 학설이 존재하지만 양천제에 대한 규제를 정비하는 것으로, 천인은 부모 가운데 母의 귀속 또는 신분을 따르도록 한다는 것이다.

다음은 부곡인의 혼인이다. 이에 대하여는 다음의 사료가 주목된다.

---

12) 朴宗基, 『高麗時代 部曲制研究』, 46쪽.
13) 全永變, 「高麗時代 身分制에 대한 再檢討-唐律令과의 비교를 중심으로-」 『民族 文化論叢』 37, 2007.

군현인과 진역잡척인이 혼인하여 태어난 재[所生]는 모두 진역부곡에
소속시키고, 진역부곡인과 잡척인이 혼인하여 태어난 재[所産]는 나누
되 남은 수는 어미를 따르게 한다.[14)]

이에 의하면, 군현인과 부곡제민과의 혼인에 의한 소생자는 부곡제민
으로 귀속되고 있다. 고려시기는 부곡제민뿐만 아니라 노비도 一賤則賤
의 원칙에 따라 양천간의 소생자는 노비가 되고 있다. 부곡양인설에서는
부곡제민과 군현인 사이의 소생자가 부곡제민이 되는 것은 부곡제민이
담당하는 역의 확보 때문이라고 한다. 그러나 고려시기는 신분과 역을
고정하여 계승하는 것이 원칙이었기 때문에 위의 사료는 雜尺人·부곡제
민의 역 확보와 함께 이들의 신분귀속도 명시한 규정으로 보아야 할
것이다. 또한 군현인과 잡척인 사이에 출생한 자식은 '所生'이라 하고
부곡제민 사이의 자식은 '所産'이라고 한 것에서 이들이 노비에 준하는
차별을 받는 존재임을 짐작할 수 있다. 고려의 이러한 혼인규정은 당의
율령에도 유사조문이 있다. 곧, 같은 신분끼리의 혼인을 규정하고 있는
당률은 그 신분의 순서를 良人, 部曲(客女), 奴婢로 나열하여,[15)] 위에서
인용한 『高麗史』 호혼조의 '군현인' 부분이 양인으로 표기되어 있고, 唐令
은 부곡인과 양인간의 혼인이 불법이므로 양자 사이의 소생은 고려와
같이 부곡에 속하게 하였다.[16)]

다음은 奸行에 대해서 살펴보기로 한다. 이에 대해서는 다음의 사료가
참고가 된다.

---

14) 『高麗史』 卷84, 刑法1 戶婚條, "郡縣人與津驛雜尺人 交嫁所生 皆屬津驛部曲 津驛部曲
與雜尺人 交嫁所産 中分之 剩數從母."

15) 『唐律疏義』 戶婚42, 奴娶良人爲妻條.

16) 『唐令拾遺』, 戶令 第44條.

부곡인과 奴가 주인과 주인의 周親尊長을 奸했을 경우, 화간이면 교수형에 처하고 강간이면 참형에 처한다. 화간이면 부녀는 1등을 감하고 주인의 總麻 이상의 친속을 간한 자는 1등을 감한다.[17]

이 사료는 部曲人과 奴가 주인 및 주인의 周親尊長을 奸하였을 때의 형벌 규정이다. 이 규정에서 알 수 있듯이 부곡인은 노비와 동일하게 취급되고 있다. 부곡천인설에서는 이 점에 주목하여 양자를 동일 신분으로 분류하고 있다. 이와는 달리 부곡양인설에서는 唐代의 부곡은 주인이 있는 사천인이지만 고려시기의 부곡은 국가에 예속된 공적 집단이므로 이 규정은 奴에게만 적용되고 부곡인이 형벌상 노와 같은 낮은 신분임을 반영하는 사례로는 볼 수 없다고 한다. 부곡양인론자의 이러한 견해는 고려와 당의 부곡의 성격 차이를 전제한 것이고, 그 근거로서『高麗史』영법시 序文에 고려가 당률을 채용할 때 시의를 참작하여 적용하였다는[18] 점을 제시하고 있다.

그런데 부곡양인론자의 이러한 관점, 곧 위의 奸非條 규정이 奴에게만 적용되고 부곡인은 제외되었다는 주장에는 두 가지 점에서 의문이 든다. 첫째의 의문점은 부곡은 주인이 없다는 점이다. 앞서 보았듯이 부곡양인론자는 위의『高麗史』간비조의 규정에서 부곡인이 제외된 근거로서 부곡은 국가에 예속된 공적집단이므로 주인이 없는 존재임을 들고 있다. 그러나 이는 부곡인과 병렬되어 있는 奴에게도 동일하게 적용된다. 곧 노 가운데 私奴는 그 주인이 확실하지만 公奴의 경우에는 국가에 예속된 점에서 —이 경우 집단성 유무의 차이는 별도로 하고— 부곡과 큰 차이가

---

17)『高麗史』卷84, 刑法1 奸非條, "部曲人及奴 奸主及主之周親尊長 和絞 强斬 和者婦女 減一等 奸主之總麻以上親 減一等."

18)『高麗史』卷84, 刑法1, "高麗一代之制 大抵皆倣乎唐 至於刑法 亦採唐律 參酌時宜而用之."

없다. 둘째는 위의 규정에 부곡인이 포함되어 있는 것에 대하여 『唐律疏義』를 준용하면서 빚어진 착오라는 점이다. 그러나 고려에서 당률을 준용하였다면 『唐律疏義』에 '부곡'으로 되어 있는 것을[19] 굳이 '부곡인'으로 고칠 필요는 없을 것이다. 당과 고려의 법조문을 정밀 비교하면, '부곡'(당)이 '부곡인'(고려)처럼 변경된 사료는 이외에도 적지 않다. 예를 들어 앞서 혼인규정에서 언급하였듯이 부곡(인)과 대비된 신분용어의 경우, 당에서는 '良人'이 일반적이지만, 고려에서는 '군현인'으로 되어 있고,[20] 또한 驛馬 규정을 비교하면, 당대는 驛의 대소가 馬數(疋) 단위로 되어 있지만,[21] 고려에서는 丁 단위이고 그 이외는 동일하다.[22] 이는 고려에서 당률을 계수하면서 고려의 실정을 고려하여 그 기준만을 개변하였고, 나머지는 동일하게 수용하였음을 말해준다.[23] 이러한 가설이 타당하다면 부곡인도 노와 마찬가지로 실제 적용되었다고 보아야 할 것이다.

그런데 『高麗史』 간비조에 나오는 부곡인도 노와 마찬가지로 간통죄가 적용되었다면, 부곡인 ─ 公奴도 동일 ─ 의 주인은 누구인가 하는 점이

---

19) 『唐律疏義』雜律26, 奴姦良人條, "其部曲及奴 姦主及主之期親若期親之妻者絞 婦女減一等 強者斬 卽姦主之緦麻以上親及緦麻以上親之妻者流 強者絞."

20) 이런 점에서 고려에서는 '군현인'이 당의 양인에 준하는 법적 신분용어인 것이 된다. 다만, 여기서 파생되는 문제는 이 '군현인'을 고려의 신분제인 양천제의 범주에 어떻게 규정할 것인가, 다시 말하면 군현인과 양천제의 '양'과는 어떤 관계에 있는가 하는 점이고, 이에 대하여는 앞으로의 연구과제로 남겨둔다.

21) 『唐六典』卷5, 駕部郎中員外郎條, "每驛皆置驛長一人 量驛之閑要 以定其馬數 都亭七十五疋 諸道之第一等減都亭之十五 第二第三皆以十五爲差 第四減十二 第五減六 第六減四 其馬官給."

22) 『高麗史』卷83, 兵2 站驛條, "一科丁七十五 二科丁六十 三科丁四十五 五科丁十二 六科丁七."

23) 당의 율령을 보면, 법규의 적용기준이 사안에 따라 人·口·丁·馬 등 다양하다. 이는 법조문의 적용기준을 명시하여 혼란을 예방하기 위한 것임은 말할 나위도 없다. 이와는 달리 『高麗史』는 대체로 人과 丁으로 그 기준이 단순화되어 있는 것이 특징적이다.

문제가 된다. 이와 관련하여 주목되는 것은 處干의 존재이다. 특히 아래에 인용하는 사료에는 처간의 主가 명시되어 있는 점에서 부곡주 문제를 해결하는 실마리를 제공한다.

> 왕이 마침내 재추와 3품 이상에게 명령하여 이것을 의논하라고 하니, 모두 말하기를, "위아래 모두 處干을 없애고 부역을 부과하도록 하는 것이 좋습니다."고 하였다. 처간은 다른 사람의 땅을 경작하여 그 지주에게 田租를 바치고 庸·調는 관청에 납부하는 곧 佃戶이다. 당시 權貴는 민을 많이 모으고 이를 처간이라 하고는 3세를 납부하지 않기 때문에 그 폐단이 매우 심하였다.[24]

이에 의하면, 처간은 남의 땅을 경작하여 전조는 주인에게 바치고 용조는 관에 납부하는, 이른바 전호층으로 되어 있다. 처간은 處라는 곳에서 토지를 경작하는 자를 말한다. 이러한 처간을 부곡인과 단순 비교하는 것은 무리가 있지만, 처간은 명확하게 주인이 명시되어 있다. 부곡양인설에서는 이 주인은 處의 소속기관인 왕실이나 사원이고, 양자는 의제적인 관계로 이루어졌다고 한다.[25]

그런데 이와 관련하여 부곡인에 대한 연구사에서 주목되는 것은 부곡인을 전시과의 전지를 경작하는 전호로 보는 관점이다. 이에 의하면 고려초에는 호족의 권력이 강대하였기 때문에 과거 호족의 부곡에 대한 지배권을 어느 정도 인정해주는 타협책을 쓰지 않을 수 없었고, 이에 국가에서는 부곡에 대한 경제적인 지배권은 호족이 받은 官階나 관직에

---

24) 『高麗史』 卷28, 忠烈王 4年 7月 己巳條, "王遂命宰樞與三品以上議之皆曰 上下皆撤處干 委以賦役可也 處干耕人之田 歸租其主 庸調於官 卽佃戶也 時權貴多聚民 謂之處干 以逋三稅 其弊尤重."
25) 朴宗基, 『高麗時代 部曲制研究』, 76쪽.

대한 科田 지급이라는 형태로, 그 노동력에 대한 지배권은 향리의 一品軍 장교 겸임이라는 형태로 인정해 주었다는 것이다.[26] 이 견해가 어느 정도 타당하다면, 부곡인의 주인은 田主權을 소유한 자가 된다. 결국 이처럼 부곡인도 주인이 존재한다면, 앞서 든 간비조에서 말하고 있는 간통규정이 奴에게만 적용된다는 것은 재론의 여지가 있다고 하겠다.

이상 부곡제민의 신분을 둘러싼 제설을 검토하였지만, 지금까지 논급하였듯이, 종래 통설화되어 있는 부곡양인설은 재고되어야 할 것으로 생각된다. 따라서 부곡제민의 신분에 대하여는 새로운 시각에서 접근할 필요가 있다. 특히 부곡제와 관련해서는 앞서 지적하였듯이 고려가 조선의 양천제로 나아가는 신분재편기이자 과도기라는 시대적 특성도 고려되어야 할 것이다. 이런 점에서 주목되는 것은 당대 천인의 다양한 계층성이다. 곧, 당대 천인의 범주에는, 관천인으로는 太常音聲人·雜戶·官戶·工戶·樂戶·官奴婢가 있고, 사천인으로는 部曲·客女와 私奴婢가 있다. 이 가운데는 태상음성인처럼 양인과 동일하게 주현에 부적되고 급전되며 양인과 통혼도 가능한 존재에서부터 물건과 다름없는 노비에 이르기까지 실로 다양하였다.[27] 물론 단순비교에는 무리가 따르지만, 이 唐代 천인의 다양한 계층성은 고려시기 부곡제민의 신분과 그에 따른 신분적 특징을 구명하는 데 시사하는 바가 크다고 생각된다.

다음에는 고려후기 부곡제의 소멸과정 및 부곡제의 소멸에 따른 국가의 대응에 대하여 살펴보기로 한다.

---

26) 오일순, 「高麗前期 部曲民에 관한 一試論－田柴科制度·一品軍과의 관련을 중심으로－」『學林』 7, 1985.

27) 尾形勇(全永爕 옮김), 「良賤制의 展開와 그 性格」.

2. 부곡제의 소멸과 稱干稱尺制의 정비

1) 부곡제의 소멸과 사민정책

부곡제는 12세기를 전후하여 소멸되기 시작하였다. 종래의 연구에서는 부곡제의 소멸 원인을 두 가지로 보고 있다. 첫째는 국가에 의한 의도적인 지방제도의 개편이다. 본래 고려의 군현제는 속현과 부곡제 지역에 대한 재지세력의 영향이 강했기 때문에 주현 중심으로 이루어졌다. 국가는 이러한 재지세력의 영향을 감소시키기 위하여 군현에 지방관을 파견하였고, 이로 말미암아 의도적으로 지방제도의 개편을 단행하였다는 것이다.[28] 둘째는 부곡인의 유망이다. 이 시기의 유망은 부곡인뿐만 아니라 전 하층민을 중심으로 광범하게 전개되고 있지만, 특히 부곡인의 유망이 군현지역에 비해 다수를 점하고 있다. 그 이유는 여러 가지가 있지만 지방제도가 내포하고 있는 특수성을 첫째로 들고 있다. 즉 고려의 지방제도는 군현제와 부곡제의 계서적인 편제로 이루어진 결과 부곡인의 조세부담이 과중되어 유망을 초래하였다는 것이다.

이상 부곡제 소멸의 원인에 대한 기존의 연구경향을 간략히 살펴보았지만, 본서에서는 그 가운데 고려후기 하층민의 동향과 직결되어 있는 유망을 중심으로 논지를 전개시키고자 한다. 12세기 전후 부곡제민이 유망한 이후 權貴와 父老들은 부곡제 지역을 흡수·장악하였다.[29] 당시 권귀 등의 소유지 확대는 우선 경제적으로 열악한 지역을 중심으로 전개되었고, 이 속에서 부곡제민의 유망으로 공동화현상을 보이고 있던

---

28) 朴宗基, 「部曲制의 變質」『高麗時代 部曲制研究』.

29)『東國李相國集』卷6, "八月五日聞群盜漸熾 群盜如蝟毛 生民灑腥血 郡守徒戎衣 望敵氣 先奪 … 賊臂捷於猿 放箭若星彗 … 越山如電滅 士卒追不及 (中略) 幸能觸其鋒 物故十 七八 … 荒村早闕門 白日行旅絶 今年況復旱 望雨甚於渴 田野皆赤土 未見苗芽茁 富屋 已憂飢 貧者何由活."

부곡제 지역은 권귀 등에게 침탈의 주된 목표였다. 13세기 초엽의 것으로 보이는 松廣寺 소장문서인 「國師當時大衆及維持費」에는 무인정권의 주요 인물들이 송광사에 시납한 토지와 노비 등의 명세가 기재되어 있는데, 이에 의하면 그들은 대부분 자신과 전혀 연고가 없는 지역에 토지를 소유하였을 뿐 아니라 그 가운데 상당수가 부곡제 지역의 토지였다.[30]

한편, 무인집권기와 대몽항쟁기에 권귀들의 부곡제 지역의 탈점과 함께 주목되는 현상은 군현민의 부곡제 지역으로의 이주이다. 이는 부곡제민의 유망으로 방치되어 있던 토지가 이들을 매료시켰을 것이다. 최근 군현인의 부곡제 지역으로의 이주에 대하여 완전히 이주는 하지 않고 경계 지역에서 방치된 농토를 경작했다는 견해도 있지만,[31] 대부분은 부곡제 지역으로 들어가서 농경을 행했을 것이다. 물론 무인집권기는 還本政策이 유지되어 군현인이 부곡제 지역에 정주하기는 어려웠을 것이지만, 원간섭기에는 現居住地中心의 대민정책이 실시되었기 때문에 군현인의 이주는 이후 본격화·일반화되었을 것으로 보인다.[32] 이러한 군현인의 대량 이주로 부곡제 지역은 이전과는 다른 많은 변화가 예상되지만, 일례로 鄭道傳의 유배지였던 居平部曲은 바로 이러한 변화를 대변해주고 있다.[33]

---

30) 朴宗基, 「13세기 초엽의 村落과 部曲」『韓國史硏究』 33, 1981.
31) 오일순, 『高麗時代 役制와 身分制 變動』, 혜안, 2000. 오일순은 군현인이 완전한 이주를 기피한 것은 당시 부곡제 지역이 가지는 차별성 때문이라 하고 있다.
32) 『世宗實錄地理志』에 기재된 부곡제민의 성씨가 거의 속성으로 이루어진 것은 군현인의 부곡제 지역으로의 활발한 이주를 뒷받침한다. 게다가 이 『世宗實錄地理志』에서 주목되는 것은 경주부 토성 김씨·이씨·최씨 등이 같은 부 임내 北安谷·竹長·省法伊部曲에 속성으로 이속되어 '長役'을 담당하고 있는 점이다(이수건, 『한국의 성씨와 족보』, 서울대학교출판부, 2003, 158~168쪽). 이는 본문에서 언급한 군현인의 부곡제 지역으로의 이주가 농경 이외에도 국가의 職役 담당이라는 측면도 있었음을 짐작케 한다. 이처럼 고려후기 전개되는 토성의 속성화 문제는 당시 격심한 사회변동 속에서 부곡제 지역의 주민 구성의 변화를 엿볼 수 있는 점에서 심화연구가 요망된다.
33) 정도전의 유배지인 居平部曲의 주민은 자영농민으로 국가에 조세를 부담하고

그러면 군현인이 부곡제 지역으로 이동한 근원적인 이유는 무엇일까? 우선 주목되는 것은 먼저 그 지역이 대부분 산간 계곡이나[34] 군현의 접경지역에[35] 위치하고 있는 점이다.[36] 주지하듯 전근대 우리나라의 군현은 산이나 강과 같은 자연환경을 중심으로 경계가 이루어지는 것이 일반적이다. 실제 부곡제 지역도 고려후기 국가의 권농정책의 하나인 수리시설의 정비가 불가결한 요충지였다. 12세기 이후 수리사업은 고려 전기에 일반화되고 있던 국가 단위의 대규모 시설에서 군현 단위의 소규모 시설로 이행되었다. 비록 경상도지방에 국한되지만 수리관계 기록을 가장 많이 남기고 있는 『慶尙道續撰地理志』에 의하면, 조선초에는 주군현이었던 지역은 말할 나위도 없고 속현이나 향·부곡과 같은 지역에도 수리시설이 축조되고 있다.[37] 이것은 주군현에 비해 상대적으로 낙후되었던 임내지역이 여말선초에 집중적으로 개발되었음을 말해준다. 특히 14~15세기에는 삼남지방 등 江岸의 수량이 풍부한 지역을 중심

있으며, 그 가운데 일부는 생활수준과 지식도 상당히 높다. 또한 이 부곡은 군현인과 교류·이동이 빈번하여 폐쇄적·배타적인 모습은 거의 볼 수 없다(李佑成, 「高麗時代의 部曲과 그 住民」『韓國中世社會研究』, 一潮閣, 1991).

34) 여말선초 부곡제 지역이 산간지역에 위치하고 있는 사료로는 『新增東國輿地勝覽』 卷27, 新寧縣, 古跡條, "新村部曲 在普賢山南";『新增東國輿地勝覽』 卷27, 河陽縣, 古跡條, "安心所 一名明山 在公山下" 등이 있다.

35) 여말선초 부곡제 지역이 군현의 경계지역에 위치하고 있는 사료는 박종기, 「조선 초기 부곡의 규모와 존재 형태」『東方學志』 133, 2006, 28~29쪽에 정리되어 있다.

36) 이수건, 『한국의 성씨와 족보』, 164쪽.

37) 『慶尙道續撰地理志』에 기재되어 있는 속현 가운데 고려시기에 부곡인 지역도 있다. 예를 들어 밀양도호부의 속현인 守山縣은 본래 穿山部曲이었고, 이곳에는 守山堤가 설치되었다. 이 수산제는 고려시기 金方慶이 일본정벌을 위해 만든 것이라고는 하지만, 제언을 설치하기에 유리한 지리적 입지도 고려되었을 것이다. 실제 이 지리지에 의하면, 慶州府의 仇史部曲과 安谷部曲에도 穿山部曲처럼 제언이 축조되어 있다. 더욱이 구사부곡의 경우 그 규모는 평균 70호 인구 582명으로 추정되는데(박종기, 「조선초기 부곡의 규모와 존재형태」, 19~20쪽), 이렇게 부곡지역에 인구가 많은 배경으로는 군현인의 이동이라는 점을 무시할 수 없을 것이다(박종기, 「조선초기 부곡의 규모와 존재형태」, 27쪽).

으로 많은 犬牙相入地가 형성되고 있다.[38] 그런데 특이한 것은 이 견아상입지는 대부분 堤堰 축조지역과 일치하고 있는 점이다. 이것은 강수량이 풍부한 지역을 중심으로 농지의 개간이 진행·확대되어 갔음을 의미하지만,[39] 이러한 농지개간에는 국가권력 이외에도 앞서 언급하였듯이 부곡제 지역을 침탈한 권귀들도 포함되었을 것이다.

지금까지 고려후기 부곡제의 소멸과정에 대하여 살펴보았다. 12세기 전후 시작된 부곡인의 유망 이후 권귀들이 부곡제 지역을 침탈하거나 군현인이 부곡제 지역으로 이주하였고, 이에 따라 부곡제는 급속하게 소멸되어갔다. 다음에는 이러한 부곡제의 소멸에 대하여 국가가 취한 대응양상 곧 여러 정책에 대하여 검토하기로 한다.[40] 이에 대한 국가의 대응으로서 우선 들 수 있는 것은 원간섭기에 출현하는, 부곡제 지역의 군현제로의 승격이다.[41] 이 시기 부곡제 지역이 군현제로 승격된 사례는 적지 않다. 이것은 양 지역 간의 차별이 이미 어느 정도 해소되었음을 말해준다. 또한 이때 부곡제 지역이 승격된 이유 가운데 하나는 이 지역에서 유명 인물이 다수 배출된 점이고, 그 가운데는 충렬왕의 측근세력도 포함이 되어 있다. 이 점에서 원간섭기에 실시된 부곡제 지역의 군현제로의 승격은 왕권 강화의 일환임을 알 수 있다.

둘째는 부곡제민의 북방으로의 徙民이다. 북방지역은 원간섭기 이후

---

38) 여말선초 견아상입지는 경상도의 경우 낙동강 주변에 집중되어 있다. 이곳에 집중된 것은 12세기 이후 해안가에 제언이 축조되면서 이 지역이 개발되었기 때문이다(朴宗基, 「14~15세기 越境地에 대한 再檢討」『韓國史硏究』36, 1982).
39) 朴宗基, 위의 논문, 94~95쪽.
40) 본서에서 언급한 부곡인의 유망 및 권귀에 의한 부곡제 지역의 침탈, 군현인의 부곡제 지역으로의 이주 등은 부곡제 소멸의 직접적인 계기나 원인은 될 수 있지만, 이것들이 소멸의 전부는 아니고, 여기에 국가의 대응 내지 정책면이 포함되어야 부곡제 소멸에 대한 정합적인 이해가 가능할 것이다.
41) 부곡제 지역의 군현제로의 승격에 대하여는 2장에서 검토하였기 때문에 여기서는 개요만 언급하기로 한다.

국가경영면에서 매우 중시되었다. 이 지역은 원의 통치영역이었기 때문에 국토회복과 개척은 말할 나위도 없고 뒤에 다시 언급하겠지만 앞서 검토한 부곡제 지역의 군현제로의 승격과 마찬가지로 왕권 강화와 밀접한 관련이 있다. 고려왕조는 원간섭기부터 이 지역에 새로운 촌락집단인 伊里干制를 실시하였고, 그 결과 鷹坊伊里干과 營城伊里干이 설치되었음은 주지의 일이다. 그런데 이러한 취락을 조성하기 위해서는 민을 강제로 편제하여 거주시키는 정책이 수반되어야 함은 당연하다. 이러한 목적에서 국가가 채택한 것이 바로 徙民정책이다.

원간섭기 전개된 북방지역으로의 사민에 대하여는 다음의 사례가 주목된다.

> 라-1) 의주·통태·평성의 3성과 함주·영주·웅주·길주·복주·공험진을 北界9城으로 삼아 남계의 백성을 옮겨 채웠다.[42]
>
> 라-2) 고려 때 평안도 평양, 함길도 화주 이북은 모두 南界民을 옮겨 채웠다.[43]

위에 든 사료 라는 국가가 南界民을 北界로 사민한 사례이다. 이 가운데 사료 라-1)은 예종대에 유망민의 발생이 사회적 문제가 되자, 그 해결책의 일환으로 북방지역으로의 사민이 시행되고 있음을 보여준다.[44] 그리고 사료 라-2)는 조선초기의 국왕 가운데 북방사민에 관심이 많았던 세종이 북방사민을 시행하면서 고려시기의 정황에 대하여 언급한 것이다. 위의 사료 라에 공통적인 것은 남방지역 민의 북방으로의 이주, 다시 말하면 사민을 통하여 북방지역을 충실시킨 점이다. 이는 이 지역에 土姓은

---

42) 『高麗史節要』 卷7, 睿宗 3年 3月條.
43) 『世宗實錄』 卷94, 世宗 23年 12月 己酉條.
44) 이때의 북방9성 개척은 여진족의 침입에 대비한 것이다.

없고 移住姓만이 있다는 연구에[45] 의해서도 알 수 있다.

사민은 태조대부터 적극적인 북진정책의 일환으로 실시되었고, 성종대에 이르면 어느 정도 완료되어 거주민의 무장까지도 가능하게 되었다. 이후 거란·여진·몽골의 침입 등 고려를 둘러싼 국제정세의 급변 속에서도 사민은 계속되었다.

사민의 대상으로는 군현의 良家子弟[46]·丁戶[47]·富民[48]·部曲民[49] 등 다양한 계층이 포함되어 있다. 먼저 군현의 양가자제의 경우는 태조대에 서경을 또 하나의 수도로 정하고 그 지역의 지배를 위해 사민된 자들을 가리킨다. 따라서 이때 사민된 양가자제는 아마 지배계층의 일부일 것이다. 그러나 태조대의 사민기사에는 '牙善城에 민이 살 곳을 정하였다.'고 하는 내용에서 유추하면 일반민도 사민되었을 것으로 보인다. 정호의 경우는 국가에 대하여 특정의 역을 담당하고 이에 대한 반대급부로서 국가로부터 田丁을 받은 계층으로서 농민층이 중심인 백정과는 구별되는 계층이다. 이때의 사민은 방위가 주된 목적이었기 때문에 국가에서는 군량 초료를 부담할 수 있는 경제력이 있는 정호층도 대상이 되었던 것이다. 아울러 富民도 그 대상이 되고 있는 것은 비록 후대의 자료이지만 충렬왕대에 설치된 영성이리간의 사례에서도 그것을 엿볼 수 있다. 본서에서 고찰하는 부곡제 지역의 소멸과 관련하여 주목되는 것은 부곡인의 사민이다. 다음 인용사료는 부곡인의 사민기사이다.

---

45) 李樹健,「高麗時代 北方移民에 대하여」『霞汀徐廷德敎授華甲紀念學術論叢』, 1970.
46) 『高麗史』卷1, 太祖 5年 11月條, "是歲 徙大丞質榮行波等 父兄子弟 及諸郡縣良家子弟 以實西京 幸西京新置官府員吏 始築在城 親定牙善城民居."
47) 『高麗史』卷4, 顯宗 10年 11月 庚申條, "庚申 徙江南州縣丁戶 以實象山伊川遂安新恩峽溪牛峯等縣."
48) 『高麗史』卷82, 兵2 站驛, 忠烈王 5年 6月條.
49) 『高麗史』卷82, 兵2 屯田, 顯宗 15年 正月條.

마-1) 도병마사가 상소하기를, "西京畿내의 河陰部曲民 백여 호를 嘉州
　　　南屯田에 옮겨서 佃作에 충당하십시오."라고 하였다.[50]

마-2) 도병마사가 상소하기를 "八助音部曲城이 바다가 평지에 있어 자주
　　　동쪽 해적의 침입을 받으니 민이 편안히 살지 못하므로 청하건대
　　　성을 옮겨주십시오."라고 하니 국왕이 이를 따랐다.[51]

위의 사료 마는 부곡인이 사민된 경우이다. 국가에서는 사민의 대상으
로 경제력이 있는 계층을 원하였으나, 사민은 국가에 의한 강제적인
이주의 성격이 강하였기 때문에 위에서 살펴 본 양가자제나 정호·부민
등이 자발적으로 사민에 응하는 경우는 그리 많지 않았을 것이다. 조선시
기에도 사민의 대상으로 우선 부민을 선발했으나 결국은 범죄인을 그
대상으로 한 점이나 또한 원간섭기에 실시되었던 이리간제가 逋民으로
구성된 점에서도 알 수 있다.[52] 즉 원간섭기 국가는 양가자제, 정호,
부민만으로 그 수를 충당하기에는 수적으로 상당한 부족을 겪었고,[53]
이에 고려정부가 차선책으로 선택하였던 대상이 부곡제민이었을 것이
다.

부곡제민의 사민은 위의 사료 마-1)에서 보이듯이 현종대부터 시행되
었다. 嘉州는 함경도 지역이므로 북방지역으로의 사민이 단행된 경우이
다. 사료 마-2)는 국가가 경주지역의 八助音部曲을 해적의 침탈로 인한

---

50) 『高麗史節要』卷3, 顯宗 15年 正月條, "都兵馬使奏 發西京畿內河陰部曲民百餘戶 徙嘉
　　州南屯田所 以充佃作."

51) 『高麗史』卷9, 文宗 32年 9月 甲午條, "都兵馬使奏 八助音部曲城在海濱平地 屢被東路
　　海賊來侵 民不安居 請徙其城制 從之."

52) 『高麗史』卷124, 尹秀傳, "初秀等 分管諸道鷹坊 招集逋民 稱爲伊里干."

53) 『高麗史』卷82, 兵2, 城堡條에는 북방 9성의 총호수가 69,000호로 되어 있지만
　　조선초에는 10,000~15,000호 정도로 격감하고 있다. 따라서 『高麗史』의 호수
　　기록은 그다지 신빙성이 떨어진다고 보인다. 그러나 조선초기의 호수로 보아
　　도 많으므로 북방지역으로의 사민은 상당하였을 것으로 추측할 수 있다.

피해를 줄이기 위해 다른 지역으로 옮긴 것이다. 물론 이 기사는 북방지역으로의 사민은 아니지만 강제성을 띠는 점은 마-1)과 동일하다. 이처럼 부곡인은 국가권력에 의해 강제사민되고 있다.

고려 태조대의 부곡제민은 逆命者 집단으로 형성된 자들이다. 따라서 이들은 국가로서는 犯法者이기도 하기 때문에 국가의 일방적인 사민정책의 대상자가 되었을 것이다. 이는 조선시기에도 북방지역의 사민대상으로 범법자를 활용하고 있는 것에서도 확인할 수 있다.[54] 따라서 강제사민된 부곡인에게는 어떠한 혜택도 부여되지 않았다.

특히 원간섭기에는 국내외의 사정으로 사민이 대규모로 시행되고 있고, 또 현실적으로 부곡제가 무너져가고 있는 상황에서 국가는 이들을 적극적으로 활용하였을 것이다. 이러한 시대적 배경에서 사민된 부곡제민에 대하여 그 반대급부로 신분차별 해소라는 특혜를 주었을 것으로 생각된다. 요컨대 부곡제민의 유망 등으로 부곡제가 더 이상 유지될 수 없는 상황에서 국가는 이들을 국가정책 속에 적극적으로 수용하여 이 제도를 해소시키고자 하였다.

그러면 북방지역으로 사민된 부곡제민은 원의 사신접대에 필요한 노동력 등을 부담하였던 영성이리간의 경우도 있지만, 아울러 주목되는 것은 사료 마-1)에서 보이는 屯田 경영과 군역에 편제된 부분이다.

둔전 경영에 부곡제민이 활용된 것은 다음의 사료에서도 확인된다.

상소에 또 말하기를, "지금 陰竹國農所를 혁파하고 그 稱干農夫 등은 모두 船軍과 漢都 鍊瓦軍에 분속시켰습니다. 豪强한 무리가 그 토지를 다투어 점유하고 아울러 干 등이 경작하던 전지를 탈취하며, 그들의 집도 또한 모두 탈점하니 干 등이 생업을 잃어 원통하고 억울함을

---

54) 李相協, 『朝鮮前期北方徙民硏究』, 景仁文化社, 2001.

펴지 못하옵니다."고 하였다.55)

이는 조선초기 太宗이 屯田의 폐해로 陰竹國農所를 혁파한 기사이다. 이 조치는 태조가 음죽국농소를 제외한 모든 둔전을 혁파하고56) 얼마 후에 시행된 것이므로 둔전의 폐해가 상당하였음을 알 수 있다. 그런데 이 사료에 의하면, 음죽국농소의 경작자는 稱干農夫로 되어 있다. 주지하듯 칭간자는 부곡제민과 동등한 대우를 받던 자들이다. 그러므로 이 사료를 통하여 부곡제민이 둔전경작에 동원되고 있음을 알 수 있다.

다음으로 들 수 있는 것은 軍役으로의 편제이다. 사민된 부곡제민의 군역 관련 사료를 들면 다음과 같다.

  바-1) 잡척으로 소정 1,268, 진강정 624, 부곡정 382, 역정 1,585이고, 백정군은 70,960인으로 모두 2,895명입니다. 이것이 고려가 번성할 때 서북군액의 대략입니다.57)

  바-2) 양광 전라도에 사신을 보내 제주인과 화척·재인을 추쇄하여 서북 면 군졸로 충당하라.58)

위의 사료 가운데 바-1)은 비록 조선시기의 기사지만, 고려의 전성기 西北地方의 군액에는 부곡제민도 포함되어 있다. 부곡제민이 서북지역의

---

55) 『太宗實錄』 卷9, 太宗 5年 3月 癸亥條, "又言 今革陰竹國農所 其稱干農夫等 竝皆分屬 船軍及漢都鍊瓦軍 豪强之輩 爭占其田 竝取干等所耕之田 其家舍亦皆奪占 干等失業 冤抑莫伸."

56) 『太祖實錄』 卷1, 太祖 1年 7月 丁未條, "國屯田有弊於民 除陰竹屯田外 一皆罷去."

57) 『文宗實錄』 卷4, 文宗 卽位年 10月 庚辰條, "雜尺所丁一千二百六十八 津江丁六百二十 四 部曲丁三百八十二 驛丁一千五百八十五 白丁軍七萬九百六十人 計隊二千八百九十 五 此前朝盛時 西北軍額之大略也."

58) 『高麗史』 卷39, 恭愍王 5年 9月 庚辰條, "遣使于楊廣全羅道 刷濟州人及禾尺才人 充西 北面戍卒."

134

군액에 편성된 것은 부곡제민이 이 지역으로 사민된 것을 말해준다. 사료 바-2)는 부곡제민이 실제 서북지역의 군졸로도 충당되고 있음을 보여준다. 이 사료에 의하면 서북면 군졸로 충당되는 자 속에는 禾尺·才人이 포함되어 있다. 국가가 화척·재인을 역에 충당하고자 하는 것은 이보다 앞선 무인집권기의 楊水尺이 그것이다.[59] 양수척은 고려 태조가 백제를 공격할 때, 통제에 어려움을 겪었던 무리의 類種으로 본래 貫籍이 없었기 때문에 국가에 대한 세역 부담에서 제외되어 있었다. 그러나 무인집권기에 양수척에 대한 편제가 시도되고 동시에 歲役을 부과하였다. 즉 李義旼의 아들 李至榮이 朔州分道將軍이었을 때 양수척을 기생 紫雲仙에 소속시켜 貢物을 징수한 것을 시작으로 이후 최충헌은 計口徵貢하였던 것이다.[60]

무인집권기 무인집권자에 의해 시행되었던 양수척에 대한 부역부과는 바-2)의 사료에서 보듯이, 공민왕대에 이르러 이들에 대한 국가적 편제가 단행되어 군역에 충당시키는 쪽으로 전개되었다. 물론 이때

---

59) 무인집권기의 양수척은 이후 禾尺·才人으로 정리되고 있다(양수척은 유목민 달단의 후예로서 원래 倡優, 柳器匠, 狩獵 등을 생업으로 하였다가 창우가 분리되어 '才人'으로 되고, 유기장 및 새로 屠牛의 생업을 겸하게 된 자가 화척으로 불리게 되었다. 그러나 『高麗史』에는 列傳 辛禑 8年 4月條에 "禾尺卽楊水尺"으로만 되어 있어 구체적인 기록은 생략된 채 다만 재인과 화척의 군역충당사료가 보인다. 재인과 화척이 양수척에서 분리되었다는 것은 『中宗實錄』卷12, 中宗 5年 8月條, "我國有別種人 以射獵結造柳器爲業 異於編氓 名曰白丁 卽前朝之楊水尺"와 『世祖實錄』卷3, 世祖 2年 3月條, "白丁 或稱禾尺 或稱才人 或稱韃靼 其種類非一 國家憫其不齒於齊民也 稱白丁 以變舊號 屬軍伍 以開仕路 然而至今 遠者五百餘年 近者 數百年 本非我類"에서 확인할 수 있다).

60) 『高麗史』卷129, 崔忠獻傳, "初李至榮爲朔州分道將軍 楊水尺多居興化雲中道 至榮謂 曰 汝等本無賦役 可屬吾妓紫雲仙 遂籍其名 徵貢不已 至榮死 忠獻又以紫雲仙爲妾 計口 徵貢滋甚 楊水尺等大怨 及契丹兵至 迎降鄉導 故悉知山川要害道路遠近 楊水尺 太祖攻 百濟時 所難制者遺裔也 素無貫籍賦役 好逐水草 遷徙無常 唯事畋獵編柳器 販鬻爲業 凡妓種本出於柳器匠家 後楊水尺等帖匿名書云 我等非故反逆也 不堪妓家侵奪 故投契 丹賊爲鄉導 若朝廷殺妓輩及順天寺主 則可倒戈輔國矣 忠獻聞之 乃歸其妓紫雲仙上林 紅于其鄉 順天寺主亦恃勢自恣與妓爲亂者也 聞之亡去."

군졸로 충당된 화척·재인은 단순히 군역만 부담했던 것은 아니고 둔전경작도 하였을 것이다. 그것은 이들이 투입된 서북면 지역은 본래 且耕且守가 원칙인 것에서 유추할 수 있다.

이상 살펴보았듯이 고려는 원간섭기 북방지역의 개척의 필요성과 부곡제의 소멸에 따른 부곡제민의 유망에 대한 대응책으로 이들을 이 지역으로 사민시키고, 둔전경영과 군역에 충당하였다.

그러면 원간섭기 국가가 사민정책을 통해 이 지역을 장악하고자 한 의도는 무엇이었을까? 우선 주목되는 것은 이 지역이 洪福源 가문과 관련된 반고려적인 정서가 강한 곳이라는 점이다.[61] 홍복원은 중국과 한반도의 길목인 義州 지역에서 세력을 갖춘 대토호였다. 그는 高宗 18년(1231) 9월에 몽골 태종이 撒禮塔에게 명하여 고려를 정벌하게 하였을 때, 先附한 주현의 군민을 거느리고 몽골에 귀부하였고 또한 살례탑의 군사와 연합하여 아직 귀부하지 않은 고려군민까지도 공격하였던 인물이다.[62] 이후에도 그는 고려의 선유사를 죽였고, 그가 초집한 서북면 지역의 사람들을 데리고 원에 귀부하였다. 원은 이러한 홍복원의 행동을 중시하여 그를 遼瀋지역을 다스리는 책임자로 임명하였다.[63] 그러나 遼陽과 瀋陽지역에 거주하는 고려군민이 많아지자 원은 고려왕자 王淳으로 하여금 심주를 다스리게 하여[64] 홍복원의 세력에 타격을 가하였다. 이러한 정세 속에서 홍복원이 죽고 그의 아들 홍다구가 뒤를 이어 이 지역을 다스렸다.[65]

또한 이 遼陽·瀋州는 바로 東寧府[66]로서 고려후기에 유망민이 대거

61) 張東翼, 「몽고에 투항한 홍복원·다구부자」 『역사비평』 가을호, 1999.
62) 『元史』 卷154, 洪福源傳.
63) 『元史』 卷154, 洪福源傳.
64) 『元史』 卷58, 地理2, 瀋陽路條, "又以質子淳爲安撫高麗軍民總管."
65) 『元史』 卷154, 洪福源傳.
66) 東寧府에 대한 것은 다음을 참조 바람. 金九鎭, 「元代 遼東地方의 高麗軍民」 『이원

유입된 지역이다. 이는 원종 12년부터 충렬왕 8년까지 이 지역에 대한 추쇄가 9차례 실시되고 있는 점에서 짐작할 수 있다.[67] 이 시기 유입된 고려인들은 洪茶丘 세력이 되었을 것이다.[68]

이러한 특징을 지닌 북방지역은 원간섭기의 국왕으로서는 반드시 해결해야 될 지역이었다. 이 시기 북방지역 문제 해결에 주력한 왕은 충렬왕이다. 충렬왕은 세조 쿠빌라이의 부마가 된 이후로 위상이 높아져 고려에서 자신의 입지를 강화할 수 있는 발판을 마련하였다. 그는 6사를 중심으로 하는 여원관계를 재정립하였다. 6사 중 고려로서는 가장 큰 부담이었던 공물의 양을 재조정하고, 또한 충렬왕 원년에 응방,[69] 2년에 通文館을[70] 설치하여 부원세력이 여원사이에서 농간을 부리는 것을 근절하였다. 이러한 충렬왕의 입지는 충렬왕 4년의 親朝外交 이후 더욱 강화되어,[71] 6사 가운데 助軍과 輸糧의 의무가 부마로서 마땅히 이행해야 할 책임으로 변질되면서 고려의 자발성이 전제되었다. 이와 같이 충렬왕은 즉위 이후 5년 동안 친조외교를 통해 원의 영향을 크게 감소시키고 대신 고려의 독자성을 키웠다. 이러한 국왕 중심의 여원관계의 안정화로

순교수화갑기념사학논총』, 1986 ; 金九鎭, 「麗·元의 領土紛爭과 그 歸屬問題-元代에 있어서 高麗本土와 東寧府·雙城總管府·耽羅總管府의 分離政策을 中心으로-」『國史館論叢』7, 1989 ; 方東仁, 「麗·元關係의 再檢討-雙城總管府와 東寧府를 中心으로-」『國史館論叢』17, 1990 ; 강재구, 「몽골의 高麗 北界 분리 시도와 東寧府의 편제」『지역과 역사』39, 2016 등 참조.

67) 梁元錫, 「麗末의 流民問題」『李丙燾博士華甲紀念論叢』, 1956.

68) 오기승, 「요동 고려인 洪氏 세력의 형성과 洪君祥의 행적에 대한 고찰」『지역과 역사』40, 2017 참조.

69) 『元史』卷154, 洪福源傳.

70) 『高麗史』卷76, 百官1 通文館條, "通文館 忠烈二年始置之 令禁內學官等 參外年末四十者 習漢語 時舌人多起微賤 傳語之閒 多不以實 懷奸濟私 參文學事金坵建議置之 後置司譯院 以掌譯語."

71) 金光哲, 「高麗忠烈王代의 政治勢力의 動向」『昌原大論文集』7-1, 1985 ; 張東翼, 「前期征東行省의 置廢에 대한 檢討」『大丘史學』32, 1987 ; 李益柱, 「高麗 忠烈王代의 政治狀況과 政治勢力의 性格」『韓國史論』18, 1988 ; 張東翼, 「元의 政治的干涉과 高麗政府의 對應」『歷史敎育論集』17, 1992.

이후 상당 기간 여원간의 외교적 마찰이나 附元輩의 책동은 거의 소멸되었다.[72]

이상의 정치적 상황에서 북방지역에 설치된 것이 영성이리간이다. 다음은 영성이리간에 대한 대표적인 사료이다.

> 도평의사가 황제의 명령에 의거하여 심주·요양 사이에 이리간을 설치하여 각 도의 富民 200호를 옮겨 살게 하고, 또 압록강 내에 이리간 두 곳을 설치하되 각 백호에게 원과의 사신 왕래에 필요한 역사를 시킬 것을 청하니 이를 따랐다.[73]

위의 사료에서 보듯이 영성이리간은 원의 사신 접대의 필요성에 의해 심주·요양 그리고 압록강 이남 지역에 설치되었고, 국가는 이리간의 소성을 위해 사민을 단행하고 있다. 곧 이에 의하면 심주와 요양 사이에 설치된 이리간에는 각도의 富民 200호를 사민시키고 또 압록강 내에 설치된 두 곳에는 각 백호씩 사민시켜 朝聘役事에 충당하고 있다.

이처럼 충렬왕대 사민된 자들은 부민이 그 대상이었다. 그러나 부민 중심의 영성이리간의 운영이 어려웠던 것은 이때 사민된 부민의 수가 400호라는 것과 이들을 5년 기한으로 교체하고 고향으로 돌려보낸다는 점이다. 물론 사민된 부민에게는 많은 재정적 지원과 포상이 보장되었다.[74] 그러나 국가가 부민에게 5년마다 구성원을 교체해 주겠다는 약속의 이행은 상당한 무리였고, 무엇보다도 이들이 5년 동안 타지에서 힘든 부역을 담당해야 하는 것은 참기 힘든 고통이었다. 따라서 부민을 대상으

---

72) 李益柱,『高麗·元 關係의 構造와 高麗後期 政治體制』, 서울대학교 박사학위논문, 1996.

73)『高麗史』卷29, 忠烈王 5年 6月 癸卯條, "都評議使據聖旨 請於瀋州遼陽間置伊里干 徙諸道富民二百戶居之 又於鴨綠江內置伊里干二所 所各一百戶 以供朝聘役使 從之."

74)『高麗史』卷82, 兵2 站驛, 忠烈王 5年 6月條.

로 하는 사민정책은 수정될 수밖에 없었다. 그러면 이후 국가에서는 북방사민에 어떤 자들을 대상으로 하였을까? 이에 대하여 주목되는 것은 다음의 사료이다.

사-1) 또 양계에 도망한 자와 귀화한 자들에게 각 4결을 주어 (부민과) 바꾸어 주도록 하였다.[75]

사-2) 초에 윤수 등이 여러 도의 응방을 나누어 맡으면서 逋民을 초집하여 이리간이라 불렀다.[76]

사-3) 가림현 사람들이 다루가치에게 고하기를, "현의 촌락들이 원성전 및 정화원·장군방·홀치·순군에 분속되었으며, 오직 금소만이 남아 있지만, 지금 응방 미자리가 또 빼앗아 소유하니 우리들은 어떻게 단독으로 부역을 바치겠습니까?" 하니 다루가치가 말하기를, "비단 너희들 현만 그런 것이 아니라 이런 일이 많다. 장차 각 도에 관원을 보내어 순찰하여 그 폐단을 제거하도록 하겠다."라고 하였다.[77]

사-4) 屯田의 법은 변방에 군사를 주둔시킨 것으로부터 시작한 것이고 平民을 노역시킨 것은 아니니, 水上과 陸地에서 주둔하는 군사가 경작하면서 전쟁하기도 하는 경우를 제외하고 평민을 역사시키면서 둔전한다고 일컫는 것은 일체 모두 혁파한다.[78]

위의 사료 사-1)에 의하면 국가는 양계에서 도망하였거나 귀화한 자

---

75) 『高麗史』卷82, 兵2 站驛, 忠烈王 5年 6月條, "又給兩界亡丁 投化丁田 各四結 令更者遞受."

76) 『高麗史』卷124, 尹秀傳, "初秀等 分管諸道鷹坊 招集逋民 稱爲伊里干."

77) 『高麗史』卷89, 齊國大長公主傳, "嘉林縣人告達魯花赤曰 縣之村落 分屬元成殿及貞和院將軍房忽赤巡軍 唯金所一村在 今鷹坊迷剌里 又奪而有之 我等何以獨供賦役 達魯花赤曰 非獨汝縣 若此者多矣 將使巡審諸道 以鐲其弊."

78) 『太祖實錄』卷15, 太祖 7年 9月 甲申條, "屯田之法 始自屯軍塞下 非役平民 除水陸屯軍 且耕且戰外 役事平民 號稱屯田者 一皆罷之."

중 서북 두 도에 거주하는 자를 이리간에 충당하고 있다. 그리고 사료 사-2)에 보이듯이 이리간에는 逋民이 포함되어 있다. 이는 영성이리간의 사료는 아니지만 응방이리간에 포민이 포함되었다면, 영성이리간도 동일하였을 것이다. 영성이리간은 시기적으로도 응방이리간의 조성이 어느 정도 일단락되고 난 이후에 만들어졌다. 또한 영성이리간은 북방지역으로 사민된 자들 중심으로 조성되었기 때문에 응방이리간에 비해 그 구성원은 더욱 열악한 환경에서 생활하였다. 물론 포민이 부곡제민은 아니지만, 앞서 언급했듯이 포민 속에는 군현인뿐만 아니라 부곡제민, 심지어는 노비층까지 포함되어 있었을 것이다.

사료 사-3)은 응방에서 金所를 탈점하는 것을 보여주는 것으로, 당시 군현과 부곡제에 속한 지역이 강제적으로 수탈당하고 있는 일면을 보여준다. 이를 단순히 嘉林縣에 남아 있는 것이 금소뿐이므로 이를 응방에 소속시킨 섯으로 해석할 수도 있겠지만, 응방과 소민 신분의 관련에서 보아 금소가 소이므로 응방의 예속지역이 될 수 있지 않았는가 하는 추측도 가능하다.[79]

마지막 사료 사-4)는 조선 태조가 둔전에 平民의 역사를 금지하라는 교서의 내용이다. 고려후기 왜구의 침입으로 둔전경작의 중요성은 대두되었으나 현실적으로 이를 해결할 만한 대상자가 적당하지 않았다. 이에 군현민 등도 동원되었으나 이들에게 둔전경작과 국토수비의 이중고를 부담지우게 됨에 따라 도망자가 속출하였다.[80] 따라서 이러한 폐단을 없애고자 북방지역 둔전에서의 군현민 역사는 금지되었다. 그렇다면 이에 대체할 수 있는 대상자는 바로 부곡제민이었을 것이다. 이에

---

79) 오일순, 『高麗時代 役制와 身分制 變動』, 2000, 199쪽에서는 응방에 금소가 포함된 것은 당시 역을 부담하는 데 있어 군현제와 부곡제 지역에 어떠한 차별을 받지 않았기 때문에 가능하였다고 한다.

80) 『朝鮮經國典』下, 政典, 屯田, "當其收也 爲戍卒者 或自備而納之 或稱貸而益之 不堪其苦而逋逃者多也."

국가에서는 叛民化된 북방지역의 하층민을 추쇄하여 그 지역의 기반을 붕괴시키고 나아가 부곡제민을 사민시켜 이곳을 통제했던 것이다.

본래 영성이리간은 원의 驛站 증설 요구로 설치되었다. 이 지역의 역참 설치는 몽골의 강력한 요구로 고려의 왕정복구 이전부터 발의되었는데, 그것은 고려 국내의 反講和派를 견제하기 위한 조치였다. 그러나 고려정부는 왕정복구가 이루어진 이후에도 몽골의 요구를 적극적으로 수용하지 않았다. 다만 충렬왕대에 원과의 협력관계가 어느 정도 이루어지고 난 이후에 역참이 증설되었고,[81] 영성이리간도 이때에 설치되었다. 따라서 영성이리간은 원의 간접지배를 위한 통로로써 부설된 것이었지만,[82] 고려 국왕도 원에 거주하던 부원세력을 일원화하고 대원관계의 통로를 일원화하여 그 주도권을 잡기위해서 필요한 조치였다고 보인다.[83]

다음은 북방지역은 아니지만 국가의 의도된 하층민의 편제로 이루어진 鷹坊伊里干을 살펴보도록 한다. 응방에 대한 초기연구는 원의 영향력이 일방적으로 고려에 침투해 가는 증거로 파악을 하거나 충렬왕의 매사냥 취미를 강조하고 응방의 폐정을 살피는 차원에서 다루어져 왔다.[84] 그러나 최근의 연구는 원간섭기 정치구도를 고려제도의 전통 유지와 왕권을 통한 원의 간섭으로 상정하면서 충렬왕의 측근세력으로 응방을 평가하는 연구가 있고,[85] 응방이 고려전기 신분제를 변화시키는

---

81) 森平雅彦, 「高麗における元の站赤―ルートの比定を中心に―」 『史淵』 141, 九州大學文學部, 2004, 82쪽.

82) 森平雅彦, 「高麗における元の站赤―ルートの比定を中心に―」, 106~107쪽.

83) 이 시기의 충렬왕은 대원관계의 주도권을 잡기 위해 응방과 통문관을 설치하여 부원세력의 개입을 배제하였다(앞의 주) 70 참조).

84) 內藤雋輔, 「高麗時代の 鷹坊について」 『朝鮮學報』 8, 1955 ; 鄭鎭禹, 「高麗鷹坊考」 『淸大史林』 3, 1979 ; 朴洪培, 「高麗鷹坊의 弊政―主로 忠烈王代를 中心으로―」 『慶州史學』 5, 1986.

85) 李益柱, 『高麗·元 關係의 構造와 高麗後期 政治體制』, 서울대학교 박사학위논문,

하나의 요인으로 설명하고 있기도 하다.[86]

그러나 응방과 관련된 이리간에 대한 연구는 많지 않다. 최근 응방에 대한 구체적인 운영에 관한 연구에서[87] 이에 대한 단서를 제공하고 있다. 응방은 충렬왕 즉위년(1274)에 尹秀의 주도로 설치되었는데, 이때 원이 인정한 응방호수는 205호였으며, 이 중 일부가 전라도 羅州 長興府 관할 내의 諸道와 충청도 洪州 관할내의 曲陽村[88]에 설치되었다. 초기의 응방은 이리간이라는 마을 단위로 운영되었는데, 이리간은 주로 포민을 대상으로 조성한 취락이었다. 이는 다음의 사료를 보면 더 잘 알 수 있다.

아-1) 왕이 분부를 내리기를, "응방에 속한 백성이 205호나 되는바, 그 중 102호는 제하라." 하였다. 이때 백성이 가렴주구에 고통을 받고 앞을 다투어 응방에 속하였으므로 그 수효가 이루 헤아릴 수 없이 많았다. 여기서 말한 205호는 거짓말이요, 102호를 제거한다는 것은 구우일모와 같은 격이다. 그런데도 오히려 응방에서는 은, 모시, 가죽포를 기인에게 받아들여 저희끼리 나누어 먹어 당시 사람들이 '매를 고기로 기르는 것이 아니라 은과 포로 매의 배를 채운다.'고 말하였다.[89]

1996, 80~81쪽 ; 金塘澤,「忠烈王의 복위과정을 통해 본 賤系출신관료와 '士族'출신 관료의 정치적 갈등」『元干涉下의 高麗政治史』, 1998, 9~12쪽.

86) 오일순,『高麗時代 役制와 身分制變動』, 2000.

87) 李仁在,「高麗後期 鷹坊의 設置와 運營」『韓國史의 構造와 展開』, 河炫綱教授定年紀念論叢刊行委員會, 혜안, 2000.

88)『高麗史節要』卷19, 忠烈王 元年 5月條 ;『高麗史』卷99, 崔惟淸 附 崔文本傳 ;『高麗史』卷106, 安戩傳 ;『高麗史』卷123, 李汾禧傳 ;『增補文獻備考』卷226, 職官考 13, 鷹房條.

89)『高麗史』卷28, 忠烈王 3年 7月 丙申條, "有旨曰 民屬鷹坊者 二百五戶 其除一百二戶 時齊民苦於徵斂 爭屬鷹坊 莫記其數 而云二百五戶者妄也 除一百二戶 如九牛去一毛耳 鷹坊猶斂銀紵韋布於其人 私自分之 時人語曰 飼鷹非肉銀布滿腹."

아-2) 처음 윤수 등이 제도의 응방을 나누어 관리할 때 포민을 불러모아 이리간이라 일컬으니 이리간은 중국어로 취락의 뜻이다. 안찰 및 주군목수들이 그 뜻을 조금만 거슬리면 반드시 참소하여 이를 죄주기 때문에 이리간민이 방자히 양민에게 해독을 끼치더라도 누가 감히 어찌하지 못했다.[90]

위의 사료 아는 응방과 응방이리간에 대한 것이다. 이 가운데 사료 아-1)은 응방에 소속된 민들이 너무 많으므로 이를 줄이자는 것인데, 하층민들이 가혹한 세금을 피하기 위해 응방에 다투어 들어간다는 내용이다. 사료 아-2)도 응방이리간의 조성이 포민으로 구성된다는 것이다. 이때 포민에는 군현인뿐만 아니라 부곡제민 등도 포함이 되었다. 이것은 원의 응방 조성에 포함된 자들이 주로 分家, 해방된 노비, 漏籍, 주인이 명확하지 않은 노비, 환속한 승려, 무뢰한, 혹은 송의 舊役戶, 그 외 여러 국가의 정복과정에서 발생한 투항자, 몽골의 지배계층에 의해 수집된 민호들이라는 것[91]과 관련시켜 보면 어느 정도 짐작할 수 있다.

그렇다면 충렬왕이 즉위 초에 응방이리간을 설치한 목적은 무엇일까? 이는 앞서도 보았듯이 응방을 통하여 부원세력이 개인적으로 행하는 매의 상납을 차단하고 국왕이 직접 이를 주도하고자 하는 목적이 있었다고 한다. 그렇다면 응방이 어떠한 기구이기 때문에 왕권 강화와 관련이 있는 것인가를 알아보자.

응방은 유목민의 제도이다. 본래 수렵이라는 것은 이들의 사냥기술을 향상시키고 그들만의 유대 강화를 위한 제도라고 할 수 있다. 응방을

---

90) 『高麗史』卷124, 尹秀傳, "初秀等 分管諸道鷹坊 招集逋民 稱爲伊里干 伊里干 華言聚落也 按察及州郡牧守 小忤其意 必譖而罪之 故伊里干人 肆毒良民 無敢誰何."

91) 片山共夫, 「元朝の昔寶赤について」『東洋史論集』10, 九州大學 文學部 東洋史硏究會, 1982 ; 內藤雋輔, 「高麗時代の鷹坊について」『朝鮮學報』8, 朝鮮學會, 1955.

가장 발달시킨 종족은 몽골족이다. 몽골족은 겁설직의 하나로서 응방을 설치하였다. 즉 이는 昔寶赤라고 하는데, 한어로 鷹房, 鷹坊, 鷹師, 養鷹人 등으로 불린다. 석보치는 매의 포획, 사육, 飛放을 전문으로 했으며, 이에 소속되었던 사람들은 앞서 보았듯이 국가편제에서 이탈된 다양한 민호 등이었다. 그런데 원에서는 석보치를 소유했던 계층은 황제, 후비, 황태자, 황자, 제왕, 공주, 부마, 공신세력 등의 사적 세력이었다. 따라서 석보치의 성장배경에는 몽골 지배계층이 자기에게 봉사하는 광범한 사람들을 초집하고자 하는 강한 욕구가 있었고, 여기에 속한 민호들은 이들의 사적 예속민으로서의 성격이 강했다.[92]

이러한 원의 응방의 성격을 보면 상당히 개인세력의 증식과 관련이 있어 보인다. 따라서 왕권을 강화하고자 하는 시기에 이 제도를 도입했던 충렬왕으로서는 응방을 친국왕세력으로 양성할 수 있는 세력기반이 될 수 있으리라 생각했을 것이다. 이에 응방을 둘러싸고 부원세력과 친국왕세력의 갈등이 계속되었음에도 불구하고 충렬왕은 친조한 이후 응방을 오히려 전국적으로 확대시켰고, 응방의 부패와 관련된 관리들도 국왕이 적극적으로 보호하고 있다. 또한 응방이리간은 남부지방에 많이 설치되었는데, 이 지역이 유망민의 발생이 가장 많이 일어나는 곳이라는 점도 있지만, 한편으로 이곳이 곡창지대이므로 부원세력의 경제력을 차단하기 위한 조처로 나온 것이 아닌가 하는 추측도 간과할 수 없다.

응방이리간의 예에서 보듯 이리간에 속한 자들은 요역이 면제되었다.[93] 부곡제민들을 중심으로 이리간을 조성했을 경우 이들에게 일정정도의 혜택을 주었을 것이고,[94] 바로 이것이 부곡제민들이 받았던 차별해

---

92) 片山共夫, 「元朝の昔寶赤について」.

93) 『高麗史節要』 卷19, 忠烈王 元年 6月條, "且屬鷹坊者 悉免徭役."

94) 安秉佑, 「高麗의 屯田에 관한 一考察」 『韓國史論』 10, 1984, 34쪽에 부곡인을 사민했을 경우 부곡인의 신분에서 벗어난다고 보고 있다. 이는 현종대의 '부곡인을 사민하여 佃作에 충당한다'는 사료에서 '佃作'은 부곡인이 전호로 설정된 것으

소를 의미한다고 할 수 있다.

이상과 같이 국가정책을 통한 부곡제의 소멸이 이루어졌기 때문에 부곡제민의 관인으로의 진출도 상당히 많이 볼 수 있다. 먼저 朴球(『高麗史』卷104, 金方慶 附 朴球傳)는 울주 소속의 부곡인인데 그의 조상은 부유한 상인이었다. 그는 원종대에 상장군이 되었고 이후 충렬왕대에 밀직부사에까지 오르게 된다. 柳淸臣은 長興府 소속의 高伊部曲人으로 선대가 대대로 이 지역의 部曲吏였지만, 충렬왕의 신임으로 5품 한직에서 벗어나 3품까지 승진하였다.[95] 또한 張英·張原績은 道乃山銀所 사람으로 원에 들어가 출세하여 관품이 3품에 이르렀으며,[96] 陳思修는 富安鄕 사람으로 정당문학을 역임하였다.[97]

그러면 이렇게 소멸되어가는 부곡제에 소속된 사람들과 이들이 부담했던 역이 어떻게 정리되었는가를 알아보도록 한다. 즉 칭간칭척제에 대한 정리가 그것이다.

2) 칭간칭척제의 정비

부곡제 지역이 소멸되어감에 따라 정부는 대민편제와 함께 수취제도에 대한 정비를 실시하게 된다. 이것이 바로 稱干稱尺者에 대한 정비이다. 먼저 칭척자에 대해 보도록 한다. 稱尺에 대한 기원은 신라시기까지 소급된다. 그러나 신라시기의 칭척자가 여말선초에 보이는 칭척자와

로 이해하였다. 또한 朴宗基,「高麗時代 鄕·部曲의 變質過程－中央集權化 過程과 관련하여－」『韓國史論』6, 1980, 96~98쪽에서도 전작을 전호경영으로 보고 둔전에의 부곡인의 사민을 양인 확보책의 각도에서 주목하여, 부곡인이 전호로 설정된 사실을 부곡의 성격 변질을 초래하는 계기로 이해하였다. 다만 이를 고려 정부의 북방정책과 관련지어 해석하지는 않고 있다.

95) 『高麗史』 卷125, 柳淸臣傳.
96) 『新增東國輿地勝覽』 卷34, 全羅道, 龍安縣, 人物條.
97) 『新增東國輿地勝覽』 卷33, 全羅道, 古阜郡, 人物條.

관련이 있는지는 알 수 없지만 국가 기관에 정속하여 특수한 직역을 지는 자를 '尺'이라고 불렀던 것은 일치한다.

고려시기 칭척에 대한 사료로 부곡제민을 들 수 있다. 고려시기에 부곡제민을 칭척자라고 불렀던 것은 다음의 사료에서 잘 나타나있다.

예문직제학 이선제가 상소하기를, … "雜尺으로 所丁 1,260정, 津江丁 624정, 部曲丁 382정, 驛丁 1,585정을 들 수 있습니다."[98]

위의 사료는 조선 문종대의 사료이다. 예문관 직제학 이선제가 「高麗式 目形止案」에 의거하여 고려 盛時의 서북군액의 대략을 밝히고 있는 가운데 나타난 것인데, 잡척으로 소정, 진강정, 부곡정, 역정을 나열하고 있다. 즉 잡척은 이들을 범칭하는 용어이며 이들의 신분도 대등하였으리라 추측된다.[99]

칭척의 사례는 이외에도 津尺·楊水尺·墨尺·刀尺[100]·琴尺[101]·禾尺·水尺·

---

98) 『文宗實錄』卷4, 文宗 卽位年 10月 庚辰條, "藝文直提學 李先齊上書 … 雜尺所丁一千 二百六十丁 津江丁六百二十四 部曲丁三百八十二 驛丁一千五百八十五."

99) 위의 문종 즉위년 기사는 잡척의 범위를 설명하는 데 중요한 사료로 인용되고 있다. 잡척의 범주에 所丁·津江丁·部曲丁·驛丁을 포함시키는 연구(오일순, 『高麗 時代 役制와 身分制 變動』, 42~45쪽)와 잡척을 소정만을 지칭하는 연구(金炫榮, 「고려시기의 所에 대한 재검토」 『韓國史論』 15, 1986)로 대별된다. 그런데 잡척 을 '소정'으로 한정하는 연구는 몇 가지 문제가 있다. 첫째, 위의 사료에서 津江丁 중 津丁은 津尺이라하여 잡척의 범주에 속한다. 둘째, 군현인과 부곡인의 혼인을 규정한 "郡縣人與津驛部曲人 交嫁所生 皆屬津驛部曲 津驛部曲與雜尺人 交嫁 所産 中分之 剩數從母"(『高麗史』卷84, 刑法1, 戶婚條)를 '군현인과 진역부곡인의 소생은 진역부곡에 속하게 하고 진역부곡인과 잡척인의 소산은 둘로 나누되 남는 수는 어미를 따르도록 하라'고 풀이하면, 잡척을 소정으로 보았을 때 군현인과 소정과의 혼인에 대한 언급이 없다는 것도 문제이다.

100) 『高麗史』卷78, 食貨1 祿科田, 辛禑 14年 7月 趙浚上疏條, "位田 城隍·鄕校·紙匠·墨尺· 水汲·刀尺等位田 前例折給."

101) 『太宗實錄』卷26, 太宗 13年 9月條, "議政府上 干尺白冠等人女孫 入役之法 啓曰其在前 朝 身良役賤者 唯琴尺之女 定爲妓役 其餘皆無役."

146

稤尺[102)]·海尺[103)]을 들 수 있다. 이 가운데 진척·해척만이 사료상에서 역의 세습이 확인되지만, 나머지 칭척자들도 그들이 소유한 특별한 기술로 기본적으로 세습이 되었을 것이다. 그렇기 때문에 국가는 이들에게 位田[104)]을 지급하였다. 물론 양수척이나 화척, 수척은 위전 지급에서는 예외이다. 이는 달단인으로 일정한 지역에 거주하지 않고 떠돌아다니는 무리들이다. 따라서 국가는 이들에게 역을 부과하여 한 곳에 거주하도록 하는 것이 우선이었다.[105)] 국가는 이들에게 피역이나 유기 등의 역을 제공받거나,[106)] 이들은 앞서 언급했듯이 군졸로도 충당되었다.

다음은 稱干者에 대한 것이다. 고려시기 칭간자로는 處干, 直干이 있다. 처간이나 직간에 대한 자료는 다음에서 볼 수 있다.

---

102) 『太宗實錄』 卷21, 太宗 11年 1月條, "崟啓曰 臣之孽子永 從良之事 憲司以限年未呈 郤之 乞命受理 上特許之 命司憲府曰 河永良賤事 汝等 謂以限內未呈 不當受理 然永母之祖 於久遠帳籍 以白丁施行 五十年以後 乃以稤尺施行 則不無疑慮也 宜更辨正."

103) 『端宗實錄』 卷5, 端宗 1年 1月條, "內需所啓曰 本宮屬咸吉道諸邑海尺(海邊漁人俗稱海尺) 鷹師 正戶三百內未充數十二戶 令其道監司 用其子孫充定 其逃亡老病者 亦漸次充定 每三年一次 本宮奴婢推刷時 幷推刷成案上送 從之."

104) 고려시기 지방의 각 驛이나 鄕校, 또는 국가에서 정한 城隍 따위의 祭祀場 운영 및 향교에 소속되어 있는 지장·묵척·수급·도척 등에게 지급하였던 녹과전의 하나였다. 조선시기에 들어서도 고려의 제도를 이어받아 각 역이나 향교·서원·제사장 등에 지급하는 위전 이외에 왕실의 願堂이 된 사찰에도 위전을 지급하였으며 때로는 지방 관공서를 운영하기 위하여 지급된 공해전 등의 토지 명목을 위전이라 일컫기도 하였다(세종대왕기념사업회편, 『韓國古典用語辭典』 4, 150쪽).

105) 양수척은 나중에 재인과 화척으로 나누어지는데, 공민왕대와 우왕대에 이들을 군졸로 편입시켜 국가의 역에 종사시키고 있다. 조선시기에는 이들에 대한 정비가 나타나는데, 그것은 바로 이들에 대한 징공사례이다. 즉 태종대에 저화 통행조목에 재인·화척의 신공과 어량선세와 국용어물이외는 모두 저화로 바치게 규정한 것이 있으며, 이보다 4年 후에 당시의 황해도관찰사 이근이 올린 화척 재인의 납공법에는 재인은 저화 50장, 화척은 30장을 내자시에 바치게 하자고 주장하여 그대로 시행하게 하고 있다. 이러한 사례를 보면 양수척에 대한 징공이 공민왕대부터 이루어지고 있는 것으로 보인다.

106) 화척이나 양수척이 칭간되어 가는 예가 있는데, 바로 生鷹干과 酥油干이다. 생응간은 각종의 매를(『太宗實錄』 卷33, 태종 17年 4月條), 소유간은 乳酪 식품을 (『世宗實錄』 卷14, 세종 3年 11月條) 진상물로 바치는 사람들이다.

자-1) 모두가 말하기를, "상하 모두 處干을 없애고 부역을 바침이 옳습니다."고 하였다. 처간은 토지를 경작하여 租는 그 主에게 바치고 庸과 調는 관청에 바치니 바로 佃戶이다. 이때 권귀들이 많은 백성을 모아 처간이라 하고 三稅를 포탈하여 그 폐단이 아주 심하였다.[107]

자-2) 또 절의 사방산천이 돕고 보충하는데, 그 땅은 사방 둘레 47,000보 가량이다. 사방에 장생표를 각각 세웠는데, 모두 12개이다. … 사방 장생표의 직간들의 위전답은 동남동과 북쪽 다촌 들판에 있다. 이 북쪽 다촌 들판은 거화군의 경계이다. … 비보장생표가 12개인데 … 사방에 탑을 세우고 각각 직간 10명씩을 배치하였다. 간들에게는 각각 위전·위답·가·대전 등을 지급하였다. 이 급여지는 모두 사방 장생표 내에 포괄된 전·답·토지이다. 위에서 말한 석비·석적의 장생표 내에는 종래부터 현재까지 국가의 소유지 또는 제삼자의 사적 소유지는 전혀 포함되어 있지 않다.[108]

사료 자-1)을 보면 처간은 왕실이나 사찰 소유지인 處에 종사하는 자를 말한다. 즉 처간은 田租는 田主에게, 庸과 調는 국가에 부담하는 존재이다. 이러한 처간의 용례는 '內庫處干'[109]이라는 사료에서도 확인할 수 있다. 사료 자-2)는 직간이 통도사의 통제를 받는 존재임을 나타내는 글이다. 이들이 직접생산자이든 중간 관리자이든 간에 통도사의 사원령

---

107) 『高麗史』 卷28, 忠烈王 4年 7月 甲申條, "皆曰上下皆撤處干 委以賦役可也 處干耕人之田 王在元 哈伯平章謂康守衡趙仁規曰 昨有勅其議以安集百姓者來奏 王遂命宰樞與三品以上議之 歸租其主 庸調於官 卽佃戶也 時權貴多聚民 謂之處干 逋三稅 其弊尤重 守衡曰 必以點戶奏."

108) 『通度寺誌』 '寺之四方山川裨補', "寺之四方山川裨補也者 基地四方周四萬七千步許 各塔長生標 合二十 … 四方長生標直干之位田畓 分伏於東南洞内 北茶村坪郊 及居火郡之境也 … 裨補長生標十二者 … 分塔排於四境 各置直干十 每給位田畓及家代田 並四方長生標內田畓土地也 右石碑石磧排長生標內 曾無公私他土也."

109) 『高麗史』 卷106, 朱悅傳, "時累經兵亂 民多流亡 遣悅于慶尙 郭汝弼于全羅爲計點使 招集之命 勿役內庫處干 悅等不從 坐罷."

148

과 관련되는 것이므로 사원에 소속된 존재라 할 수 있다.[110]

위의 자료를 보면 처간이나 직간 등의 칭간자는 농사를 담당하며,
또 특정한 기관에 소속되어 있는 자들임을 알 수 있다. 이들과 연관되는
칭간자로 조선시기의 음죽국농소의 경작자인 稱干農夫가 있다.[111] 음죽
국농소는 둔전으로 고려 때부터 존속되어 온 곳이다.[112] 따라서 칭간농
부는 농사를 주업으로 하면서 국농소라는 특정기관에 예속된 자들을
가리킨다.

고려시기에는 칭간자가 더 이상 보이지 않지만 조선초기에는 칭간자
가 상당히 많이 보인다. 그들이 바로 國農所干·鹽干·鐵干·水站干·生鷹干·
酥油干·守護干·烽火干·牧子干·生鮮干·庭燎干·毛物干·營繕干·宗廟干·迎曙
亭干·鮑作干·山丁干 등이다. 조선초기의 칭간자를 살펴보면 고려시기의
칭간자의 성격인 어떤 기관에 예속된 농부의 모습을 더 이상 볼 수
없다. 오히려 국가에 특정 생산물을 바치거나 자신의 노동력을 신공으로
바치는 자들이라는 것을 알 수 있으며, 이는 앞서 본 고려시기의 칭척자의
성격과 동일하다. 즉 고려의 칭간자의 성격이 즉 생산물+干이라는 특정
한 생산물을 생산 또는 공납으로 바치는 모습으로 변했던 것이다. 또한
이들은 고려시기에는 역에 대한 대가로 위전을 지급받았지만 조선시기

---

110) 직간에 대해서는 여러 연구가 보인다. 직간을 처간과 관련시켜 통도사 농장의
    직접 생산자로 파악(최길성, 「1328年 통도사의 농장경영형태」『역사과학』
    1961-4, 1961)한 것과 직의 용례를 통해 직간을 중간관리인 정도로 파악한
    것(武田幸男, 「高麗時代通度寺の寺領支配」『東洋史硏究』2-1, 1966)과 전객농민인
    처간과 같은 존재이지만 일정한 소경전을 지니고 생활하는 수원승도에서 차정
    되었으며 또한 사원의 직세승의 관할을 받는 존재로 보는 연구(이인재, 「통도
    사지〈사지사방산천비보편〉의 분석」『역사와 현실』8, 1992)가 있다.
111) 『太宗實錄』卷9, 太宗 5年 4月條, "(司憲府)又言今革陰竹國農所 其稱干農夫等 並皆分
    屬船軍及漢都鍊瓦軍 豪强之輩 爭占其田 並取干等 所耕之田 其家舍 亦皆奪占 干等失業
    冤抑莫伸 願遣行臺監察 在前農所館舍屬陰竹縣 其公田分給無所耕船軍及艱難人等 干
    等被奪家舍田地 並令還給 奪占公田 與民爭利者 ――推鞫 申聞論罪 從之."
112) 『太祖實錄』卷1, 太祖 1年 7月條, "國屯田 有廢於民 除陰竹屯田外 一皆罷去."

에는 그러지 않았다. 그러면 이런 변화가 어떻게 나타났는지를 알아보자.

干이라는 칭호의 유래를 유추해볼 때 바로 앞서 보았던 이리간과 연관시킨 연구가 있어 주목된다.[113) 이리간은 국가에서 강제적인 사민을 통해 만든 인위적인 촌락이다. 따라서 어떤 특정기관에 투속하여 사역당하는 민을 간으로 볼 수 있지 않는가 하는 것이다. 이는 여말선초에 볼 수 있는 간의 용례를 보면 이러한 추측에 무게가 두어진다.

그런데 고려후기에는 조선시기와 같이 어떤 지역이나 기관에 예속되어 물건이나 노동력을 바치는 자를 칭간이 아닌 생산물+戶로 부르고 있다. 이 생산물+호는 유망민의 발생으로 부곡제의 유지가 어려운 시기에 발생한 용어이다.

이러한 변화는 수취의 기준에서 가장 잘 나타났다. 고려전기 일반 민호의 부담인 租·布·役의 3세는 토지경작을 전제로 부과되었다. 그러나 고려후기에는 지배층에 의한 토지탈점과 이에 따라 토지소유의 불균등이 심화되면서 부세제도의 모순이 드러났다. 그로 말미암아 고려중기부터 토지경작과 관계없이 민호로부터 3세를 징수하게 되었다. 특히 원종 10년(1269)의 호구조사 시행에 따른 조세개편은 호구를 기준으로 군현단위의 공물액수를 조정한 것이다.

이러한 추세 속에서 사료상에 등장하는 것이 바로 貢戶制이다. 공호제는 앞서 살펴보았듯이 12세기부터 하층민이 농민층 분화가 심해지고 향촌사회가 동요하며 유망이나 투탁과 같은 형태로 부세수취에 저항을 하는 상황 속에서 발생했던 국가의 대민파악방식이다. 공호제 실시에 따른 부곡제민의 변화는 다음과 같이 나타났다. 앞의 2장에서도 언급했듯이 공호제의 실시로 고려사회는 영역간의 계서적 지배가 무너지게 되었다. 이는 군현인과 부곡제민 사이에 신분의 동질화가 이루어졌다는

---

113) 徐明禧, 「高麗時代 「鐵所」에 대한 硏究」 『韓國史硏究』 69, 1990, 29쪽.

사실이다. 부곡제민은 사회변화과정에서 본관제에 기초한 계서적 지배방식과 사회분업체계에 대한 항쟁을 벌였다. 12세기부터 유망이 본격화되었고 이후 민란을 통해 일반 군현으로의 상승을 도모하였다. 이러한 부곡제민의 노력과 공호제의 실시는 종래 부곡제를 통해 조달되던 특수한 수취부담을 군현인으로 전가하였다. 이러한 과정에서 출현하는 것이 定役戶이다.

이러한 하층민에 대한 파악방식의 변화가 바로 칭간자의 정리에도 영향을 주었다. 이를 염호의 명칭 변화를 중심으로 살펴보자. 다음의 사료를 보자.

차-1) 이에 비로소 군, 현들에 명령하여 일부 백성들을 뽑아서 鹽戶로 삼게 하였다. 또 鹽倉을 건설하여 두게 하였다.[114)

차-2) 초에 騎船格軍의 관직을 제수하였다. 경상도 수군도절제사가 청하기를, "기선격군으로 鹽干같은 천한 자가 아니면 射官例에 의하여 관직을 상으로 주십시오" 하니 왕이 따랐다.[115)

위의 사료 차-1)에 나타나는 염호는 충선왕 때에 權鹽法을 실시하면서 內庫, 常積倉, 都鹽院, 安國社 등의 국가기관이나 諸宮院·內外寺社에 절급된 염분마저 환수하여 전국의 모든 염분을 기존의 도염원을 혁파하고 그 상부기관인 민부에 병합시켜[116) 하나의 기관이 염정을 총괄하도록 하는 과정에서 나온 것이다.[117) 즉 이렇게 확보된 염분에서 煮鹽에 종사할

---

114)『高麗史』卷79, 食貨2 鹽法, 忠宣王 後1年, "於是 始令郡縣 發民爲鹽戶 又令營置鹽倉."
115)『定宗實錄』卷1, 定宗 1年 1月條, "初授騎船格軍之職 慶尙道水軍都節制使請曰 騎船格軍 非鹽干賤者 依射官例賞職 從之."
116)『高麗史』卷77, 百官2 諸司都監各色條, "都鹽院 文宗定錄事二人 丙科權務 吏屬記事二人 忠宣王倂於民部."
117)『高麗史』卷34, 忠肅王 5年 5月 辛酉條, "下敎 大尉王深慮朝聘之需不給 以諸道鹽盆

염호를 군현에서 대대적으로 징발하고, 생산된 염을 수합할 鹽倉을 영조하여 鹽場官으로 하여금 수세 및 和賣事를 담당하게 하여 생산부분을 완전 장악하고자 한 것이다. 또한 충선왕은 私商貿易을 일체 배제하여 국가가 책정한 估價에 따라 염창에 나아가 화매하도록 하고, 군현인에 대해서는 본관 관사에 鹽價로 布를 선납한 후에 受鹽케 하는 納布受鹽制를 실시함으로써 유통부분마저도 국가가 완전히 장악하고자 시도한 것이다.

이 염호의 예를 따라 鐵戶도 차정하려는 논의가 있었다. 즉 공양왕 3년 7월에 도당에서 "염철의 세는 나라에서 부과하는 세 가운데서 큰 것인데 우리나라에서는 철의 생산 판매를 모두 개인들이 사사로 운영하고 국가에서 아직 이에 관한 법제를 세우지 않았으니 야관(冶官─야금관계 관청)과 鐵戶를 두되 모두 鹽法에서 제정한 그러한 방식으로 실시하여 국가 비용의 원전을 마련하도록 합시다."라고 건의하고 있다.[118] 그러나 이 제도는 끝내 실행하지는 못하였다.

이러한 사례를 보면 군현인 중 일부를 염호나 철호로 차정하고 있음을 알 수 있는데 과연 어떤 사람을 그 대상으로 하고 있었는지가 궁금하다. 이때 염호로 차정된 사람은 해안가에 거주하거나 염분에 역사되어 오던 자라고 하고 있다.[119] 염업은 하층민이 하기에는 상당히 고된 일이기도 하지만 어느 정도의 기술을 요하는 것이다. 따라서 국가에 필요한 소금을 만드는 작업에 투입되는 사람은 결국 고려시기 염소 등에서 염의 생산을 담당하던 자들일 것이다. 소제도가 해체되면서 이들이 염호로 편제되었을 것이다. 물론 염호에는 기술자뿐만 아니라 단순 노동을 하기 위해

　　悉屬民部 平價給鹽 以利公私."

118) 『高麗史』卷79, 食貨2 鹽法, 恭讓王 3年 7月條, "都堂啓 鹽鐵國課之大者 本朝鐵 人皆私之而官未立法 宜置冶官鐵戶 一如鹽法 以資國用 上從之 然事竟不行."

119) 劉承源, 『朝鮮初期身分制研究』, 197쪽.

일반 군현인도 편제되었다.[120]

그런데 이러한 편제로 인해 염호의 신분에 다양한 신분층이 속하게 된다. 이에 국가는 공호를 '貢戶良人'[121]이라고 하여 이들의 신분이 양인임을 강조하였고, 자연히 공호의 범주에 속했던 銀戶,[122] 鷹坊戶, 捉獺戶,[123] 鹽戶 등의 신분을 일단 양인으로 정리하였던 것이다.[124] 이러한 공호는 공민왕대의 전민변정도감과 인물추변도감의 실시와 그 성과로 인해 백성으로 흡수되어 양인층의 범주에 속하게 되었다. 이것이 양천을 기준으로 하는 호적작성에까지 이르게 된다.[125]

염호는 일정한 定數가 있고 공염량에도 일정한 定額이 있었다. 또한

---

120) 충선왕이 시행하려고 했던 소금 전매제는 중국의 買上制度를 모방한 것으로 보인다. 매상제도는 국가가 停戶를 통해 일정량의 소금을 매입하는 것이다. 즉, 산염지구에 염무소(鹽院)을 두고 염업종사자와 부랑유랑민을 초집해서 전문적으로 염을 제조케 하여, 이들을 「停戶」라 하였다. 정호는 염철사에 속하여 일체의 잡역을 면제받았다. 정호가 생산한 염은 정부가 설치한 염원에만 매도가 가능하고 私人에게 판매가 금지되었다(藤井宏, 鹽法,『世界歷史辭典』, 129쪽). 고려후기의 염법도 염호를 염창사나 염철사가 관리하고 생산된 염은 국가에서 경영하는 염포에서만 판매가 가능하였다.

121)『高麗史』卷85, 刑法2 禁令, 明宗 18年 3月條.

122)『拙藁千百』卷2, "永州利旨銀所陞爲縣碑."

123)『高麗史節要』卷19, 忠烈王 3年 12月條, "監察侍丞將軍趙仁規 使管下軍介三 誘南京民八人 爲捉獺戶 民之逃賦者 多附之."

124) 중국은 雜戶라는 것이 있어서 여기에 염호·부호·금호·은호·역호 등이 포함된다. 이들은 호적이 관부에만 있고 국가가 필요로 하는 여러 가지 직역에 종사하는 자를 가리키며, 그 범주는 비편호 하층민을 총칭하였다(全永燮, 「北朝後期廝役身分의 推移와 그 性格」,『釜山史學』30, 1996). 그러나 고려시기에는 이러한 표현은 보이지 않는다. 그렇기 때문에 고려후기에 나타나는 공호라는 틀 속에 다양한 호를 아우르고 있다. 또한 본래 공호가 군현인으로만 이루어져 있었으면 굳이 '공호양인'이라는 표현을 하지 않았을 것이다. 그런데 당시 공호 가운데는 군현인뿐만 아니라 부곡제민, 노비 등이 상당수 있어 이에 대한 편제를 일괄할 때 이들에 대한 신분이 문제가 되었다. 따라서 공호에 대한 신분을 확실히 하기 위해서 공호양인이라는 상투적인 표현을 사용했던 것이다. 오일순은 이들을 雜色役戶라고 표현하고 있다(오일순,『高麗時代 役制와 身分制 變動』, 혜안, 2000).

125) 공호신분의 변정에 대해서는 본서 2장에 서술되어 있다.

기존의 염호가 죽고 그 역을 대신할 후계자가 없을 때에는 공염량을 감해준다는 예[126]에서 정역호가 세습됨을 알 수 있다. 그런데 염호가 특수한 기술을 보유하는 세습되는 정역호라고 하는 것에서 앞서 본 칭척과 비슷하다. 그런데 이들을 칭척이라고 하지 않은 것은 기존의 칭척자와는 달리 일부가 군현인으로 편제된 존재들이기 때문이다.[127]

그러나 염업 자체가 아주 고된 일이었기 때문에 염호의 유망이 계속 이어지게 된다. 또한 염호가 군현인과 부곡제민으로 구성된 결과 역과 신분과의 괴리가 자연히 발생되었을 것이라는 것도 염호체제가 유지되지 못한 이유 가운데의 하나로 보인다. 이에 정부에서는 염호에 대한 새로운 편제가 필요하게 되었고 그 결과 등장한 것이 鹽干이었다.

사료 차-2)는 염간이라는 칭호가 보이는 최초의 사료이며 또한 생산물+간의 처음의 기록이다. 염간층이 발생하게 된 것은 염정책의 변화에서 찾아볼 수 있다. 정부는 충선왕의 각염법 시행 이후 편제된 염호의 유망 등으로 염정책에 대한 새로운 정비가 필요하게 되었다. 또 무엇보다도 수요량을 충당할 만큼의 소금의 공급량이 확보되지 않는 것도 큰 문제였다. 이렇게 되자 納布受鹽制의 시행이 잘 되지 않게 되고[128] 더구나 중간에 관리·서리들의 농간까지 개재하게 되어 오히려 하층민은 상당한 고통을 받게 되었다.

이에 공민왕대부터 다양한 염정책을 실시하게 된다.[129] 물론 이러한

---

126) 『高麗史』 卷79, 食貨2 鹽法, 忠肅王 12年 10月條, "各處鹽戶 人有定數 貢有定額 近年以來 鹽戶日損 貢數仍存 內外管鹽官 不行察體 以逋戶貢鹽 加徵貢戶 以充本數 民心苦之 如有逋逃者 所在官司 推刷本役 其有未得根尋與夫故沒無後者 竝除貢數 諸倉貢民 亦依此例."

127) 염호를 공물로서 소금을 받는 호로 공호의 일종이라는 것(蔡雄錫, 「高麗後期地方支配政策의 변화와 '貢戶'의 파악」, 『카톨릭대학교 성심교정 논문집』 1, 1994)과 염호는 아주 특수한 역을 지고 있는 집단이며 공호와 다른 존재라는 연구(北村秀仁, 「高麗時代の貢戶について」 『大阪市立大學人文研究』 32-9, 1981)가 있다.

128) 『高麗史』 卷79, 食貨2 鹽法, 忠肅王 5年 5月條.

염정책은 원간섭기에도 있어온 것이지만 당시에는 소금을 둘러싼 이익집단의 갈등으로 성공하지 못하였다. 그러나 공민왕대에는 이러한 이익집단의 견제가 가능했기 때문에 염정책에 일정한 성과가 나타났다. 먼저 공민왕은 鹽鐵別監을 지방에 파견하여 지방관의 농간으로 인한 폐단을 없애고자 했으며, 이는 諸道의 염세를 면제시키기까지 하였다. 그리고 전국의 염호를 공정하게 조사하고 지방에서 소유한 소금을 지방민에게 준 다음 그 양 만큼 염세를 받기도 하였다. 공민왕은 이런 정책을 통하여 소금의 私煮·私賣買의 성행을 막아보고자 했던 것이다. 공민왕의 정책들은 어느 정도 성공하였던 것으로 보인다. 이는 공양왕대에 철정책을 논의하면서 철을 염법과 같이 하여 국용에 보탬이 되도록 하자는 논의에서도 엿볼 수 있다.

그러나 정부의 이러한 노력에도 불구하고 염정이 제대로 정착되지 못했다. 이에 조선정부는 건국 초부터 염정에 대한 재정비를 서둘렀다. 물론 기본 뼈대는 고려의 것을 그대로 유지하고자 했다. 태조 즉위 초부터 염정의 문제로 부각되었던 납포수염 방식을 卽時和賣 방식으로 전환하였다. 대민교역에 있어 估價制 대신 時價의 高低에 맞추어 화매케 한 조치는 국가가 현실상의 사거래를 인정하였던 것이다.[130] 국가는 민간의 염분 소유 및 염의 생산·매매를 허용한 대신 私鹽人으로부터 일정한 鹽稅를 수취하게 되었다. 그렇다고 전면적으로 사염정책을 실시한 것은 아니다. 앞에서도 언급했듯이 염정책은 고려의 것을 그대로 유지하는 것이었으므로, 국가에서 해체되어 가고 있는 염호 대신에 새로운 소금 생산자인 염간층을 만들어 이들에게서 공물로 염을 받았던 것이다.[131] 즉 국가는 염간층을 두어 공물로 염을 생산하게 하고, 한편으

---

129) 이하의 염정책에 대해서는 『高麗史』 卷79, 食貨2 鹽法, 恭愍王條 참조.

130) 『朝鮮經國典』 賦典, 鹽法條.

131) 『太宗實錄』 卷28, 太宗 14年 9月條, "今國家沿海州郡 置貢鹽干 又收私鹽稅 其數不爲不

로는 사염을 허용하는 이중적인 염정책을 실시하였다. 물론 이때 염간으로 편제된 자들은 아마 고려말의 염호와 함께 태조대에 발생한 조선의 身良役賤層일 것이다.132)

그러면 조선시기 신량역천층이 형성되는 과정을 살펴보도록 한다. 신량역천층은 조선 태조 6년에 노비변정도감의 원칙인 「合行事議」의 조문 속에 처음 등장한다.133) 「합행사의」는 20개 조목으로 구성되어 있는데, 이 가운데 제20조에 양천 불명자의 처리를 양인으로 하지 않고 신량역천층으로 처리한다는 기록이 보인다. 본래 「합행사의」의 1조에는 고려말의 노비결송법의 내용을 수용하여 賤籍이 불명한 자에 대해서는 양인으로 할 것134)으로 되어 있었으나 「합행사의」의 20조에 다시 1조를 수정하여 이들을 신량역천층으로 만들었던 것이다.135) 이는 태조 자신이 문구를 직접 수정한 것으로, 국왕의 의도를 읽을 수 있는 부분이다.

그렇다면 태조는 왜 굳이 문구를 수정하여 양인으로 삼고자 한 대상자들을 신량역천층으로 만들었을까? 태종대에도 이 정책은 계속되어 이들을 신량역천층에 묶어두고 있다.136) 신량역천층은 국가에 일정하게 정해

多."

132) 염간이 처음으로 사료상에 등장하는 시기인 정종대가 염정책에 대한 정비가 행해지던 때와 거의 일치하고 있는 점에서도 어느 정도 그 정황을 엿볼 수 있다.

133) 『太祖實錄』卷12, 太祖 6年 7月 甲戌條, "近者辨定都監請申良賤之事 其良籍明白者從良 賤籍明白者從賤 良賤之籍俱不明者 決爲身役賤 定屬官司使令 今宣州站及寧州站屬 文契不明者 訴於辨定 又以不明決爲身役賤 還屬兩站 則賤隷如一 役使必矣 年代旣久 永作奴婢 其冤抑可得伸乎 自今其良籍不明者 毋屬外方各郡 若京中各司使令 城門院館把直 許令定屬 其有特立奇功者 宜受職賞 其女子與外孫 永爲良人."

134) 「합행사의」 1조, "凡所訴良 雖無良籍 而賤籍不明 且未曾役使者 從良決折 雖無賤籍而良籍不明 累代使用者 從賤決折."

135) 「합행사의」 20조, "上曰 良賤事 賤籍明白者 從賤 於良於賤 文籍不明者 許令身良役賤 定屬官司使令."

136) 태종은 이들을 경중 각사의 사령 및 원, 관의 파직 등으로 삼게 하고 딸과 외손은 영구히 양인이 되게 하고 있다. 이때 이들 아들에 대해서는 언급이 없는 것으로 보아 아마 父의 업을 계승한 것으로 보인다(太宗 元年). 그러나

156

진 물품을 만드는 데 필요한 노동력이나 공물을 바치는 존재다. 이에 하자가 있는 양인을 신량역천층으로 만들어 국가의 운영에 필요한 정역에 충당시켰던 것이다. 또 태조는 신량역천층이 다시 노비화되는 것을 염려한다는 명분으로 京中 各司의 使令에 이들을 충당하고 있다.[137]

그렇다면 이때의 신량역천층이 부담한 천역은 무엇이었을까? 그것은 이들이 司水監 등에 충당되었다는 기록에서 그 역의 구체적인 모습을 볼 수 있다. 사수감의 역 가운데 水軍役은 상당히 苦役이었다.[138] 수군은 둔전경작, 어염 및 해산물 채취, 선박 및 內陸物 諸緣, 공물진상의 備納, 조운과 같은 잡역에 사역되고 있었기 때문에 역부담이 고되고 힘들어서 이미 세종연간에 이르러서는 謀避하거나 혹은 代立價를 지불하여 代立人을 고용하거나 나아가 放軍收布로 정착되고 있었다. 군역의 변질로 인해 천역화된 수군의 謀避를 막고 수군역을 世傳토록 하자 그 모피 경향은 더욱 심해져 오히려 천인의 역이 수군의 역보다 가벼울 정도가 되었다.[139] 그리하여 군역부담자들은 그 귀속의 방법을 달리하면서 유리도산하여 결국 양인 가운데 빈한한 자만이 군역을 전담하게 되었고 특히 수군의 경우 신량역천화해 가다가 조선후기에는 여타 양역의 천역화 추세와 함께 七般賤役으로 고정되어질 정도였다.[140]

그런데 조선초기는 왜구의 침공으로 수군이 많이 필요하였다. 이에 신량역천층을 이 역에 충원시켜 양인이 회피하는 군역의 운영을 보조하도록 했던 것이다. 그런데 신량역천층은 그 세습이 태종 원년 전후까지는

태종 5년에 나온 결절조목에는 이들을 사재감수군으로 충당하고 있다(『太宗實錄』卷10, 太宗 5年 9月 戊戌條). 이들은 후에 태종 17년에 보충군에 충당되어 양인의 길을 걷고 있다(『太宗實錄』卷34, 太宗 17年 9月 戊寅條).

137) 『太祖實錄』卷13, 太祖 7年 4月 庚辰條.

138) 金東仁, 「朝鮮前期 良賤交婚에 나타난 良人分化 樣態」 『崇實史學』8, 1994.

139) 李載龒, 『朝鮮初期社會構造研究』, 一潮閣, 1984, 144쪽.

140) 『續大典』兵典, 免役條, "四王孫及先賢之裔 相當良役外 七般賤役(皂隷, 羅將, 日守, 漕軍, 水軍, 烽軍, 驛保)."

행해졌을 것이다. 이는 앞서 언급했듯이 태종 원년에 신량역천층을 경중 각사의 사령 및 원, 관의 파직 등으로 삼게 하고 딸과 외손은 영구히 양인으로 하고 있는 기록에서 그 정황을 엿볼 수 있다. 이때 이들 아들에 대해서는 언급이 없는 것으로 보아 아마 父의 業을 계승한 것으로 보인다. 그러나 이후 태종 14년의 보충군의 설치로 이들의 대부분은 양인화되었다.

이들이 양인화할 수 있었던 것은 이들이 부담했던 역을 누군가가 대신 부담했기 때문에 가능한 것이다. 그러한 대상으로 생각해 볼 수 있는 자가 바로 前朝判定百姓이다. 전조판정백성의 범주에 속한 자는 干尺·百官 등의 女孫으로서 1412년 이후 從良한 자, 公私婢者와 良人 사이의 소생, 공사비와 보충군 사이의 소생 등이다. 이들이 부담했던 역에 대한 규정으로, 모두 전조판정백성 예에 의거하여 호적에 등재하고 차역시키라는 것이다. 즉 '백성'의 범수에 이들을 속하게 하는 것인데, 바로 과역의 대상자로 삼고자 한 것이었다. 그런데 이때 이들이 차역된 역은 어떠한 종류일까? 그 역에 대해서 정확하게 규정하고 있지는 않다. 다만 세종대에 이들 중 외방에 거주하는 자들은 津尺, 倉庫直, 牧子干, 急唱 등의 역에 차정하고 서울에 거주하는 자들은 闕內差備로 정할 것을 수교하였으며 나머지 사람들은 繕工監의 營繕干으로 정하고 적에 올리고 白丁으로 칭하는데 女孫은 함께 올리지 않았다는 것[141]과 지금까지 사역되지 않은 공사비가 平民에게 시집가서 낳은 딸도 세종 19년 이후에는 궐내의 임무를 맡게 되었다는 것, 공사비가 염간·진척에게 시집가서 낳은 자식은 부역을 따르라고 한 예[142] 등에서 보면 이들의 역을 추정할 수 있다. 즉 이들은 조선에서도 필요한 신량역천의 역을 부담했던 것이다.

이상과 같이 신량역천층은 양인화되지만 그 가운데 鹽干만큼은 양인화

---

141) 『世宗實錄』 卷57, 世宗 14年 9月 丙辰條.
142) 『世宗實錄』 卷77, 世宗 19年 6月 戊寅條.

되지 못하였다.[143] 그것은 그들이 부담했던 소금이 국가재정의 중요한 부분이었기 때문이다. 앞에 언급했듯이 조선시기는 고려와 달리 사염을 인정하고 염간에게 공염을 받아 소금을 확보하였다. 이에 염간층은 정역호로서 중요한 계층이었다.

그러나 염간은 보충군을 통해 완전한 양인이 될 수 있는 방법이 제도적으로 마련되어 있었다. 바로 군공에 의해 그것이 가능하였다.[144] 조선초기는 왜구의 침공사례가 많았고, 염간은 이때 수군으로의 차출이 많이 이루어졌으므로[145] 군공을 세울 기회는 적지 않았으리라 본다. 이 점이 고려의 칭간칭척제와 일정한 차별성을 보이는 것이 아닌가 한다. 즉 고려의 칭간칭척은 신분이 고정되었지만 조선은 양인이라는 법제적 신분을 획득할 수 있는 제도가 마련되었다는 것이다.

또 여기서 문제로 제기해 두고 싶은 것은 鹽干役의 세습에 관한 것이다. 대개의 연구자들은 염간층의 세습을 사실화하고 있지만 염간의 세습역을 직접 명시한 사료는 보이지 않았다. 劉承源도 염간의 세습역에 대해서 다음과 같이 언급하고 있다. 이 역의 세습 유무는 불명확하지만 역대의 助戶, 給保규정에서 염간에 대한 편호원칙을 명시해 주거나 시사해 주는 사례를 전혀 찾아볼 수 없다는 것은 어떠한 특정의 편호원칙이 존재하지 않았음을 반영하는 것이 아닐까하여 세습역으로 규정하고 있다는 것이다.[146] 그러나 염간은 앞서 보았듯이 이 시기의 왜구의 침공으로 인해

---

143) 『太宗實錄』卷29, 太宗 15年 3月 丙午條, "始置補充軍 議政府 六曹受敎擬議啓 各令隊副 許免雜役 全爲講習武藝 分番侍衛 以中外稱干稱尺者 依前朝例 定立補充軍三千 以六千爲奉足 其鹽干依舊本役何如 命依擬議所啓施行."

144) 『世宗實錄』卷5, 世宗 元年 8月 壬午條, "兵曹啓 東征三軍僉節制使 兵馬使以下軍官軍人等功賞等第 接戰斬首者 生擒者爲一等 超三級賞職 鄕吏則本曹奉宣旨 給功牌 至子孫免役 驛子鹽干官奴則給功牌 許屬補充軍 從自願充軍 捜捕斬首及生擒者爲二等 超二級賞職 鄕吏驛子鹽干官奴等則免其身役 從征効力者爲三等 超一級賞職 其中槍射殺者爲首賞職 鄕吏驛子鹽干官奴限二年除役 上王從之."

145) 『太宗實錄』卷12, 太宗 6年 10月 辛卯條.

수군 등의 차출이 잦았다.147) 또한 앞서 언급했듯이 염간층의 보충군으로의 입속이 제도적으로 마련되었다는 것도 그 원인이 되었다. 그리고 무엇보다도 이들이 신공으로 내는 소금양이 상당히 많았던 것이다.148)

따라서 조선정부는 전조판정백성 예로 차역되었던 무리들을 중심으로 이들의 역을 확보하고자 하였다.149) 그러나 염간층이 신공으로 납부하는 소금이 국가가 필요로 한 양을 채우지 못하였다. 이에 세종대부터 염호의 추쇄와 함께 의염제 실시를 의논하였다.

146) 劉承源, 『朝鮮初期身分制研究』, 324쪽.

147) 태종과 세종대에 그러한 사례가 많이 찾아진다. 대표적으로 『世宗實錄』 卷19, 世宗 5年 2月 丙子條.

148) 『世宗實錄』 卷5, 世宗 元年 10月 乙未條, "黃海道監司啓 鹽干一年每戶貢鹽二十四石 甚苦之 公私奴婢之貢 每年不過麤布一二端 以是觀之 鹽戶之貢太重, 乞減其半."

149) 『世宗實錄』 卷44, 世宗 11年 6月 丙戌條, "刑曹啓 本宮奴限後娶良女及補充軍女所生 則依公處例屬本宮 公私婢嫁補充軍所生 則依前朝判定百姓例施行 嫁鹽干牧子驛吏所生 則依永樂十二年受敎 驛子娶自己婢所生 仍爲驛子例 各其父役處定屬 從之."

제4장 노비의 실태와 노비제의 변화

1. 노비의 실태

1) 무인집권기 노비의 동향

고려사에서 12세기는 제반 모순이 표출되는 시기로 고려적 질서가 와해되어 가는 시기라 할 수 있다. 이 시기는 특히 권력의 집중현상이 일어나 사회경제적인 모순을 더욱 노정시켰다. 이 모순의 한 단면이 불법적인 겸병탈점으로 형성된 농장의 발달이다. 농장의 발달은 양인농민의 몰락을 가속화시켰다. 즉 농민들은 권세가에게 토지를 강탈당함으로써 예속민으로 전락하거나 혹은 토지에서 이탈하여 유망민화하였던 것이다.

이러한 농장 형성과정에서 주목되는 것은 유망민 가운데는 노비도 상당수 포함되었으리라는 사실이다. 이는 당시 수조권적인 전시과 운영에 만족하지 못한 기존의 문벌귀족이 소유권에 입각하는 토지지배로 소유지를 확대해 가면서[1] 농장의 경작인구가 더욱 많이 필요하게 된 것에도 하나의 큰 원인이 있었다고 생각된다. 이와 같은 사정은 고려후기로 갈수록 더욱 가속화되었을 것이고 이에 따라 노비의 역할도 변질되었

---

1) 金泰永, 「科田法의 성립과 그 성격」『朝鮮前期 土地制度史研究』, 一潮閣, 1983.

을 것으로 생각된다.

그러면 12세기 농장의 형성과 더불어 전개된 노비제의 변질을 살펴보기에 앞서 고려전기 노비제의 존재형태에 대하여 간략하게 살펴보기로 한다.

고려시기 노비의 발생은[2] 보통 여섯 가지의 경우, 즉 ① 출생 ② 전쟁포로 ③ 화매 ④ 반역자의 처자식 ⑤ 압량 ⑥ 범죄 등으로 대별해 볼 수 있다. 이 가운데 공노비는 주로 ①·②·④·⑥ 등에 의해, 사노비는 ①·③·⑤ 등에 의해 발생하였지만, 공노비는 국가에서 개인에게 하사함으로써 사노비가 되기도 하였고, 사노비는 반역으로 적몰되어 공노비로 전환되기도 하였다. 따라서 공사노비의 엄격한 구분은 없었던 것으로 보인다.

그러면 고려전기 공사노비의 기능은 어떠했을까? 이에 대하여는 사료가 매우 한정되어 있지만 다음의 자료를 통하여 단편적인 측면을 엿볼 수 있다.

> 태조께서는 내속노비로서 궁에 있으면서 사역하는 것을 제외한 나머지는 바깥에 나가 거주케 하고 토지를 경작하여 세를 납부토록 하였습니다.[3]

위의 사료는 최승로의 상소문 가운데 일부인데, 그 의미는 당시 귀족의 입장에서 궁 안에 예속된 필요 이상의 노비가 왕의 권한을 강화시켜 줄 소지가 있는 것으로 파악하여 이런 상소를 하였던 것이다.[4] 여기서

---

2) 洪承基,『高麗貴族社會와 奴婢』제2장「私奴婢의 性格」, 제3장「公奴婢의 性格」에 의하면 공노비는 반역으로 인해 적몰된 경우가 많고, 사노비는 경제적 궁핍으로 인한 경우가 많다고 한다.

3)『高麗史』卷93, 崔承老傳.

4) 홍승기,『高麗貴族社會와 奴婢』제5장「高麗前期 奴婢政策」에 의하면 光宗이 궁 밖에서 농경에 종사하던 노비까지 불러들여 자신의 시위 임무에 충당하고

주목되는 것은 공노비의 사역 모습이다. 즉 궁 안에 있던 내속노비를 공역을 담당할 일정한 수를 제외한 나머지를 궁 밖으로 내보내어 종사시키고 있다. 따라서 공노비의 사역 중 공역이 농경 보다 중시되었음을 알 수 있다.[5]

위의 사료는 공노비에 대한 것이지만 사노비도 이와 큰 차이는 없었을 것이다. 물론 사노비의 경우 집안의 잡다한 사역 외에 집 가까이의 토지를 경작하는 경우도 있었을 것이나, 비중은 크지 않았다고 생각된다. 그것은 전시과 체제 자체가 하층민의 소유지인 민전 위에 설정되었기 때문에 토지 경작의 주체가 일반농민이었다는 것은 충분히 예상할 수 있는 것이다.

그런데 12세기를 전후하여 농업경영에 변동이 나타났다. 즉 농장이 발생하여 농장인구가 증가하게 됨과 동시에 종래 농업경영의 주체였던 하층민이 몰락하였던 것이다. 그러나 여기서 주목되는 것은 이러한 양인농민의 몰락은 오히려 기존 노비의 사회경제적인 신분을 상승시키는 계기가 되었다는 점이다. 앞서 언급한 바와 같이 고려전기의 노비는 사역민에서 솔거노비로서 집 안팎의 잡역에 종사하는 것이 외거노비로서 농경에 종사하는 것보다 우선시되었고, 이것은 공사노비의 일반적인 모습이었다. 그런데 농장이 확대되어 농장의 노동력이 대거 필요하게 됨에 따라 양인농민이 몰락하여 농장의 예속경작민이 됨과 아울러 기존의 잡역에 종사하던 솔거노비까지도 농경노비로 전환하게 되었던 것이

있다. 따라서 고려초의 공노비는 부분적이나마 왕권 강화의 주된 요소로 작용한 것이 아닌가 한다.

5) 金鍾瑞,「日本 正倉院所藏 新羅帳籍의 作成年度와 그 歷史的 背景」『아시아문화』 5, 1989에서는 신라 경문왕 시기의 자료인「谷城大安寺寂忍國師照輪淸塔碑」를 들어, 이 사찰의 주된 경작자를 丁男農民으로 보고 있다. 그것은 이 사찰의 토지가 보통 4개 촌락의 토지보다 방대한 대신에 노비는 23口에 불과함으로써 그 이유를 찾고 있다. 이 자료는 신라시대의 것이지만 이를 통해 고려초기의 모습도 어느 정도 유추할 수 있을 것이다.

다. 이러한 모습은 다음에서도 어느 정도 엿볼 수 있다.

성동의 초당에 상원 하원이 있는데 상원은 가로 세로가 30보이고 하원
은 10여 보였다. … 매년 여름 오뉴월에 풀이 무성하게 자라 … 가노
세 명과 가비 다섯 명으로 하여금 이를 자르게 하였다[6]

이 글은 이규보의 것으로 대략 12세기 후반에서 13세기 초반의 모습을
보여주는 것이다. 여기에 나타난 바와 같이 이규보는 자신의 초당을
솔거노비에게 경작시키고 있다.[7] 당시 농장이 증가함에 따라 농장내
노동력이 더 많이 필요한 농장주의 입장에서 솔거노비를 농경노비로
전환시키는 것은 어쩌면 당연한 것이라 할 수 있을 것이다.

이상과 같이 12세기를 전후하여 농장의 발생에 따른 노비노동의 성격
변화를 살펴보았는데, 그것에 의하면 종래 가내의 잡다한 사역에 종사하
였던 솔거노비는 농장이 발달함에 따라 주로 농업경영에 종사하는 외거
노비로 전환하였던 것이다.

한편, 12세기 이후 솔거노비의 외거노비화와 관련하여 또 하나 주목되
는 현상은 비록 부분적인 현상이겠지만 노비의 재산축적 모습이다.
바로 평량에 관한 것이다.[8] 평량은 평장사 김영관의 가노이자 소감
왕원지의 婢壻였지만, 이들과 같이 생활하지 않고 見州(현 경기도 양주)에
살면서 토지를 경작하였다. 그는 외거노비로서 농업생산에 참여하였고,
또 잉여시간을 활용하여 농업에 힘써 축적한 재산을 권요에게 뇌물로
주어 면천하여 양인이 되었으며, 심지어 산원동정이라는 관직까지 얻고

6) 李奎報, 『東國李相國集』 卷23, 「草堂理小園記」.
7) 『東國李相國集』 卷23, 「次韻李亞卿需用李平章韻寄多般菜種二首」·「接菓記」에 보면
   이 上·下園에 배나무를 심기도 하고 多般菜의 종자를 심기도 했다.
8) 『高麗史』 卷20, 明宗 18年 5月 癸丑條.

있다. 더욱이 이 평량 가족은 양인이 되기 위해 그들의 주인인 왕원지의 가족을 몰살하였고 그 뒤 현직관료와 통혼하기에 이르렀던 것이다.

이상에서 우리는 당시 농업생산에 직접 참여하였던 외거노비가 재산축적에 의해 신분을 상승시키고 있음을 볼 수 있다. 이와 같이 노비의 재산축적을 통한 신분상승은 사례가 그다지 많지 않다. 따라서 일반적인 현상으로 보기에는 무리가 따르지만, 그러한 사례가 나타나는 자체가 농장의 발달에 따른 신분제의 동요를 반영한 것이라 할 수 있을 것이다. 특히 이러한 신분제의 동요현상은 12세기 후반의 무인란이라는 정치권력상의 변동과 관련시켜 좀더 구체적으로 살펴볼 필요가 있다.

12세기 후반 이후 무인집권기라는 특수한 시기를 거치면서 기존의 신분질서에 혼란이 생겼다. 그것은 귀족 중심의 고려사회가 무너지고 빈천한 사람이 관직에 등용되는 파행적인 현상 때문이었다. 이러한 상층신분질서의 문란은 자연히 국가적인 엄격한 신분제의 해체로 이어졌고, 위정자들의 신분적인 권위 실추는 하층신분과의 엄격한 차별을 둘 수 없게 되어 버렸다. 이제는 종래의 신분·가문 대신에 실력 위주의 사회로 변질되었다.[9]

이 실력 위주의 사회에서 부상한 하급계층 출신의 지배자나 이들 지배층의 가노로서 활동하고 있던 자들의 횡포는 일반 양반·양인을 궁지에 몰아넣을 정도였다. 이러한 모습의 한 단면을 다음의 사료에서도 볼 수 있다.

가-1) 정중부는 성질이 탐욕스러워 재물을 시중과 같이 쌓아 전원을 넓혔다. 가동 문객은 그의 세력을 믿고 횡포하고 방자하니 온 나라가 고통스러웠다.[10]

---

9) 邊太燮,「萬積亂 發生의 社會的 素地―武臣亂 후의 身分構成의 變質을 基盤으로―」『史學硏究』 4, 1959.

가-2) 재위자는 탐욕스러워 공사전을 빼앗아 겸유했다. … 또 권세가의 가노는 다투어 전조를 징수하니 민이 모두 고통스러웠다.[11]

가-3) 최충헌이 비 동화에게 누구를 남편으로 삼겠는가라고 물으니 동화는 흥해공생 최준문이라 대답했다. 충헌이 즉시 준문을 불러 가노로서 머물게 하고 사역시키고 대정에 임명하니 뒤에 대장군에 이르렀다.[12]

위의 사료 가는 무인집권기 가노들의 모습의 한 단면을 보여주는 것이다. 사료 가-1)은 가노들이 주인의 세력을 빙자해서 농장을 관리하고, 사료 가-2)는 주인을 대신하여 가노들이 조세를 수취하는 등 실질적인 권력행사가 대단하였음을 보여준다. 심지어 사료 가-3)에서 보듯이 양인이 권세가의 가노로 들어가서 잡다한 사역에 종사하다가 주인의 힘에 의해 관직에 진출하는 경우도 허다했다. 이러한 상황이 나중에 노비들도 정식으로 관직을 제수받기에 이르렀던 것이다.[13] 결국 이러한 정치사회적인 지배체제의 변화에 따라 노비신분에 대한 명확한 기준이 무너져 버렸고, 그러한 현상은 당시 양인의 농장으로의 투탁 등으로 인해 더욱 조장되어 갔던 것이다.

이상 살펴본 바와 같이 12세기에 접어들면서 농장의 발달에 따라 기존의 잡다한 사역에 종사하고 있던 솔거노비는 농장제 하에서 농업경영을 주로 하는 외거노비로 전화하였고, 또 이와 함께 그들은 재산을 축적하여 노비에서 면천하여 양인으로 신분상승하기도 하였는데, 특히 무인란 이후 정치사회적인 지배체제의 변화에 따라 엄격한 신분질서가

10) 『高麗史』 卷128, 鄭仲夫傳.
11) 『高麗史』 卷129, 崔忠獻傳.
12) 위와 같음.
13) 『高麗史』 卷129, 崔忠獻 附 崔沆傳, "舊制 奴婢雖有大功 賞以錢帛 不授官爵 沆始除其奴李公柱·崔良伯·金仁俊爲別將 聶長守爲校尉 金承俊爲隊正."

해체되어 감으로써 그러한 현상은 더욱 가속화되었다고 할 수 있다.

이상에서 12세기 이후 농장이 발생함에 따라 사회경제적인 변동이 서서히 일어나기 시작했으며, 아울러 노비제가 변질되어 가는 추세임을 살펴보았다. 이 시기는 기존의 사역노비가 농장경영에 의해 그 기능이 변질되어 외거노비화하거나 일반 농민층이 몰락하여 외거노비화하는 등으로 인해 외거노비가 급격하게 증가하게 되었다. 그러나 그 구성비로 볼 때 외거노비의 다수는 몰락농민층이었을 것으로 생각된다.

몰락한 농민이 유망하거나 투탁하는 것은 자신들의 처지개선을 위한 시도였다. 그런데 무인집권기에 들어서면서 수탈의 정도가 더욱 가중되자 농민층은 기존의 유망·투탁이라는 소극적인 행동에서 이제는 물리적 힘을 통한 적극적인 저항으로 바뀌어 나갔다. 즉 집단적인 투쟁의 형태인 난을 일으켰던 것이다. 이것은 무인 내부의 정권장악을 위한 분쟁과 무인정권의 미성숙 등으로 인한 중앙정치력의 허약화 및 사회경제적인 혼란에 따른 전통적인 신분질서의 변동 등을 그 배경으로 하는 것이었다.[14]

이러한 농민에 의한 민란은 당시 노비계층에도 큰 자극을 주었다. 그들은 도망 등을 통하여 자신의 처지개선을 시도하다가, 그 후 민란의 한 일원으로 참가하기에 이르렀다. 그런데 양인이 중심이 된 민란은 단지 수탈의 가중에 대한 저항이 주목적이었다. 그러나 여기에 참가한 노비들은 양인과는 달리 더욱 진보적인 목적의식이 내포되어 있었다. 즉 그들은 신분해방이라는 의식을 가지고 있었다. 이에 따라 농민이 중심이 된 민란에 참가한 노비들은 그 항쟁에 한계를 느껴 드디어 독자적

---

14) 朴宗基, 「12, 13세기 農民抗爭의 原因에 대한 考察」『東方學志』71, 1991에서는 농민항쟁의 원인으로서 토지탈점을 둘러싼 계층간의 대립갈등에 의한 전조징 수의 문제, 그리고 고려의 전통적인 계서제에 의한 지방사회구조가 영역간의 주민의 불균등을 초래한 점을 들고 있다.

인 항쟁을 일으켰던 것이다. 이것은 무인란으로 문신귀족의 몰락과 천인의 관직진출 등 전통적인 신분질서가 이완되어 감에 따라 신분에 대한 엄격한 구분을 경시하는 사회적 분위기가 조성되었을 뿐만 아니라 또한 노비에게 실질적인 신분상승의 기회를 제공함으로써 그들로 하여 금 신분해방운동을 일으키도록 하였던 것에 그 주된 원인을 찾을 수 있을 것이다.

다음은 노비가 항쟁에 참여한 것을 모은 것이다.

〈표 1〉 高麗後期 奴婢抗爭[15]

	주모자	원인	노비	기간	규모	시기	비고
竹同의 난	旗頭 죽동 등 6인	役의 가중	공노비	40여일		明宗 12년 (1182 ; 전주)	
吉仁의 난	上將軍 길인		공노비 사노비		수창궁 노비	明宗 26년 (1196 ; 개경)	
萬積의 난	私奴 만적 등 6인	노비해방	사노비 공노비		수천명	神宗 1년 (1198 ; 개경)	
晉州公私奴隷의 난	공사노예	역의 가중 (사회적 인식)	사노비 공노비		진주의 모든 노비	神宗 3년 (1200 ; 진주)	
密城官奴의 난	官奴	(사회적 인식)	공노비		50여 명	神宗 3년 (1200 ; 밀성)	운문적과 연계
家僮習戰사건	가동		사노비		50여 명	神宗6년 (1203 ; 개경)	만적난과 관련
忠州官奴의 난	관노	銀器 절도 의 누명, 신분해방	공노비	1년 이상	충주의 모든 노비	高宗 19년 (1232 ; 충주)	
李通의 난	부隷	강화천도	공노비 사노비		城의 노예	高宗 19년 (1232 ; 개경)	
崇謙·功德의 난	관노 숭겸 ·공덕	구국	공노비			元宗 12년 (1271 ; 개경)	

위의 〈표 1〉에서 나타난 바와 같이 노비들은 죽동의 난[16]과 길인의

15) 洪承基, 『高麗貴族社會와 奴婢』 제7장 「武人執權時代의 奴婢叛亂」, 329쪽을 참조하 여 수정 보완하였다.
16) 『高麗史』 卷20, 明宗 12年 3月 庚寅條.

난[17) 등의 경우처럼 반란의 구성원으로 참가하여 그들의 처지개선이라는 하나의 목소리를 가지고 민들과 같이 정부에 대항하고 있다. 그러나 이후 최충헌집권기에 이르면, 노비들은 독자적인 난을 일으키고 있는데, 대표적인 것이 만적의 난이다.[18) 만적의 난은 그 목표가 단지 노비들의 처지개선에만 머물지 않고 노비해방이라는 신분해방의 성격을 띠었던 것에서 노비들의 사회의식에 대한 한 단면을 알 수 있다. 즉 '나라가 무인란 이후 천예에서 높은 관직에 오르니 장군과 정승이 어찌 씨가 있겠는가. 때가 오면 누구라도 할 수 있다.'라고 하였던 것이다. 그들의 외침은 단순히 신분해방에 그치지 않고 정권장악까지도 생각하고 있었던 것이다. 그리고 '우리가 나아가면 궁내의 환자, 관노들이 모두 호응할 것이다.'라고 한 것에서 그들의 외침이 사노비에게만 국한되지 않고 당시의 천시되고 있던 신분 가운데 가장 열악한 신분인 노비계급의 의식이 얼마나 성장했는가를 알 수 있다.

만적의 난은 비록 실패했지만 그 영향으로 노비의 항쟁은 이후 더욱 확산되었다. 특히 지방에서는 노비와 부곡인 그리고 농민과 같은 압박받는 계층의 공동투쟁전선이 형성되었다. 대표적으로 神宗 3년의 晉州와 陜州의 항쟁을 들 수 있다. 전자는 앞의 〈표 1〉에 보이는 진주공사노예의 난이 그것이다.[19) 이 항쟁은 공사노예가 무리를 이루어 州吏의 집을 불사른 데서 시작되었다. 따라서 이 항쟁의 발발원인은 지방관리들의 탐학에 따른 것이지만,[20) 이후 진주지방의 양인도 참여하여 공동전선을 구축할 정도로 대규모의 항쟁으로 발전하였다.

---

17) 『高麗史』 卷129, 崔忠獻傳.

18) 『高麗史』 卷129, 崔忠獻傳.

19) 『高麗史節要』 卷14, 神宗 3年 4月條.

20) 李貞信, 『高麗 武臣政權期 農民·賤民抗爭 研究』, 高麗大學校 民族文化研究所, 1991에서는 진주공사노예의 난의 1차 봉기의 원인을 최충헌의 진주지방 토지겸병 등으로 인한 수탈강화, 2차 봉기는 진주의 향리층 사이의 갈등으로 보고 있다.

후자는 陝州에서 光明·計勃 등이 반란을 일으킨 것으로,[21] 이들은 奴兀部曲人을 중심으로 한 민란인 듯하다. 그런데 전자의 진주민란의 경우 정부의 적극적인 공세로 수세에 몰리게 되자, 이들은 합주인과 연합하여 관군의 토벌에 나서고 있다. 이것은 이들 난에 참가한 민들의 처지개선을 위한 의지가 얼마나 강했는지를 반영하는 것이다.

그 후 〈표 1〉에서 보듯이 노비들은 神宗·高宗 연간에도 꾸준히 항쟁을 일으키고 있다. 특히 몽골침입기에 발생한 忠州官奴의 난은 항몽과 함께 자신들의 신분해방을 위해서 일으킨 것이다.[22]

이와 같이 노비가 중심이 된 항쟁은, 농민의 난이 수탈구조상의 병폐에 대한 적극적인 무력항쟁의 양상을 보이고는 있으나 체제변혁적인 성격을 충분히 갖지 못하고 단지 지방의 토호 내지는 관아에 대한 습격 정도에 머문 것과는 달리, 만적난에 보이듯이 봉건질서 자체의 붕괴를 담보로 하는 이데올로기는 가시지 못하였다고 하더라도 신분해빙을 목표로 한 것에서 기존의 사회질서를 기저에서부터 흔들어 놓았던 것이다.[23] 따라서 노비·천인의 반란이 더욱 체제저항적인 신분해방운동의 성격을 지녔다고 할 수 있다. 결국 양자는 모두 피압박·피지배계급이라는 동일한 지위에서 지배계급에게 항쟁하였다는 점에서 동일한 성격을 지녔고, 그러한 공통의 요소가 때로는 그들로 하여금 공동투쟁전선을 형성하게끔 하였지만 그 투쟁의 목적의식면에서 양자는 근본적으로 성격을 달리한다고 하겠다.

이렇듯 출발점을 달리하고 또 운동의 내용이나 목적에서 차별성을 보였던 농민·천인 항쟁은 몽골이라는 거대한 외적의 침입에 의한 국가적

---

21) 『高麗史節要』 卷14, 神宗 3年 8月條.
22) 『高麗史節要』 卷16, 高宗 19年 正月條.
23) 旗田巍, 「高麗の明宗·神宗時代における農民一揆」『歷史學硏究』 2-4·5, 1934 ; 白南雲, 「農民一揆」『朝鮮封建社會經濟史硏究』上, 1937.

위기에 직면하여 구국의 투쟁전선에 합류하게 되면서 항쟁의 성격은 변화되었다. 이제는 농민난·노비난으로 구별될 수 있는 것이 아니라 구국투쟁전선과 계급투쟁전선으로 대별되면서 항쟁은 새로운 양상으로 전개되었던 것이다. 이와 같이 항쟁의 성격 변화는 지배층의 농장의 확대에 의해 경제적 모순이 점차 표면화되기 시작함과 아울러 여기에 새로이 몽골족의 침입이라는 어려움이 중첩됨에 따라 나타난 필연적인 현상이었다.

명종 연간에서부터 신종 말년에 이르기까지 일어났던 노비의 항쟁은 최씨무인정권의 안정기에 들어서면서 일시적인 소강상태를 보이고 있다. 다시 말하면 노비의 항쟁은 고려의 집권체제가 약화됨에 따라 권신이 대두하여 서로 투쟁한 틈을 타서 발발하였다가 권신 상호간의 대립이 노비의 항쟁과 소요를 진압·평정하는 과정에서 점차 정리되어 최씨정권이 성립함으로써 일시 소멸하였던 것이다. 여기에는 최씨정권의 사적 무력기반이 형성된 것과 정권이 일단 안정되면서 집권층의 노비에 대한 통제가 강화된 것에 그 원인이 있었다고 생각된다.

그러나 고종 이래 거란유민과 몽골의 침입 및 왜구의 발호 등으로 일시적으로 안정을 보였던 고려사회는 재차 걷잡을 수 없는 위기에 빠지게 되었고, 이를 계기로 국내의 지방정세는 또 다시 어지러워지기 시작하였다. 결국 무인정권이 확립된 최씨집정기 이래 지배층에 의한 사적 토지소유가 확대되면서 노정된 제반 모순은 무인난 이후 노비의 지배층에 대한 항쟁의 결과 부분적으로 개선되기도 했지만, 본질적으로는 해소되지 못한 채 이민족의 침입이라는 위기가 더해짐으로써 이중적인 모순으로 치닫게 되었던 것이다.

몽골이 고려에 침입해 들어오자, 대몽항쟁의 주체가 되어야 할 무인집정자들은 적극적인 대항을 하지 못하고 끝내 강화도로 천도하였다. 이에 따라 대몽항쟁은 농민·천인 등의 하층민이 중심이 되어 전개되었다. 그런데 하층민이 대몽항전을 통해 빛나는 성과를 올리자, 이들의 신분적 상승을 두려워 한 지배층은 오히려 이들을 탄압했다. 이에 충주 관노의 난에서 보듯이 노비들은 자신들의 신분해방을 위해 봉기를 했던 것이다. 따라서 이 당시 노비항쟁은 민족모순의 해결이 기축으로 되면서도 계급모순을 해결하려는 움직임도 있었던 것으로 보인다.

이 점은 대몽항쟁기의 대표적인 노비항쟁의 성격을 살펴보면 더욱 명확해진다. 이 시기의 대표적인 노비항쟁으로는 위의 〈표 1〉에서 보듯이 이통의 난과 숭겸·공덕의 난을 들 수 있다. 이통의 난24)은 畿縣의 초적들이 중심이 되어 일으킨 것으로, 강화천도 이후 城中奴隷와 함께 대몽항쟁에 참가함으로써 대몽항쟁의 주체가 되었다. 그러나 이 항쟁은 단순히 항몽만이 아니라 정부의 강화천도에 반대하는 성격도 지니고 있었다. 또한 원종 때 일어난 관노인 숭겸·공덕의 난25)은 그 직접적인 발생 원인이 구국에 있었지만, 그러한 구국도 내용석으로는 항몽 외에 당시 집정자들에 대한 대항의 의미도 있었다.26) 이는 당시 원종 연간이 원과 긴밀한 관계를 맺고 있었던 시기인 점에서 쉽게 알 수 있는 것이다.

이상에서 살펴본 바와 같이 무인집권기 농민층에 의한 민란이 증가하자, 노비층도 이에 편승하여 신분해방을 위해 민란에 가담하거나 독자적으로 항쟁을 일으키기도 하였다. 이러한 노비항쟁은 몽골이라는 이민족이 침입하게 되자, 구국이라는 대의명분 하에 대몽항쟁에 적극 참가하였지만, 이와 동시에 기존의 지배계급에 대한 저항의 성격도 여전히 지니고 있었다. 이와 같이 몽골침입기 노비항쟁은 이민족간의 항쟁을 통한 민족모순의 해결과 지배권력에 반대함으로써 계급모순의 해결이라는 이원적인 성격을 띠고 전개되었다고 하겠다.

---

24) 『高麗史節要』 卷16, 高宗 19年 7月 乙酉條.

25) 『高麗史』 卷27, 元宗 12年 1月 癸巳條.

26) 旗田巍, 『元寇』, 中央公論社, 1965.

그러나 노비는 항쟁을 통해 그들의 지위나 처지를 개선하려고 한 움직임은 부분적으로 성취한 면도 있었겠지만 궁극적인 목적은 거의 달성되지 못한 것으로 보인다. 따라서 이들은 원간섭기라는 특수한 시기에는 기존의 집단적인 대항 형태에서 개별분산적으로 자신들의 처지를 개선하는 방향을 취하고 있다. 이 점에 대하여는 다음 절에서 살펴보기로 한다.

2) 원간섭기 노비의 실태

12세기 이후 노비들에 의해 전개된 신분해방운동 내지 처지개선운동 은 난이라는 집단적인 투쟁방법을 취하였지만, 그것이 거의 실패로 끝남 에 따라 원간섭기에 이르면 개별분산적인 형태로 전개되어 갔다. 이에 대하여는 크게 두 가지로 나누어 볼 수 있는데, 첫째는 개별적으로 원이나 국왕에 의지하는 경우이고, 둘째로는 이전부터 성행해 오던 농장에 예속 되는 경우이다.

먼저 노비들이 원이나 국왕에 붙어 자신들의 처지를 개선하고 있는 모습을 살펴보기로 한다. 앞에서도 언급한 바와 같이 원간섭기는 원의 정치적 압박이 국내에 침투되는 시기였다. 따라서 노비제에 대해서도 많은 영향을 미쳤으리라 짐작된다. 노비는 당시 대토지소유자에게는 주된 생산계급이자 권문세족의 사병으로서의 역할을 담당하고 있었기 때문에 원이 고려를 지배하고자 할 때, 당연히 이에 대하여도 제도적 개혁을 단행하고자 하였다. 이때 원이 고려의 노비제에 대하여 취한 정책이 구체적으로 어떠한 것인지는 알 수 없다. 그러나 고려정부가 이 정책에 대한 반대의 근거로 노비의 양인화에 대해 언급한 것으로 보아 노비제의 신분귀속과도 관련된 것임을 알 수 있다.[27] 이 노비제의 개혁은 당시 행성평장으로 있던 활리길사가 고려조정에 건의하는 형식을 취했지만, 실제는 충렬왕을 견제하고 원제에 의거하여 고려를 다스리기 위한 것이었다.[28] 또한 원은 고려의 노비제를 개혁함으로써 한편으로는 대토지소유자로서 노비의 주된 소유층이었던 권세가의 세력을 약화시키고, 다른 한편으로는 고려로부터 공물을 징수하는 데 노비를 양인으로 만들어 징수대상을 확대하고자 한 의도도 있었다고 생각된다.[29]

그러면 노비신분 귀속과 관련된 노비법의 구체적 내용은 무엇이었을까? 활리길사가 주장한 노비법의 개혁의 전반적인 것은 알 수 없지만 그 가운데 일부는 부모 중 한 쪽이 양인이면 그 소생자는 양인으로 하자는 것이었다.[30] 그런데 이 안은 그 말미에 "帖帖兀이 上國法을 사용하고자 하니 世祖가 조서를 내려 본국 구속을 따르도록 하라."[31]고 지시한 것에서 원의 제도였음을 알 수 있다. 원은 이렇게 여러 번에 걸쳐 노비제 개혁안을 제시하였지만 그때마다 고려의 지배층은 극력 반대하였다. 고려측의 이러한 즉각적이고 난호한 서부는 이 문세가 권력을 쥐고 있던 권문세가의 이익과 정면으로 배치되었기 때문일 것이다.[32]

한편, 원의 고려 노비제를 개혁하려는 움직임은 당시 고려사회의 분위

---

27) 『高麗史』 卷31, 忠烈王 26年 10月 丁酉條, "闊里吉思 欲革本國奴婢之法 王上表略曰 昔我始祖垂誡于後嗣子孫云 凡此賤類其種有別 愼勿使斯類從良者 許從良 後必通仕 漸求要職 謀亂國家 若違此誡 社稷危矣."

28) 李益柱, 『高麗·元 關係의 構造와 高麗後期 政治體制』, 서울대학교 박사학위논문, 1996.

29) 활리길사가 고려에 시행하고자 하는 노비제 개혁은 元制 보다도 내용이 확대되어 천인의 광범한 양인화가 가능할 수 있도록 한 것이었다(張東翼, 『高麗後期 外交史研究』, 一潮閣, 1994, 123쪽).

30) 『高麗史節要』 卷23, 忠宣王 後2年 11月條, "元闊里吉思爲行省平章 凡奴婢 其父母一良者 欲聽爲良 宰相莫有止者 之淑曰 世祖 嘗遣帖帖兀 來監國 有趙石奇者 訴良賤 帖帖兀 欲用上國法 世祖 詔從本國舊俗 此例具在不可變更 於是闊里吉思 不敢復言" ; 『高麗史』 卷108, 金之淑傳, "時闊里吉思爲行省平章 凡奴婢 其父母一良者 欲聽爲良."

31) 『高麗史節要』 卷23, 忠宣王 2年 11月條.

32) 원의 고려노비제의 개혁에 대한 분석은 張東翼, 『高麗後期 外交史研究』, 84~87쪽 참조.

기를 어느 정도 반영하고 있다고 생각된다. 즉 당시 고려에는 원에서 私屬人으로 온 겁령구나 내료 등이 관직에 등용되었고, 또 원간섭기 동안 항상적으로 노비출신이 고위관직에 등용되었던 것이다. 특히 노비출신으로 고위관직에 오른 자들은 당시 원과 밀접한 관련이 있는 것으로 보인다. 그러면 여기서 노비 출신으로 고위관직에 진출한 인물들을 열거하면 다음 〈표 2〉와 같다.

〈표 2〉 노비출신의 관직진출 인물[33]

성명	진출계기	후원자	초입사	최고관직(관품)	노비의 성격	전거
강윤소	譯人	원종		밀직부사, 판삼 사사치사(2품)	私奴	『高麗史』卷123, 康允紹傳
정오부	侍從	충렬왕		장군(정4품)	公奴 (정주관노)	『高麗史』卷26, 元宗 10年 7月條；『高麗史』卷27, 忠烈王 8年 5月條
김의광	시종	충렬왕	내료	부지밀직사사 (종2품)	공노 (충주관노)	『高麗史』卷123, 李之氐傳
간유지	시종	충렬왕		낭장(종6품)	천예	『高麗史』卷28, 忠烈王 卽位年 11월
이정	충렬왕 유모 의 사위 (응방관리)	충렬왕· 원과 연계		부지밀직사사 (종2품)	천예	『高麗史』卷124, 李貞傳
김자정	김준 타도	충렬왕	환자 (내료)	상장군(정3품)	사노(가노)	『高麗史』卷130, 金俊傳 『高麗史』卷89, 齊國大長公主傳
송균		충렬왕 원의 福壽	내료	호군(정4품)	공노 (합덕관노)	『高麗史』卷125, 宋邦英傳
전영보	元의 嬖臣 이숙의 처형	이숙 충렬왕 충선왕 충숙왕		찬성사(정2품)	사노 (제석원노)	『高麗史』卷124, 全英甫傳
임백안 독고사	스스로 거세 하여 원의 인종을 섬김	원의 인종		비인군	사노(상서 주 면의 가노)	『高麗史』卷122, 任伯顔禿古思傳
임서	임백안독고 사의 형	원의 인종		밀직부사 (정3품)	사노(상서 주 면의 가노)	『高麗史』卷122, 任伯顔禿古思傳
박경량	충선왕 조비 의 자매의 사위	충선왕 원의 폐 신 이숙		지밀직사사 첨의평리 (종2품)	공노 (초 노녹 대의 아들)	『高麗史』卷124, 朴景亮傳

		원의 폐신 이숙의 友壻		홍례군	공노(초노)	『高麗史』卷124, 朴景亮傳
김태		원의 폐신 이숙의 友壻		홍례군	공노(초노)	『高麗史』卷124, 朴景亮傳
강융	원에서 충선왕 시종	충선왕		첨의좌정승 (종1품)	공노(祖; 진주관노)	『高麗史』卷124, 鄭方吉 附 姜融傳
최안도	譯人	충선왕 충숙왕 원	내료	동지밀식사사 (종2품)	공노(모 ; 비) 초노	『高麗史』卷124, 崔安道傳
강윤충	시종	충숙왕 충혜왕	호군	찬성사 판삼사사 (정2품)	공노	『高麗史』卷124, 康允忠傳
배전	시종	충혜왕 충정왕 원		군부판서 재신(2품이상)	공노 (모 ; 궁비)	『高麗史』卷124, 裴佺傳
박연	충혜왕의 총애	충혜왕		상호군 전리판 서(정3품)	공노 (官寺之奴)	『高麗史』卷36, 忠惠王 元年 8月

위의 〈표 2〉에서 알 수 있듯이 원간섭기에 노비출신으로 관직에 진출한 대부분이 원과 밀접하게 연결되어 있다. 다시 말하면, 康允紹,[34] 崔安道[35] 등은 몽골어에 능통하여 관직을 얻었다. 이는 당시 원과의 관계가 긴밀해짐에 따라[36] 몽골어에 능통한 자를 중용한 분위기 속에서 가능한 것이었다. 그들은 이러한 것을 배경으로 왕이나 원의 후원 속에서 출세할 수 있었던 것이다. 그리고 丁伍孚,[37] 金義光,[38] 簡有之,[39] 金自貞,[40] 李貞,[41]

---

33) 洪承基, 『高麗貴族社會와 奴婢』 제9장 「元의 干涉期에 있어서의 奴婢出身 인물들의 政治的 進出」, 354~355쪽을 참조하여 수정 보완하였다.

34) 『高麗史』卷123, 康允紹傳, "康允紹 本新安公之家奴 解蒙古語 以姦黠得幸於元宗 累使于元 以功許通宦路 累遷將軍 林衍之誅金俊也 首與其謀 稱一等功臣 加大將軍."

35) 『高麗史』卷124, 崔安道傳, "崔安道小字那海 其先海州人 徙居龍州 安道母宮婢 以內僚事忠宣於燕邸 遂通蒙古語 後爲忠肅僚屬 錄其勞 賜田及藏獲 與李宜風 俱爲忠肅嬖臣 … 累轉上護軍 … 忠惠初 召拜監察大夫 祭酒金右鏐掌監試 安道子璟 年纔十餘 不學得中試 提學韓宗愈·代言李君侅掌貢擧 璟又中 … 臺官 以璟借逃登第祖母又賤 不署依牒 凡九年 王督省官署之 改同知密直司事 賜協謀同德功臣號 元授征東行省左右司員外郎 旣而入元宿衛 元授中尙監丞 轉太府太監."

36) 旗田巍, 『元寇』, 中央公論社, 1965.

37) 『高麗史』卷26, 元宗 10年 7月 丁卯條, "世子自燕京還 至婆娑府 靜州官奴丁伍孚潛渡江 告林衍廢立."

38) 『高麗史』卷29, 忠烈王 8年 5月 庚申條, "己巳年東歸 至婆娑府 聞變還朝 侍從輔佐

176

全英甫,[42) 宋均,[43) 姜融,[44) 康允忠,[45) 裴佺,[46) 朴連,[47) 朴景亮[48) 등은 국왕의 총애로 출세한 인물이다. 이들은 당시 국왕들이 원과의 관계를 긴밀히 하고자 하는 시도 속에서 국내의 세력다툼의 와중에서 국왕 편에 서서 그들을 보좌한 공로가 인정되었던 것이다. 그 외 任伯顔禿古思,[49) 任瑞[50) 등은 원의 세력가에 붙어 출세한 인물이다.

이상의 인물들은 당시의 고려의 국내 분위기에 편성하여 출세가 가능했다. 즉 몽골어에 능통하거나 원에 있는 세력가의 후원을 받는 경우도 있지만 왕과의 연계만으로 관직에 진출한 경우도 있다. 이들의 최고지위도 거의 3품 이상이었다. 이들이 이와 같이 고위관직에 오르거나 심지어 몇 대에 걸쳐서 세력을 떨칠 수 있었던 것은 원이 그 배경으로 되지 않고서는 불가능했다고 생각된다.

다음으로 지금까지 살펴본 바와 같이 노비들이 원이나 왕의 세력에 의해 개별적으로 신분상승을 기도한 것과는 달리 사회적인 분화현상에 의해 사회의 여러 방면에 참가하고 있는 형태를 알아보기로 한다. 여기에는 농장이 광범하게 형성되어 이곳에 많은 농민이 투탁하여 오히려

將軍丁伍孚·鄭仁卿·車得珪·李之氏·代府尹金應文 將軍金義光爲一等功臣 … 賜田民."
39) 『高麗史』 卷28, 忠烈王 卽位年 11月 丁丑條.
40) 『高麗史』 卷28, 忠烈王 3年 3月 乙卯條.
41) 『高麗史』 卷124, 李貞傳.
42) 『高麗史』 卷124, 全英甫傳.
43) 『高麗史』 卷125, 宋邦英 附 宋均傳, "(宋)均本合德官奴 屬內僚 官至護軍 得幸於王 嘗與石曳爭寵 叟譖之還本役 乃剃髮 亡入元 投福壽 福壽白王 復其職."
44) 『高麗史』 卷124, 鄭方吉 附 姜融傳.
45) 『高麗史』 卷124, 康允忠傳.
46) 『高麗史』 卷124, 裴佺傳.
47) 『高麗史』 卷36, 忠惠王 元年 8月 丙辰條.
48) 『高麗史』 卷124, 朴景亮傳.
49) 『高麗史』 卷122, 任伯顔禿古思傳.
50) 위와 같음.

사회경제적으로 더욱 열악한 처지로 떨어지게 된 경우와 사회의 부족한 노동력을 일시적으로 대신해 주는 경우 등을 들 수 있다. 그러면 이것을 살펴보기에 앞서 우선 원간섭기 하에서 농민층의 유리화 현상을 살펴보고 아울러 유망민의 대응모습을 검토하기로 한다.

몽골족은 고려에 침입하여 전 국토를 유린하였다. 이에 농토는 대부분 황폐화되었고, 토지를 경작하던 농민은 거주지에서 이탈하여 거의 유망민화되어 버렸다. 이들 유망민들은 뒤에 관청의 추심이 들어와도 추심권한이 미약하였고, 또 그들과 본디 연관이 없는 지역으로 이주하거나, 아예 관청의 추심이 미치지 않는 요동 쌍성지방 등의 국외로 이주하였다.[51] 즉 유망이 국내외적으로 광범위하게 전개되었던 것이다.[52] 그런데 이러한 유망민 속에는 노비신분도 상당수 포함되었을 것으로 보인다. 그것은 노비를 소유하였던 양인층이 몽골족의 침입으로 다른 곳으로 많이 이주 내지는 유망하였고, 그와 동시에 공노비들도 관의 기강문란과 침탈로 인해 도망이 허다했기 때문이었다. 이 점은 유망민의 인적 구성을 보면 더욱 명확하게 알 수 있다. 즉 사례에 의하면 당시 유망민의 인적구성은 주로 피역을 원하는 자·죄를 범하고 도망한 자·공사노비로서 면천하고자 하는 자 등인데, 이들은 모두 무리를 이루어 고려에 주둔한 兵馬와 부원배의 근거지인 西京에 의탁하였다고 한다.[53]

위에서 든 유망민 가운데 노비가 면천을 위해 유망하는 것은 노비의 궁극적인 목적이었고, 이러한 노비면천은 12세기를 전후로 나타나기

---

51) 『高麗史』卷36, 忠惠王 元年 4月 庚寅條, "庚寅以五道人民流入雙城女眞遼陽瀋陽等處 表請刷還日 … 本國州縣當役人民幷官寺私奴婢人口 逃住遼陽瀋陽雙城女眞等處 影避 差役散漫 住坐雖或差人 前去將欲錘刷 所轄官司幷頭目人 擅自挾帶 甚爲未便."

52) 『元高麗紀事』太宗 10年 5月條, "降旨 宣諭高麗新降人趙玄習·李元祐等 時玄習輩率二 千人 迎軍降命東京安置."

53) 『高麗史』卷26, 元宗 11年 閏11月條, "遣朴恒·崔有渰如蒙古賀正 且奏日 … 避役者 犯罪而逋逃者 公私奴婢之欲免賤者 相率往托留屯兵馬及西京肆意橫行."

178

시작한 사회경제적 발달을 배경으로 가능한 것이었다. 여기에 노비들의 사회적 의식이 고양됨에 따라 면천을 위해 유망의 길에 올랐던 것이다. 또 그들의 유망지로 선택한 유둔병마와 서경지역은 원의 지배가 강력하게 미치던 곳이었고, 따라서 이곳으로의 이주는 이주자들이 새로운 희망을 가지고 살 수 있는 곳으로 인식되었을 것이다.[54] 이와 아울러 원으로서도 이들 유망민을 적극 유치하고자 하였다. 당시 원은 제국의 영토를 확장하는 시기로서 여러 지역을 지배하에 두고 있었으나 지배지역의 잡다한 일을 담당해 줄 인구가 부족하였다. 여기에 이 유망민을 받아들여 노동력을 확보하고자 하였던 것이다.[55]

한편, 유망민들은 만주지방으로의 이주 내지 도망뿐만 아니라 국내의 농장에 투탁하는 경우도 허다하였다. 앞서 언급한 바와 같이 당시 국내에서는 몽골족의 침입으로 인해 전국토가 황폐화되었고 농민층의 유망화도 극에 달하였다. 이러한 시류에 편승하여 12세기 이후 등장하여 증가일로에 있던 농장은 토지의 개간[56]·탈점·겸병 등에 의해 대규모로 확대되었다.[57] 또한 농장의 확대와 아울러 농장을 소유할 수 있는 계층도 더욱 다양해졌다. 보통 무인집권기까지는 무신들을 중심으로 한 권세가들이 주로 농장경영에 참가하였는데, 몽골족의 침략 이후는 권세가뿐만

---

54) 김순자, 「원간섭기 민의 동향」 『역사와 현실』 7, 1992에서도 민이 원간섭기의 사회모순에 유망이라는 형태로 대응했다고 보고, 그 원인을 사회경제적으로 분석하고 있다.

55) 梁元錫, 「麗末의 流民問題-특히 대몽관계를 중심으로-」 『李丙燾博士華甲紀念論叢』, 1956.

56) 『高麗史』卷78, 食貨1 田制, 經理, 忠烈王 11年 3月條, "下旨 諸王宰樞及扈從臣僚 諸宮院寺社望占閑田 國家亦以務農 重穀之意賜牌 然憑藉賜牌 雖有主付籍之田 並皆奪之"에 의하면 이러한 사패전 지급에는 陳田개간이 전제되어 있음을 알 수 있다.

57) 고려후기 농장에 대해서는 宋炳基, 「高麗時代의 農場-12세기 이후를 중심으로-」 『韓國史研究』 3, 1969 ; 金泰永, 「科田法의 성립과 그 성격」 『朝鮮前期 土地制度史研究』, 一潮閣, 1983 ; 李景植, 「高麗末期의 私田問題」 『朝鮮前期土地制度史研究』, 一潮閣, 1986 참조.

아니라 왕 그리고 심지어 사원에 이르기까지 농장주의 범위가 더욱 다양해지고 넓어졌던 것이다. 이 농장소유층의 다양화도 농장 확대에 한몫을 하였을 것으로 생각한다.

이와 같이 농장이 확대·증가함에 따라 농장주는 많은 경작민을 필요로 하게 되어 그 이전 시기보다 더 많은 유망민을 농경노비로 받아들였고, 유망민들도 그들의 생활터전을 찾아 농장에 투탁하였다. 이 농장에서 생활하게 된 유망민은 농장에 예속되어 기존의 농경노비와 더불어 농경에 종사하게 됨으로써 외거노비화되어 갔다. 이로 인해 농장에 투탁하여 외거노비화된 농민들은 사회경제적으로는 더욱 몰락하여 토지에 얽매이는 경제적인 예속뿐만 아니라 인신적인 예속도 강화되었다. 결국 종래 잡역에 종사하였던 노비들이 농경노비로 전환됨과 동시에 농장의 확대로 몰락한 양인층이 대거 농장에 투탁·예속되어 외거노비화되어 감에 따라 농장에 예속된 양인층과 노비들은 모두 농노로 전환되어 갔던 것이다.

또한 유망민 가운데에는 농장으로의 투탁 외에 당시 경제적 발달에 의해 고려사회 내부에서 발생하고 있던 사회적 분화현상에 편승하여 생계를 도모하기도 하였는데, 그 한 예로 고용을 들 수 있다. 당시 지주들은 시비술의 발달로 농업 경영이 다양해지자 노동력의 필요에 따라서 이들을 고용했다.[58] 특히 고려후기 부역의 증가로 양반까지 이에 동원되었는데, 정부는 노비가 없는 양반들에게는 고용을 통해서라도 충당하라는 명령을 내리고 있다.[59] 여기에 생계가 막연한 유망민이 많이 동원되었을 것은 쉽게 추측된다. 따라서 당시 농장에 흡수되지 못한 유망민

---

58) 『高麗史』卷121, 鄭云敬傳, "州(福州)有僧 於瓮川驛路 爲賊所捶 驛吏問其故曰 予指布若干匹 行見糞田者 又見転田者 … 牧使令云敬 更鞫之 即召糞田主 問曰 汝餉糞田人時 有言及僧者 毋隱 毋主曰 有一人言僧所持布 可充酒價."
59) 『高麗史』卷29, 忠烈王 6年 3月 壬子條, "監察司言 … 且修宮室 今已三載 而兩班無僕隷者 只賣祿牌 雇傭赴役."

가운데에는 고용의 형태로서 생계를 꾸려갔음을 알 수 있다. 그리고 고용노동에는 유망하고 있던 일반 농민뿐만 아니라 다수의 노비도 포함되었을 것으로 추측된다.

더욱이 유망민 가운데에 유망하기 전 어느 기관이나 사가에서 수공업을 담당했던 경우에는 당시 사원이나 농장을 중심으로 민간수공업이 발전하는 과정 속에서 여기에 흡수되기도 하였다.[60] 이들 중 수공업에 종사하였던 노비들은 농장과 사원을 중심으로 한 민간수공업 부분으로 흡수되어 갔다. 특히 고려시기 수공업의 주요 구성부분의 하나였던 所가 12세기 이후 점차 소멸되면서 소의 기능을 농장·사원 등이 전담하게 됨에 따라 수공업에 종사하던 노비의 필요성은 더욱 절실하게 요구되었던 것이다.

이상에서 살펴본 바와 같이 노비들은 원간섭기에 다양한 형태로 변모하고 있다. 이들 중에는 원과 국내의 권세가에 붙어서 개별적인 신분상승을 꾀하는 경우도 있었고, 유망민화되어 농장에 투탁·예속됨으로써 경제적으로 더욱 열악한 처지로 떨어지는 경우도 있었다. 이와 아울러 농장으로의 투탁 이외에 사회의 여러 분화 현상으로 생긴 노동력 부족 현상에 대응하여 고용에 의해 생활해 나가는 경우도 있었고, 이와 아울러 부분적이나마 외거노비로서 主家의 전토를 경작하면서 자기의 영리를 도모하는 노비들도 출현하였는데,[61] 특히 이들은 농업경작면에서 거의 독립된 상태에 있었다.

---

60) ①『朝鮮經國典』上, "前朝之季 不知制民之産 休養失其道 而生齒不息 安集無其方 而或 死於飢寒 戶口日就於耗損 其有見存者 不勝賦役之煩折而入於豪富之家 托於權要之勢 或作工商 或逃浮圖 固已失其十五六 而其爲公私寺院之奴婢者 亦不在其數焉."
②『高麗史』卷89, 銀川翁主傳, 「忠惠王 銀川翁主林氏 商人信之女 丹陽大君之婢也 賣沙器爲業」

61)『牧隱詩藁』卷34, 田莊自笑幷序, "予於至正庚戌 得移徙者 家舍土田兩肯立券而買 命一 力耕種 其中足支數月條粮 癸亥秋八月條十一日 始親履歷夫十四年非暫也 三十里非遠 也 而吾之至也 始于今則懶於治生甚又甚也."

비록 부분적이겠지만 농업경작면에서 독립된 상태에 있었다는 것은 그만큼 노비의 재산축적이 가능하였음을 말해준다. 또한 이러한 외거노비 속에서 몰락한 양인도 많이 포함되어 있었기 때문에, 국가의 입장에서는 이들 노비에게까지 군량미를 확대 징수하고 있다.[62] 더욱이 군량미징수를 호의 대소를 기준으로 거두고 있는 것에서, 공사노비 가운데에도 당시 일반 백성과 경제적인 수준에서 비슷한 자도 있었고, 또 노비계층 내부에도 각기 다양한 경제력의 차이가 존재했음을 알 수 있다.

이상과 같은 노비들의 존재양태에 대하여 정부의 입장에서는 당연히 정비할 필요성을 느꼈을 것이다. 그것은 일반양인까지 외거노비가 되었기 때문에 국가로서는 국가를 지탱하기 위한 물적 기반이 거의 소멸된 상황에서 이에 대한 정비의 필요성은 절실했던 것이다. 이 점에 대하여는 다음 절에서 살펴보기로 한다.

2. 노비제의 변화와 그 특징

앞 절에서 살펴본 바와 같이 원간섭기의 노비들은 고려후기의 사회경제적인 변화와 함께 다양한 형태를 띠고 있었다. 그러나 노비들의 다양한 모습은 고려정부로 하여금 이에 대한 대책수립을 강구하도록 하였다. 그것이 원종대부터 실시된 田民辨正事業이었다. 다음은 이 시기 전민변정 사업의 방향에 대한 사료이다.

교서를 내려 이르기를 "제도의 민은 전쟁이 일어난 이래 유망하여

---

62) 『高麗史』 卷82, 兵2 屯田, 辛禑 2年 9月條, "宰樞議曰 近因軍征 軍糧乏少 宜令京外品官 大小各戶 出軍糧有差 兩府以下通憲以上 造米四石 三四品三石 … 百姓公私奴 則量其戶 之大小 徵之."

실업하였으므로 원왕 기사년에 民戶를 計點하여 貢賦를 다시 정하였으나 그 후 賦斂이 고르지 못하여 민이 그 고통을 받았다.[63]

위의 사료에서 기사년은 전민변정도감이 처음 설치된 원종 10년을 가리킨다. 이 해에 민호를 계점하고 공부를 다시 정하였다는 것은 전민변정도감의 설치와 밀접한 관련을 가지면서 이루어진 것으로 보인다. 이때 몽골군의 침입으로 인해 고려는 막대한 손실을 입었고 대원관계의 현안 중의 하나가 도망한 유민을 추쇄하였던 것이었으며, 당시 재정을 운영하기 위해서 공호의 추쇄는 중요한 현안이었다.

이를 위해서 고려정부는 유민추쇄를 본격적으로 시작하였다. 이는 강화에서 수도가 다시 개경으로 옮겨지고 왕정을 되찾았기 때문이다. 유민추쇄는 국내와 국외에 동시적으로 시행되었는데 국외는 일시적으로 원 세조의 명에 의해 원이 더 이상의 유민들의 투탁을 받아들이지 않았던 적은 있지만[64] 그 이후에도 고려민의 국외로의 유망은 계속되었고 이러한 현상은 국내도 마찬가지였다. 원종대는 외적으로는 원의 권위를 배경으로, 내적으로는 국왕지지 세력을 확보하여 그들을 통하여 정치를 운영함으로써 100여 년에 걸친 무인정권으로 인해 실추된 왕권을 회복하고자 노력하던 시대였다. 따라서 이 시기에 추진된 전민변정사업은 권력자 및 국왕측근세력의 전민탈점을 문제삼지 못하고 주로 유망민의 안집에 집중할 수밖에 없었고 노비변정문제도 아울러 점검되었다.

우선 논지와 관련되는 노비변정 부분부터 보도록 한다. 이것은 '壓良爲賤'과 '奴婢合執'을 중심으로 취급되었다. 사료에서 볼 수 있는 사례는 얼마 되지 않지만 노비합집에 있어 '均分'으로 처리하고 있고,[65] 압량위천

---

63) 『高麗史節要』 卷21, 忠烈王 18年 10月條.
64) 『元高麗紀事』 世祖 中統 元年 6月條.
65) 『高麗史』 卷110, 金倫傳, "有甲乙二人爭家口 乙曰 先世嘗訟于臺知臺姓許者按分之 甲

은 양인으로 신분을 회복시키고자 하였다.[66] 이는 고려 본래의 노비에 대한 율을 지키고자 한 의도로 보인다. 그런데 압량위천의 경우는 압량위천한 권세가가 그 대상이 되어야 하므로 성과를 이루기에는 일정한 한계가 있었으리라 본다. 그래도 이 시기의 민에 대한 변정은 일정한 성과를 이루었다. 그것은 원종 14년에 원종 자신이 전민변정사업 중 토지부분은 권세가의 집적으로 실패했음을 직접 토로한 것에서 짐작할 수 있다. 특히 '민' 부분이 어느 정도 성과를 낼 수 있었던 것은 원종 11년부터 유망민에 대해 환본정책을 포기하고 원거주지 정책을 실시하였고,[67] 또 한편에서는 동녕부 지역으로의 추쇄[68]가 계속되었기 때문에 가능한 것이었다. 앞의 사료에서 보듯이 전민변정사업의 목적은 공호를 확보하는 것이었기 때문에 유망민의 안정책은 대단히 중요하였다.

물론 이 유망민의 안정책이 노비문제와 직접적으로 관련된다고는 볼 수는 없다. 그러나 당시의 사회상황으로 보건대 유망민의 사회경제적인 처지는 노비와 다를 바 없었을 것이며, 이 속에 노비들도 상당수 포함되었을 것이다. 따라서 유망민의 안정을 시도하는 시책은 노비를 포함하여 당시 하층민들을 국가의 공적인 체계 속에 재편하는 노력이라고 할 수 있다. 즉 공호 확보가 우선적이었기 때문에 이속에 속한 도망노비도 더불어 공호로 파악이 되는 부분도 있었으리라 본다.

所得物故無肯孳乙家幸得蓄息 遺火亡其籍甲幸灾誣乙爲兼幷爾 倫默計歲月條曰 所謂
許知臺必吾家文敬公也 命吏檢當時印簿所分名數俱存 以詰甲 甲亦詘 其精詳多類此."
66)『高麗史節要』卷18, 元宗 11年 12月條, "罷平章事柳璥 流政堂文學兪千遇于仁勿島
初螺匠木同 認良民爲隷 賣與達魯花赤 宰樞請治其罪 王不聽 璥千遇牒有司 免隷爲民
達魯花赤憾而告王 王亦怒其擅斷 罪之."
67)『高麗史』卷30, 忠烈王 11年 3月 辛卯條, "下旨一流移鄕吏不拘年限已曾還本今百姓之
流移者亦宜刷還 然流移已久安心土着若皆還本則彼此遷徙必失農業依前. 庚午 年以上
例已訖還本人外並皆不動使之安業 一每月條常膳及別膳進供時重歛殘民以爲私用痛行
禁止."
68)『高麗史』卷27, 元宗 12年 6月 甲午條, "遂遣大將軍郭汝弼 國子博士魏文愷 偕只必哥
往西京推究逃民."

이상의 노비문제는 몽골의 직접적인 간섭을 받게 된다. 원종 12년에 몽골에서 파견된 監國 帖帖兀이 고려 노비법 중 일부분을 개혁하려는 것을 시작으로 한동안 계속되었다. 이때 고려 노비법 중 어떤 것이 이들 개혁의 대상이 되었는지는 알 수 없지만 당시 몽골의 노비법과의 상이한 부분이 중심이 되지 않았는가 한다. 고려와 몽골의 노비법 중 상이한 점은 바로 良賤不明者는 호적에 노비라고 기록된 것을 제외하고는 모두 양인으로 한다는 것[69]과 婢와 良夫와의 사이에 난 소생은 양인으로 한다는 것[70] 등이다. 이는 양인을 확대하고자 하는 고려 국왕의 의도와 일치되는 경향이 있지만 권세가들의 이해관계와는 배치되는 것이었다. 따라서 몽골의 의도대로 될 수가 없었다.

충렬왕대에 노비변정과 관련해서 가장 주목되는 것은 국내외의 유망민에 대한 추쇄작업이다. 이 사업은 당시 피폐하였던 국내 사정으로 보아 공민 확보라는 측면에서 가장 중요한 일이었다. 이를 위해 충렬왕 초기에 人物推考都監이 설치되었다. 다음은 인물추고도감의 성격을 알 수 있는 자료이다.

인물추고도감의 녹사 박장을 해도에 유배하였다. 각도 주군의 이민들이 경성으로 와서 숨어 세력가에 붙어 역을 피하였다. 열과 장이 재추의 첩을 받들어 추검하여 강제로 되돌려 보내었는데 정배지라는 자가 있어 서림현의 비 2구를 숨겨서 제안공의 집에 투탁하게 하였다. 열과 장이 추심하는 것을 급히 하니 제안공이 비로소 백지가 자기를 속인 것을 알고 곧 명하여 2비를 나가게 하고 도감의 처분에 맡겼다. 도감은 곧 역리를 시켜 서림현에 체송하게 하니 백지는 곧 2비로 하여금 원성전의 직실사에 속하게 하였다. 사가 첩을 보내어 2비를 소환하러 간

69) 『元史』卷157, 張文謙傳.
70) 周良霄·顺菊英, 『元代史』, 上海人民出版社, 1993.

것이 먼지라 다다를 수가 없었다. 백지가 열과 장이 왕지를 따르지 않았다고 참소하니 왕이 노하여 그들을 유배하였다.[71]

위의 사료에서 인물추고도감이 적어도 충렬왕 3년 이전에는 만들어졌음을 알 수 있다. 또한 인물추고도감의 기능은 유망민을 추쇄하는 것이지만 아울러 유리하여 세가에 투탁해 있는 공노비에 대한 추쇄도 함께 하고 있음을 알 수 있다.

유망민에 대한 추쇄는 충렬왕대에 동녕부지역과 遼陽, 北京, 開元路 등지, 雙城 등지, 東眞에 걸쳐 진행되었다. 특히 충렬왕 초기에는 東寧府 지역에 집중되었다. 이 시기에 동녕부 지역이 추심의 집중지역이 된 것은 3장에서도 서술한 바와 같이 북방정책에 의한 결과로 보아진다. 이러한 유망민의 추심이 가능했기 때문에 충렬왕대는 5년을 기점으로 상당한 왕권을 구축할 수 있었다.

그런데 충렬왕이 왕권 강화를 도모하는 시기에 인물추고도감이 설치되었다. 또 인물추고도감의 별감이 바로 충렬왕의 측근세력인 李英柱이다. 이것은 인물추고도감의 성격을 알 수 있는 대목이다. 즉 인물추고도 감은 국내로는 당시 부원세력이 탈점하였던 전민에 대한 추쇄와 국외로는 동녕부 등을 직접 장악하여 왕권 강화에 그 목적이 있었다. 왕권 강화에 공민인 양인과 공노비의 확보는 대단히 중요한 것이다.[72]

---

71) 『高麗史』 卷28, 忠烈王 3年 4月 庚辰條.

72) 金炯秀, 「13世紀 後半 高麗의 奴婢辨正과 그 性格」 『慶北史學』 19, 1996에는 충렬왕 대의 노비변정이 측근세력에 의한 전민탈점과 충렬왕의 의도적인 방해로 거의 성과가 없었다고 보고 있다. 그러나 충렬왕의 이러한 행위는 측근세력을 보호하기 위한 어쩔 수 없는 선택이었고, 실제 당시 충렬왕의 측근세력보다는 田民을 다수 억점하고 있었던 부원세력 등 권세가들이 도감의 공격대상이 되었다. 또한 충렬왕이 전민변정도감이나 인물추고도감을 설치해서 권세가들을 압박했기 때문에 권세가들이 이 난국을 타개하기 위해서라도 충렬왕의 측근세력의 비리를 계속 언급했던 것이다.

물론 충렬왕은 그 측근세력의 전민탈점으로 인해 국정을 수행하기가 쉽지 않았다. 또 이것이 충렬왕이 충선왕에 왕위를 빼앗기게 되는 원인을 제공하는 것이기도 하였다. 이에 충선왕은 즉위교서에서 이를 분명히 하고 있다. 즉 壓良爲賤의 금지,[73] 官奴婢冒受賜牌의 금지,[74] 양반노비의 官役動員 금지[75] 등 이 세 가지를 가장 중요하게 다루고자 하였다. 물론 압량위천을 행한 인물이 충렬왕의 측근세력이기는 하였지만 이를 통해 양인을 확보하는 것이었다. 관노비의 모수사패금지는 당시 관료들이 사패를 모칭하여 본관의 노비를 자기 노비인양 역사하는 방식을 금지하는 것으로 이는 공노비의 부족을 해결하고자 하는 것이었다. 양반노비를 관역에 동원하는 것은 양인으로 부족한 것을 보충하기 위해 양반노비가 대역하는 것이다. 이는 역과 신분을 고정시킨 고려신분법을 어기는 것이므로 이를 금지하고자 하는 것이었다. 충선왕은 이를 위해 聽訟官이 사정을 두어 일을 처결하는 것을 엄금하고 있다.[76] 그러나 충선왕은 즉위한 지 얼마 되지 않아 충렬왕에게 다시 왕위를 내주게 된다. 따라서 이때 노비변정에 대한 일정한 성과를 보기에는 어려웠다.

충렬왕이 복위한 후 노비문제에 큰 변화가 나타난 것은 闊里吉思의 등장이었다. 그는 충렬왕을 견제하기 위해 원에서 파견한 인물이다.[77] 따라서 활리길사는 고려내정에 깊숙이 간여하게 되었고 이것이 노비문제에까지 다다랐다. 이때 노비개혁은 一良則良의 방식으로 노비문제를 정리하고자 하는 것이다. 이는 앞서도 언급했듯이 양인을 확대하여 공물의 수납을 원활히 하고자 하는 의도와 함께 고려법을 근본적으로

---

73) 『高麗史』卷85, 刑法2 奴婢, 忠烈王 24年 正月條.
74) 『高麗史』卷85, 刑法2 奴婢, 忠烈王 24年 正月條.
75) 『高麗史』卷85, 刑法2 奴婢, 忠烈王 24年 正月條.
76) 『高麗史』卷84, 刑法1 職制, 忠烈王 24年 正月條.
77) 李益柱, 『高麗·元 關係의 構造와 高麗後期 政治體制』, 서울대학교 박사학위논문, 1996.

개혁하여 원의 직접 지배를 받는 국가로 만들기 위한 것이었다.[78] 활리길 사의 이 개혁은 고려 내외의 반발에 부딪히게 되었다.

활리길사가 원으로부터 소환되고 난 이후인 충렬왕 27년에 다시 변정 도감이 설치되었다.[79] 이 시기의 도감의 역할은 표면적으로는 활리길사 가 양인으로 만든 천인을 다시 천인으로 돌리는 것이지만 이와 함께 광범하게 자행되고 있던 노비탈점 문제도 같이 다루었다.[80]

이상과 같이 원간섭기에 노비문제에 대한 국왕의 적극적인 의지가 있었기에 공민왕대에 이르면 가시적인 성과를 보게 된다.

먼저 그러한 성과 중 우선 주목되는 것은 국내외의 유망민에 대한 추쇄작업이다. 이는 이를 통하여 향촌사회를 재건하려는 정부의 강력한 의지의 표현으로서 고종대부터 원간섭기 동안 지속적으로 행해졌지만, 공민왕대에 이르러 원의 세력이 약해짐과 동시에 중국의 내부 사정에 의해 국내로 자신 귀환하는 사가 조금씩 승가하는 양상을 띰으로써 어느 정도 실효를 거둘 수 있었던 것이다.[81] 그러나 이 추쇄는 농민안정책 과 연계되어 있어야 하고, 또한 오랫동안 다른 지역에서 생활해오던 자들의 생활터전을 빼앗는 것이므로 시행에 있어 어려움이 따르게 마련 이었다. 이에 정부에서는 현거주지 위주의 정책을 적극적으로 시행하였 다. 물론 이와 함께 추쇄를 통해 귀환한 자들에 대해서는 식량과 토지를 주어 失業을 방지하도록 하는 것이었고,[82] 개간정책을 통해 현거주지에 하층민을 정착하도록 하는 정책을 실시하였다.[83] 전자의 경우는 일시적

---

78) 張東翼, 『高麗後期 外交史硏究』, 一潮閣, 124쪽.

79) 『高麗史』 卷32, 忠烈王 28年 正月 戊申條.

80) 『高麗史』 卷110, 金倫傳.

81) 梁元錫, 「麗末의 流民問題-특히 대몽관계를 중심으로-」 『李丙燾博士華甲紀念論 叢』, 1956.

82) 『高麗史』 卷43, 恭愍王 20年 12月條, "下敎 東西兩界新附人戶 理宜安業 其令都巡問使 給糧與田 無令失業."

83) 魏恩淑, 「12세기 농업기술의 발전」 『釜大史學』 12, 1988 ; 李宗峯, 「高麗後期 勸農政

이고 제한적인 성격을 지니므로 안정책이 시행된 초기에 행해졌던 것으로 보인다. 후자의 경우는 전자와는 달리 항구적인 성격을 지닌 것에서 유망자에 대한 근본적인 대책으로 이해할 수 있다. 특히 이 시기의 개간은 지방 군현이 중심이 되었기 때문에, 유망자나 귀환자를 공민으로 정착시키는 데 자못 유용하였다. 특히 이 시기는 신품종의 도입과 시비술 등의 발전으로[84) 개간지역이 연해안지방까지 확대되었다.

이상의 귀환자나 유망자에 대한 안정책은 이들의 재유망을 방지하는 것이 목적이었으므로 이들에 대한 법적 제재는 부차적이었을 것으로 보인다. 즉 이들 중에는 양인뿐만 아니라 노비나 범죄인 등도 포함되어 있었을 것이나 이들의 신분에 대한 변정이나 사법처리보다도 안정책이 우선 강구되었던 것이다.

그러나 이러한 유망민의 안정책은 신분변정을 위한 일차적인 시도였을 것이고, 궁극적인 농민의 안정화를 기하기 위해서는 법제적인 신분변정이 필요로 하였던 것이다. 또 이것은 국내의 문란하게 된 신분의 정비를 위해서도 필요했던 것이다. 가령 賤隷의 관직진출에 따른 신분제의 혼란이 야기된 점도 있었지만, 무엇보다도 농장의 발달로 인한 私民 즉 노비가 급증하는 현실적인 문제에 대한 직접적인 대책이 절대적으로 요청되었다. 이것은 고려말기 홍건적이나 왜구의 침입에 의해 호적이 소실되자 이 제도에 대한 정비가 더욱 절실하였다. 이러한 상황에서 등장한 것이 전민변정도감이다. 토지와 함께 인민을 본래대로 회복시키고자 하는 목적을 지닌 전민변정도감은 원종대부터 공양왕대까지 일곱 차례에 걸쳐서 설치되었는데, 대부분 농장을 장악한 권문세족들의 반대에 부딪혀 실효를 거둘 수 없었다. 그래도 그 중 주목되는 것은 공민왕 원년과 15년의 것이었다.[85)

策과 土地開墾」『釜大史學』 15·16합집, 1992.
84) 魏恩淑, 「12세기 농업기술의 발전」.

앞서 언급한 바와 같이 당시 확대일로에 있던 농장의 경영인구는 주로 주현의 역리·관노·일반백성으로 이루어져 있었는데, 이러한 현상은 공민의 수효를 크게 감소시키는 것이었기 때문에 국가측에서는 신분의 변정이 절대적으로 필요하였다. 그러나 농장에 예속된 사민은 대체로 권세가의 농장에 예속된 자들로서, 권세가는 이들을 처음에는 불법적으로 점유했지만 그들의 권세를 이용하여 문서를 위조하는 등으로 합법적인 조치를 취하였기 때문에 이러한 신분변정은 용이하지 않았을 것이고 특히 호적의 소실은 그것을 더욱 곤란하게 하였을 것으로 보인다. 趙浚의 상소문은 이러한 어려움을 해결하기 위한 방안에서 제시된 것이다.

> 나-1) 도관·궁사·창고노비와 근일에 주류인의 조업노비 및 새로 얻은
>   노비는 변정도감에서 구수를 헤아려 호적을 만들고 빠뜨리는 바가
>   없게 하라. 그리고 이들을 도목영선의 역·사원의 역에 충당하라.[86]
> 나-2) 백정대전에 백성으로 부적되어 차역을 담당하는 자는 호마다 토지
>   1결을 지급하고 조를 받지 말며, 공사천인이면서 차역을 하는 자도
>   또한 토지를 지급하고 서적에 이것을 명백히 하라.[87]

위의 사료 가운데 나-1)은 변정도감에서 노비를 변정하기 위한 일환에서 나온 것으로 노비까지도 수취체계에 포함시키고자 의도하고 있다. 이때 변정도감에 관몰된 노비 중에는 기존의 노비 외에 양인 신분에서 노비로

---

85) 『高麗史』 卷132, 辛旽傳, "恭愍王 十五年 置田民辨正都監 自爲判事 榜諭中外曰 比來紀綱大壞 貪墨成風 宗廟學校倉庫寺社祿轉軍須田 及國人世業田民 豪强之家 奪占幾盡 或已決仍執 或認民爲隷 州縣驛吏官奴百姓之逃役者 悉皆漏隱 大置農場."

86) 『高麗史節要』 卷33, 辛禑 14年 8月條, "其都官宮司倉庫奴婢 及近日誅流人祖業奴婢 新得奴婢 令辨正都監 皆計口成籍 毋使遺漏 每有土木營繕之役 賓客佛神之供 皆以役之."

87) 『高麗史』 卷78, 食貨1 田制, 祿科田, 辛禑 14年 7月條, "白丁代田 百姓付籍 當差役者 戶給一結 不許納租 其在公私賤人 當差役者 亦許給之 明白書籍."

190

된 자도 있었을 것이다. 이러한 다양한 구성을 보이는 것이 사료 나-2)의 '白姓不籍 當差役者'와 '其在公私賤人 當差役者'일 것이다. 사료 나-2)는 불완전한 신분을 가지고 있는 자들 모두에게 토지를 지급하여 정착시키고자 하였다. 특히 후자의 '기재공사천인 당차역자'는 노비신분까지 신역을 부담시켜 국가의 통제안에 두고자 하고 있다. 이것은 수취체계에 노비층을 포함시키는 것으로 노비신분에 대한 개선이 어느 정도 반영되었지 않았나 생각된다. 이 점은 전자의 '백성부적 당차역자'에 대한 변정에서도 엿볼 수 있다. 전자는 비록 양인신분에 관한 것이지만 여기에는 노비층도 많이 포함되었을 것이므로 부수적으로 노비신분에 대한 개선이 어느 정도 이루어졌다고 보아야 할 것이다.

이 노비신분에 대한 개선의도는 조준의 호적 작성법에도 부분적으로 반영되고 있다. 조준의 호적 작성법은 良人戶와 賤人戶를 구분하여 戶口를 작성하되, 토지의 다과에 따라 상중하로 나누고자 했다.[88] 이러한 호적 작성은 천인의 경제적 상승을 인정한 바탕에서 이들까지도 세곡의 부담자로 만들고자 한 것으로 상정된다.

이상과 같은 조준의 상소문은 당시 개혁파의 의도를 잘 드러내어 준 것이라고 할 수 있다. 여말 개혁파의 노비정책은 가능한 한 노비의 수를 줄여 양인화하는 것이고 또 변칙적인 방법으로도 양인화할 수 없는 경우에는 수취체계 속에 포함시키고자 하는 의도를 지니고 있었다. 결국 고려말 신분동요가 극심한 상황에서 노비신분의 구성이 다양해짐에 따라 이들 신분을 변정하여 양인화시키고자 하였고, 또 양인화하지 못한 노비층에도 이전과 달리 신역의 부담을 지워 국가의 통제 속에 두고자 했던 것이다.

이러한 개선방향은 고려가 망한 해인 1392년에 인물추고도감에서

---

88) 『高麗史』 卷118, 趙浚傳, "條陳時務 願今當量田 審其所耕之田 以田多寡 籍其戶爲上中下 又戶分良賤."

법제적으로 정비된 決訟法에도 잘 나타나고 있다.

다-1) 지금부터 양인을 소송하는 자는 비록 良籍이 없더라도 賤籍이 분명
　　하지 않으면 양인으로 한다. 또 본 주인에 비록 천적이 없더라도
　　오랫동안 구사된 것이 명백하면 천인으로 하고 전에 변정하지 못한
　　것은 모두 양인으로 한다.[89]

다-2) 양천이 서로 결혼하면 지금부터 禁斷律에 의거하여 홍무 25년 정월
　　이후에 율을 어기고 서로 결혼하는 자는 주인과 노는 죄를 논하고
　　소생자는 양인으로 한다.[90]

다-3) 장차 자기 노비를 권세가에게 투증하거나 절에 시납하는 것을
　　모두 금지한다.[91]

다-4) 노비의 放賣를 금지한다.[92]

　이상의 사료 다는 고려가 망한 해에 노비에 대한 정책이 법제화된
것이나, 고려말의 노비제에 대한 사정을 집약하여 보여준 것이라 생각된
다. 먼저 신분변정의 방법에 대해서 보기로 한다.
　신분변정은 고려말 개혁파의 의도대로 양인 확대정책을 반영하고
있다. 그들은 신분변정이 필요한 이유로서 호적소실에 일차적인 원인을
두고 있다. 그러나 이것은 애매모호한 신분층이 된 이들을 양인화시키는
데 궁극적인 목적이 있었던 것이다. 다시 말하면 개혁파들은 호적이

---

89) 『高麗史』卷85, 刑法2 訴訟, 恭讓王 4年 2月條, "自今訴良者 雖無良籍 其賤籍不明者
　　良之 本主雖無賤籍累代驅使明白者 決給 在前載未辨帳者 亦當良之."

90) 『高麗史』卷85, 刑法2 訴訟, 恭讓王 4年 3月條, "良賤相婚 自今依律禁斷 如有洪武二十
　　五年正月條以後 違律相婚者 主奴論罪 所出之子 亦許爲良."

91) 『高麗史』卷85, 刑法2 訴訟, 恭讓王 4年 3月條, "將自己奴婢投贈權勢施納佛宇神祠者
　　痛行禁理."

92) 『高麗史』卷85, 刑法2 訴訟, 恭讓王 4年 3月條, "奴婢放賣 痛行禁理."

소실됨으로써 양천구별이 모호해지니 양천에 대한 소송이 많아도 제대로 신분변정이 되지 않는 것을[93] 구실삼아 이러한 정책을 시행했던 것이다.

즉 다-1)과 다-2)에서 보는 바와 같이 신분변정은 호적의 유무가 아니라 현상적으로 나타나는 '구사'여부나 심증으로서 이루어지고 있다. 이는 본래 양인신분이었던 노비뿐만 아니라 기존의 노비들도 양인화되는 단서를 제공했던 것으로, 良賤相婚 자체는 법률적으로 금지되었음에도 불구하고 고려시기에 계속적으로 발생했으며, 특히 여말의 혼란기에 와서는 더욱 발생빈도가 높았던 것이다. 여기에 이들 소생의 신분귀속이 문제시되었다고 하겠다. 본래 이들 소생의 신분귀속은 일천즉천에 의해 천인으로 되었지만, 이 당시는 노비신분에 많은 수의 몰락 양인도 포함되는 등 애매한 경우가 허다했으므로 이들 신분을 일률적으로 천인으로 하지 않고 개혁파들이 의도한 양인확대정책에 입각하여 이들 소생은 양인으로 했던 것이다.

그리고 사료 다-3)과 다-4)는 위에서 언급한 노비신분에 대한 개선방향이 잘 반영되어 있다고 보아진다. 다-3)은 노비의 증여·시납을 금지하고 있는 것에서 이 시책도 다-4)의 노비방매금지와 함께 사노비 증대를 막기 위한 것이지만, 부수적으로 노비의 신분을 어느 정도 개선한 측면도 있지 않았나 한다.

이상을 다시 말하면 고려말 개혁파의 의도는 우선 私民을 축소시키고 公人을 확대코자 하는 양인 확대정책과 공노비 확대정책을 실시했던 것이다. 즉 양인화할 수 있는 근거가 조금이라도 있는 자는 대부분 양인으로 하고, 양인화할 수 없는 자는 국가의 수취체계에 포함시켜

---

93) 『高麗史』 卷85, 刑法2 訴訟, 恭讓王 4年 2月條, "近年以來 戶口法弊 有戶口者 失於兵亂 權奸之輩 揣知其然 拘占良民 妄稱父祖奴婢 被拘之人 訴良無據 官司亦不能辨 淹延歲月 條 冤抑滋甚."

신역을 부과하고자 하였던 것이다.

이상에서 원간섭기의 노비제에 대한 개선책에 대해서 알아보았다. 원간섭기의 노비제는 이전 시기보다 더욱 다양한 형태로 전개되었으며 여기에 정부로서는 노비제에 대한 정비의 필요성을 느끼게 되었다. 이에 이들 신분의 안정화를 위해 유망민에 대한 추쇄와 이들의 정착화를 기하고자 하였다. 그러나 유망민에 대한 대책은 궁극적으로는 법제적인 신분변정을 하기 위한 것이었다. 또한 신분변정은 국내의 광범하게 형성된 농장 속의 노비를 공인화하는 데도 그 목적이 있었던 것이다. 즉 사민을 축소시키고 공인을 확대코자 했던 것이다. 그리고 이러한 변정 속에서 노비신분에 대한 개선책이 형성되었다고 할 수 있다.

결국 이상과 같은 노비제의 개선방향은 이제까지 지속적으로 이루어져 왔던 노비들의 상승된 지위를 어느 정도 인정한 바탕 위에서 나온 것이며, 이러한 모습들이 조선초기에 이르러 여러 차례 정비를 통해 정착되어 갔다고 하겠다.[94]

---

94) 劉承源, 『朝鮮初期身分制研究』, 乙酉文化社, 1987.

제5장 특수신분층의 제양태

1. 특수신분층의 발생

고려후기는 지배체제의 이완과 생산력 발달에 따른 농민층 분해로 하층신분의 동요가 생겼으며, 이러한 정황 속에서 하층민들의 존재양태가 다양하게 나타났다. 양인이나 노비들은 그들의 처지 개선이나 신분해방을 위해 항쟁을 벌였으며, 이후 그들은 고대적인 잔재를 일소하여 보다 향상된 모습으로 나타나고 있다.

이 시기를 배경으로 특수계층이 출현하였다. 그러한 무리로 사료상에 나타나는 것 중 '무뢰'가 가장 일반적이다. 불량배는 시대를 불문하고 나타난다. 이들은 대부분이 사회 속에 기생적인 생활을 영위하고 있다. 즉 무리를 이루어 그들보다도 약한 자를 습격 또는 약탈해서 생활을 영위하고 있었던 것이다. 물론 이것을 그들이 살아가는 데 필요한 하나의 생존수단으로 하고 있는 경우도 있지만 단순히 그들의 힘을 남에게 과시하기 위한 수단으로 이러한 행위를 하고 있는 경우도 있다.

이러한 무뢰배들은[1] 시기적으로는 고려 전·후기에 보이지만, 12세기에 더욱 다양한 구성을 볼 수 있다. 본래 무뢰라는 것은 그 행동양태가 불량스러운 것이고, 또 다른 사람에게 그렇게 보이는 것이므로 귀족 출신 중에

---

1) 無賴라는 용어가 가장 먼저 나타나는 것은 『高麗史』卷90, 文宗 辰韓侯愉條이다. "崔道元 進士白思允 承旨權思道 及吳世英等 遊道元學陰陽術思 允等皆無賴薄行."

자기의 무협적인 힘만 믿고 무뢰행위를 하는 무리도 있을 수 있고, 호협적인 기상을 중시하는 측면이 강하게 보여 무뢰적인 인상을 심어 주기도 하였다.[2] 그 외 良人,[3] 流浪民,[4] 賤人[5] 등인데, 이들은 12세기의 사회상 속에서 재창출된 사회부류들이다. 이들은 세력가의 무력기반, 農民抗爭의 일원,[6] 寺院의 隸屬民[7] 등 다양한 형태로 사회에 적응하여 생활했던 것이다. 이것은 무뢰들이 단지 생활의 한 방편으로 삼은 것이 아니라 자신들의 처지를 개선하기 위한 적극적인 모습이었던 것이다.

먼저 세력가의 무력기반으로 생활을 영위하였던 자들이 보인다. 이에

---

2) 고려시기에는 호협적인 기상을 가진 무리들이 많이 존재한 것으로 보인다. 그 중 몇 가지를 예로 들어보면 다음과 같다. 『高麗史』 卷125, 崔弘宰傳, "崔弘宰 字令如 稷山縣人 本將家子 少尙氣喜馳騁"; 『朝鮮金石總覽』 閔瑛墓誌에 "君은 사람이 豪俠하여 어렸을 때부터 매 잡고 수렵하는 것을 좋아하여 벼슬길을 구하지 않고 …"라 되어 있다.

3) 『高麗史節要』 卷15, 高宗 11年 4月條, "平章事金義元卒 義元起於卒伍驍勇 不曉文字 少家貧 爲無賴之行 有人持錢財衣物過者 卽奪掠而走."

4) 『高麗史節要』 卷21, 忠烈王 13年 11月條에 "江都有養三岐 嘗有無賴男子養三者 橫行此岐 故得是名"이라는 기록이 나온다. 양삼 무리들이 이 골에서 대단한 무뢰행위를 하였다는 이유로 이곳을 양삼골이라고 한다는 것은 실제 양삼을 두목으로 하는 무리들이 이 길에서 도적질을 생업으로 삼았다는 것을 반증하는 것이다.

5) 『高麗史』 卷21, 神宗 3年 5月條에 "密城官奴五十餘人盜官銀器投雲門賊"이라는 사료가 나온다. 이것은 당시의 賤人이 도망 등을 통해 자신의 처지를 개선하려는데 농민항쟁의 일원으로 참여하고 있는 것을 볼 수 있다. 농민항쟁의 일원은 대개가 流民들 중심으로 이루어지는 경우가 대부분이므로 여기에의 투탁은 자신들의 身分보다는 勇力이 중요시되는 분위기가 많이 작용했을 것으로 보인다. 이들이 도망을 통해 자신들의 처지를 개선하려는 모험을 하였을 때는 신분보다는 그들에게 유리한 무엇인가가 있는 곳을 택할 것이고 이것이 農民軍이었을 것이다.

6) 『高麗史』 卷20, 明宗 12年 3月條를 보면 全州에서 旗頭 竹同 등이 가혹한 力役收奪에 항거하여 官奴와 農民들을 모아 반란을 일으켰을 때 不逞者들도 포함되고 있다. 또 『東國李相國集』 卷19, 雜著 尹司業威安撫南原頌 幷序에 보면 群不逞者가 黨與를 모아 산에 올라가 둔을 치고 반역을 도모하고 있다고 하고 있다. 이러한 모습은 농민항쟁이 계속된 시기에는 많이 보인다.

7) 『高麗史節要』 卷16, 高宗 27年 12月條, "崔瑀 孽子僧萬宗萬全 皆聚無賴惡僧爲門徒 唯以殖貨爲業 金銀穀帛 以鉅萬計 門徒分據名寺 倚勢作威 橫行遠近."

속한 자들의 신분은 다양하였다. 귀족뿐만 아니라 천인들도 이 속에
포함되어 그들의 생존과 관련된 행위를 하였다. 이러한 무리는 惡少,
門客, 家奴, 群少, 死士, 勇士, 壯士 등으로 표현되었다. 특히 12세기에
이들의 모습이 많이 보이는 것은 이 시기가 이들의 용력을 필요로 했기
때문이다. 즉 지배층이 분열되면서 정치가 파행적으로 이루어지는 상황
에서 권력자에게 사적으로 의지하여 출세하고자 하는 부류가 많이 나타
났던 것이다. 특히 무력을 동원한 권력투쟁이 빈번하게 일어나면서
그 경향이 짙어졌다. 숙종과 권력투쟁을 벌었던 李資義의 경우 용맹스러
운 무뢰배라는 '無賴驍勇士'를 모아 말 타고 활 쏘는 것을 일삼았다고
하였는데, 그들을 바탕으로 사병을 육성하여 자신의 조카 한산후가 왕위
를 계승하도록 도우려 하였다. 그와 경쟁했던 계림공의 경우에도 공병을
동원했을 뿐 아니라 무뢰배를 모아 사병을 육성하였던 것으로 보인다.
이는 이후에도 여러 사료에서 비슷한 정황이었음을 확인할 수 있다.

또한 무인집권기에는 이러한 경향이 더 강화되었다. 최우의 외손이었
던 장군 金侸의 경우를 예로 들어본다. 어떤 사람이 김치를 참소하니
최우가 그를 불러 "너는 무뢰배를 모아 무슨 일을 하려는 것인가"라고
하며 그를 하동현에 유배하였다고 한다. 그런데 이때 김치와 함께 처벌을
받은 자들이 將軍, 平虜鎭副使, 茶房 등이었다.[8] 즉 김치의 무뢰배에는
다양한 신분층이 구성되었음을 알 수 있다.

이 시기에는 시대적 특징으로 무뢰배의 활동이 다양하게 나타났다.
그러한 특징을 보여주는 것이 바로 앞서 언급한 용사,[9] 사사,[10] 장사[11]와
같은 용어이다. 악소나 문객 등은 그 집단의 호칭과 관련되지만 용사

---

8) 『高麗史節要』 卷16, 高宗 30年 正月條.
9) 『高麗史』 卷104, 韓希愈傳 ; 『高麗史』 卷111, 廉悌臣傳.
10) 『高麗史』 卷100, 慶大升傳.
11) 『高麗史』 卷100, 杜景升傳 ; 『高麗史』 卷104, 金方慶傳.

등은 바로 이들의 행위에 초점을 맞추어 발생한 용어이다. 즉 주인에게 용사·사사와 같이 충성을 맹세하는 존재라는 뜻이다. 이들은 무인집권기의 경대승과 최우가 만든 도방이나 야별초 등의 공·사적 기관에까지 중요 구성원으로 활동하였다. 이러한 모습은 원간섭기에도 계속되어 삼별초의 정벌에서 이들의 활약을 볼 수 있다.

이들은 자신들의 용력만을 생존의 수단으로 삼은 자들이며, 언제든지 세력가의 무력집단으로 흡수될 수 있는 사람들이었다. 이들의 형성이 유행처럼 전국적으로 퍼져 나가고 있었다는 것은 무인집정기에 이들을 招募했다는 기록이 여러 군데 산재하는 점에서도 알 수 있다. 특히 명학소민의 항쟁 진압에 용사 3천 명을 招集했다는 기록[12]은 이러한 시대적 분위기를 반영해 준다고 할 수 있다.

다음으로는 12세기를 전후로 발생한 민란의 참여세력으로 이들을 볼 수 있다. 사료상에 '群不逞' 또는 '群不逞强梁之輩'라고 표현된 자들로 불평불만을 품고 제멋대로 행동하는 무리라는 것이다. 물론 정부에서 이들을 군불령이라고 부르는 것도 무뢰와 같이 이들의 반정부적인 행위 때문이었다. 대표적인 사료를 보면 명종 12년 전주에서 旗頭 竹同 등이 가혹한 역역수탈에 저항하여 관노와 농민들을 모아 반란을 일으켰을 때, 정부측에서 저항하는 농민들을 군불령이라고 하였다.[13] 신종 5년 경주와 남원지역에서 일어난 농민항쟁에 대해서도 흉악한 자가 군불령을 모아 거사하였다거나,[14] 군불령들이 당여를 모아 산에 올라가 둔을 치고 반역을 도모하였다고 표현하였다.[15] 이 군불령 무리에는 유망민뿐만 아니라 유망하지는 않았지만 역역수탈로 고통을 받는 농민들도 일부

---

12) 『高麗史』卷19, 明宗 6年 2月 丁亥條.
13) 『高麗史』卷20, 明宗 12年 3月 庚寅條.
14) 『韓國金石總覽』上, 朴仁碩墓誌.
15) 『東國李相國集』卷19, 雜著, 尹司業威安撫南原頌并序.

참여했을 것으로 보인다. 즉 당시 농민층의 분화과정에서 몰락농민이 대거 발생하면서 향촌사회에는 각종 소요에 참여하거나 동원될 수 있는 사람들이 많이 있었다.

또한 앞서 언급한 세력가의 무력기반으로 활동하다가 12세기 이후 파행적인 정치구조 아래 관제에 편입된 자들도 있다. 이들에게는 群少, 惡少라는 표현이 따라다녔다. 이 문제에 대해서는 다음 장에 언급할 것이므로 여기서는 약간의 설명만 하도록 한다. 특히 이들은 원간섭기의 국왕 측근세력으로 편입되는 경우가 많다. 국왕 측근세력이 부각되는 것은 12세기부터인데 의종 때는 노비 출신의 환관, 術人 등 정치적 식견이 부족한 자들로 측근세력이 구성되면서 유교정치이념에 충실하려는 관료들과의 사이에 마찰이 일어났다. 이러한 양상은 원간섭기에는 그 형태를 달리하면서 더욱 부각되었다. 이는 충혜왕의 폐단을 지적한 이조년의 讚을 보면 알 수 있다. 이조년은 왕의 측근을 악소로 표현하며 그들을 물리치도록 간언하면서, 악소들이 왕의 위세를 빌어 부녀와 재화를 약탈하는 행위를 자행한다고 하였다.16)

이들 가운데 일부는 변동기의 상황을 부의 축적기회로 삼은 유형도 보인다. 즉 상업이 활성화되거나 고리대가 극성을 부리고 또는 농장이 확대되는 경향에 편승하여 부를 축적하려는 행위가 그것이다. 공양왕 3년 郎舍 許應 등이 올린 상소에 따르면 무뢰배들이 본업에 종사하지 않고 외국과의 불법무역에 종사한다고 하였다.17) 고려후기 고려 상인들이 요동지방을 왕래하면서 활발하게 교역하였는데, 주로 모시·인삼·말 등을 가지고 가서 판매하고 비단류를 사가지고 와서 국내에서 팔아 큰 이익을 남겼다.18) 또한 遊手之僧과 무뢰배들이 불사를 가탁하고 권세

---

16) 『高麗史』 卷109, 李兆年傳.
17) 『高麗史』 卷46, 恭讓王 3年 5月 戊戌條.
18) 위은숙, 「원간섭기 對元貿易 -『老乞大』를 중심으로-」 『지역과 역사』 4, 1997.

가의 서장을 받아 反同이라는 고리대 행위도 하였다.[19] 반동은 고리대 행위이기는 하지만 다른 자료에 따르면 당시 반동은 지배층이 피지배층을 대상으로 하는 일종의 강제적인 상행위였다. 이러한 비정상적인 상행위뿐만 아니라 불법적인 대외교역도 유력자의 지원을 받아 이루어졌을 것이다. 이러한 양상은 몰락농민의 상행위에도 나타났다. 이미 11세기 중엽 役에서 도피한 사람들이 승려를 가탁하고 상업·축산 등의 경제행위를 하는 풍조가 일고 있었으며, 특히 상인과 상거래하면서 세속인과 다를 바 없었다고 하였다.[20] 이러한 자들로는 악승이 대표적이다. 고려시기 이원적인 유통질서 속에서 사원경제는 기본적으로 지배층 중심의 유통경제에 속하고 있었다. 그러나 그 외곽에는 佛會가 열리는 장소를 중심으로 상업이 이루어지면서 특히 몰락농민 출신의 하급승려가 주축이 되는 상거래에서는 부정기적인 장시를 중심으로 이루어졌던 피시배층 중심의 유통경제를 보완하고 있었다. 물론 악승은 사원의 유통경제의 장악에도 큰 몫을 하고 있다. 이는 다음 절에 설명하도록 한다.

이상과 같이 12세기 이후 생산력 발달에 따른 농민층 분해로 인해 다양한 특수계층이 양산되었고, 국가에서는 이들의 행위가 반정부적인 성격을 띠고 있기 때문에 무뢰 등의 용어로 불렀던 것이다. 그 중 정치세력의 중심에 있었던 악소와 사원세력의 하나였던 악승에 대해 알아보도록 한다.

---

19)『高麗史』卷85, 刑法2 禁令, 恭讓王 3年 5月條.
20)『高麗史』卷7, 文宗 10年 9月 丙申條.

2. 惡少의 형성과 護軍

1) 악소의 형성과정과 구성원

무뢰라고 표현되고 있는 무리들 중에서도 그 행동 양상은 다양하게 나타났다. 그 중 악소는 단적으로 말한다면 정치세력과 결탁된 집단이라고 할 수 있다. 이것은 무뢰가 대단히 포괄적인 의미로 사용된 것에 반해 악소는 좀 더 축소된 집단으로 상정할 수 있다. 악소와 무뢰를 구분하는 데에는 많은 문제가 있겠으나, 포괄적으로 무뢰라는 범주에 악소를 넣을 수는 있지만 악소의 범주에는 무뢰가 들어 갈 수 없는 무엇인가 다른 점이 보이는 것이다. 다음의 사료를 보자.

가-1) 寫經院이 불에 탔다. 이에 앞서 왕이 銀 글자로 大藏經을 필사하게 하였는데 公私間에 앞을 다투어 많은 돈과 재물을 희사하여 이 사업에 협조하였다. 無賴輩들이 그것을 훔쳐내기 위해 불을 질렀던 것이다.[21]

가-2) 이때에 와서 大義 등이 경주지방의 무뢰배들을 규합하여 심한 횡포를 부렸으나 應喬가 또한 이를 제지하지 못했다.[22]

나-1) 李高는 바랄 수 없는 뜻을 품고 몰래 惡少와 歸法寺 僧 秀惠·開國寺 僧 賢素 등과 결탁하여 하루는 밤에 음식을 먹으면서 "대사가 이루어지면 너희들을 준반에 올리겠다"라고 하였다.[23]

나-2) 李兆年이 忠惠王에게 경계하는 말을 올리기를, "전하는 신하의 집에서 자랐으며 같이 노는 자도 대부분 無賴漢일 뿐만이 아니라 또 그들

---

21) 『高麗史』 卷20, 明宗 11年 正月 辛亥條.
22) 『高麗史』 卷21, 神宗 3年 12月 丁未條.
23) 『高麗史節要』 卷12, 明宗 元年 12月條.

은 실제 朴仲仁, 李仁吉 따위에 좌우되는 자들입니다. … 지금 惡少들이 임금의 위세를 등지고 부녀자를 겁탈하고 재물을 강탈하고 있으므로 백성들이 살 수가 없습니다."라고 하였다.[24]

사료 가는 무뢰라는 용어가 보이는 것이다. 가-1)은 명종 11년(1181)에 사경원의 대장경을 훔치기 위해 불을 지른 자들로,[25] 가-2)는 세력가의 勢 과시에 동원되는 집단으로 무뢰배를 가리키고 있다. 그 외에도 무뢰라는 용어는 사료에 많이 보이고 있는데 대개가 무뢰행위를 하던 사람들을 포괄적으로 묘사하고 있다. 그리고 어떤 개인의 예속집단으로서가 아니라 개별적인 존재로서 상정되고 있는 것을 볼 수 있다.

이에 비해 사료 나-1)은 악소라는 용어가 보이는데, 이것은 악소의 용례 중 초기에 보이는 사료이다. 무인란을 일으킨 이고가 앞으로의 대사, 즉 정권산탈을 위해 결탁하고 있는 무리로서 악소가 보인다. 이때 형성된 악소는 다음의 사료를 보면 그 모습을 유추할 수 있다.

그때에 서울에 도적이 많이 발생하였는데 자칭 慶大升의 都房이라는 이름을 붙이고 다녔다. 法官이 이런 자를 잡아 가두면 경대승이 이를 즉각 석방시켰다. 이런 까닭에 그들은 아무 꺼림 없이 공공연히 약탈을 감행하였다. 경대승의 門客 한 사람이 길에서 良家집 자제를 죽인 사건이 발생하였다. 法官이 체포하여 치죄하려고 하였으나 경대승이 극력 주선하여 무사하게 만들었다. 許升과 金光立 등도 경대승과 같이 공세운 것을 믿고 교만을 부리며 은밀히 惡少들을 양성하였다.[26]

---

24) 『高麗史』 卷109, 李兆年傳.
25) 金塘澤, 「武臣政權時代의 軍制」 『高麗軍制史』, 1983, 294쪽에서는 사경원에 들어가 도적질한 자를 직업군인에서 이탈된 무리들로 보고 있다.
26) 『高麗史』 卷100, 慶大升傳.

이것은 慶大升이 鄭仲夫를 제거하고 都房이라는 사적 호위무사집단을 만들었는데 경대승이 그들을 보호하는 것을 보여주는 사료이다. 여기에 나오는 악소는 경대승과 더불어 정중부 제거에 힘을 모은 許升과 金光立이 경대승의 都房과 비슷한 사적 예속집단으로 나타나고 있다. 즉 악소는 이렇듯 정치세력과의 연계 속에서 어떠한 관련을 지니고 나타나고 있기 때문에 앞의 무뢰배의 용례와는 다르게 사용된 것으로 보인다.

惡少와 無賴라는 용어가 같이 사용된 것으로 사료 나-2)를 들 수 있다. 이 사료는 李兆年이 충혜왕의 악정에 대해 충고를 하는 부분이다. 충혜왕이 어울리는 사람들은 무뢰들이라고 하였으며 이들 악소들은 임금의 위세를 배경으로 불법을 자행한다고 하였다. 이때 무뢰라는 것은 이들의 성향을 말하는 것이고, 악소라고 지칭하는 것은 이들의 집단, 즉 세력가와 결탁된 집단을 이르는 것으로 보인다. 이러한 악소배의 형성은 중국에서도 그러한 모습을 찾을 수 있다. 중국에서 악소배의 전형적인 모습으로 볼 수 있는 것이 한왕조를 세운 유방을 중심으로 한 건국세력들이다. 이들은 秦末의 혼란상과 농민란을 적극적으로 이용하여 그들의 힘을 극대화하여 한나라를 건국하게 된 것이다.[27]

악소는 12세기 전후의 귀족정치의 발호기, 무인집권기, 원간섭기 등 시기에 따라 다르게 나타나고 있는데 시간의 흐름과 더불어 정치세력권의 중심부에 진입함을 볼 수 있다.

---

27) 중국 漢王朝를 건국한 유방이 악소년 출신이다. 악소년이 사회세력으로 커다란 권력을 형성할 수 있었던 것은 秦왕조 말기부터라고 할 수 있다. 이 시기에는 사회적 분위기가 이러한 遊俠的인 여러 형태가 유행처럼 나타났다. 유방의 최초의 세력권에 모인 사람들도 대부분 이러한 사람들이다. 이들은 당시 일반 민들이 사회 현실에 맞서 진승·오광의 난을 일으켰을 때 여기에 적극적으로 호응하고 드디어 沛縣의 호협무리와 연결하여 패의 현령을 죽이고 유방이 이곳의 현령이 되었던 것이다. 여기에 수백 인의 유이민집단이 흡수되고 이후 공권력을 갖춘 일정한 군사적·경제적 기반을 갖춘 강고한 세력집단으로 재탄생하게 되는 것이다. 이렇게 하여 유방은 패공으로 칭해진 것이다(增淵龍夫, 『中國古代の社會と國家』, 弘文堂, 1960).

왕권을 견제할 만큼의 권력을 가진 귀족들이 이만큼의 세력을 부릴 수 있었던 것은 그들의 사적 무력집단이 강하게 존재하고 있었음에 그 이유가 있었을 것이다. 악소들은 이러한 귀족의 사적 무력기반의 인적 요인이 되었을 것으로 보인다.[28] 이 시기에 발생한 이자겸의 난이나 묘청의 난이 가능하게 되었던 것도 이들 사병집단이 강하게 형성되어 있었기 때문이다.

또 악소들은 국왕의 호위세력으로도 들어갈 수 있었다. 毅宗은 다른 왕에 비해 미행을 많이 하고 있고 심지어 하루걸러 궁궐이 아닌 다른 곳에서 생활하고 있다. 이것은 그만큼 생명에 대한 위협적인 요소가 궁내에 많이 잔존하고 있다고 하겠다. 특히 의종 15년에 일어난 금나라 황제의 피살사건[29] 그리고 뒤이어 화살유시사건[30]이 일어나고 난 뒤는 미행이 더욱 많아졌다. 그리고 용맹이 있는 자를 선발하여 內巡檢이라는 칭호를 붙이고 밤낮으로 순찰하게 하는 제도를 신설하고 있다.[31] 이러한 통로로 인해 당시의 악소세력들이 국왕의 무장세력으로 들어갈 수 있었던 것이다.

무인란 이전의 악소들은 사회적 변동과 더불어 세력가의 무력 구성원이나 국왕의 호위세력으로 성장하고 있다. 그러나 이러한 모습은 대개 국한된 현상이었다. 이러한 분위기가 크게 유행처럼 된 것은 무인란이 계기가 되었다. 무인란 이후 시대적 분위기는 크게 반전되어 용력만으로

---

28) 『高麗史』卷127, 李資義傳, "資義貪冒貨財 集無賴勇士 以騎射爲事."

29) 『高麗史』卷18, 毅宗 15年 11月 甲戌條.

30) 『高麗史』卷18, 毅宗 21年 正月 癸丑條, "燃燈王如奉恩寺夜還 金敦中馬突觸騎士矢房 矢落輦傍 王驚愕以爲流矢疾馳 還宮宮城戒嚴 甲寅 命有司榜于市曰 有能告賊者 勿論有 無職 東班正郎 西班將軍 隨自願除授 公私賤隷 亦許衆職 并給銀二百斤 女則給銀三百斤 王猶慮未得 又命懸黃金十五斤 銀瓶二百口 於街衢購捕 乙卯 屯府兵于闕庭 以備不測 自是選取勇力者 號內巡檢 分爲兩番 常着紫衣持弓劒 分立仗外 不避雨雪 夜則巡警達 曙."

31) 『高麗史』卷18, 毅宗 21年 正月條.

세력가에 이입될 수 있었고 이 시기에 와서야 악소라는 용어가 많이 나오는 것도 이러한 이유였을 것이다. 따라서 무인란은 이들에게 중국의 상황과 같이 그들의 힘을 일정하게 모을 수 있고 또 하나의 정치세력화하는 데에 대단한 호기였다고 보여진다.

이 시기의 악소들은 무인들의 私兵, 門客 또는 家奴[32]로서 무인집단의 지배일원으로 들어갔다.[33] 그리고 한편으로는 정부의 정책 하에 편입해 들어간 것으로 보인다. 즉 夜別抄 등의 모집에 이들이 적극적으로 들어갔던 것이다.[34] 시대적 분위기가 이들 악소와 비슷한 용례인 壯士, 勇士 등이 전국적으로 형성되어 있는 시기이므로 이들의 모집이나 양성이 쉽게 이루어졌을 것으로 보인다.

이상과 같이 악소들은 무뢰라는 일반적인 범주에서 성장하였지만 무뢰와는 다른 모습으로 역사 전면에 나타나고 있다. 무뢰가 일반적으로 불량한 행위를 하는 사람을 일컫는 용어라고 한다면 악소는 일정하게 정치세력과의 연계된 집단을 가리킨 것으로 보인다. 악소가 12세기, 특히 무인집권기에 많이 보이는 것은 이들의 필요가 무인들에 의해서 요구되던 시기라고 할 수 있기 때문이다. 악소는 그들의 특기인 용력으로

---

32) 家奴라는 것에 대해 賤人 즉 奴婢層이라고 보는 것이 일반적이다(洪承基, 『高麗 貴族社會와 奴婢』, 一潮閣, 1983). 그러나 일반적으로 집안이 한미한 사람으로서 당시 지배세력으로 부상할 수 있는 방법으로는 집권무인의 가노로 들어가는 것이 가장 빠른 지름길이었다고 보여진다. 예를 들어 崔忠獻의 家奴인 崔俊文은 그 職役이 분명히 興海의 貢生으로 나타나 있다. 따라서 이를 일방적으로 노비 계급으로 보기에는 무리가 있다고 할 수 있다. 더욱이 이 시기의 惡少 무리들은 이러한 호기를 더욱 잘 이용했을 것으로 보인다. 이들은 집권무인들이 원하는 무력을 소유한 인물이기 때문이다.

33) 당시 가노들이나 문객이 집권무인들의 사병으로 활약했다는 것은 다음의 글에서도 논증하고 있다. 金鍾國, 「高麗武臣政權の特質に關する一考察-私兵集團と經濟的基礎を中心として-」『朝鮮學報』17, 1960.

34) 유방도 실제 자신의 유협무리를 이끌고 당시 泗水 지방의 경비대장인 亭長으로 들어가서 그의 세력을 부식시키고 있다(增淵龍夫, 『中國古代の社會と國家』, 弘文堂, 1960).

무인집권기에 세력가의 무력집단으로 들어갈 수 있었으며,[35] 국가적인 정책, 개인적인 세력권 속에서 그들의 세력을 집단화할 수 있었던 것이다.

이렇게 일정 부분 집단화했던 악소들은 원간섭기에 이르면 국왕의 후원 하에 활동을 하고 있으며, 실제로 관직에까지 진출하여 정치세력을 형성하고 있음을 볼 수 있다. 이것은 이전의 일개 세력가의 무장집단이던 것에서 비약적으로 발전된 모습이었다.

원간섭기에는 악소들이 국왕의 측근정치[36]의 일환으로 등장하고 있다. 원간섭기의 국왕들이 측근정치를 지향한 것은 결국은 강력한 왕권을 수립하기 위한 의도에서 나타난 것이다. 원이라는 강력한 국가가 고려를 간접 지배하고 있고, 국왕이 어려서부터 원에 가서 생활하고 있기 때문에 여러 파벌—附元勢力, 藩王派, 국왕파—속에 일정한 권력을 행사하기가 어려운 실성에 있었다.

따라서 국왕은 즉위를 전후로 그의 지지기반을 확보해 나갔다. 물론 이러한 세력에 범주지어질 수 있는 인물은 매우 다양하였다. 과거·음서를 통해 출사한 권세가의 집안 출신자들이 있는 반면에 실제 미천한 가문 출신이거나 천예 출신도 있었다. 그러나 국왕 단독의 독자적인 정치를 행하기 위해서는 정치적 배경이 상대적으로 미약한 천예나 한미

---

35) 『高麗史節要』卷16, 高宗 30年 正月條를 보면 최우의 외손인 金偁가 무뢰배를 모아 이것을 사적인 무력 기반으로 하고 있다는 것을 볼 수 있다. 또 『高麗史』 卷100, 慶大升傳을 보면 경대승 집권기에 개경에 도적이 많이 발생했는데 그들은 경대승의 도방이라고 자칭하였으며 이를 체포하면 경대승이 전부 놓아주었다는 기록이 나온다.

36) 측근정치에 대해서는 최근에 많은 논문이 나오고 있다. 대표적으로 金光哲의 『高麗後期勢族層硏究』(東亞大學校出版部, 1991), 14세기 고려사회성격 연구반의 『14세기 고려의 정치와 사회』(민음사, 1993)를 들 수 있다. 그러나 이 연구들은 종래 이 시기의 정치구도를 사대부와 권문세족으로 잡고 있는 데 대한 모순을 지적하고자 나온 것이므로 실질적으로 측근정치의 무력적 기반인 악소에 대해서는 주목하지 못하고 있다.

한 집안 출신의 중용이 두드러질 수밖에 없었다. 이러한 모습에서 충렬왕 초기부터 악소가 중용된 것이다. 다음은 원간섭기에 나타난 악소의 모습이다.

다-1) (충렬왕은) 놀이와 사냥에 빠져 사방에 응방을 설치하고 악소 이정과 같은 무리로 하여금 지방 고을을 침혜하는 나쁜 짓을 제멋대로 하게 하였으며 연회와 기악에 침혹하고 용루에서 신하들과 풍월 읊기에 세월을 보냈습니다.[37]

다-2) (충혜왕) 高龍普가 사람을 보내와 왕을 시종하던 群小 朴良衍·林信·崔安義·金善莊·承信 등 십여 명을 잡아 가두었다. 그런데 宋明理·趙成柱·尹元佑·韓暉·康贊 등은 고용보와 친하다는 이유로 화를 면하였다.[38]

사료 다-1)은 충렬왕에 대한 사찬 부분으로, 李貞을 악소로 규정하고 있다. 이정은 악소의 특징을 가장 잘 보여주는 인물이다. 즉 그는 하층민 출신으로 용력으로 金俊의 아들 金柱의 총애를 받아 무인의 사병세력으로 처음 정치권과 연계를 가졌다가 뒤에 충렬왕의 유모의 사위가 되어 국왕의 총애를 받는 인물이다. 이러한 악소 범주에 포함할 수 있는 자들이 尹秀,[39] 李珤,[40] 朴義[41] 같은 무리들이다.

충렬왕 초기에 악소로서 측근세력의 일원으로 활동한 자들은 응방[42]을 그 근거지로 하고 있다. 응방은 충렬왕 초기에 왕권 강화를 위해

37) 『高麗史』 卷32, 忠烈王 史評.
38) 『高麗史』 卷36, 忠惠王 後 4年 11月 甲申條.
39) 『高麗史』 卷124, 尹秀傳.
40) 『高麗史』 卷124, 李貞 附 李珤傳.
41) 『高麗史』 卷124, 朴義傳.
42) 內藤雋輔, 「高麗時代の鷹防について」『朝鮮學報』 8, 1955 ; 鄭鎭禹, 「高麗 鷹防考」『淸大史林』 3, 1979.

국왕이 적극적으로 국내에 설치한 것이다. 응방은 전국적으로 그 분포도를 보이는데, 예를 들어 전라도, 충청도, 경상도, 황해도 등 각지에 설치되었다. 그리고 그 직제는 종3품인 鷹坊使와 종4품인 判官, 종5품인 錄事로 나타난다.[43] 이것은 직제상의 것이고, 실제 응방이 권력의 핵심부적인 역할을 담당했던 것으로 보인다. 특히 당시 악소무리의 은신처로서 그들의 세력 확대에 좋은 구심점 역할을 하고 있었던 것이다. 예를 들면 尹秀는 전국 각도의 鷹坊을 분장하면서 逋民을 모아 이리간이라는 것을 만들었다. 이리간은 중국말로 마을이란 뜻으로, 마을을 이룰 만큼 많은 민을 모아 그의 세력권으로 집어넣었던 것이다.[44] 이때 응방에 소속된 사람들은 요역이 면제되었기 때문에 앞을 다투어 이리간에 투탁하여 들어갔을 것으로 보인다. 그리고 그들은 착응별감이라는 명칭을 사용하여 더욱 많은 권세를 떨쳤을 것이다. 그러나 이들은 응방이라는 기관을 통하여 그들의 세력을 키워 갔기 때문에 원과의 밀접한 연관 속에서 세력 확장이 가능했던 것이다. 그것은 윤수의 아들인 吉甫가 원 인종의 태자의 총애를 받고 있는 것에서도 잘 알 수 있다.[45]

악소세력을 자신의 측근세력으로 가장 많이 활용했던 국왕은 충혜왕이다. 사료 다-2)는 충혜왕대의 악소로 볼 수 있는 자들의 모습이다. 이 사료는 충혜왕이 원으로 압송되어 가던 때의 상황을 서술한 것이다. 사료 다-2)에서는 당시의 폐신을 群小라는 용어를 사용하고 있지만, 충혜왕조의 폐행들은 거의 이러한 악소 출신으로 보아도 무리가 없는 것으로 보인다. 이것은 『高麗史』의 이조년 열전에도 충혜왕의 측근을 악소라고 명시하고 있고,[46] 『高麗史』의 충혜왕에 대한 사관의 평에도 이러한 것을

---

43) 『高麗史』卷77, 百官2, 諸司都監各色, 鷹坊條.
44) 『高麗史』卷124, 尹秀傳.
45) 위와 같음.
46) 『高麗史』卷109, 李兆年傳에 보면 왕의 측근을 악소로 묘사하고 있다.

명시하고 있다. 즉 충혜왕은 영특하고 예민한 재질을 가지고도 그것을 옳은 데에 사용하지 않고 악소들을 친근히 하고 부화·방탕하여 결국은 客死하는 운명을 자초했다고 하고 있다.[47] 이 시기에 악소들이 얼마나 많이 정치일선에 기용되었는가를 보여준다.

이를 당시 충혜왕의 측근세력을 중심으로 살펴보도록 하자. 다음의 표는 충혜왕의 측근세력을 중심으로 구성한 것이다.

〈표 3〉 충혜왕대의 측근세력[48]

人名	本貫	家系	官人進出 方法	官歷
崔安道	龍州	父：玄(檢校上護軍) 祖：大富(檢校上護軍) 曾祖：光(副戶長) 母：宮婢	內僚 蒙古語	上護軍(忠肅)·同知密直(忠惠)·元授征 東行省 左右司員外郎(忠惠)
裵 佺	興海	母：宮婢 祖：格孫(別將?)	得幸	護軍·軍部判書
朴 連		寺奴		檢校上護軍(忠肅) 典理判書(忠惠)
閔 渙	黃驪	父：頔(密直使) 祖：宇儒(贊成事)	得幸 (忠惠)	同知密直
盧英瑞			得幸	內乘別監·直城君(忠惠)
朴良衍			得幸	大護軍
宋明理			得幸	上護軍
金添壽			得幸	大護軍
金 銳			行伍	上護軍
林仲甫				護軍
韓不花			得幸	護軍(忠肅)·中郎將(忠惠)
鄭天起			得幸	贊成事(忠惠)·左政丞(恭愍)
林 信		商人	得幸	
承 信			得幸	護軍
金 鏡	義城			大護軍(忠肅)·上護軍(忠惠)
丘天祐	平海?	父：宣共(典書)		大護軍(忠惠)·典理判書(忠定)
尹 佺			得幸	知密直(忠定)
金善壯	清道	父：之岱(平章事)		大護軍
吳子諄				上護軍(忠惠)·同知密直(忠定)
李 嵒	益山	父：瑀(鐵原君) 祖：尊庇(判密直)	登第 (忠烈)	僉議評理(忠惠)·贊成事(忠穆)·左政丞 (忠定)·守門下侍中(恭愍)

47) 이것은 『高麗史節要』의 忠惠王 사찬조에도 비슷한 사실이 기록되어 있다.

康允忠		本賤隷		得幸	護軍(忠肅)·僉議評理(忠惠)·贊成事(忠穆)·判三司事(恭愍)
南宮信					護軍(忠惠)
權 適	安東	父 : 準(贊成事) 祖 : 溥(政丞)			判典客寺事(忠肅)·代言(忠惠)·判密直(忠穆)·僉議評理(忠定)·贊成事(恭愍)

이상의 〈표 3〉에서 알 수 있는 것은 충혜왕의 특권세력의 출신이
다양하고, 이들 가운데는 충혜왕 당대에만 활동하지 않고 충혜왕 전후로
여러 대에 걸쳐 활동한 인물도 볼 수 있다는 것과 측근세력 모두를
악소라고 할 수 없다는 점이다. 각각의 인물에 대해서는 세 가지 세력으로
구분할 수 있다.

첫 번째, 관직 등용이 과거나 家勢에 의해 이루어진 경우이다. 전자는
이암(李君侅)[49] 등이 있고, 후자는 권적[50]과 윤지표[51] 등을 들 수 있다.
그들은 다른 악소 출신 인물들과 달리 충혜왕대에만 단명하는 것이
아니라 이후 계속적으로 관직에 등용되고 있다.

두 번째는 덕녕공주 세력을 들 수 있다. 대표적으로 강윤충이나 배전
등을 들 수 있다. 강윤충과 배전은 충혜왕 당대에도 공주의 궁을 드나들면
서 공주의 총애를 받고 있지만,[52] 충목왕대 공주가 섭정할 때 이들은
더욱 공주와의 권력을 밀착시키고 있다.[53] 공주도 마땅히 의지할 만한
사람이 없었고 대부분의 관직자들은 충혜왕에 대해 비판적이었으므로
이들에 대한 총애가 더욱 유별난 것인지도 모른다. 따라서 이들은 충혜왕
퇴위 이후 충목·충정왕대에도 활동하고 있다.[54]

---

48) 이 표는 金光哲, 『高麗後期世族層硏究』(東亞大學校出版部, 1991)의 부록표를 수정
   보완하였다.

49) 『高麗史』 卷111, 李嵒傳.

50) 『高麗史』 卷35, 忠肅王 後元年 3月 庚午條.

51) 『高麗史』 卷124, 尹碩傳.

52) 『高麗史』 卷124, 康允忠傳.

53) 『高麗史』 卷89, 德寧公主傳.

54) 충목왕·충정왕 대에도 덕녕공주의 섭정이 계속되어 이들의 세력이 연속될

세 번째는 측근세력의 대부분을 차지하는 악소 출신으로 볼 수 있는 인물로, 이들은 과거나 음서 보다는 임금의 개인적인 총애에 의해 등용되었다. 그리고 그들의 신분도 대부분 하층민으로, 일반평민에서 상인계층 등이 그것이다. 이들은 충혜왕이 퇴위될 때 원에 압송되어 처형을 당하고 있는 인물로 박양연·임신·송명리·김선장·승신 등을 들 수 있다. 이들 외에 최안도는 실실석으로 첫 번째에 범주지워질 수 있는 인물이나, 그가 충혜왕조에 등용된 것은 그가 反曹頔派라는 것이 배경이 되었을 것이다. 최안도는 충숙왕의 폐신이었는데, 조적과 허경 사이의 재물로 인한 분쟁에 허경의 편을 들었고, 이로 인해 조적의 미움을 받아 귀양길에까지 오르고 있다. 그래서 최안도는 늘 왕의 곁에 있으면서 조적에 대한 보복에만 전념할 정도로 사이가 나빴던 것이다.[55] 그래서 충혜왕은 이것을 이용하여 자기 세력으로 끌어들이기 위해서 즉위하자마자 그를 불러 관직을 주고 있다.

　이들 각 세력들도 나름대로 그 무장세력들로서 악소를 기르고 있고, 쌍방 갈등관계 속에 있었던 것으로 보인다. 첫 번째 세력의 대표로 민환, 권적 등을 들 수 있는데 이들은 악소를 이용하여 지방 토산물을 강탈하고 있다. 그래서 강윤충이 이것을 임금에게 상고하여 민환을 제거하고 있다. 그리고 같은 첫 번째 세력이더라도 권적의 경우는 민환의 토색으로 많은 희생을 치르고 있다.[56] 이렇게 보면 첫 번째 세력은 각각 응집력 측면에서 보아 세 번째인 국왕의 최측근인 악소 무리보다

수 있었던 것이다(『高麗史』 卷89, 德寧公主傳).

55) 『高麗史』 卷124, 崔安道傳.

56) 『高麗史』 卷124, 閔渙傳, "渙又建白求 取人四件婢奴甚急 曰寄上曰投屬曰先王所嘗賜 與曰人相貿易者 王使渙及康允忠等主之 於是 諸豪富家婢有姿色者 皆奪而置之北殿 使 紡績如平人家 權準奉天祐權適家尤被其害 唯賂渙者得免 渙又分遣惡少諸道 或收山海 稅 或徵巫匠業中貢布 民不堪苦 康允忠爲問民疾苦使 執送惡少 囚巡軍 王怒黜渙 未幾 召之 復得幸焉."

떨어지는 면이 보인다. 국왕의 입장에서 보더라도 어느 편에 연루됨이 없는 순순하게 국왕의 입장에 서 줄 수 있는 세 번째의 악소무리들을 중용했을 것으로 보인다.

충혜왕대에 악소의 존재가 많이 보이는 것은 그의 국정운영과 관련이 지어진다. 다음 장에서 살펴보겠지만 충혜왕은 이전의 국왕과는 달리 악소 세력을 통해 자신의 권력을 만들어갔다. 심지어 국왕이 악소를 시켜 폐행을 저지르는 일까지 나타나게 되자, 악소들은 국왕의 세력만 믿고 많은 소란을 일으키게 된다.[57] 이렇게 악소가 왕을 참칭할 수 있었던 것은 충혜왕대의 악소와 결탁된 국왕의 모습을 상정해 볼 수 있다.

충혜왕대에 악소의 활동을 많이 볼 수 있는 또 하나의 배경은 아마 충혜왕의 성정과도 관련이 있어 보인다. 당시 원의 권력을 쥐고 있었던 백안이 말하기를, "충혜왕은 연첩목아의 자제와 회골의 소년배들과 어울려 술을 마시고 희롱하고 다녔으며 … 발피라고 희롱하였다."[58]라고 하고 있다. 여기서 발피라는 것은 건달이라는 뜻이다. 이것은 물론 충혜왕이 그의 후원자인 연첩목아가 없는 상황에서 복위라는 목적을 달성하기 위해 당시 원의 세력가들을 이용하기 위한 모습이기도 하지만, 실제 충혜왕의 성정이 상당히 호탕하였음을 보여주는 것이라 할 수 있다.

그런데 충혜왕대에 활동한 악소 인물을 자세히 보면 이들이 호군이라는 직제를 통해 정권에 진입하고 있는 것을 발견할 수 있다. 물론 호군이라는 직제는 충렬왕대에 보이기는 하지만 악소가 호군직과 직접적인 관련을 가지는 것은 바로 충혜왕대이다. 그렇다면 호군직과 악소는 어떤 관련이 있는지를 보도록 하자. 이는 즉 악소의 정치세력화와 직결되는 문제이기도 하다.

---

57) 『高麗史』 卷36, 忠惠王 後4年 9月 庚寅條.
58) 『高麗史節要』 卷25, 忠肅王 後8年條.

2) 호군직제의 성립과 역할

(1) 호군직제의 성립배경

고려의 군제는 원간섭기 동안에는 원의 영향을 많이 받았다. 이것은 원이 처음부터 삼별초 난의 진압과 일본원정을 이유로 원의 군대를 고려에 주둔시킨 것[59])과, 이것을 빌미로 그 이후 원군의 주둔을 계속 꾀했던 것에서 알 수 있다.[60]) 그러나 충렬왕의 외교술과 土風不改[61])라는 이유 등으로 원군은 일단 철수하였다. 그러나 이러한 원군의 표면적인 철수가 고려군제를 강화시킬 수 있는 기회는 되지 못하였다. 그것은 원군이 제도를 통하여 고려군에 대한 감시를 강화한다던가[62]) 또 개인의 무기소지를 금지시키고 군의 출동권을 원이 장악하고 있는 것[63])에서도 쉽게 짐작할 수 있다.

이러한 흐름 속에서 충렬왕대에 호군이라는 직제가 나타나고 있다. 물론 호군이라는 직제가 이 시기에 처음 보이는 것은 아니고 고려 정종조

---

59) 삼별초의 난(1271년)이 발생하자 원은 군대와 다루가치를 다시 파견하였고 (『高麗史』 卷26, 元宗 11年 5月條), 이후 1274년 여몽연합군에 의한 1차 일본원정이 있게 되었다(『高麗史』 卷27, 忠烈王 卽位年 10月條).

60) 원종은 계속적인 원의 군대 주둔을 거부하려고 했지만 원은 군대의 주둔 등 6사를 지속적으로 요구하였다.

61) 土風不改의 원칙을 이익주는 '世祖舊制'라는 용어로 대신 쓰고 있다. '世祖舊制'라는 것은 고려의 풍속이나 관례를 그대로 유지시키면서 지배를 하는 세조대의 통치방식을 의미한다(李益柱, 『高麗・元關係의 構造와 高麗後期 政治體制』, 서울대학교 박사학위논문, 1996).

62) 원은 고려의 징발권을 장악하여 필요에 따라 군대를 징발하였고, 또한 고려에 설치된 만호부의 최고 지휘자인 만호의 임명에 직・간접으로 간여함으로써 사실상 징병권도 행사하였다. 뿐만 아니라 원은 무기에 대한 관리통제권까지도 장악하여 고려 군사력 전반에 걸쳐 철저한 지배력을 관철시켰다(權寧國, 『高麗後期 軍事制度研究』, 서울대학교 박사학위논문, 1995).

63) 『高麗史』 卷28, 忠烈王 元年 5月 壬辰條, "達魯花赤黑赤 禁人挾弓矢" ; 『高麗史』 卷28, 忠烈王 2年 11月條, "達魯花赤張榜 國人軍士外 禁持弓箭兵器" ; 『高麗史』 卷29, 忠烈王 5年 8月 辛丑條, "將軍金伯均與元使金宗義 如慶尙道 點軍器."

연간[64]과 고려전기에도 간간히 보인다.[65] 그러나 이때의 호군은 아마 기록상의 誤記[66]나 勳階[67]일 것으로 생각된다. 고려시기의 훈계는 上柱國과 柱國이지만[68] 실례에서는 상주국·주국 이외에 上護軍도 보인다. 이것은 고려의 훈계가 당나라[69]의 영향을 받았기 때문이다.[70]

호군직제는 당의 훈계로서 중국 역사에 처음 나오는 것은 아니다. 호군은 漢族의 관제로 秦나라 이래로 중앙군제의 하나로 등장하고 있으며 특히 삼국시기 조조의 위나라에서는 중요 직제로 부상하였다.[71] 조조는 호군을 그 측근인 領軍과 함께 군사 전반뿐만 아니라 평화시에도 국정전반을 장악하게 하였다.[72] 이것이 隋唐代에 직제의 변화로 호군직도 훈계로 바뀌게 된다.[73] 원에도 호군직제를 볼 수 있으나 훈계[74]로서

---

64) 『高麗史』卷81, 兵1 兵制, 靖宗 11年 5月條, "十一年五月條揭榜云 國家之制 近仗及諸衛 每領設護軍一 中郎將二 郎將五 別將五 散員五 伍衛二十 隊正四十 正軍訪丁人一千 望軍」人八白 凡扈賀內外 刀役無不爲之."

65) 金殷傅(『高麗史』卷94, 穆宗朝), 盧戩(『高麗史』卷4, 顯宗朝), 畢光贊(『高麗史』卷12, 睿宗朝) 등의 직함·및 훈계를 보면 上護軍이 보인다.

66) 『高麗史』卷81, 兵1 兵制, 靖宗 11年 5月의 기록이 여기에 해당한다("國家之制 近仗及諸衛 每領設護軍一"). 정종 11년은 1045년이다. 이때의 호군이라는 명칭은 『高麗史』를 편찬한 유자들의 오기라고 생각된다. 그것은 호군이 국왕의 친위부대의 성격을 지니는 직제이므로 후기에 나타나는 명칭이 삽입되었을 가능성이 높기 때문이다. 近仗은 鷹揚軍과 龍虎軍을 가리키는데, 이들은 국왕의 禁軍과 같은 역할을 하는 부대들이다. 따라서 근장은 국왕의 호위부대적인 성격이 강한 직종이라고 할 수 있다. 정종조의 기록은 임금의 행차에 관한 것이므로 특히 호군의 기능이 강조될 수밖에 없는 사료라 할 수 있다. 따라서 후기의 호군의 명칭이 전기에 삽입되었을 것으로 생각된다.

67) 실제로 고려전기 자료에서 훈계로 나오는 직제는 호군이 아닌 상호군이다.

68) 『高麗史』卷77, 百官2 勳條, "勳二階 有上柱國·柱國 文宗定上柱國 正二品 柱國 從二品 忠烈王以後廢之."

69) 唐의 훈계는 比正2品:上柱國, 比從2品:柱國, 比正3品:上護軍, 比從3品:護軍, 比正4品:上輕車都尉 등으로 이루어져있다.

70) 呂恩映, 「高麗時代의 勳制」『慶尙史學』4·5合輯, 1989.

71) 호군은 금군의 기능을 위해서 만들어진 직제였다(高敏, 「十六國前秦, 後秦時期的 "護軍"制」『中國史研究』2, 1992).

72) 張文强, 『中國全史 中國魏晋南北朝軍事史』, 人民出版社, 1990.

나타나며, 이것은 당대 이래의 것을 채용하고 있다. 원은 이민족으로서 한족을 지배하기 위해서는 그들만의 호위집단이 필요하였고, 그것이 怯薛職이었다. 겁설직은 친위군으로 원 세조가 더욱 보강하여 四怯薛體制로 재편성하였다.[75] 겁설의 직제는 국왕의 近侍機構로 왕의 침식을 시중하는 일뿐만 아니라 사무를 보는 일 등 다양하였다.[76]

이러한 역사성을 지닌 호군직제가 고려사에 나타나는 시기는 충렬왕대이다. 다만 충렬왕대는 훈계가 폐지된[77] 이후이므로 이때의 호군직은 실직으로 나타났다. 또한 이 시기는 고려전기에 훈계로서 나타나던 상호군의 직제만 보이는 것이 아니고 大護軍·上護軍·護軍 등도 보인다. 그렇다면 이런 호군직제가 실직으로 등장한 이유는 무엇일까?

충렬왕은 일찍부터 자신만의 호위집단의 필요성을 느꼈던 국왕이다. 이것은 그가 부왕인 원종대부터 국내적으로는 무신들의 입김과 외부적으로는 원의 강력한 간섭으로 인해 국왕권이 많이 침해된 것을 알고 있었기 때문이다. 이에 충렬왕은 적극적으로 국왕권을 강화할 수 있는 제도의 도입을 추진하였다. 그 결과 도입된 것이 원의 겁설직이었다. 이것은 그가 원에서 일정 기간 동안 宿衛[78]를 하였기 때문에 겁설 등

---

73) 邵石, 『中國全史 中國隋唐五代軍事史』, 人民出版社, 1990.

74) 원의 훈계는 다음과 같다. 上柱國(정1품), 柱國(종1품), 上護軍(정2품), 護軍(종2품), 上輕車都尉(정3품), 輕車都尉(종3품).

75) 怯薛長職의 인선은 칭기즈칸이 대단히 신중하게 하여 가장 가까운 博爾忽, 博爾述, 木貨黎, 赤老溫 등 사걸의 가족들이 세습을 담당하게 하였는데, 그 중 차례대로 일, 이, 삼, 사겁설의 지위를 점하였다(吳秀永·牛頌·何平, 『中國全史 中國元軍事史』, 人民出版社, 1990).

76) 원의 겁설직에는 다섯 종류가 있다. 즉 황제의 일상의 기거·음식·의식 등에 관한 봉사, 호위의 담당, 문서사무를 취급하는 것, 가축이나 飛禽의 사육과 방목, 도적을 잡는 치안이나 노복 등이 그것인데, 이들의 명칭은 火兒赤, 昔寶赤, 怯憐赤, 扎里赤, 必圖赤, 博爾赤, 云都赤, 闊端赤, 八剌哈赤, 答剌赤, 兀剌赤, 速古兒赤, 麥帖赤, 火儞赤, 忽剌罕赤, 虎兒赤, 覇都魯 등이다(箭內瓦, 「元朝 怯薛考」 『東洋學報』 6, 1916).

77) 『高麗史』 卷77, 百官2 勳條.

원의 숙위체제에 대해 익숙하였기 때문이었을 것이다. 또 한편으로는 원의 군제를 받아들인다는 명분도 있었을 것으로 생각된다. 그러나 충렬왕은 이러한 겁설직에만 만족하지 않고 漢族의 전통적인 숙위직제인 호군직도 같이 받아들이고 있다. 전자의 결과 만들어진 것이 홀치(忽赤)[79]와 응방 등이다. 홀치는 충렬왕이 즉위하자마자 의관자제로서 일찍이 호종하여 禿魯花[80]가 된 자들을 중심으로 하여 만든 직제이다.[81] 이것은 충렬왕이 호위집단의 필요성을 세자로서 숙위할 때부터 느끼고 있었던 것이므로 가능하였다.[82] 응방도 충렬왕 즉위년부터 사료에 보인다.[83]

후자의 호군은 충렬왕이 집권을 어느 정도 안정시킨 이후인 충렬왕 9년부터 보인다.[84] 이때 호군의 인물로 등장하는 사람은 曹允通,[85] 朴

/8) 충렬왕은 원종 12년(1271) 6月에 원에 숙위하러 가서 원종이 숙은 원종 15년 6月에 입국하였다.

79) 홀치는 札魯忽赤에서 연유한 것이라 할 수 있다. 이는 원의 재판관이라고 할 수 있는데,. 시대가 내려갈수록 구성원도 증가하고 담당업무도 매우 다양해졌다. 札魯忽赤는 칭기즈칸의 제2차 즉위 때 처음으로 설치되었고 주로 諸王들이 장관에 임명되었다. 처음의 담당업무는 주로 사법이었지만 나중에는 중서성에도 이것을 설치하여 항상 황제 측근에서 군을 지휘하였고 국경방위, 형사업무를 취급하였으며 특히 각지에 파견되어 전곡을 출납하기도 하고 역전의 사무를 취급하기도 하였다. 뒤에는 추밀원에도 이를 설치하여 군인에 관한 형사나 소송을 처결했는데 주로 겁설이나 황실에서 충원되었다(『漢和大辭典』卷4).

80) 독로화에 대해서는 梁義淑, 「高麗 禿魯花에 대한 硏究」『南都泳博士古稀紀念歷史學論叢』, 民族文化社, 1993을 참조.

81) 『高麗史』卷82, 兵宿2, 宿衛, 忠烈王 卽位年 8月條.

82) 元宗 10年(1269)에 林衍의 국왕폐립사건 직후 충렬왕은 고려에 돌아오려고 했지만 이루지 못하고 다시 몽골로 돌아가게 되었다. 이 사건을 겪은 후 충렬왕은 자신의 입지를 강화할 필요가 있다고 생각한 듯하다.

83) 『高麗史節要』卷19, 忠烈王 元年 5月條.

84) 충렬왕 9년(1283)은 鷹坊都監이 설치된 해이다(『高麗史』卷77, 百官2 諸司各色都監條).

85) 『高麗史』卷29, 忠烈王 9年 4月 丁未條.

秀,[86] 崔元老,[87] 金富允,[88] 張舜龍[89] 등이다. 이 가운데 그 행적을 살펴볼 수 있는 사람이 조윤통과 김부윤, 장순룡이다. 조윤통은 耽津人으로 바둑을 잘 두어서 원 世祖 쿠빌라이의 총애를 받았고 이어 충렬왕의 총애를 받아 관직생활을 한 자이다.[90] 김부윤은 兔山郡人으로 中禁指諭에서 장군, 호군으로 전보한 인물인데 충렬왕의 元隨從功臣으로 책봉된 자이다.[91] 장순룡은 回回人으로 세조의 必闍赤를 역임하였으며 공주의 劫令口로 고려에 온 인물이다.[92] 이들 인물들을 살펴보면 모두 국왕권과 밀접한 관련을 지녔음을 알 수 있다. 이에 홀치직과 호군직의 관련성이 추측되지만 구체적인 자료는 찾아지지 않는다.

호군이 충렬왕 9년에 나오는 이유는 무엇일까? 아마도 여기에는 이 시기 겁설직을 비롯한 숙위제도에 대한 전면적인 정비와 관련이 있을 것으로 생각된다. 곧 충렬왕 9년에는 응방도감을 설치하여 응방의 직제를 확립하고 있고,[93] 그 전해인 충렬왕 8년에는 達達人을 홀치 3번에 분속시키고 원의 체제에 의거하여 각 번으로 하여금 사흘 밤을 지새고 교대하게 하였으며, 牽龍 등의 여러 숙위도 정비하고 있다.[94] 이와 같이 충렬왕은 즉위 후 9년 무렵이면 겁설직과 숙위직에 대한 대대적인 정비를 단행하고 있다.

---

86) 『高麗史』 卷29, 忠烈王 9年 9月 庚申條.

87) 『高麗史』 卷29, 忠烈王 9年 9月 庚申條.

88) 『高麗史』 卷29, 忠烈王 9年 10月 癸未條.

89) 『高麗史』 卷29, 忠烈王 10年 2月 辛丑條.

90) 『高麗史』 卷123, 曹允通傳.

91) 『高麗史』 卷107, 金富允傳.

92) 『高麗史』 卷123, 張舜龍傳.

93) 『高麗史』 卷77, 百官2 諸司各色都監 鷹坊條, "忠烈王九年置鷹坊都監 三十四年 忠宣王定鷹坊使二人從三品 副使二人從四品 判官二人從五品 錄事二人權務 忠宣王元年罷之 後復置 忠穆王初卽卽位罷之 以土田奴婢還本處 恭愍王二十年設鷹坊 其養飼者名曰時波赤 正四品去官."

94) 『高麗史』 卷82, 兵2 宿衛, 忠烈王 8年 5月條.

그리고 『高麗史』에는 장군에서 호군으로 개칭했다고 하는데,[95] 호군직이 처음 실직으로 등장했을 때 명칭의 변화만 있었을까 하는 의문이 든다. 중국사에서 호군은 단지 호군으로 불리는 경우보다는 호군장군, 효기장군 등과 같이 장군 앞에 대체로 그 담당직종이 붙어있다. 충렬왕 시기에 호군과 장군의 관련여부는 정확하게 알 수는 없지만 사료상에 장군과 호군이 병기된 경우는 보이지 않는다. 그렇다고 장군직제가 호군직제로 처음부터 완전히 바뀌었다고 보기는 어렵다. 그것은 충렬왕 27년경부터 상호군·대호군·호군이라는 명칭이 본격적으로 등장하지만, 충렬왕 9년 호군 명칭이 출현하는 시기에 대호군·상호군은 보이지 않고 대신에 상장군·대장군의 칭호는 그대로 사용되고 있는 점, 그리고 충렬왕 12년에서 충렬왕 27년 전후까지는 호군의 명칭은 사라지고 다시 장군이 보이는 점 등을 통하여 쉽게 추측할 수 있다.

또한 장순룡은 충렬왕 8년에는 상장군이있는데 충렬왕 10년 2월에 호군이라 하고 다시 13년 3월에 장군으로 관직명이 바뀌고 있다. 이는 장군과 호군의 호환성을 볼 수 있는 점에서 주목되지만, 대과가 없으면 3품인 상장군인 장순룡이 4품인 호군직으로 강등될 수 없는데도 이런 현상이 발생하는 것은 호군직이 측근세력의 강화로 도입된 직종이기 때문이다.

그러나 호군직제는 충렬왕 11년경부터 사라지고 다시 장군직이 등장하고 있다. 이것은 아마 이 시기를 전후하여 내외 우환이 많아지면서[96] 고려군의 동원이 많아진 것에 그 이유가 있지 않을까 한다. 특히 乃顔의 반란을 진압하러 갈 때는 全軍뿐만이 아니라 禁學 兩館의 儒生과 급제한

---

95) 『高麗史』 卷77, 百官2 西班, 鷹揚軍條, "恭愍王 改將軍爲護軍."
96) 충렬왕 13년에 원에서 나안이 반란을 일으켰을 때와 충렬왕 15년에 세조가 카이두를 친정할 때 조정군을 파견하였고, 그밖에도 원의 요구에 따라 이 시기를 전후하여 군량미를 보내기도 하였다.

218

자들까지도 징발하고 있으며,[97] 심지어 홀치·응방·순마 등 기존의 숙위 기관까지 동원되고 있다.[98] 그렇다면 이러한 고려인의 대대적인 동원령 이 내려질 때 군제의 일관성이 필요하게 되어 호군직은 사라지고 다시 장군직이 나타났을 개연성은 크다고 하겠다. 이러한 호군직은 그 뒤 한동안 나타나지 않다가 충렬왕 27년경부터 다시 등장한다. 그런데 이때는 호군뿐만이 아니라 대호군·상호군이라는 관직까지 나타난다.[99]

이때는 장군직에 대신하여 호군직으로 호칭이 완전히 바뀐 것으로 보인다. 호군직으로의 개칭 이유는 정확하게 알 수 없지만 이 시기에 충렬왕은 충선왕의 집권이 가져온 충격을 완화하고 새로운 정치기풍을 마련하기 위한 여러 정책을 실시하고 있는 것에서 그 단서를 엿볼 수 있다. 충렬왕은 27년에 문묘를 새롭게 하여 유풍을 진작시키거나 내외의 관직을 다시 정리하면서 원과 같은 것은 모두 고치는 등 제도에 대한 새로운 정비를 단행하고 있다.[100] 이 과정에서 충렬왕은 군제에 대한 전반적인 정비를 하고자 호군직을 정식으로 무반직에 도입했던 것이다. 호군직이 정식의 군제의 직제였다는 것은 충혜왕 복위 2년(1341)에 호군이 40여 명 존재하였다는 것에서 알 수 있다. 호군은 중앙군인 45領의 각 領의 지휘관이므로 대개 그 수는 45명 정도로 보아지기 때문이다.[101]

그러다가 다시 공민왕대에 들어가면 장군직과 호군직은 다시 혼용되 고 있다. 그 이유는 아마 호군직을 가진 자들의 병폐로 인하여 호군 보다는 이전의 명칭인 장군이라는 용어를 선호한 것이 아닌가 한다.[102]

---

97) 『高麗史』 卷81, 兵1 五軍, 忠烈王 11年 5月條.
98) 『高麗史』 卷81, 兵1 五軍, 忠烈王 14, 15年條.
99) 호군직의 설치시기를 충숙왕대로 보는 연구도 있다(宋寅州,「元壓制下 高麗王朝 의 軍事組織과 그 性格」『歷史敎育論集』 16, 1991, 106쪽).
100) 『高麗史』 卷32, 忠烈王 27年 5月 甲辰條.
101) 『朝鮮金石總覽』 尹諧墓誌.
102) 원간섭기 호군직에 있었던 인물들이 무관직의 임무보다는 정치 유력자의 성격 을 더 많이 띠어 폐단을 일으켰던 사료가 많이 나타난다. 이에 대해서는 金賢羅,

하지만 공민왕 8년에 이르면 홍건적의 대대적인 침입이 계속되고 이로 인한 국왕의 남행[103] 등 정치 전반에 걸친 위기의식이 팽배하게 되었다. 이러한 정치적 위기는 김용의 정권장악 의도로 극도에 달하였다.[104] 이 위기를 극복하기 위하여 공민왕은 11년 3월에 관제를 개편하고 있다.[105] 그런데 이 관제 개편 이후 다음 달인 4월에 상호군이라는 직제가 바로 보이고 있다.[106] 이는 관제개편과정에서 호군직제를 다시 도입하였던 것으로 보인다.

공민왕 10년 이후 호군직은 정식의 무관직제로 정착되었다.[107] 이러한 정황은 다음의 사료에서 알 수 있다.

> 이에 近侍·忠勇은 모두 호군 이하를 설치하여 금위의 임무를 대신하게 하여 녹을 주었다. 이에 조종팔위의 제도는 전부 허설화되어 … 엎드려 원하옵건대 근시는 좌우위에, 사문은 감문위에. 사둔은 비순위에 충용은 신호위에 병합하게 하고 그 나머지 애마는 유사한 것으로써 여러 위에 병합하게 하십시오.[108]

「고려후기 護軍의 地位와 構成員」『지역과 역사』14, 2004 참조.

103) 『高麗史』卷40, 恭愍王 11年 8月 癸巳條.

104) 『高麗史』卷40, 恭愍王 11年 2月 乙巳條.

105) 『高麗史』卷40, 恭愍王 11年 3月 丁未條. 이때의 관제개혁은 공민왕 10년 정동행성의 복설 등으로 원과 관계를 회복하려는 조처의 연장선에서 이루어진 것이라는 견해가 있다(閔賢九, 「辛旽의 執權과 그 政治的 性格(下)」『歷史學報』40, 1968). 하지만 공민왕이 5년 이래 단절되었던 원과의 관계를 회복하려는 것은 홍건적 침입에 따른 것이었다. 그렇다면 이와 함께 군사력을 강화하고자 관제 개편에 군제도 포함이 되었을 것으로 생각된다.

106) 『高麗史』卷40, 恭愍王 11年 4月 丙申條, "我太祖以上護軍爲東北面兵馬使."

107) 호군직이 무관직의 직제인 장군의 개칭으로 나타난다고 하는 『高麗史』卷77, 百官2 西班, 鷹揚軍條의 기록에는 의문이 들지만, 이 기록에 신뢰를 둔다면 공민왕 11년 이후에는 호군과 장군직이 혼용되는 사례가 더 이상 나타나지 않아 이때 호군직으로 정리되었다고 보아진다.

108) 『高麗史』卷81, 兵1 兵制, 恭讓王 1年 12月條, "乃以近侍忠勇 皆設護軍以下等官 以代禁衛之任 以祿之 於是祖宗八衛之法 皆爲虛設 … 伏願 倂近侍於左右衛 司門於監門衛

위의 사례는 공양왕대에 군제정비를 시도하면서 기존의 2군 6위 제도를 정비하는 방법으로 憲司에서 홀치 이하 근시기구를 2군 6위에 병합시키는 방안을 제시하는 내용이다. 이것은 원래 양자가 구분되어 있었음을 암시한다. 실제 홀치 등 근시기구는 2군 6위와 달리 병부의 후신이었던 兵部事로부터 군정과 관련된 어떤 지시도 받고 있지 않다. 그러므로 이들에 대한 통제는 군의 정식 지휘계통에 의해서 이루어지지 않은 것으로 보인다.[109] 그런데 군제 정비의 방안으로 근시직에 호군직제를 도입하여 이들을 8위제에 복속시킨다는 것은 호군직제가 정식의 직제로 존속되어 왔음을 보여주는 사례이다.

(2) 호군직의 구성인물과 역할

호군직을 측근세력으로서 가장 잘 활용한 인물은 충혜왕이다. 충혜왕은 두 번에 걸쳐 왕위에 오른 인물이다. 그가 처음 왕위에 올랐을 때는 충숙왕의 측근세력의 도움이 컸다. 그러한 인물로는 尹碩, 尹之賢, 裵佺, 朴連, 尹吉甫, 孫琦, 李仁吉 등이다. 이는 이전의 국왕과는 다른 양상이다. 충렬왕이나 충선왕은 측근세력의 배신은 거의 나타나지 않고 있는 것에 비해 충숙왕의 측근세력 대부분은 그를 배신하고 충혜왕 편에 섰던 것이다.

이것은 당시의 정치적 상황과 밀접한 관련이 있는 것으로 보인다. 충숙왕의 즉위는 충선왕이 고려왕의 지위를 아들인 충숙왕에게 전위하면서 이루어진 것이다. 그러나 충선왕은 태상왕으로서 고려에 막강한 권력을 장악하고 있었고, 이것은 토번으로 귀양가기 전까지 계속되었다. 이후 충숙왕은 충선왕이 토번으로 귀양가던 시기부터 원으로부터 입국을 종용받아 원에 가게 되었고 충숙왕 12년(1325)에 돌아오게 된다.

司楯於備巡衛 忠勇於神虎衛 其餘各愛馬 以類倂於諸衛."

109) 尹薰杓, 『麗末鮮初 軍制改革의 推移』, 연세대학교 박사학위논문, 1996, 26쪽.

또 이 시기를 즈음하여 충숙왕은 瀋王과 심각한 정쟁을 벌이고 있어
국왕권이 거의 바닥까지 실추된 상태였다. 따라서 충숙왕은 충선왕이
죽고 난 이후 왕권회복의 의지를 가지고 새로운 개혁정치를 시도하였다.
즉 충숙왕은 자신의 개혁모델을 충렬왕대로 삼아 왕권을 강화하려고
하였지만, 실제로 원의 후원을 얻는 데 실패하여 그의 꿈은 이룰 수가
없었다. 이러한 상황은 충숙왕 측근세력의 입장에서는 불안할 수밖에
없는 것이었다. 따라서 충숙왕의 측근세력 가운데 일부가 이때부터
자신들의 정치적 기반을 안정시킬 수 있는 새로운 방안을 모색하기
시작하였고, 충혜왕의 옹립이 그 방안의 하나로서 추진되었을 것으로
보인다.[110]

또한 충숙왕이 처음 국왕으로서의 개혁의지를 가지고 발표한 충숙왕
12년의 개혁은 이들 측근세력들의 입지를 더욱 어렵게 하고 있다. 충숙왕
12년 개혁에서는 정시·사회 기강의 해이로 악소배가 횡행하여 사회불안
의 요인이 되고 있음을 지적하고 있다. 즉 이들이 재물을 탈취하고
부녀를 겁탈하며 우마를 살상함으로써 백성이 원망하고 근심하고 있다
는 것이다.[111]

그런데 측근정치 세력이라고 할 수 있는 자들의 면면을 살펴보면
관로를 통해서 관직에 들어오는 경우보다는 국왕의 개인적인 총애에
의해 임관되는 경우가 일반적이다. 특히 당시 충숙왕을 배신하고 충혜왕
편에 섰던 인물들은 앞서 말한 이런 악소배 출신이 대부분이다. 이들의
행태를 보면, 국왕과 결탁하여 국왕의 권력을 확대시켜주는 역할을 하지
만, 또 한편으로는 국왕의 권력에 기생하여 자신의 축재나 권력 확대에
적극적으로 나서고 있다. 그런 결과로 충숙왕 12년의 개혁은 충숙왕의

---

110) 李益柱, 『高麗·元關係의 構造와 高麗後期 政治體制』, 171쪽.
111) 『高麗史』卷85, 刑法2 禁令, 忠肅王 12年 10月條, "近者 紀綱不振 惡少成群 奪人財物
    淫人婦女 攘宰牛馬 人甚怨憝 仰司憲巡 軍體察究理."

측근세력으로서는 오히려 그들의 입지를 약화시키는 결과를 낳게 되었고, 이것은 충숙왕을 더 이상 믿을 수 없는 대상으로 삼게 되었던 것이다. 그런데 이들의 출신은 충렬왕대와 같이 다양하다.[112] 즉 윤석, 윤지현 등은 부친이 副知密直司事로 집안이 문벌인 경우도 있지만 손기는 상인, 박연은 관노의 신분을 가지고 있다.

따라서 충혜왕은 복위 이후에는 이전과는 다른 양상으로 측근세력을 키우고 있다. 충혜왕은 즉위초부터 자신의 즉위에 충숙왕 세력들이 많이 가담하였음을 알고 있었다. 이것은 충숙왕이 충선왕 세력이나 심왕 세력으로부터 충숙왕 세력을 지켜내지 못했기 때문에 일어난 현상이었다. 따라서 충혜왕은 자신의 측근세력의 양성과 그들의 보호를 통해 강력한 왕권을 구축하려고 하였다. 그 결과 나타난 것이 바로 호군에 의한 측근정치의 모습이며 그 호군에 속한 인물들은 하층민이 중심이 되었다. 충혜왕의 측근세력으로 호군직을 역임한 인물로는 裴佺,[113] 丘天佑,[114] 崔安壽,[115] 金天祐,[116] 吳子淳,[117] 洪瑞,[118] 金鏡,[119] 承信, 金添壽, 金善莊, 南宮信, 林信, 韓範, 朴良衍, 宋明理 등을 들 수 있다. 이들 가운데 충혜왕이 폐위될 때 같이 유배 또는 처형당하는 인물인 승신, 김선장, 남궁신, 임신, 박양연 등은 철저한 충혜왕파라고 할 수 있다.

승신은 충혜왕 복위 직후에 호군으로 임명되었고 충혜왕이 폐위된

---

112) 충렬왕대에 호군직을 가진 자의 신분은 몰락농민, 겁령구, 역관, 악소 등 다양하다(충렬왕대 호군직을 가진 자들의 신분은 다음의 글 참조. 金賢羅, 「고려후기 護軍의 地位와 構成員」『지역과 역사』14, 2004).
113) 『高麗史』卷124, 裴佺傳.
114) 『高麗史』卷35, 忠肅王 後元年 2月 戊辰條.
115) 『高麗史』卷35, 忠肅王 後元年 2月 戊辰條.
116) 『高麗史』卷35, 忠肅王 後元年 2月 戊辰條.
117) 『高麗史』卷35, 忠肅王 後元年 2月 戊辰條.
118) 『高麗史』卷35, 忠肅王 後元年 2月 戊辰條.
119) 『高麗史』卷35, 忠肅王 後元年 2月 戊辰條.

뒤에는 감금되었다가 충목왕이 즉위하자 악소배 척결에 의해 유배되고 있다.[120] 그는 주로 관리의 녹봉지급, 관리들의 비행을 감시하는 일을 담당하였다.[121] 김첨수는 조적의 난 진압의 1등 공신으로 책봉되었고,[122] 김선장은 조적의 난 진압 1등 공신 책봉과 더불어 충혜왕을 측근에서 보좌하였는데, 왕을 위해서 觀音齋를 직접 지내고 있으며 왕이 미행할 때는 직접 따르고 있다.[123] 김선장은 충혜왕이 폐위될 때 피살되었다.[124] 남궁신은 충혜왕의 명령으로 원에 장사하러 갔으며,[125] 이후 충혜왕 폐위시는 원에 잡혀갔고 결국에는 유배당하고 있다.[126] 임신은 충혜왕의 서자인 釋器의 외조부로 은천옹주의 아비이다.[127] 그는 그릇을 파는 상인 출신으로 원에 잡혀가서 나중에 유배당하고 이후 공민왕 연간에 석기연루 사건으로 참수를 당하였다.[128] 한범은 內廏를 지어 여기에 도조를 거두어들여 이를 채우는 일을 담당하고 있다.[129] 송명리는 중랑장 재임 때부터 충혜왕의 外姑의 토지와 노비 및 문권을 관리하는 일을 하였고, 호군이 되어서는 적극적으로 국왕의 放縱好事의 하수인 역할을 하고 있다.[130]

이상에서 본 바와 같이 호군은 국왕의 명령을 직접 받는 최측근세력임을 알 수 있다. 물론 명령의 형태는 입안된 정책을 시행하는 공적인

---

120) 『高麗史』 卷37, 忠穆王 卽位年 5月 丁巳條.
121) 『高麗史』 卷36, 忠惠王 後3年 5月 丙申條.
122) 『高麗史』 卷36, 忠惠王 後3年 6月 庚子條.
123) 『高麗史』 卷36, 忠惠王 後4年 6月 丁巳條.
124) 『高麗史』 卷36, 忠惠王 後4年 11月 甲申條.
125) 『高麗史』 卷36, 忠惠王 後3年 3月 丙申條.
126) 『高麗史』 卷37, 忠穆王 卽位年 5月 丁巳條.
127) 『高麗史』 卷89, 銀川翁主傳.
128) 『高麗史』 卷44, 恭愍王 22年 12月 癸卯條.
129) 『高麗史』 卷36, 忠惠王 後4年 3月 乙亥條.
130) 『高麗史』 卷124, 盧英瑞 附 宋明理傳.

일도 있지만, 단순히 임금의 기호를 충족시키기 위한 사적인 부분도 많다. 즉 충혜왕의 개인적인 탐욕과 상업적인 부의 충족, 그리고 녹봉의 배분, 조세의 징수, 궁궐의 개축 등 여러 방면에 걸쳐 있다.

호군이 이러한 기능을 담당하고 있는 것은 본래 무관직과는 거리가 있다. 이렇게 무관직인 호군의 역할이 변질된 것은 원간섭기 군사조직의 인적 구성분자의 변질이라는 측면과 관련지어진다.[131] 원간섭기 초기는 대내적으로 삼별초의 투쟁, 대외적으로는 일본 원정과 哈丹의 침입 등의 사정으로 장군직은 군대를 통솔할 수 있는 무적 재능을 가진 자들로 이루어졌다. 그러나 충렬왕대 이후부터는 舌人, 怯怜口, 內僚, 鷹坊 관료 등이 무관직에 임명되어 호군직(장군직)의 주축을 형성하게 되었다. 따라서 호군직은 군사조직의 최고 지휘관이라는 본연의 기능보다는 정치적 유력자라는 성격을 강하게 띠게 되었다. 이로 인하여 군대의 효과적인 통솔은 기대할 수 없었고 군사조직의 운영도 파행적으로 이루어졌다.[132] 이러한 변질은 이 시기에 임명된 호군직의 연령을 통해서도 엿볼 수 있다. 이때의 장군직 연령을 연구한 논문에 의하면, 충렬왕대에서 공민왕대에 이르기까지 호군직에 임명되는 나이가 점점 낮아지고 있다고 한다.[133] 호군직에 임명되는 나이가 낮아진다는 것은 실질적인 군대지휘의 기능보다는 이 관직이 일종의 정치적인 관직으로서만 기대되고 있음을 말하는 것이며, 이것이 고려의 2군 6위 제도를 허설화하는 요인으로 작용했다고 보인다.[134]

---

131) 원간섭기 군사조직의 운영실태에 대해서는 다음의 논문을 참조 바람. 宋寅州, 「元壓制下 高麗王朝의 軍事組織과 그 性格」『歷史敎育論集』 16, 1991.

132) 호군직을 가진 인물들이 원에 사신으로 파견되는 경우는 사료에서 허다하게 발견할 수 있다(李益柱, 『高麗·元關係의 構造와 高麗後期 政治體制』, 255~269쪽 〈大元使行―覽表〉 참조). 이들의 사행은 원에 조공품을 상납하는 경우도 있지만 고려에 하달하는 명령을 전달하는 등 양국 관계에 있어서 중요한 역할을 담당하고 있다.

133) 宋寅州, 「元壓制下 高麗王朝의 軍事組織과 그 性格」, 111쪽.

3. 惡僧의 형성과 경제활동

1) 악승의 출현과 그 배경

고려시기의 악승의 개념에 대하여는 아직까지 연구된 바가 없으므로 단적으로 말할 수는 없다. 다만 이 점과 관련해서는 악승에 대한 연구가 상대적으로 활발하게 이루어져 있는 일본의 연구를 통하여 어느 정도 유추할 수 있다. 고려와 일본은 역사 현상이 같다고 할 수는 없지만 사회의 한 계층으로서 불려지는 모습은 비슷하므로 일본의 악승 연구를 고려시기에 원용할 수 있다고 생각된다. 우선 일본 악승의 정의를 보면 대개 全體性에서의 逸脫을 가장 큰 특징으로 여기고 있다. 그리고 악승의 생태로는 교만, 격정적, 폭력적이라는 것을 들고 있다.[135]

선제성이라는 것은 여러 사물들 사이에 통일적이고 유기적인 관계에 있어서 그 전체가 하나의 체계를 이루는 성질을 가리킨다고 한다. 그런데 여기서 일탈이라는 것은 곧 전체성을 거스르는 행위를 말한다. 승려의 경우 우리가 일반적으로 생각하는 것들, 즉 수행과 교화와는 다른 모습으로 그려질 때 그것을 일탈이라고 할 수 있다. 따라서 그러한 일탈의 특징으로서 교만, 격정성, 폭력성을 들 수 있는 것이다.

이는 사전적인 의미를 통해서도 알 수 있다. 곧 악승을 사전적 의미로 해석하면,[136] 佛道에 위배되는 승려, 용맹한 승려 또는 무예가 대단히 뛰어난 승려를 가리키고 있다. 이것은 승려들의 일탈된 행위를 구체적으로 표현한 것이다. 그렇다면 無賴惡僧·無賴僧이라는 이름으로 불리는

---

134) 원간섭기 2군 6위제도의 허설화에 대해서는 宋寅州,「元壓制下 高麗王朝의 軍事組織과 그 性格」, 109~125쪽 참조.

135) 新井孝重,「惡僧武力と大衆蜂起」『中世惡黨の硏究』, 吉川弘文館, 1998.

136)『大漢和辭典』卷4, 惡僧.

자들뿐만 아니라 승려라는 본연의 모습에 어울리지 않는 행동을 하는 자들까지도 악승의 범주에 넣을 수 있다.[137]

이러한 일본의 연구경향이나 사전적인 의미에 준해서 본다면 고려시기 악승의 범주도 여기에서 크게 벗어나지 않는다고 생각된다. 이를 염두에 두고 고려시기의 악승이 구체적으로 사료상에 어떻게 나타나고 있는가를 살펴보자.

라-1) 侯가 이 절을 경영할 때 그 경내의 승도들에게 명령을 내렸다. "승도들은 내가 다 안다. 위로는 四恩을 갚고 아래로는 三道를 제도해 야 한다고 말하지 않았느냐. 배고프면 먹고 목마르면 마시면서 배우 는 것을 끊어버리고 있는, 아주 자유로운 자는 上이 되고, 부지런히 講經하고 설법하며 유유자적하면서 교화하여 권유하는 자는 그 다음 이 되며, 머리 깎고 집에 살면서 부역과 세금을 피하고 재산을 모으는 자는 下가 되는 것이다."[138]

라-2) 혹은 비구가 禁法과 經紀를 어기고 利를 증식시켜 많은 재산을 소유했으며 혹은 왕공 대신의 세력에 붙어서 스스로 富強을 얻어 다른 빈약한 민들을 능멸, 탈음하여 술을 즐기며 혹은 外書를 찬양한 속인과 더불어 사귀면서 번갈아 唱을 화답하고 혹은 잡된 유희와 바둑, 도박, 琴瑟, 籠笛 등을 즐기니 여러 좋지 못한 행위들이 이처럼

---

137) 惡僧의 신분은 다양하다. 특히 고려후기 불교의 폐단이 전면에 드러날 때, 사원은 주지에서부터 하급승려에 이르기까지 악승적인 모습을 띠게 된다. 예를 들어 정계와 결탁하여 자기의 세력을 키우는 小君의 모습에서도 이러한 것을 볼 수 있다. 본서에서는 하층민 신분과 관련된 악승의 모습만 다루기로 한다.

138) 『稼亭集』卷3, 創置金剛都山寺記, "令其境內僧徒曰 爲浮圖者 吾知之矣 其不曰 上報四 恩 下濟三塗乎 若飢餐渴飲 絶學無爲者上也 勤勤講說 孜孜化誘者次也 髡而家居 逃賦而 營産 斯爲下矣 僧而爲下 不惟佛氏之罪人 亦國家之游民也 爾旣不役於官 而又不吾助者 罰."

심하도다.139)

라-3) 崔瑀의 서자 萬宗·萬全이 무뢰악승을 문도로 삼아 오직 재물을
　　　모으는 것을 업으로 삼으니 금은곡백이 鉅萬으로써 헤아리고 門徒를
　　　名寺에 나누어 보내니 (이들은) 그 세력에 의탁하여 위세를 부리며
　　　원근에 횡행하였다.140)

라-4) 놀고 지내는 승려[遊手之僧]와 무뢰한 자가 불사를 칭탁하고서 권
　　　세가의 書狀을 받아 주군에 간청하고서 소량의 미와 면을 빌려주고
　　　다량의 미와 포를 징수하는데 이를 反同이라고 한다. 징수하기를
　　　밀린 부채처럼 하니 민이 굶주리고 추위에 떨게 된다.141)

위의 사료 라는 악승으로 볼 수 있는 승려들에 대한 것이다. 먼저
사료 라-1)은 당시 사원에서 생활하고 있는 승려들의 모습을 그리고
있나. 이에 의하면 사원에는 세 부류의 승려가 있는데, 첫 번째가 득도한
자로서 주위의 모든 것에서 자유로운 상태에 있는 승려를 가리키고,
두 번째는 실제로 사원의 중심을 이루는 학승, 세 번째 부류는 하급승려로
하층민들이 피역을 목적으로 사원에 투탁하여 들어온 무리이며, 승려의
본분보다는 승려라는 지위를 이용하여 자기의 재산을 불리는 것을 목적
으로 하고 있는 자라는 것이다. 여기서 주목되는 것은 바로 세 번째의
하급승려이다.

　하급승려의 모습을 더욱 잘 보여주는 것이 바로 다음 사료 라-2)이다.

---

139) 『釋迦如來行蹟頌』卷下, 62右, "或有比丘 違佛禁法 經紀息利 多有財産 或附王公大臣
　　之勢 自恃富强 凌他貧弱 貪婬嗜酒 或讚詠外書 朋伴俗人 更相唱和 或樂雜戱 圍棊博奕
　　琴瑟簫笛 諸不善法如是."

140) 『高麗史節要』卷16, 高宗 27年 12月條, "崔瑀孽子萬宗萬全 聚無賴惡僧爲門徒 唯以殖
　　貨爲業 金銀穀帛以鉅萬計 門徒分據名寺 倚勢作威橫行遠近."

141) 『高麗史節要』卷32, 辛禑 9年 8月條, "遊手之僧 無賴之人 托爲佛事 冒受權勢 書狀干謁
　　州郡借民 斗米尺布 歛以甁石 尋丈號曰反同 徵如逋債 民以飢寒."

이 사료는 14세기 천태종 승려인 無寄가 당시 사원의 모습을 표현한 것 가운데 승려들의 행태에 대해 언급한 부분이다. 이는 물론 하급승려에 한정해서 말하는 것은 아니다. 하지만 당시 승려가 치부를 위하여 권력가와 결탁하는 일이 일반적이었다면 하급승려들도 적극적으로 이러한 행위에 종사하였을 것으로 보인다. 왜냐하면 앞의 사료 라-1)에서 보듯이 하급승려들은 佛僧의 본언의 업에 종사하기보다는 불승이라는 지위를 이용하여 치부행위를 하는 것이 일상적이었기 때문이다. 사료 라-3)은 악승이라는 용어를 볼 수 있는 자료이다. 이는 최우의 아들인 만종·만전이 무뢰악승을 동원하여 재산증식을 하는 모습을 그린 것이다. 이때 악승은 무뢰승이라는 용어와 같은 뜻으로 사용한 것으로 보인다. 이것은 사료 라-3)의 무뢰악승을『高麗史』에서는 無賴僧으로 표현하고 있는 것에서도 알 수 있다.[142] '무뢰'나 '악'이라는 용어는 모두 그 사회질서에 위배되는 행위를 가리키는 것이므로 비슷한 용례라고 할 수 있다. 이러한 것을 보면 꼭 악승이라는 용어를 사용하지 않더라도 사회적으로 물의를 일으키는 승려는 악승의 범주에 넣을 수 있다. 이는 사료 라-4)에 보이는 遊手之僧도 거의 마찬가지이다. 유수지승은 글자 그대로 사원에서 어떠한 일도 하지 않는 승려라는 뜻이다. 이들은 승려의 본분인 불도를 닦지 않고 대신 승려신분으로서 권세가를 대신하여 포와 미를 거두는 데 간여하여 강제로 물건을 떠맡기는 일을 자행하고 있다. 이러한 행위는 사원이나 권세가의 세력을 배경으로 하층민을 수탈하는 것이기 때문에 앞의 악승과 유사하다고 할 수 있다.

고려시기 악승과 비슷한 존재는 조선초기에도 출현하는데, 바로 雜僧이 그것이다. 잡승은 조선초기 사원의 세력을 정리하면서 대두되는데,

---

142)『高麗史』卷129, 崔忠獻 附 崔怡傳, "崔怡無適子 嬖妓瑞蓮房 生二男萬宗萬全 … 皆送 松廣寺剃髮 並授禪師 萬宗住斷俗寺萬全住雙峯 皆聚無賴僧爲門徒 惟以殖貨爲事 金帛 鉅萬計 慶尙道所畜米五十餘萬石 貸與取息 秋稼始熟催徵甚酷."

가장 처음 보이는 시기는 태종 5년이다. 당시 의정부에서 사원노비의 환수를 上奏하는 글을 올렸는데, 그 내용에 사원노비가 행하는 役, 즉 절 안에서 밥 짓고 빨래하는 일 등을 직역이 없는 잡승이 대신할 것을 청하고 있다.[143] 이를 통하여 볼 때 잡승은 사원에서 일정한 역이 없다는 것과 사원의 혁파대상인 노비와는 다른 존재라는 것을 알 수 있다. 곧 이들이 사원의 노비혁파 이후에도 어떤 일정한 직역이 없으면서도 계속 존재할 수 있었던 것은 사원에서 상당히 필요하였음을 말해 준다. 그리고 잡승은 사원의 식리활동과 관련이 있는 무리로 그려지고 있다.[144] 또 이들 잡승은 일반인이 출가하여 형성된 집단이며 수계를 받지는 않았다고 되어 있다.[145] 이는 뒤에 다시 설명하겠지만 고려후기 악승과 그 성격이 매우 비슷하다.

이상에서 보면 사료 라-1)은 하급승려의 일반적인 형태를 그린 것이지만, 라-3)과 라-4)는 악승의 모습을 직접적으로 보여주고 있다. 이 자료에서 알 수 있는 것은 악승은 대개가 승려집단의 일원인 하급승려로서 사원이나 승려 개인, 또는 권세가에게 예속되어 소속된 집단이나 개인의 치부행위를 도와주고 있는 점이다.

그렇다면 악승들의 신분은 무엇이었을까? 물론 앞에서도 언급했듯이 그들의 신분은 다양하다. 그러나 하층민 출신의 악승만을 한정해서 보면 대개는 避役과 관련이 있을 것으로 생각된다. 이것은 앞서 든 사료 라-1)에도 보이고 다음의 사료를 통해서도 알 수 있다.

鄕吏나 驛吏와 공사노비들이 부역을 피하기 위해 마음대로 스스로 승려

---

143) 『太宗實錄』 卷10, 太宗 5年 癸丑條.
144) 雜僧이 계속 『朝鮮王朝實錄』에 보이는 것은 그 숫자의 증가와 代納 행위 때문이다. 대납은 사원의 식리와 밀접한 관련이 있다.
145) 『世宗實錄』 卷112, 世宗 28年 4月 壬子條.

가 되어 戶口가 날로 엉성해지니 지금부터 도첩을 받지 않으면 마음대
로 사사로이 머리를 깎지 말게 하라.[146]

위의 사료는 고려후기에는 향리나 역리 등 국가에 역을 지는 계층뿐만
아니라 공사노비까지도 사원에 투탁하는 현상이 많았음을 말해준다.
이것은 일반적으로 사원 세력의 양적 증대를 가져왔기 때문에 사원에서
도 이를 기피하지는 않았을 것으로 보인다. 이렇게 투탁된 무리들이
사원 내에서 어떠한 일에 구체적으로 종사했는지에 대해서는 명확하지
않다. 물론 속세에서의 신분이 승려의 생활에도 많은 영향을 끼치기
때문에 이들이 높은 직책을 지닌 승려는 되지 못했을 것이다. 그렇다고
이들 모두가 수원승도로서 사원의 전호나 또는 사원의 노비로 충당되지
는 않았을 것이다. 이들의 일부는 사원의 승려로서 생활을 하였을 것으로
보인다. 신라말의 기록이기는 하지만 「崇嚴山聖住寺事蹟」에는 숭엄산에
숨어 있던 도적 백여 명이 고승의 회유를 받아들여 득도의 지경에까지
이르렀다고 기록하고 있다.[147] 이는 하층민 출신으로도 최고의 승려집단
의 일원이 되었다는 것을 말해준다. 이것에서 보면 이들 투탁된 무리
가운데 승려로서 불교의 기본적인 교육을 받았고 승려집단의 하위그룹
으로서 살아갔던 자들도 상당히 있었을 것으로 추측된다.
또 한 측면에서는 고려중기 이후는 유리된 하층민들의 생활 방편
중 무뢰적인 행위를 하는 것을 많이 발견할 수 있는데, 이것은 그 당시
사회에서 그런 무리들의 소용이 많았기 때문일 것이다.[148] 고려후기
사원들도 이러한 무리들의 필요성이 증가하였을 것으로 보인다. 왜냐하

---

146) 『高麗史』 卷85, 刑法2, 禁令, 恭愍王 5年 6月條.

147) 『佛敎美術』 2, 동국대박물관, 1974.

148) 12세기 이후 무뢰배들의 정치세력화에 대하여는 金賢羅, 「高麗後期 惡少의 存在
　　形態와 그 성격-政治勢力化 過程을 中心으로-」『지역과 역사』1, 1996 참조.

면 사원은 유통의 구심점으로서 아주 중요한 곳이었고 많은 부를 소유한 집단이기 때문이다.[149] 따라서 사원에도 무뢰적인 모습을 띠는 자들의 투탁도 적지 않게 일어났을 것으로 보인다. 고려후기가 되면 투탁한 승려가 증가하여 사원의 문제로 도출되자 유학자들은 도첩을 기존의 출가한 승려들에게까지도 적용할 것을 요구하였으며, 이 기준에 합당하지 않는 승려는 전부 환속시켜 부족한 군인으로 충당하고자 하였다. 이를 통하여 볼 때 당시 투탁하여 승려가 된 무리 중에는 군인적인 요소를 지닌 자들이 많았음을 알 수 있다.[150]

그렇다면 이들 악승들은 사원에서 어떠한 모습으로 존재했을까? 이와 관련해서는 앞의 사료 라-3)이 그러한 것을 잘 보여주고 있다. 이 사료에는 악승을 부리는 인물로 만종과 만전이 나온다. 만종과 만전은 최이(初名 : 崔瑀)의 아들로 최씨 가문의 경제적인 부의 축적과 최씨 무인정권이 불교계를 장악하는 데 일익을 담당한 자들이다. 이들은 자기 문도 하의 무뢰악승을 이용하여 그러한 목적을 이루고자 했으며, 무뢰악승은 만종과 만전의 휘하에서 이들의 손발 노릇을 충실히 하고 있다. 무뢰악승들도 만종과 만전이 가지고 있던 권력의 외피를 입고자 하는 목적에서 이들에게 충성을 다했던 것으로 보인다. 따라서 이들 상호 관계는 당시 정치세계에서 일상화되어 있는 黨與·門客 등의 모습과 같은 것으로 유추된다. 만종과 만전은 이 악승들을 유명한 사찰에 보내어 그 사찰이 장악하고 있는 경제력을 수탈하고 있다. 이는 최씨 무인정권이 정치권에서는 그들의 사조직인 都房이나 門客 등을 이용하여 세력권을 확대해 갔다고 한다면 불교계를 장악하는 데 바로 악승인 문도들을 이용하였음을 말해준다. 따라서 상층부인 만종·만전과 하수인인 이들 문도들 즉 악승 사이

---

149) 고려후기에 왜구나 외적이 침입했을 때 사원을 가장 먼저 공격 대상으로 삼는 것은 사원에 많은 재물이 있었기 때문일 것이다.

150) 『高麗史』 卷115, 李穡傳.

의 관계는 엄격한 주종관계에 의해 이루어진 것이라고 보아도 무방하다. 이들 악승들도 활동과정에서 많은 무리가 필요한 경우 동원할 수 있는 대상은 아마 사원의 예속민인 수원승도가 대부분이었을 것으로 추측된다. 이러한 추측이 맞다면 사료 라-4)의 遊手之僧과 무뢰배의 관계가 바로 악승과 수원승도의 본모습이 아닐까라고 생각된다.[151]

이러한 것으로 볼 때 각각의 주종관계 속에 편제된 자들은 그들의 필요성이 강할 때만이 이러한 조직을 유지할 수 있게 된다. 이와 같이 상호 필요성에 의해 결속된 관계는 위의 만종과 만전처럼 그들이 식리활동을 통하여 세력확장을 계속해 나가기 위해서는 우선 그들의 수하인 악승들을 다른 세력으로부터 보호할 의무가 있었다.

이에 대하여는 다음의 사료가 참조된다.

형부상서 朴暄이 崔怡에게 말하기를, "지금 북방의 인심이 동요하고 있습니다. 그러므로 은혜와 위신으로 위무를 해도 오히려 무슨 변이 생기지 않을까 염려되는데 이제 두 禪師의 문도들이 백성들의 재산을 수탈하여 참으로 큰 원망을 사고 있습니다. 만약 남녘땅이 소요해지고 북방의 강병이 졸지에 침공한다면 서로 호응하여 변고가 생길 염려가 있습니다."라고 하였다. … 때마침 경상도 순문사 宋國瞻이 편지를 보내어 같은 내용의 말을 하니 최이가 박훤에게 "그럼 어떻게 했으면 좋겠는가?"라고 하니, 박훤이 "만약 공이 두 선사를 소환하고 순문 안찰사에게 명령하여 무뢰승도를 가두어서 민심을 위무하면 무사할 것입니다."라고 하였다. 최이도 그렇게 생각하고 즉시 어사 吳贊과 행수 周永珪를

---

151) 隨院僧徒는 사원의 예속민으로 사원의 농업에 직접 종사하기도 하지만 국가가 위기에 처할 때는 군사로도 동원이 되었다. 이는 악승 아래에 수적으로 많은 수원승도가 사원의 승병으로 항상 훈련을 받아왔기 때문에 가능하다. 따라서 사원의 경제적 목적이든 정치적 목적이든 군사적 활동에는 이들이 동원되었을 것으로 보인다.

쌍봉사와 단속사에 보내어 … 문도들 중에서 악행한 놈을 잡아 가두니 국내의 모든 사람들이 서로 경축하였다. 만종과 만전이 서울로 올라와서 그의 누이인 宋情 처와 함께 최이에게 울며 말하기를 "아버님이 생존하실 때에도 이처럼 핍박하였는데 돌아가신 후에는 우리 형제들은 언제 죽을지 모르겠습니다."라고 하니 최이는 후회하고 드디어 박훤이 자기 부자를 이간하였다 하여 그들을 흑산도에 귀양보내고 송국첨을 동경 부유수로 강직시키고 문도들을 전부 석방시켰으며 萬全을 환속시켜서 沆으로 개명케 하였다.152)

위의 사료는 崔怡가 萬全을 雙峰寺에서 소환하여 환속시켜 자기의 후계자로 양성하고자 하는 과정을 그린 것이다. 당시 萬宗과 萬全은 최이의 후계자 구도에서 밀려나서 각각 雙峰寺와 斷俗寺의 승려가 되어 있었다. 그러나 이들은 향후를 노리고 자신들의 세력을 키웠고 이 세력을 바탕으로 경제력도 지니게 되었다. 이에 당시 이들과 대립한 세력들은 우선 이들의 세력을 없애기 위하여 만종·만전의 인적자산인 문도들을 제거하고자 하였고 그 방편으로서 당시 민심을 이용하고자 하였다. 즉 경상도·전라도를 소란하게 만든 것이 바로 악승들이 저지른 포학한 행위로 인한 것이고 이들의 처벌만이 민심을 수습할 수 있다는 것이다. 이때 만종과 만전의 대립세력으로 나오는 인물이 宋國瞻과 朴暄이다. 이들은 원래 최이의 심복이었으나 아마 崔沆의 집권에는 반대한 인물로 보인다. 이것은 최항 집권 이후 박훤은 제거되고 송국첨 또한 유배되어 조정에

---

152) 『高麗史』 卷129, 崔忠獻 附 崔怡傳, "刑部尙書朴暄言於怡曰 今北兵連年入寇 民心疑貳 無以恩信 猶恐生變 今兩禪師門徒 割剝民産 斂怨實多 南方騷擾 若北兵猝至 恐相應爲變 矣 怡聞之 猶豫會慶尙道巡問使宋國瞻 亦寄書言之 怡謂暄曰 若之何 暄曰公若召還兩禪 師 令巡問按察使 囚其無賴僧徒 以慰民心 可無變矣 怡然之 卽遣御史吳贊 行首周永珪于 雙峰斷俗 發錢穀 悉還其主 焚契券 囚門徒之爲惡者 中外相慶 萬宗萬全詣京 與其妹宋情 妻泣訴怡曰 尊公在時 侵逼尙爾 百歲之後 吾兄弟不知死所矣 怡乃悔之 反謂暄離間父子 流黑山島 貶國瞻東京副留守 悉釋其門徒 令萬全歸俗改名沆."

복귀하지 못한 점에서 알 수 있다.[153]

위에 든 사료에 의하면 최이는 송국첨 등의 말을 일단 들어 악승들을 처벌하나 곧 만종·만전은 자신의 아비인 최이에게 하소연하여 그들의 세력을 지켜줄 것을 요구하고 있다. 이에 최이는 다시 두 아들의 세력을 회복시켜주고 아울러 그들의 정적들까지도 제거하고 있다. 그리고 더 나아가 만전을 자신의 후계자로 양성시켰던 것이다. 이러한 것에서 악승의 보호자로서 만종과 만전의 모습을 잘 볼 수 있다.

다음은 악승들은 어떠한 행위를 통하여 그들의 보호자인 만종과 만전의 치부를 도왔을까? 다음은 앞서 든 사료 라-3)에 이어 나오는 사료이다.

(만종·만전의) 문도들이 名寺에 갈라 웅거하며 권세를 믿고 횡포한 짓을 함부로 하며, 鞍馬와 의복은 모두 驂軒을 본뜨고, 다시 서로 관인이라고 일컬으며 자행불의하고, 혹 남의 아내를 강간하기도 하고 혹은 제멋대로 역마를 타기고 하고, 혹은 관리를 능욕하기도 하여 이르지 않는 곳이 없을 정도였다. 기타의 승도들도 살찐 말을 타고 좋은 옷을 입고서 제자라고 사칭하며, 이르는 곳마다 주현을 침요하니 주현은 외축되고 누구 한 사람 무엇이라고 말하는 사람이 없으니 민이 다 원망하였다.[154]

이상의 사료에서 보면 악승들의 행태를 잘 알 수 있다. 악승들은

---

153) 金塘澤, 『高麗武人政權硏究』(새문사, 1987) 제6장 「崔氏政權의 붕괴」에서는 박훤을 최항과 정적세력인 김약선(김미)파로 추정했으며, 송국첨은 어떤 파당에 관여한 인물이라기보다는 최항의 모계가 천계 출신이므로 집정자로서 최항이 적당하지 않다고 생각한 인물로 파악하고 있다.

154) 『高麗史節要』 卷16, 高宗 27年 12月條, "崔瑀孼子僧萬宗萬全 皆聚無賴惡僧爲門徒 唯以殖貨爲業 金銀束帛以鉅萬計 門徒分據名寺 倚勢作威 橫行遠近 鞍馬衣服皆效驂軒 更相稱曰 官人恣行不義 或强奸人妻 或擅乘驛騎 或陵辱官吏 無所不至 其他僧徒乘肥衣輕者 詐稱弟子 所至侵擾 州縣畏縮 莫敢誰何 民皆怨之."

유명한 사찰에 파견되어 만종·만전의 권세를 믿고 횡포한 짓을 일삼고 있다. 그들은 말을 타고 다니며 관리를 능멸 또는 사칭하여 귀족이나 하층민을 포탈하는 행위를 하였던 것이다. 이들 악승이 한 행위 중에서 가장 잘 드러나는 것이 바로 고리대행위이다. 고리대라는 것은 높은 이자를 채무자에게 받는 것이므로 자연 마찰이 생길 수밖에 없다. 이러한 마찰을 해결할 수 있는 자들이 바로 악승들이었다. 즉 악승들은 만종·만전의 강력한 보호하에 이들의 정치적 재기나 혹은 최씨 가문의 경제적 식리를 위해 종사했던 것이다.155)

또한 악승들은 만종·만전을 호위하는 무장세력으로도 활동한 것으로 보인다. 만종·만전은 불법적으로 많은 식리활동을 하였으므로 많은 이들의 위해의 대상이 되었을 것은 당연하다. 위의 사료에는 악승이 말을 타고 공통의 의복을 입고 다닌다는 것을 언급하고 있는데, 이것은 이들의 단결된 조직력을 보여주는 것인 동시에 만종·만전 세력으로서의 표시임은 말할 나위도 없다.

물론 고려중기 이후 사원은 대규모의 토지 또는 상업 유통망의 한 부분을 담당하였을 만큼 큰 재원을 확보하고 있었다. 따라서 이들을 보호하기 위해서도 무력적 장치는 필요했을 것이다. 『高麗史』나 『高麗史節要』에 많이 보이는 사원의 무력동원은 바로 이들이었을 것으로 추측된다.

하지만 이들 악승이 모두 사원이나 승려 개인의 치부를 위해서만 활약한 것은 아니다. 사료 라-1)에서 보듯이 악승들이 사원에 들어온 것이 경제적 식리가 목적이었다고 한다면 그들이 속한 사원이나 승려의 위세를 빌어 개인적인 치부도 많이 했을 것으로 생각된다. 앞의 사료에서 보듯이 만종·만전에게 예속된 악승 이외에도 많은 승도들이 만종·만전

---

155) 『高麗史節要』卷16, 高宗 27年 12月條, "慶尙州小畜米穀五十餘萬碩 貸民收息 秋禾纔熟 分遣門徒 催徵甚酷民 盡輸其所有 租稅屢闕."

의 문도를 사칭하고 다니면서 주현을 노략질하고 있는 것은 당시 악승들이 이러한 것을 배경으로 개인적인 치부를 위해 적극적으로 활동하였음을 짐작케 한다.

이러한 것을 좀 더 자세히 보여주는 것이 『稼亭集』의 長安寺의 사료이다.156) 장안사는 예로부터 田地 천여 결과 鹽盆 2기, 그리고 상점 30간을 소유하고 있었다고 한다. 장안사의 이에 대한 경영은 초기에는 사료에 나오는 대로 상점의 대여가 일반적이겠지만 고려후기가 되면 사원도 적극적으로 상업에 참여하고 있으므로 상점의 대여보다는 사원이 직접 경영하였을 것이다. 이러한 상점의 경영에 적극적으로 참여할 수 있는 승려가 바로 사료 리-1)에 나오는 하급승려 즉 악승이었을 것으로 생각된다. 그들은 사원의 식리활동을 통해 개인적인 부도 축적하였음은 물론이다.

그렇다면 이들은 사원 내에서 어떠한 위치에서 생활하며 주로 어떠한 일을 담당했을까? 사원도 사원의 운영을 위한 조직이 필요하였다. 특히 사원은 승려들만이 생활하는 공간이지만 항상적으로 일반 신도들이 드나드는 곳이다. 또 사원의 운영은 속세와의 인연에 의해 이루어지는 것이므로 속세와의 관계를 어떻게 하는 것인가도 중요하다. 따라서 사원이 이러한 임무를 잘 수행하기 위해서는 조직과 구성원이 필요하며, 이들이 三綱직제에 편성된 것으로 보인다. 삼강직제는 사료가 부족하여 명확하지 않은 점이 많다. 따라서 어떠한 부류의 승려가 이러한 임무를 담당했는가는 잘 알 수 없다. 하지만 악승은 사료상에 사원의 식리활동이나 승려 개인의 치부와 관계된 활동을 하였기 때문에 아마 이 삼강직제와

---

156) 『稼亭集』卷6, 金剛山長安寺重興碑, "至若舊有之田 依國法以結計之千有五十 其在成悅仁義縣者 各二百 扶寧幸州白州各百五十 平州安山各一百 卽成王所捨也 鹽盆在通州林道縣者一所 京邸在開城府者一區 其在市廛爲肆僦人者三十間 凡其錢穀什器之數 有司之者不載."

밀접하게 관련이 있을 것으로 보인다.

삼강직제에는 여러 부류가 있지만 대개는 院主, 典座, 維那 그리고 直歲나 史 등으로 구분한다. 먼저 원주는 삼강직제를 책임지는 승려이다. 원주는 주지가 파견되지 않을 때는 주지를 대신하여 사원의 관리를 맡지만 대개는 주지가 이 일을 맡는다.[157] 다음 전좌와 유나는 사원에 거주하는 사람들의 음식과 기거를 맡거나 僧衆의 동원이나 통솔과 관련된 임무를 맡고 있다. 이들은 승군의 동원이나[158] 승려가 동원되어야 할 불교행사에 주도적인 역할을 하고 있다. 직세는 役作人을 감독하는 임무를, 즉 莊民의 租를 거두어들이는 역할을 한 것으로 보인다. 史는 어떠한 역할을 하는지는 알 수 없지만 고려초기 향리직제 개편 때 戶部의 집사가 사로 개편되고 있는 것을 보면 사도 경제적인 면에서 직세를 보좌한 것이 아닌가 한다.

이러한 삼강직세는 사원의 관리를 담당하므로 이 직제에 편입되어 있는 승려는 세속과의 인연을 가지고 살아가야 함은 당연하다. 그러나 여기서 살펴 볼 악승은 하급승려로 신분은 하층신분이며, 경제적 부의 축적과 관계된 무리들이라는 것을 고려하면, 삼강직제 가운데 악승과 가장 긴밀한 관계에 있는 것은 바로 직세와 사이다. 이와 관련하여 살펴볼 수 있는 자료가 현종 2년의「淨兜寺五層石塔造成形止記」이다. 이 비문에는 정도사 소속의 승려를 지칭할 때 "史가 둘인데, 眞行沙彌는 本貫이 若木郡이고 成密沙彌는 본관이 善州이다."[159]라 하고 있다. 즉 '사'

---

157) 韓基汶,「主持制度와 그 運用」『高麗寺院의 構造와 機能』(民族社, 1998)에 의하면 주지가 사원의 재정을 호전시킨다든지, 莊을 지배하고, 사원의 수공업품인 瓦 등의 처분권을 행사한 것으로 보아 그가 사원의 실질적인 재정권을 장악한 듯하다. 이는 특히 사원의 재정문제를 처리한 直歲, 그리고 寶의 기능이 강화되면서 생겨난 寶長과 그 실무직원인 色掌의 인사권을 주지가 가지고 있었다는 점을 통하여 더욱 확연히 알 수 있다.

158) 蔡尙植,「淨土寺址 法鏡大師碑 陰記의 分析-高麗初 地方社會와 禪門의 構造와 관련하여-」『韓國史硏究』36, 1982.

라는 직책에 사미승이 임명되어 있음을 알 수 있다. 물론 사미승의
악승여부는 알 수 없다. 하지만 사미는 일본의 경우 "國俗剃髮 有妻子者在
家 稱沙彌"160)라고 하고, 우리나라의 경우도 受具하지 못하고 대승이
될 만한 나이이므로 이름만의 사미라는 뜻으로 20~70세까지의 승려를
가리키는 名字沙彌라는 것도 있다161)는 것에서 具足戒를 받지 못한 승려
집단을 가리키고 있다. 이러한 사미승이 사원에서 할 수 있는 것은
아마 사원의 살림살이나 사원의 경제적 부 축적과 관련된 일일 것이다.
최근의 연구에 의하면 삼강직제에 편입되어 있는 승려들은 승계를 받지
않았다고 한다.162) 왜냐하면 이들은 주지의 책임 하에 사원의 제반업무
를 파악하고 있는 자들이기 때문에 이동하거나 한시적으로 직임을 맡은
것 같지는 않으며 또한 사원에 토착하여 실무를 장악하여 세력을 부리는
인물로 파악되고 있어163) 아마 승계를 받은 승려들은 이러한 일을 하지
않은 것으로 본 것이다. 따라서 승계를 소지한 승려들은 교육이나 출판,
교리연구 등 불도를 닦는 일에 전념할 뿐이라는 것이다.

사료 라-3)에 나오는 만종·만전의 무리인 무뢰악승의 경우를 보더라도
이들이 승계를 가졌다고는 볼 수 없다. 또한 고려후기로 갈수록 승계를
가지지 않은 승려들이 속출하였을 것으로 보인다. 게다가 고려후기는
국가의 사원정책이 이완됨에 따라 소규모 사원들은 院主의 필요에 의해
일괄적으로 승려가 되는 경우도 많았고, 그 가운데는 특정 산문에 소속되
지 않은 승려들도 출현하였을 것으로 보인다. 고려후기에 보이는 '傭
僧'164)이라는 용어는 이를 잘 말해준다. 앞서 언급했듯이 악승이 조선초

---

159) 許興植, 「淨兜寺五層石塔造成形止記」『韓國의 古文書』, 민음사, 1988.
160) 織田得能, 『佛敎大辭典』, 大藏出版, 1954.
161) 雲虛 엮음, 『佛敎辭典』, 법통사, 1962.
162) 韓基汶, 「高麗時代 寺院內의 管理組織과 所屬僧의 構成」『한국중세사연구』2, 1995.
163) 『東文選』卷23, 「勸誡諸寺院三綱司存敎書」.

기의 잡승과 연관이 있다면 잡승이 승계를 받지 않는 승려임이 사료상에 나오므로[165] 악승의 승계여부도 대략 짐작할 수 있다.

하지만 악승이 무뢰적인 모습으로만 보이는 것은 아니다. 다음 장에 서술하겠지만 악승은 속세인들을 대상으로 포교나 보시활동을 하여 그들로부터 기진을 받는 경우의 일도 허다하게 하고 있다. 이럴 때 이들 악승도 불교에 대한 기본적인 소양이 있어야 하는 것은 당연하다. 예를 들어 고려말기 사회적 문제를 불러일으켰던 伊金의 경우 하층민뿐만 아니라 지식인들도 포교대상이었기 때문에 아마 대단한 불교적 소양을 가졌던 인물로 보인다. 속세인들을 대상으로 이금과 비슷한 행위를 하며 사원의 식리활동을 하는 악승으로서는 사원을 대표할 수 있는 믿음을 이들에게 보여주어야 한다. 따라서 악승은 앞서 보았듯이 구족계를 받았던 승려는 아니지만 최소한 사미계는 받았을 것으로 추측할 수 있다.

이상과 같이 악승은 사원이나 승려 개인에게 예속된 존재도 있지만 독자적인 형태를 띠는 경우도 있었다. 그 대표적인 것이 바로 스스로 사원을 창건하기까지에 이르렀던 森溪縣의 崔山甫의 경우이다. 삼계현의 최산보는 음양술수에 밝아 머리를 깎고 출가한 뒤 金剛寺의 주지가 되어 조카들과 더불어 약탈을 일삼았다. 이후 최산보는 자기의 입지를 넓히기 위해 術僧 道一과 결탁하여 중앙으로 진출하고 있으며 많은 세력가들을 자기 세력권으로 끌어들이고 있다.[166] 이와 같이 최산보도 하층민 출신으로 자신의 지식을 기반으로 하층민들을 현혹하여 자기의 세력을 키웠으며 더 나아가 자신의 정치적·경제적 입지를 넓히기 위하여 중앙세력과

---

164) 『高麗史』 卷33, 忠宣王 卽位年 5月條.
165) 雜僧에 대한 受戒 여부는 世宗 28年에 왕비를 위한 水陸齋를 지낼 때 잡승에 대한 供饋가 문제시되는데, 수륙재에 참여하는 승도는 수계승만 대상으로 한 것에서 잡승은 수계 대상이 아님을 알 수 있다.
166) 『高麗史節要』 卷16, 高宗 14年 3月條.

결탁하고 있다. 이러한 최산보의 행위도 악승의 한 유형으로 볼 수 있다.

이상에서 악승들의 개념과 범주에 대해 살펴보았다. 악승은 무뢰승도와 같은 용어로 사용되었으며, 당시 사원 구성원의 하층부에 소속되어 하층민을 수탈하는 데 앞장서고 있다. 이들 악승은 하층민이 피역을 위해 사원에 투탁한 무리로, 사원이나 승려 개인의 식리활동이나 무장보호를 주로 하였다. 따라서 이들은 불승의 일반적인 생활에서는 아주 일탈적인 모습으로 비추어질 수밖에 없는 것이다.

악승의 발생 배경은 그 시대의 사회현상과 밀접한 관련이 있다. 고려후기는 국가의 사회 전반에 대한 통제력이 약화되고 반면에 생산력발달에 따른 민의 계층 분화가 심화된 시기였다. 12세기 이후가 되면 중앙집권체제가 이완된 모습이 여러 면에서 나타나고 있다. 이 가운데 악승의 발생 배경으로 주목되는 것은 불교에 대한 국가 통제력의 이완과 그 속에서 나타나는 불교계의 전반적인 폐단이다.

먼저 지배체제의 이완이다. 고려중기의 무인집권은 기존의 국왕권을 와해시켰고, 나아가 전통적인 고려체제를 뿌리째 무너뜨리고 있다. 또한 이것은 전통적인 문신 위주의 귀족의 권위를 부정하였기 때문에 문신귀족 중심의 정책에도 많은 변화를 가져왔다. 이러한 변화는 결국 불교계도 예외는 아니었다.

고려가 성립한 이후 집권체제를 구축하는 과정에서 사상적으로 가장 주목되는 것은 五敎九山의 통합이다. 특히 光宗은 왕권 강화를 시도하면서 이러한 불교계에 대한 정비작업을 본격적으로 추진하였다. 그러나 景宗代의 정치는 상대적으로 유학이 중시되는 분위기 속에서 불교가 가졌던 체제이념으로서의 기능은 축소되었으며 그 결과 각 종파별, 신앙별로 특정집단을 대변하는 위치로 전락하였다. 따라서 願堂이 남설되고 더욱이 불교는 문벌귀족과 결탁하게 되었다.

이에 비해 지방의 향리층이나 대다수의 농민·천인층은 중앙의 이러한
모습과는 달리 독자적인 신앙공동체를 형성하여 정토신앙을 수호하는
모습을 보였다. 따라서 12세기 이후 불교정화운동이 일어나자 수선결사
와 백련결사의 중심인물들은 피폐된 중앙을 멀리하고 하층민을 지지세
력으로 확보하고자 이들이 믿던 정토신앙을 수용하였던 것이다. 그러나
원간섭기에는 국왕권의 강화를 위한 여러 가지 시책이 마련되는데, 그
중 불교정책과 관련되는 것이 天台宗의 白蓮結社를 대신한 妙蓮寺 계통과
修禪寺를 대신한 迦智山門과 왕권과의 결탁이다. 이에 승려들은 부와
권력지향의 성향을 본격적으로 드러내게 되었다.167) 이는 유독 이 시기
에 僧徒에 대한 封爵·封君이 많이 나타나는 것에서도 알 수 있으며, 또
僧政에 대한 권한을 특정의 인물에게만 주었다는 것에서도 이러한 경향
을 엿볼 수 있다.168)

이와 같이 고려후기 불교계는 일반민의 입장과는 달리 현실과 타협하
는 경향이 강하였다. 더욱이 보수화된 불교계에서는 오로지 자신들의
권익을 지키고 확대하는 데 주력하였고, 그 결과 하층민의 피해는 상당하
였다. 이것은 불교가 하층민의 이념적 지주가 아닌 단지 수탈자로 전락하
였음을 말해준다. 이런 불교계의 수탈자의 모습에 충실하기 위해서는
무뢰적인 악승들이 당연히 필요했던 것이다.

그러면 악승들은 구체적으로 어떠한 역할을 하였는지에 대하여 알아
보자. 앞서도 언급하였지만 고려중기 이후 악승들은 사원의 식리활동에
종사한 것으로 보인다. 사원의 재산은 주로 전답을 들 수 있지만 고려중기

---

167) 蔡尙植, 『高麗後期佛教史研究』, 一潮閣, 1991.
168) 僧徒에 대한 封爵·封君에 대한 폐단을 제거하기 위하여 공민왕대 이후가 되면
    불교의 폐단을 혁파하는 조치로서 일차적으로 승도에 대한 봉작·봉군 금지(『高
    麗史節要』卷31, 辛禑 5年 正月條, 辛禑 9年 2月條 ; 『高麗史節要』卷34, 恭讓王 2年
    正月條), 승도의 궁중출입금지(『高麗史節要』卷27, 恭愍王 11年 10月條) 등이 나오
    고 있다.

이후 사원은 상업행위에 적극적으로 참여하여 많은 부를 축적하고 있다. 사원이 상업에 종사하기 위해서는 상품의 제조와 유통의 장악이 우선시 되어야한다. 먼저 상품의 제조는 상당한 수준에 있었음을 여러 사료에서 확인할 수 있다. 예를 들어 忠烈王의 妃인 齊國大長公主가 승려가 바친 白苧布를 보고 그 생산기술을 탐내어 婢를 탈점한 사례[169]나 또 금강산의 長安寺에서 염분을 보유하고 있는 것[170] 등은 사원이 보유하고 있는 제조기술과 상품성이 상당하였음을 말해준다. 이렇게 상품생산이 갖추 어졌다면 이제는 이 상품의 판로에 직접 나서야 한다. 물론 장안사의 예를 보면 초기에는 장안사에서 소유하고 있는 30간의 상점을 세를 주고 있지만, 이 시기가 되면 사원이 직접 상점의 경영에 참여했을 것으로 짐작된다. 또 12세기 이후가 되면 많이 붕괴되었지만 본관제의 지배체제 에서 상품의 유통에 참여하기 위해서는 상업행위가 상대적으로 용이한 악승은 사원의 중요한 구성원이라고 할 수 있다. 고려후기가 되면 상업행 위는 귀족뿐만 아니라 국왕까지도 참여할 정도로 보아 매우 일반적인 현상이라고 볼 수 있다.

악승은 이러한 대사원의 위세를 빌어 개인적인 치부도 많이 했을 것으로 보인다. 우왕 14年 憲司가 올린 상소에 따르면 商賈貪徒가 權門에 다투어 의탁하여 千戶의 직임을 받아 서북지역에서 민을 침해한다고 언급하고 있는데,[171] 이때 商賈貪徒 중에는 아마 악승들도 포함되어 있었 을 것이다. 앞서 보았듯이 관리들을 사칭하고 능멸하였다는 만종·만전에 게 예속된 악승무리들도 이와 유사했을 것으로 생각된다.

이와 같이 악승의 상업행위가 활발해지자 국가에서는 이에 대한 제재 조치를 내리고 있다. 즉 승려의 市家출입금지나 승려의 상업행위금지

---

169) 『高麗史』 卷89, 齊國大長公主傳.
170) 『稼亭集』 卷6, 金剛山長安寺重興碑.
171) 『高麗史』 卷81, 兵1 兵制條.

등이 바로 그것이다. 이렇게 국가가 통제조치를 한 것은 악승의 상행위가 국가에 대한 심대한 도전으로 보았던 것이다.

두 번째로 악승들이 활동한 부분은 바로 사원의 보호임무를 띠는 것이다. 즉 僧軍의 편성인데, 이 승군의 편성이 언제부터 이루어졌는가는 알 수 없지만, 신라말기 민란과 왜구의 발생으로 침해가 사원에까지 가해졌으므로 사원이 자체 보호를 위해 조직한 것으로 보인다. 고려초기 에는 국가에서 그러한 보호임무를 맡고 있지만, 중기 이후가 되면 국가의 통제력 상실로 사원 스스로 이것을 해야 했다. 이러한 승군에 충당될 수 있는 자들이 바로 악승들이라고 할 수 있다.[172] 특히 무인집권기 이후는 교종과 선종에 대한 국가의 지배가 교차되고 있었으므로 서로의 세력을 지키기 위해서는 무력적 기반이 절실히 요구되었다. 이러한 불교적 분위기를 잘 말해 주는 것이 華嚴神衆經의 성행이다. 화엄신중경 은 나말여초 화엄종의 중심 사찰이었던 海印寺에서 막대한 田庄과 독자의 緇軍 조직을 바탕으로 지역사회에서 강력한 寺院共同體를 구축해 나가면 서 당시 禪宗에 대응한 화엄종단의 정체성 운동의 일환으로 성립시킨 것으로 되어 있다.[173] 이러한 화엄신중경은 고려후기 몽골침입을 계기로 다시 유행하게 되는데,[174] 이는 몽골침입이 종결된 이후에도 정치적이든 경제적인 이유에서든 사원의 보호라는 측면에서 자연히 계승되었을 것으로 보인다. 이것은 사원내에서 많이 보여지는 승군에 대한 자료,[175] 또는 승려가 무기를 소유한 모습, 말을 타고 다니는 모습[176] 등에서

---

172) 『高麗史』 卷128, 李義方傳.

173) 南東信, 「羅末麗初 華嚴宗團의 대응과 『(華嚴)神衆經』의 성립」 『外大史論』 5, 1993.

174) 崔柄憲, 「高麗時代 華嚴宗團의 展開過程과 그 歷史的 性格」 『韓國史論』 20, 國史編纂 委員會, 1990.

175) 僧軍에 대한 자료로서 많이 거론되는 것은 신라말 海印寺의 吉祥塔誌와 哭戰亡緇 軍詞이며, 이러한 승군의 전통이 고려시기에도 계승되어 호국적인 것과 사원을 보호하는 모습을 볼 수 있다.

176) 『高麗史』 卷85, 刑法2, 禁令條, "승도와 노복 및 잡류들이 거리낌없이 말을 타고

유추해 볼 수 있다.

이러한 중앙집권체제의 이완은 또 다른 사회현상을 가져왔는데, 그것은 바로 사회 구심력의 약화이다. 국가의 사회 전반에 대한 통제력 상실은 여러 가지 면에서 하층민들의 생활에 적지 않은 영향을 미치게 된다. 국가의 통제력이라는 것은 실제로 하층민들을 보호하면서 한편으로 수탈하기 위한 여러 가지 장치들로 나타난다. 즉 표면적으로는 하층민이 기본적인 생활을 유지할 수 있도록 보호해주는 것인데, 이것이 흔들리게 되면 이들 하층민의 생활 방식에 변화가 일어날 수밖에 없다. 특히 수탈이 전면에 드러나면 하층민들은 더욱 개인주의적인 경향[177]을 띠기 시작하는데, 크게 流亡과 定着의 모습에서 그러한 것을 찾아 볼 수 있다.

먼저 유망은 대체로 자기가 살던 촌락에서 더 이상 생활할 수 없을 경우에 발생한다. 유망은 초기부터 개인주의적인 모습을 취하게 되는데, 이는 그들이 살았던 촌락공동체에서 탈락된 무리이므로 생존을 위해서는 어쩔 수 없는 것이었다. 다음은 유망하지 않고 그대로 촌락에 정착해서 살아가는 무리들도 있다. 물론 이들 모두는 경제적인 여유가 있는 자들이 아니다. 하지만 유망이라는 극단적인 상황을 면했다고 한다면 유망을 선택한 무리들보다는 좋은 조건을 가졌을 것으로 보인다. 따라서 이들은 유망하지 않기 위해 농경에 더욱 힘을 기울여 자립농으로서의 기반을 갖추어 나가려고 할 것이다. 하지만 이들이 자립화하는 과정에는 많은 어려움이 따르게 된다. 이때 이들은 그들의 경제적 조건을 보장해 줄

공공연히 큰 길로 다니며 어떤 자는 말을 달리다가 사람을 밟아 죽이기도 한다."

177) 여기서 個人主義라고 한 것은 국가의 지방지배에 대한 직접적인 지배를 벗어나려는 현상을 설명한 것이다. 특히 소농민의 자립화를 개인주의라고 할 경우 농촌공동체의 붕괴를 의미할 수도 있겠지만 여기서는 농촌이 자립화의 길을 모색하기 위해서는 이전의 국가위주의 향도보다는 농촌 소공동체 위주의 향도 모임이 주체가 되는 것을 말한 것이다.

수 있는 향촌공동체의 필요성을 절실하게 느끼게 된다. 따라서 이 시기에 구성된 향촌공동체는 상호부조를 목적으로 하고 있으므로 이 조직에 속한 香徒는 이전의 중앙집권자나 지방토호세력이 중심이던 대규모의 형태가 아니고 향촌민 중심의 소규모적인 모습으로 바뀌었으며, 또 그 향도들의 신봉대상도 이전의 불상·석탑 등 국가 안위를 위한 조성에서 이제는 念佛, 齋會, 燒香, 會飮, 喪禮시의 부조 등의 활동이 두드러졌다.178) 이것은 하층민들이 생활에 꼭 필요한 대상을 믿는 형태로 향도의 성격이 바뀌었음을 말해준다.

이렇게 농촌에서 자립화 즉 개인화가 일반화되어 나갈 때 그들이 신봉했던 관음신앙이나 아미타신앙은 이것을 더욱 부채질하였을 것으로 보인다. 이들 신앙은 현실적인 구원신앙을 내포하고 있어 영험과 공덕을 바라는 전통적인 신앙과 결부될 수 있는 종파이다. 따라서 관음신앙이나 아미타신앙은 고려후기로 갈수록 주술 의존성의 색채가 짙게 나타났으며 전통적으로 민간신앙과 상당히 부합되는 관계에 있었다. 특히 고려말기가 되면 이러한 경향은 더욱 두드러져 彌勒下生信仰과 결부되어 적극적인 사회개혁의 염원을 담게 된다. 다음의 사료는 이러한 상황을 잘 보여주고 있다.

固城에 사는 妖民 伊金이 자칭 미륵불이라 하면서 여러 사람들을 유혹하여 말하기를, "나는 능히 석가불을 모시고 올 수 있다. 무릇 귀신들에 기도를 올리거나, 제사를 지내는 자, 말과 소의 고기를 먹는 자, 돈과 재물을 남에게 나누어주지 않는 자는 모두 죽을 것이다. 나의 말을 믿지 않거든 3월에 가서 보라. 해와 달이 모두 빛을 잃어 버리게 될 것이다"라고 하였으며 또 "내가 한 번 움직이면 풀에서는 파란 꽃이

---

178) 蔡雄錫, 『高麗時代의 國家와 地方社會』, 서울대학교출판부, 2000, 291~320쪽.

피고 나무에서는 알곡 열매가 맺힐 것이요 또 어떤 경우에는 곡물을 한 번 심어서 두 번 수확을 할 것이다"라고 하였다. 그리하여 어리석은 백성들이 그의 말을 믿고 쌀과 비단·금·은을 그에게 시여하고 서로 뒤질세라 빨리 가져다 바치느라고 분주하였다. 또 말·소가 죽어도 먹지 않고 내버렸으며 돈과 재물을 가진 자들은 다른 사람들에게 모조리 나누어주었다. 이금은 또 "내가 명령을 내려 산천의 귀신들을 파견하게 된다면 왜적을 다 붙잡을 수 있다"라고도 하였다. 巫覡(남녀 무당)들이 그를 더욱더 존경하고 신임하여 城隍祠廟를 헐어버렸으며 이금을 부처님처럼 섬기고 그에게 복리를 달라고 빌었다. 무뢰한들이 이에 덩달아 따라 나서서 이금의 제자라고 자칭하면서 서로 거짓말로 속이기를 일삼았다. 그리하여 그들이 이르는 곳마다 수령들도 나와서 맞이하고 객관에 유숙시키는 자도 있었다. 그들이 청주에 오자 權和는 그 무리들을 유인하여 괴수 5명을 결박하여 가두고 조정에 급히 보고하니 도당에서는 여러 도에 공문을 띄워서 그 일당을 모조리 잡아 참형에 처하라 하였다. 판사 楊元格이 그 교설을 믿었다가 이때에 이르러 도망하여 숨었으므로 그를 수색하여 붙들어 곤장을 치고 귀양을 보내었더니 그는 도중에서 죽어버렸다.[179]

이는 우왕 때 미륵불을 자칭하면서 하층민을 선동했던 伊金에 대한 자료이다. 이금은 앞서 언급한 최산보와 같은 부류로 볼 수 있다. 이금이 하층민을 선동하면서 주장했던 것은 첫째, 모든 귀신을 관장하는 자가

179) 『高麗史』卷107, 權㫜 附 權和傳, "和幸禑時爲淸州牧使有固城妖民伊金自稱彌勒佛 或 衆云 我能致釋迦佛 凡禱祀神祇者 食馬牛肉者 不以貨財分人者皆死 若不信吾言 至三月 條日月條 皆無光矣 又云吾作用則 草發靑花 木結穀實 或一種再穫 愚民信之 施米帛金銀 恐後馬牛死則棄之不食 有貨財者 悉以與人 又云 吾勅遣山川神 倭賊可擒也 巫覡尤加敬 信 撤城隍祠廟 事伊金如佛祈福利 無賴漢從而和之 自稱弟子相誣証 所至守令或出迎館 之 及至淸州和誘致其黨 縛其渠首五人囚之 馳報于朝都堂 移牒諸道 悉捕斬之 判事楊元 格信奉其說 至是逃匿搜獲之 杖流道死."

자신인 미륵불이므로 오직 자신만을 믿을 것을 요구하며, 이렇게 하면 당시 하층민들에게 가장 고통을 주었던 왜구의 침입도 자신이 저지시킬 수 있다는 것이다. 이것은 하층민들이 지배층의 수탈과 함께 왜구의 침입에 의해 많은 고통을 당하고 있는 현실을 감안하여 그 대안으로서 고통없는 새로운 사회를 역설하고 있다.[180] 둘째는 이금이 농업생산력의 증대를 가져올 수 있다는 것이다. 위의 사료에서 자신 즉 이금이 한번 움직이면 풀과 나무에 열매와 꽃이 피고 또 씨앗을 한 번 뿌리고도 두 번 수확할 수 있다고 한다. 이는 당시 하층민 특히 핍박받던 농민들의 삶의 형태를 한 단계 높여줄 수 있는 부분이다. 셋째는 이 세상에 사는 모든 민들이 고루 잘 사는 사회를 약속하고 있다. 즉 부유한 자들이 가난한 자에게 재물을 나누어 주지 않으면 죽게 된다고 하여 富의 재분배를 강조하고 있는 것이다.

이금의 주장은 당시의 상황에서는 받아들여질 수 없는 혁신적인 것이었다. 하지만 핍박받고 있던 하층민이나 또는 정치적 현실에 대해 많은 혐오를 가진 지배층들이 이에 호응함으로써 큰 사회적 문제가 되었던 것이다. 따라서 이 모임에 참여한 사람은 전부 참형을 당하고 있다. 그러나 이금의 이러한 행위는 당시 하층민들을 결집시키는 방법을 제시한다는 점에서 많은 시사점을 던져주고 있다. 우선 하층민들이 자신의 터전인 촌락에서 이탈하여 유망하게 되는 근본적 이유는 그들의 생존기반인 농업의 실패와 지배층의 수탈 그리고 왜구의 침입이었다. 이러한 유망민을 하나의 세력으로 결집시키기 위해서는 그들이 유리될 수밖에

---

180) 伊金의 출신인 固城은 이 시기 왜구의 침입이 가장 심한 지역이었다(『高麗史』 卷37, 忠定王 2年 2月條, "倭寇固城 竹林 巨濟 合浦"). 고성 인근의 泗川지역에 왜구침탈에 대한 현실적 고통과 불안감을 구원받는 방법으로 미륵신앙과 결부된 埋香을 선택하고 있는 것에서도 이 지역에 미륵신앙이 일반화되어 있었음을 알 수 있다(李海濬,「埋香信仰과 그 主導集團의 性格－14·15세기 埋香事例의 分析－」『金哲埈博士華甲紀念史學論叢』, 知識産業社, 1983, 378쪽).

없는 원인을 치유해 주어야 한다. 그리고 그 대안으로서 그들에게 새로운 세상을 제시해야 하고, 그것은 바로 모든 민이 고루 잘 사는 사회인 것이다.

둘째로 정착하고 있었던 하층민들도 그들 스스로 자립의 기반을 마련하기 위한 노력을 경주하게 되는데, 여기에 농업생산력의 증대를 약속하게 되면 자연 이들도 이금 아래로 모여들게 되는 것이다. 이들은 전통적으로 농업생산력의 증대를 위해 많은 신들을 모시는 되는데, 대표적으로 토지신인 城隍祠廟이다. 이금은 이러한 성황 귀신 위에 존재하며, 그를 믿게 되면 농업생산력의 증대라는 약속을 이룰 수 있다는 것이다.

고려후기 사원도 위에서 살펴본 이금과 유사한 형태를 띠고 있다. 곧 사원의 입장에서도 유망하는 하층민을 사원에로의 투탁을 유도할 필요가 있었고, 또 한편으로는 정착민으로부터 그들이 가진 경제적 토대를 기진의 형태로 얻어낼 필요가 있었다. 이러한 상황에서 이금과 같은 일을 할 사람이 필요하였고, 악승이 바로 그러한 역할을 하였던 것이다. 즉 촌락이 붕괴하는 과정에서 주체적인 개개인의 의식이 생기는 모습은 지금까지의 촌락의 규제를 확실히 무시하는 것이었다. 이것은 이전의 국왕 또는 지역세력가들이 중심이 된 공동체에 대한 개별화의 반영으로 볼 수 있다.

이러한 상황에서 이전의 고대적인 이데올로기로 하층민을 선동하거나 동원하는 것은 어렵다. 따라서 이들을 동원하기 위해서는 새로운 이념과 사회에 대한 미래상을 보여주어야 한다. 승려는 勸善을 통해 하층민들에게 접근하는 자들이다. 勸善은 새로운 사회에 대한 믿음을 심어주는 것이므로 하층민들은 그들이 처한 상황 즉 자립화되었든 유망했든간에 쉽게 승려들에게 끌려들어갈 수 있게 된다. 특히 개별접촉을 통해 이들을 동원해야 할 시기에는 아주 적합한 사람이 바로 이들 악승이라고 할 수 있다. 이에 사원측은 이러한 시대적 분위기를 이용할 필요에서 적극적으로 악승을 동원하였던 것이다.

2) 악승의 경제활동

　앞에서도 언급했듯이 악승은 사원의 세력권 보호와 밀접한 관련이 있다. 물론 세력권에는 정치세력, 경제력 등을 내포하고 있다. 그러나 이것들 가운데 궁극적으로 악승을 통해 보호하고자 했던 것은 경제력의 보호와 확대라고 할 수 있다. 이는 여러 가지 식리활동을 통해 엿볼 수 있는데, 여기서는 가장 중요한 몇 가지만 살펴보기로 한다.

(1) 寺院田 경영

　사원의 주된 식리활동은 사원전 경영에서 찾을 수 있다. 사원전은 보동 國家에서 내려주거나 귀족들의 시납 등으로 이루어졌다. 그러나 고려후기에 이르러 사원에 대한 국가의 통제력이 약화되면서 이러한 사원전의 경영은 조금씩 변질되어갔다. 특히 개인의 집을 사원으로 만드는 경우가 많아지면서 이러한 양상은 일반화되었다.

　고려후기 사원전은 그 규모가 크게는 '山川爲標 標以山川'[181]한다고 표현될 정도로 토지가 한 지역권을 중심으로 확대되었고, 경영면에서도 수조지와 소유지에 따른 다양한 형태가 나타난다. 이러한 사원전의 경영은 이들 전호나 전객을 관리할 사람이 필요하였다. 사원전을 관리하는 자는 일반적으로 전조나 전세를 수취하는 일을 담당하였다. 또 한편으로 많은 세금을 받기 위하여 勸農使로서 농업경영에 직접 개입하는 일도 있었다. 이는 『三國遺事』調信傳이 참고된다. 여기에 의하면 승려가 직접 사원전에 파견되어 그 지역의 토지 경영에 참여하고 있다.[182] 사원전은

---

181) 『高麗史』 卷78, 食貨1 田制, 忠烈王 24年 正月條.
182) 『三國遺事』 卷3, 洛山大二聖 觀音正趣調信條.

이들에 의해 그 경영이 활발하게 이루어졌을 것으로 생각된다. 그렇다면 이들은 어떤 부류였을까? 이들은 기본적으로 俗界와 밀접한 관련이 있어야하고 또 고려후기는 사원도 하나의 거대한 地主이므로 사원측에서는 속계와 같이 강력하게 토지를 경영할 수 있는 사람이 필요하다. 그런 사람으로 당시의 악승을 상정할 수 있다.183) 이에 대하여는 다음의 사료가 주목된다.

  마-1) 다음과 같은 지시를 내렸다. "… 道門의 중들이 경영하는 각지 農舍에서 貢戶良人들을 함부로 차지하고 …"184)

  마-2) (충렬왕이) 다음과 같은 명령을 내렸다. "모든 사원, 忽只, 鷹坊, 巡馬 및 양반들이 관직을 가진 관원이나 殿前, 上守를 田庄으로 내려보내어 농민들을 불러 모으고, 교활한 아전을 유인하고 고을 원들에게 항거하며, 심지어는 差人을 구타하는 등 온갖 악행을 다하는데 지방 別銜들이 이것을 징계하지 못한다.185)

  마-3) 중들이 민가에 와서 머물러 묵는 것을 금한다.186)

이상의 사료 마에 보이는 승려들은 수도승과는 거리가 멀다. 이들은 사원의 재원 확보, 실질적으로 사원전 경영과 관련이 있는 승려로 보인다. 즉 이들은 사원을 대신하여 사원전을 경작하는 농민들을 관리하는, 이를테면 앞서 언급한 조세를 수취하는 일과 권농사의 역할을 하였을

---

183) 李炳熙, 앞의 논문에서는 이러한 존재로 사원 노비를 상정하고 있다.

184) 『高麗史』卷85, 刑法2 禁令, 明宗 18年 3月條, "制曰京人於鄕邑 盛排農場作弊者 破取農場 以法還京 道門僧人 諸處農舍 冒認貢戶良人 以使之 又以麤惡紙布 强與貧民 以取其利 悉皆禁止."

185) 『高麗史』卷85, 刑法2 禁令, 忠烈王 12年 3月條, "下旨今諸院寺社忽只鷹坊巡馬及兩班等 以有職人員 殿前上守 分遣田粧 招集齊民 引誘猾吏 抗拒守令 以至毆櫪 差人作惡萬端下界 別銜不能懲禁."

186) 『高麗史』卷85, 刑法2 禁令, 恭愍王 10年條, "十年御史臺禁僧入市街."

것이다. 이것은 전체적으로 보면 권농사의 임무에 다 포함될 수 있다. 즉 이들은 농업 경영에 필요한 여러 가지 조건을 만들어주기도 하지만 조금이라도 많은 수확물을 얻기 위해 농민들을 독려하는 역할도 한다.

위의 사료 가운데 마-1)·마-2)는 이들이 직접 사원전 경영에 참가하고 있는 모습을 보여주고 있다. 먼저 마-1)을 보기로 한다. 사원전의 관리는 農舍를 통해 이루어지고 있다. 여기에서 농사라는 것이 정확하게 무엇을 가리키는지 잘 알 수 없지만, 농사를 짓는 데 필요한 물품을 보관하는 창고 또는 농사를 짓는 자들이 기거하는 집을 의미할 것이다. 또 이 농사에서 貢戶를 함부로 차지하고 있다는 것은 실제 불법적인 점탈로 사원전을 경영하고 있음을 나타낸다.

여기서 말하는 공호는 국가에 貢賦의 의무를 지는 하층민을 가리킨다.[187] 공호는 일반적으로 고려시기 국가 재원의 창출구이기 때문에 이들을 점유한다는 것은 국가의 기강을 무너뜨리는 일이라고 할 수 있다. 하지만 고려중기 이후가 되면 국가의 對民 지배력이 약화되자 사회의 각 구성원들은 공동체적인 모습보다는 상대적으로 개인지향적인 형태를 취하게 된다. 이런 경우에는 개인의 역량에 따라 그들의 입지가 달라지기 때문에 불법적인 방법을 동원해서라도 그들의 개인적인 역량을 키우는 데 주력하게 된다.

따라서 사원의 경우도 사원 자체의 노력에 의해서만이 그들의 입지를 좌우할 수 있기 때문에 불법인 공호양인을 점유하여 사원전을 경작하였던 것이다. 이러한 일을 할 때 사원의 입장에서 가장 합당한 승려가 바로 하급승려인 악승이라 할 수 있다. 악승은 앞에서도 언급한 바와 같이 속계와 밀접한 관련이 있는 자들이므로 속계의 사정에 밝고 또 하층민을 동원하기에도 편리한 이점이 있다.

---

187) 蔡雄錫,「고려후기 지방지배정책의 변화와 '貢戶'의 파악」,『논문집』1, 카톨릭대학교, 1995.

사료 마-2)는 고려후기 사원의 실상을 잘 보여주고 있다. 개인적인 경향이 사회의 중심이 되었을 때, 지배계층은 그들의 권력을 앞세워 더 많은 경제력을 확보하는 데 심혈을 기울인다. 여기에 사원도 예외가 될 수는 없다. 따라서 상대적으로 수탈을 당하는 쪽이나 이러한 불법 행위를 막아야 하는 관리들도 그들의 행동에 힘을 실을 수 있는 공권력이 거의 마비가 되었기 때문에 아무런 대책도 세우지 못하게 된다.

당시 세력가들은 有職人員과 殿前上守를 田庄에 보내어 수취하였다. 사원의 경우는 위의 유직인원이나 전전상수 보다는 주로 승려를 파견하였을 것이다. 조세수취 자체가 사원의 재정과 깊은 관련이 있으므로 여기에 치중하는 것은 사원으로서는 당연하다. 반면에 삶을 영위하기 어려운 하층민의 입장에서 조세를 납부하기란 보통 힘든 일이 아니다. 이러한 상황을 타개하기 위해 사원에서는 위의 사료에서 보이듯이 관원을 동원하거나 차인을 보내어 민을 괴롭히게 되는 것이다.

사료 마-3)은 승려들이 민가에 끼치는 악영향이 너무 크기 때문에 이것을 사전에 차단하기 위해서 사원의 승려들이 마음대로 민가에 머무는 것을 금지한 것이다. 그러면 승려들이 민가에 끼친 해는 무엇일까? 일반적으로 사원과 농민과의 관계는 신앙 이외에도 토지를 매개로 연결되어 있다. 이 점을 고려하면 사료 마-3)은 농민에게 위에서 언급한 여러 가지 폐해를 주는 인물로 특히 승려가 지목되어 이들의 민가출입을 금지하는 것으로 보인다. 또 다음에 언급하듯이 사원의 재식활동 중 상업과 관련하여 승려의 민가출입을 금지한 것도 같은 조치라 하겠다.[188]

다음의 사료는 승려들이 속세와 인연을 가지면서 어떠한 방법으로 재원을 모았는가를 보여준다.

---

188) 蔡雄錫, 「高麗前期 貨幣流通의 기반」 『韓國文化』 9, 서울大學校 韓國文化硏究所, 1988 ; 李景植, 「16世紀 場市의 成立과 그 基盤」 『韓國史硏究』 57, 1987.

바-1) 僧人追考都監을 설치하여 모든 사원의 勸化僧이 서울로 모여들어
    금전과 재물을 거두면서 추잡한 행동을 하는 것을 금지하였다.189)
바-2) 감찰사에서 다음과 같은 금령을 발표하였다. … 여덟째 중과 속인
    들이 항간에 섞여 살거나 중들이 願文을 가지고 다니면서 함부로
    勸善하는 것을 허용하지 않는다.190)

사료 바-1)에 보이는 勸化라는 것은 승려가 불사의 건립을 위해 신자에
게 금품의 기부를 행하도록 하여 선행을 쌓도록 권유하는 것 또는 나쁜
사람을 깨우쳐 불도로 이끄는 행위를 말하며, 권화승은 바로 이러한
일을 하는 승려를 가리킨다. 즉 권화라는 것은 넓은 의미에서 사료
바-2)에 나오는 勸善과 같은 뜻으로 사용될 수 있다.

인간은 현세에 못다한 것을 내세에 이루려는 소망을 가지고 있다.
따라서 승려가 보시를 권상하면 사람들은 적극적으로 여기에 응할 수밖
에 없다. 승려들은 이것을 빌미로 그들의 식리를 위하여 갖은 방법을
동원하게 마련이다. 사료 바-2)는 바로 이것을 잘 보여주고 있다.

승려는 속세와 인연을 가지면서 단순히 권화를 통해 재원을 축적하는
방법도 있지만 아예 속세에 살면서 이러한 행위를 적극적으로 하는
경우도 있다. 특히 願文을 가지고 다니면서 속세에서의 죄를 속죄하는
증표를 주기까지 하므로 많은 사람들이 보시를 행하게 된다. 이것은
불교라는 이데올로기를 이용하여 사원의 재리를 확대해 나가는 과정이
라고 할 수 있다. 특히 원문이 국왕의 친압이 있는 것이라면, 이는 국왕이
인정·후원한다는 의미가 담겨 있고, 승려가 이를 가지고 다닐 경우 하층

---

189) 『高麗史』 卷85, 刑法2 禁令, 忠宣王 4年 9月條, "置僧人推考都監 禁諸寺勸化僧來集京
    師 聚錢財 肆爲穢行者."
190) 『高麗史』 卷85, 刑法2 禁令, 忠肅王 後8年 5月條, "僧人不許雜居閭里 及齎願文亂行勸
    化."

민의 입장에서는 재물을 바치는 행위를 거부하기는 어렵다.[191] 따라서 승려는 보다 쉽게 백성들을 꾀어서 재물을 모을 수 있었으며, 이때 모은 연화량은 역마로 실을 정도로 막대했던 것이다.[192] 고려후기에 숙박시설인 院을 사원이 주축이 되어 만들고 사원 자체에 말을 사육했던 것도 모두 이러한 막대한 연화를 실어 나르기 위한 것으로 보인다. 물론 이러한 연화는 전부 사원에 소용되는 것은 아니었고, 그 나머지는 대개가 시장에 팔았을 것으로 생각된다. 연화물을 시장에 운송하기 위해서도 위의 원이나 말이 필요했을 것이다.

그렇다면 대개 권화승이 돌아다니면서 그들이 요구하는 것은 무엇일까. 물론 금전요구가 보편적이었겠지만 사원전의 보시가 가장 일반적이었을 것이다. 특히 고려후기는 토지의 寄進이 매우 활발하게 이루어진 시기이다. 토지의 기진은 순수하게 종교적인 보시의 명목으로 하는 경우도 있지만, 고려후기의 기진은 사원의 면세지를 이용하려는 편법이 대부분이다. 특히 이 시기의 사원은 개인 즉 권문세족의 원당이 된 경우가 많으므로 이들의 기진은 실제로 자신이 소유하고 있는 토지의 면세를 목적으로 하고 있는 경우가 많다.

(2) 상업

우리나라에 들어온 불교 종파는 사원의 식리활동을 어느 정도 인정하였다.[193] 이것은 불교가 본래 도시를 배경으로 하는 크샤트리아가 중심

---

191) 『高麗史』卷134, 辛禑 7年 6月條, "憲府言僧徒多依近幸受上 押願文橫行中外."
192) 『高麗史』卷85, 刑法2 禁令, 顯宗 19年 2月條, "어리석은 중들이 백성을 꾀여서 재물을 모아가지고는 역마로 실어 나르니 폐해가 막심하다. 그 해당기관에 지시하여 이것을 엄격하게 금지하라" ; 『太宗實錄』卷17, 太宗 9年 2月條, "금강산의 승려가 연화행위를 하였는데 그 양이 배로 운반할 정도였다."
193) 李炳熙, 『高麗後期 寺院經濟의 硏究』, 서울대학교 박사학위논문 제3장 제1절 「佛敎의 商業觀」.

이 되어 발생한 것이고, 특히 도시는 상업이 발달한 지역이므로 기본적으로 불교는 상업에 대해서는 우호적이었다. 따라서 불교의 古律에는 사원의 재산축적에 대해 많은 부분을 언급하고 있다. 불교의 고율은 기본적으로 사원은 식리활동을 허락하지만 사원의 운영에 필요한 만큼으로 제한하고 있다. 따라서 승려 개인의 재산소유는 인정하지 않았다.

고려시기 사원은 모든 경제활동이 총망라된 경제체제를 갖춘 곳이라고 할 수 있다. 즉 생산·판매·유통 전 부분이 사원 중심으로 이루어졌던 것이다. 당시의 유통경제는 잘 알려진 것처럼 지배층 중심과 피지배계층 중심으로 이루어졌는데,[194] 이 속에서 불교는 지배층 중심의 중앙에 있었던 것으로 보인다. 이러한 것이 가능한 것은 실질적인 상품의 제조가 최상으로 이루어졌고,[195] 또 그러한 최상품을 가지려는 귀족들의 욕구와 맞아떨어졌기 때문이다.

한편 고려시기 사원은 불교라는 종교적인 차원에서 용납될 수 있는 양조, 제염, 목축, 유봉밀 등의 생산·판매뿐만 아니라 사원의 수요와 그다지 관계없는 마늘과 파도 생산하고 있다.[196] 이것은 당시 사원이 상업에 깊이 관여하고 있고, 심지어 사원의 상업행위가 상당히 조직적으로 이루어졌음을 추측케 한다.

이러한 상행위를 통해 사원은 그들의 경제적 기반을 더욱 공고히 하였다. 더욱이 이것은 단순히 사원의 운영에 필요한 정도에 그치는 것이 아니라 실지 국가에서 그러한 상행위를 엄금할 만큼 그 규모가 컸다. 그리고 고려중기 이후 사원은 이러한 상행위를 전면에 드러내놓고 하고 있다. 이에 따라 악승들의 경제활동도 두드러지고 있는데, 그것은

---

194) 蔡雄錫,「高麗前期 貨幣流通의 基盤」『韓國文化』9, 서울대, 1988.
195) 『高麗史』卷89, 齊國大長公主傳에는 제국대장공주가 승려가 바친 고급 白苧布를 보고 그 직조기술을 가지고 있는 婢를 탈점한 사실이 기록되어 있다.
196) 『高麗史』卷7, 文宗 10年, 9月條.

다음의 사료를 통하여도 알 수 있다.

사-1) (명종) 18년 3월에 다음과 같은 지시를 내렸다. "道門의 중들이
경영하는 각지의 農舍에서 공호양인을 함부로 차지하고 그들을 부리
며 또한 품질이 나쁜 종이와 피륙을 만들어 빈민들에게 억지로 나누
어 주고 이익을 취하니 이것을 다 금지할 것이다."[197]

사-2) (충숙왕) 3년 3월에 관직에 있는 자나 승려들이 장사하는 것을
금지하였다.[198]

사-3) (충렬왕) 24년 정월 충선왕이 즉위하여 하교하였다. "鹽稅는 예로
부터 천하의 公用인데 지금 여러 宮院, 寺社와 권세가들이 모두 차지하
여 그 세를 내지 않으니 국용이 부족하다. 담당관청에서 깊이 살펴서
그 폐단을 제거하도록 하라."[199]

이상의 사료 사에서 보면 당시 승려들이 상업행위에 얼마나 치중했는지
를 알 수 있다. 본래 사원에는 이곳에서 필요로 하는 물품을 만드는 장인들
이 있었을 것으로 생각된다. 신라·고려시기를 통하여 각종의 탑이나 불교
전각을 지을 때에는 필요한 인원이 동원되는데, 그 안에는 이러한 장인의
기술을 가진 승려가 포함되고 있다. 이들 중에는 고급승계를 가진 인물도
있지만 '其工匠 則髡而家居者 受傭競進'[200]이라는 인물도 보인다.

그 외에도 全英甫 같은 이는 帝釋院의 奴로서 금박을 하면서 살아가고
있고,[201] 사원의 비 가운데 뛰어난 직조기술을 보유한 자도 있었다.[202]

---

197) 『高麗史』 卷85, 刑法2 禁令, 明宗 18年 3月條.
198) 『高麗史』 卷85, 刑法2 禁令, 忠烈王 3年 3月條, "禁有職人及僧人商販."
199) 『高麗史』 卷79, 食貨2 鹽法, 忠烈王 24年 正月條, "忠宣王卽位敎曰 鹽稅自古天下公用
今諸宮院寺社與勢要之家 皆爭據執不納 其稅國用不足有司窮推除罷."
200) 『牧隱文藁』 卷6, 「重房新作公廨記」.
201) 『高麗史』 卷124, 全英甫傳.

이를 통하여 볼 때 사원의 노비들 속에는 이와 같이 수공업부분에서 뛰어난 기술을 가진 사람도 많았다고 여겨진다.

사원이 최고의 수공업제품을 어떻게 수요처에 공급하는가는 금강산의 장안사처럼 개경에 시전을 마련하여 직접 상업에 종사하는 경우[203]가 있고 사원의 승려가 직접 교역에 참여하는 경우도 있다. 따라서 사료 사-2)처럼 국가에서는 승려의 상업행위를 금지하는 범령을 내리고 있는 것이다.

이들의 상업행위 금지는 실제로 이러한 상업행위가 미치는 해악이 대단히 크기 때문에 내려진 조처라고 할 수 있다. 승려의 상업행위가 관직을 가진 사람과 더불어 어떠한 해악을 끼쳤는가에 대해서는 연구는 많이 되어 있다.[204] 이에 대한 종래의 연구 경향은 反同,[205] 抑買抑賣[206]의 방법을 통해 하층민에 대한 강압적인 잉여물의 수탈로 보고 있다. 실제 이들은 지배계층이므로 강압적인 수탈이 일상적으로 일어나는 것이다. 악승들은 이러한 구조를 잘 알고 있었기 때문에 사료 사-1)처럼 승려들이 농사를 중심으로 공호양인을 불법적으로 부려 수공업제품인 종이나 피륙을 만들게 하고 또 이것을 억지로 이들에게 팔아먹는 행위가 가능하였다. 따라서 국가가 승려의 상업행위뿐만이 아니라 승려들의 시가출입 자체를 막고 있는 것도 이러한 양상을 잘 나타낸다고 하겠다.

또 사원이 많은 부를 가질 수 있었던 것은 바로 鹽盆을 소유하고 있었기 때문이다.[207] 이는 신라시대에서부터 사원이 소유한 것이지만,

---

202) 『高麗史』 卷89, 齊國大長公主傳.

203) 『稼亭集』 卷6, 「金剛山長安寺中興記」.

204) 李景植, 蔡雄錫, 李炳熙의 앞의 논문 참조.

205) 『高麗史』 卷135, 辛禑 9年 8月條.

206) 抑買抑賣에 대하여는 『高麗史』 卷85, 刑法2 禁令, 明宗 18年 3月 ; 卷79, 食貨2 科斂, 忠烈王 21年 4月 ; 卷85, 刑法2 禁令, 忠烈王 21年 5月 ; 卷38, 恭愍王 3年 6月條 등에 보인다.

207) 李穀, 『稼亭集』 卷6, 「金剛山長安寺中興碑」에는 長安寺 소유의 鹽盆이 기록되어

사원의 염분 소유는 사회적으로 문제가 많았기 때문에 국가에서 権鹽法을 시행하여 그 소유를 빼앗고 있다. 그러나 고려후기는 사원에 대한 국가의 통제력이 이완된 상태이므로 염분에 대한 소유는 사원이 계속 가질 수 있었고, 특히 사원이 귀족의 願堂으로 변질되면서 그것은 더욱 성행된 것으로 보인다. 소금은 인간의 생존과 직결된 것이므로 이를 통한 하층민의 지배는 쉽게 이루어졌을 것으로 보이며, 특히 소금 판매는 불법적인 행위이므로 이것은 아마 악승들이 담당했을 것으로 생각된다. 사료 사-3)에 후기 사원의 염분의 사적인 소유에 대한 엄단의 조처가 내려지고 있는 것을 보면 많은 불법이 악승들에 의해 자행된 것으로 보인다.

(3) 고리대와 寶

사원의 고리대 행위는 본래 불가의 보시라는 명목에서 나온 것이다. 특히 고려후기 의창제가 붕괴되면서 사원이 구휼활동에 참여할 수 있는 기회는 더욱 넓어졌다. 사원의 농지를 경작하는 농민이나 인접한 농민이 수재나 한재 혹은 충해 등으로 흉년이 들 경우 사원의 미곡을 빌리는 것은 흔히 일어나는 일이다. 따라서 사원은 지역사회의 이러한 대부행위를 매개로 쉽게 농민과 긴밀한 관계를 맺었다고 할 수 있다.

이에 불가에서는 순수한 대부행위를 하기 위한 재원 확보라는 측면에서 寶라는 것이 필요했다. 즉 특정한 목적을 위한 재단의 성격을 띠는 寶는 일정한 재원을 가지고 그것을 대여하여 그에 대한 이자를 받아 불리는 것이다. 이자를 받아 재원을 불리는 것은 더 많은 사람들에게 그 혜택이 돌아가도록 하자는 것이다.208) 하지만 불가의 이러한 본질을 외면하고 오히려 사원의 재산증식의 도구로 이용된 것이 고려후기 보의

있다.

208)『高麗史節要』卷1, 太祖 13年 12月條.

폐단이라고 할 수 있다.

사원에서 보의 운영은 삼강직제 틀에서 보면 寶長과 色掌이 담당한 것으로 보인다. 보장은 보의 총관리자이고, 색장은 대출장부와 이식을 계산하는 실무자일 것이다. 고려전기에는 사원의 재원축적이 보가 중심이 되지 않았기 때문에 그렇게 중요시되지 않았지만, 후기로 갈수록 보의 중요성이 부각되어 이들의 임명을 국가에서 관여하게 된다. 하지만 고려후기 사원에 대한 국가통제력이 약화되어 보장과 색장에 대한 임명도 주지 개인의 입김이 더 많이 작용하게 되었고,209) 따라서 보를 중심으로 하는 사원의 재정운영도 독자적으로 이루어지고 있다.210) 특히 고려후기는 사원의 귀족의 원당화가 많이 추진되었으므로 이러한 경향은 더욱 만연화되었을 것으로 추측된다.

이러한 상황에서 국가도 나름대로 사원을 통제하려는 모습을 보여주고 있다. 즉 다른 사원은 그렇다고 하더라도 국가의 원당 만큼은 직접적으로 통제하려고 했던 것이다. 예를 들어 興王寺에 대한 자료가 그것을 잘 보여준다. 『高麗史』 卷123, 張舜龍傳에 의하면 흥왕사에 파견된 관리로 別監 李源이란 사람이 나온다. 이원은 『高麗史』 곳곳에 그 흔적을 발견할 수 있는데, 直司官·忠淸道按廉使를 역임한 인물이다. 이외에도 여러 곳에서 흥왕사에 대한 관리의 파견을 볼 수 있는데, 이는 국가에서 왕실의 원당만이라도 사원의 재원 확보를 장악하려는 의도라고 할 수 있다. 따라서 국가에서는 계속적으로 사원경제의 폐단을 지적하고 또한 이를 통해 억압하고자 했던 것이다. 특히 앞서 보았듯이 고려후기는 보가 사원의 식리활동의 중심이었기 때문에 국가에서는 보에 대한 집중적인 폐단을 지적하고 있다. 또 이러한 폐단을 하층민의 수탈과 관련하여 지적하면 권문세족에 대한 비판적 여론을 많이 일으킬 수 있으므로

209) 許興植, 「14·15世紀 淨土寺의 古文書」『高麗佛敎史硏究』, 一潮閣, 1986.
210) 韓基汶, 「寺院의 寶運營」『高麗寺院의 構造와 機能』, 424쪽.

그만큼 국가의 입장에서는 여러모로 이점을 가질 수 있는 것이다.

하층민들이 보에 의해 당하는 피해는 여러 사료를 통해 알 수 있다. 이러한 피해가 계속되자 국가에서는 강제적으로 이를 금하는 법령까지 내리고 있다.211) 고려전기의 사료이지만 성종대의 최승로 상소에도 佛寶를 이용한 고리대의 폐단이 지적되고 있어, 보의 폐단은 일찍부터 시작된 것으로 보인다. 다음의 사료를 보자

> 아-1) 지금 한둘의 중은 山人이었는데 항상 왕궁에 배회하고 궁내에 들어가도 폐하께서는 이것을 너그러이 보아줍니다. … 폐하께서는 이들로 하여금 삼보를 관장하게 하고 곡식으로써 이식을 취하게 하니 폐단이 많습니다.212)
>
> 아-2) 怡는 적자가 없어 嬖妓 瑞蓮房에게서 두 아들 만종·만전을 낳았다. … 두 아들이 난을 일으킬까 두려워하여 이들을 모두 송광사에 보내어 머리를 깎고 함께 禪師를 주어 만종은 단속사에 거주케 하고 만전은 쌍봉사에 거주케 하였는데, 모두 무뢰승을 문도로 삼아 오직 재물 늘리기에 힘을 써 경상도에서 축적한 쌀 50만석을 대여하여 이식을 취하였다.213)

사료 아-1)은 최충헌의 봉사 10조에 나오는 조항이다. 봉사 10조는 최충헌이 권력을 잡으면서 당시 사회 전반에 대한 폐단을 국왕에게 올린 글이다. 이 가운데는 사원에 대한 글이 많이 보이는데, 그것은 특히 사원의 보와 관련된 것이 대부분이다. 이 글에 의하면 당시 일반적인

---

211) 『高麗史』 卷85, 刑法2 禁令, 明宗 18年 3月條.
212) 『高麗史』 卷129, 崔忠獻傳, "今一二浮圖山人也 常徘徊王宮 而入臥內 陛下惑佛 每優容之 浮圖者 旣冒寵屢 以事干穢."
213) 『高麗史』 卷129, 崔忠獻 附 崔怡傳.

승려가 국왕의 비호 하에 보의 운영을 하고 있어 많은 폐단을 야기한다고 기술하고 있다. 앞서 설명했듯이 국가는 사원을 통제하기 위하여 관원을 파견하여 사원을 관리하도록 했으나 사원은 그러한 통제를 벗어나기 위해 귀족이나 개인적으로 국왕과의 친분을 이용하고자 했던 것이다. 이때 보의 폐단이라는 것은 아마 고리대 행위일 것이다. 하지만 당시 불법은 고리대 그 자체뿐만 아니라 고리대 행위를 하기 위한 재원 확보에서부터 자행되고 있다. 앞서 보았듯이 사원은 사원전의 경영이나 상업을 통해 많은 재원을 확보하였으며, 이 재원은 고리대 행위를 통해 더 많은 이윤을 창출할 수 있었다. 이러한 과정 자체가 바로 하층민의 수탈과 직결되는 것이고 또한 국가의 통제에서 벗어나 사원이 독자적으로 많은 재원을 이룰 수 있는 방법이었던 것이다. 물론 사원의 보운영에 관여할 수 있는 승려는 사원의 운영을 맡고 있는 주지가 중심이 되었겠지만 실질적으로 보운영은 이것을 빌려간 하층민과 직접적인 교섭을 해야 하므로, 아마 악승이 담당했을 것으로 보인다. 교섭이라는 것은 결국 하층민에 대한 강제적인 수탈이 대부분이므로 일반 승려가 그것을 감당하기는 쉽지 않다. 사료 아-2)에 이것이 잘 묘사되어 있다.

제6장 고려율령에 나타난 천인제도와 양천질서

1. 高麗·唐·日本의 律令身分制 연구-賤人制를 중심으로

동아시아 律令은 중국을 중심으로 형성되었다. 즉 唐의 율령을 계수하는 신라·고려와 일본은 自國法과의 마찰과 정착이라는 과정을 거치고 각 나라에 알맞은 율령을 만들었다. 따라서 삼국의 율령은 그 연원을 당이라는 중국왕조에 두고 있지만 현실에서 나타나는 율령은 그와 일치할 수가 없었다. 율령이 이렇듯 다양하게 도입 또는 정착되는 것의 가장 큰 원인은 바로 그 나라의 자국법과 유교인식의 차이와 관련된다. 유교는 禮를 통하여 발현된다고 한다. 그리고 그 예에 맞지 않은 것을 엄격히 금하기 위하여 예와 함께 부차적으로 시행하는 것이 바로 刑이다. 이러한 입장에서 본다면 율령연구는 바로 유교의 예적 실현과 관련이 된다고 할 수 있다.

다시 말하면 『의례』·『예기』 등 유교의 古典에 근거한 유교적 사회규범인 禮的秩序는 율령으로 제정된 國制의 기본적인 부분을 규정하고 있다. 이런 점에서 율령은 예적질서를 기초로 하여 발달한 법이라고 할 수 있다. 곧 律은 예적질서를 침해한 자에 대한 처벌법으로서 제정되었고, 令은 예적질서를 유지하기 위한 교화법으로서 기능하였던 것이다. 이와 같이 예적질서가 國制의 근간인 이상, 곧 양인 일반은 모두 예적질서에서 자유로울 수 없고 심지어 황제도 예외는 아니었다. 따라서 중국문명권에

속하는 동아시아제국의 국가형성에서 예에 기초하는 정치적 질서의
도입은 매우 절실한 문제였다.

　이러한 율령제 연구는 중국과 일본의 경우 성과가 많다.[1] 우리나라의
경우 최근 신라와 고려 율령의 형성 부분에 대한 연구가 진행되고 있다.[2]
신라시대 율령연구에서 논쟁이 되고 있는 것은 신라율의 성립시기, 신라
율의 당률의 계수관계, 변천과정 등이다. 그리고 고려율의 경우는 먼저
당률과의 계수관계에 대한 연구가 주를 이루고 있다.[3] 그러나 일찍이
유교에 대한 연구는 있지만[4] 율이 예적질서의 실현이라는 입장에서

---

1) 중국·일본의 율령제에 대한 연구는 中田薰,「古法雜觀」『法制史研究』1, 1952 ;「支
　那における律令法系の發達について」『比較法制研究』1-4, 1951 ;「支那法律法系の發
　達について補考」『法制史研究』3, 1953 ; 石母田正,「古代法」『岩波講座日本歷史古代
　4』, 1962 ;「律令法繼受の史的意義」『日本古代國家論第1部－官僚制と法の問題』, 岩
　波書店, 1973 ; 吉田孝,「隋唐帝國と日本の律令國家」『隋唐帝國と東アジア世界』, 汲古
　書院, 1979 ; 川北稔·鈴木正幸編,『中華帝國·律令法·禮的秩序』, 柏書房, 1995 ; 鄭顯
　文,『唐代律令制研究』, 北京大學出版社, 2004 ;『律令時代中國的法律與社會』, 知識産
　權出版社, 2007 ; 大隅淸陽,『律令官制と禮秩序の研究』, 吉川弘文館, 2011 참조.
2) 全鳳德,「新羅律令攷」『서울대학교논문집(인문·사회과학)』4, 1956 ; 林紀昭,「新
　羅律令に關する二三の問題」『법제사연구』17, 1967 ; 李仁哲,「新羅律令의 篇目과
　그 內容」『정신문화연구』54, 1994 ; 한영화,「7~8세기 신라의 형률과 그 운용－
　君臣關係에 관한 형률 적용 사례를 중심으로－」『한국고대사연구』44, 2006.
　고려율에 대한 연구는 다음이 참조가 된다. 신호웅,『고려법제사연구』, 국학자
　료원, 1995 ; 한용근,『고려율』, 서경문화사, 1999 ; 蔡雄錫,『『高麗史』刑法志 譯註』,
　신서원, 2009.
3) 고려율과 당률의 비교분석에 편중되어 있고, 당률 이외의 송률, 금률, 원율의
　수용에 대해서는 상대적으로 관심이 부족한 실정이다. 그러나 일부 송률(仁井
　田陞,「唐宋の法と高麗法」『東方學』30, 1965), 원율과의 비교 연구는 다음의 논문
　참조. 연정열,「원률이 고려률과 몽골사회에 기친 영향에 관한 일연구」『한성
　대논문집』23, 1999 ; 김인호,「고려의 원율 수용과 고려율의 변화」『한국사론』
　33, 국사편찬위원회, 2002 ; 이정훈,「고려시대 지배체제의 변화와 중국율의
　수용」『한국사론』33, 국사편찬위원회, 2002.
4) 대표적으로 李範稷,『韓國中世禮思想研究－五禮를 中心으로－』, 一潮閣, 1991 ; 李
　熙德,『高麗儒敎政治思想의 研究』, 一潮閣, 1997 ; 한정수,『한국중세 유교정치사
　상과 농업』, 혜안, 2007 ; 채웅석·한정수·김정식,『월령과 국가』, 민속원, 2010 ;
　김일권,『『고려사』의 자연학과 오행지 역주』, 한국학중앙연구원출판부, 2011
　참조.

다룬 연구는 최근에 이루어지고 있다.5)

　이러한 예의 도입에 따른 삼국의 양천질서 즉 천인제는 어떻게 정비되어 나갔을까? 중국과 일본, 그리고 국내에서 이에 대해 많은 연구가 이루어졌다.6) 다만 국내의 연구경향은 초기에는 노비의 경제사적 성격을 탐색하는 데 관심을 집중했다가 점차 노비의 존재양태를 실증적으로 구명하려는 쪽으로 연구 방향이 전환되었다.7) 이러한 연구로 노비는 포로나 범죄로 발생되었고, 노비도 국가인민지배체제의 일원으로 편제되었음이 밝혀졌다.

　그러나 이러한 연구경향은 사회사 중심에서 이루어졌기 때문에 법제사로서의 양천제와는 거리가 있어 보인다. 즉 예를 들어 이 글에서 논하고자 하는 고려시기 신분제 연구는 지금까지 대체로 경제관계에 의해 형성되는 사회적 신분을 중심에 두고 진행되었다. 물론 사회통합

---

5) 全永燮,「高麗의 律令制와 唐의 禮法－'禮主刑(法)補'의 繼受에 대한 一試論－」『역사와 경계』 70, 2009.

6) 중국은 仁井田陞, 『中國法制史研究 : 奴隸農奴法, 家族村落法』, 東京大學出版會, 1962 ; 堀敏一, 『中國古代의 身分制－良と賤』, 汲古書院, 1987. 일본의 대표적인 연구는 石母田正,「古代의 身分秩序－日本の場合についての覺書－」『古代史講座』 7, 學生社, 1963 ; 峰安純夫,「日本中·近世における身分制의 構造와 展開」『中世史講座4 中世의 法と權力』, 學生社, 1985. 고려시기 신분제에 대한 연구현황은 주웅영,「고려조 신분제 연구의 성과와 과제」『역사교육논집』 10, 1987 ; 朴菖熙,「高麗後期의 身分制 動搖」『國史館論叢』 4, 1989 ; 채웅석,「고려시대의 신분제」『한국 전근대사의 주요 쟁점』, 역사비평사, 2002 ; 홍승기,『高麗社會史研究』, 일조각, 2001 ; 김난옥,『고려시대 천사·천역양인 연구』, 신서원, 2000 등 참조.

7) 趙法鍾,「新羅寺院奴婢의 起源問題에 關한 一顧察」『史叢』 32, 1987 ;「韓國古代奴婢의 發生 및 存在樣態에 對한 考察」『百濟文化』 22, 1992 ;「한국 고대사회 노비제의 특성」『韓國史學報』 15, 2003 ; 高慶錫,「三國 및 統一新羅期의 奴婢에 관한 고찰」『韓國史論』 28, 서울대학교 국사학과, 1992 ;「삼국시대 民과 奴婢의 신분적 성격」『한국 고대의 신분제와 관등제』, 아카넷, 2000 ; 全美姬,『新羅 骨品制의 成立과 運營』, 서강대학교 사학과 박사학위논문, 1997 ; 李榮薰,「한국사에 있어서 奴婢制의 추이와 성격」『노비 농노 노예－隸屬民의 比較史』, 一潮閣, 1998 ; 金昌錫,「新羅 中古期의 奴人과 奴婢－城山山城 木簡과「鳳坪碑」의 분석을 중심으로－」『한국고대사연구』 54, 2009.

메커니즘의 해명이라는 차원에서 보면, 국가에 의한 신분편성의 구조와 원리를 정합적으로 이해하기 위하여 국가의 강제력만으로는 부족하고 현실사회도 시야에 넣어야 하지만, 그 경우에도 법제적 신분이 우선 구명되어야만 하는 것은 당연하다.[8] 또한 양천제가 가지는 근본적인 배경에 대한 이해가 부족한 듯하다.

율령의 도입, 구체적으로 여기서 논제로 다루고자 하는 양천제의 도입은 결국 국가지배질서의 성격과 관련된다. 율령을 연구한 논문에서도 이 방면의 것은 전무하다.[9] 양인과 천인은 국가적 신분으로 이것이 국가에 어느 정도의 필요성을 가졌던가 또는 그 신분이 국가의 지배체제 유지 안정에 어떠한 기능을 가졌는가라는 문제는 매우 중요하다. 양천제는 기존의 연구에서 밝혔듯이 황제지배체제와 관련이 있다. 황제지배체제란 바로 국가의 지배질서를 일정하게 서열화하는 것을 가리키는 것이다.

이 글에서는 먼저 삼국의 천인제의 성립과정을 보아 각 국가의 천인제의 성격과 천인제의 차별성을 보도록 하고, 이어서 고려시기 천인제에 천착하여 고려만의 차별적인 천인제의 특징을 보아 고려왕조의 성격의 일면을 알아보도록 한다.

---

8) 全永爕, 「고려시대 신분제에 대한 재검토」 『민족문화논총』 37, 2007, 77~78쪽에 고려시기 신분제연구의 문제점을 지적하고 있다. 이 논문에서 필자는 신분용어 및 개념, 범주 등의 모호성, 신분구조의 단일성, 신분제와 계층구조의 괴리 등을 들고 있다.

9) 이정훈, 「고려시대 지배체제의 변화와 중국율의 수용」 『한국사론』 33, 국사편찬위원회, 2002의 연구가 있지만 이 논문은 고려와 중국율과의 비교를 통한 제도의 변화에만 초점을 맞추고 있을 뿐이다.

1) 삼국의 천인제 성립과정

(1) 중국

중국의 천인제는 秦漢代 이래 그 출현을 보였다. 진대의 變法思想이나 漢 武帝의 유교의 국교화 과정을 통해 황제의 지위는 매우 공고해졌다. 이 시기에 등장하는 것이 바로 양천제이다. 이때의 천인은 노비뿐으로, 이들은 국가질서를 위배한 자를 그 대상으로 하였다.10) 심지어 商鞅變法에서는 末利에 종사하거나 게으르거나 가난한 자까지도 노비에 충당시켰다.11) 이때 말리라는 것은 상업을 가리키며, 상앙변법에서는 이들조차도 국가질서에 위배되는 자들이라는 인식을 가지고 있었다. 반면에 사노비는 공노비가 개인에게 유출되면서 발생하였다. 유출의 경위는 주로 공로에 의한 것이었다. 물론 이 시기에 매매에 의한 노비도 있었다.

천인에 노비 이외의 다양한 신분이 등장하게 된 것은 魏晉南北朝時期이다. 아직까지 신분제 정비가 완전하지 않았던 이 시기에 다양한 하층민의 등장은 양천제 정비의 새로운 획기가 되었다. 예를 들어 북조시기에 다양한 雜戶層이 등장하였다. 이러한 잡호층의 등장은 북조 정복왕조가 다양한 직역을 인정하면서 민간에서 발생하는 지배−예속관계를 초극하고 황제에 의한 일원적인 지배체제를 구축하려는 국가측의 강한 의지를 담고 있는 것이다.12) 특히 잡호 가운데 공호·악호 등은 그들이 가진 특수한 역 때문에 별도의 관리가 필요하였다. 이에 국가는 이들을 범죄연좌인으로 구성하여 천인신분으로 전환시켰다.13)

이러한 천인층은 唐代에 이르러 율령제적 신분으로 정비되었다.14)

---

10) 『周禮』(鄭玄 註) "今之爲奴婢 古之罪人也."
11) 『史記』卷68, 商君列傳.
12) 全永燮, 『中國中世身分制研究』, 신서원, 2001, 244쪽.
13) 全永燮, 위의 책, 250쪽.
14) 양천제에 관한 중국 측 연구는 다음을 참조. 尾形勇, 전영섭 옮김,「양천제의

또한 율령제적 신분제의 등장은 예제의 정립에 의한 것이었다. 당의 최전성기인 현종대에 완성된『大唐開元禮』와『大唐六典』은 당왕조가 국가의 위신을 건 문화사업으로서 편찬을 진행한 것이고, 그 내용은 당의 國制에서 예의 의의를 단적으로 말해주고 있다.『대당개원례』는 오례의 분류에 따르고, 황제를 중심으로 관료에 의해 집행되는 국가적 여러 의례의 순서를 극명하게 기술하는 것을 주된 안목으로 하고, 더하여 귀족관료들이 각각의 家에서 행하는 관혼상제에 관해서도 그 신분에 따라 구체적으로 규정하고 있다.『대당개원례』가 국제로서의 예를 규정하였던 것에 대하여『대당육전』은 협의의 禮制에는 포함되지 않는 당시 국가 체제의 전체상을 유교의 理사상에 기초하여 체계적으로 서술한 것이다.

이렇듯 예제의 정립은 곧 신분제의 정립과 직결된다. 唐代 천인제는 크게 公賤과 私賤으로 十분아고, 공선의 경우 太常音聲人, 雜戶, 官戶(番戶·公解戶), 工戶, 樂戶, 官奴婢로, 사천은 部曲·客女, 私奴婢로 나누어진다. 당대의 양천제의 특징은 국가가 이들의 신분을 편제하여 만들었다는 것이다. 즉 이것은 중국황제를 중심으로 하는 계층적 질서가 잘 반영된 율령제적 신분제로서의 완성을 이루는 것이다.

그러나 宋代에 들어가면 이러한 양상은 변화를 보인다. 다음의 사료를 보도록 한다.

예전에는 양천이라 하면 모두 정해진 품이 있었다. 양이란 바로 양민이며 천이란 대개 죄예를 의미했다. 지금의 이른바 노비는 대개 본디 양가이며 그 기류가 본래 비천한 것은 아니다. 또한 형벌의 연좌를 당한 것도 아니다. 불행히도 전쟁이나 기아의 어려움을 당하여 몸이

전제와 그 성격」『세미나 수당오대사』, 서경문화사, 2005 ; 堀敏一, 『中國古代の 身分制－良と賤』, 汲古書院, 1987 ; 全永燮, 『中國中世身分制硏究』, 신서원, 2001.

이 지경에 빠진 것이다. 만약 관리들이 그것을 해결하지 않으면, 비록 평민으로 복귀시키려 해도 백세가 흘러도 아마 해결할 수 없을 것이다.15)

위의 사료에서 가장 먼저 눈에 띄는 것은 노비의 연원이다. 즉 노비는 범죄에 의해 공급되는 것이 일반적이었는데, 송대는 양인이 전쟁이나 기아에 의하여 賤신분으로 전락되었다는 것이다. 노비의 공급이 변질되었다는 것은 매우 중요하다. 이는 앞서 언급하였듯이 국가질서에 어긋나는 사람들을 대상으로 천신분으로 고정한다는 면에서 양천질서의 혼란을 야기시키는 부분이라고 할 수 있다. 또한 이 점은 황제권과 중앙집권력을 강화하기 위하여 계층적 질서로서 만들어진 율령제의 근간을 흔드는 것이기도 하다.

그런데도 불구하고 이러한 천인제의 변질은 계속되었다. 송대에 이르면 당대의 다양한 천인제는 거의 와해되고 노비만이 남아 있는 형국이었다. 또 범죄로 인한 노비창출의 사례도 발견하기가 쉽지 않다.16) 물론 『宋會要』나 『慶元條法事類』 등에 등장하는 노비는 범죄로 인한 몰관이 대부분을 차지하지만, 이들은 주로 관사에만 배치될 뿐 사가에 유출되지는 않았으며, 또 이들이 전체 노비인구에서 차지하는 비율은 그렇게 많지 않았다. 그리고 노비신분의 재창출의 가장 중요한 것이었던 신분의 대물림도 찾아보기가 어렵고, 공노비의 비율도 매우 줄어들었다.17)

---

15) 葛洪, 『涉史隨筆』(四庫全書), 漢高帝詔免奴婢自賣者爲庶人, "古稱良賤皆有定品 良者卽是良民 賤者率皆罪隷 今之所謂奴婢者 皆本良家 旣非氣類之本卑 又非刑辟之收坐 不幸迫於兵荒 陷身於此 非上之人有以蕩滌之 雖欲還齒平民 殆將百世而不可得."

16) 李錫炫, 「宋代 隷屬民의 성립과 身分性格」 『東洋史學硏究』 73, 2001, 132~134쪽.

17) 李錫炫, 위의 논문, 140~141쪽에 文瑩의 『湘山野錄』(中華書局本) 卷下, 「李沆有長者譽」 부분을 언급하면서 전래노비를 부정하고 있다. 그런데 송대의 노비가 당대와 달리 범죄 등에 의해 발생된 것보다는 기아 등에 의해 된 것이라면 노비 신분의 법제적 의미는 달리 해석해야 된다고 본다.

따라서 송대의 천인제의 존재 여부에 대해서 학자들간의 이견이 많을 수밖에 없다.[18] 송대에는 지주들의 대토지경영으로 많은 노동력이 필요했다. 이전에는 공노비가 사노비로 공급되었지만 현실적으로 이것이 불가능하게 되자 지주들은 그들이 필요한 노동력을 재생산하기에 노력하였고, 이것이 바로 이 시기에 나타나는 변질된 노비들의 존재이다. 이에 노비의 위상은 이전의 당대와 확연히 차이가 나타날 수밖에 없었다. 즉 주인은 자신의 노비를 함부로 죽일 수 없으며, 사사로운 형벌도 가하지 못하고, 재산으로서 처분되지 않으며, 만약 주인이 이를 어길 시에는 노비는 주인을 관에 고발할 수 있었다.[19]

이러한 송대의 천인제는 율령제적 국가신분제 안에서 기능하는 제도이기 보다는 송대의 지주들이 필요한 인력을 확보하고 이를 사역하면서 이들을 노비라고 호칭하는 데서 비롯된 것으로 보인다.[20]

이것은 송내의 법전인 『大聖令』에서도 확인할 수 있다. 『천성령』은 당령을 답습하고 있지만 관노비에 관한 부분은 폐기되어 사용하지 않은 것이 많았다. 즉 宋 仁宗 天聖期(1023~1031)를 전후하여 송대에 범죄로 대량 몰관되어 관노비가 되는 경우가 감소하고, 인종 嘉祐期(1056~1063)에는 강도와 범인을 은닉한 집안을 중죄로 판단하여 그들을 몰관하여 노비로 하는 법률제도를 폐기하기에 이르렀다.[21] 또한 唐末五代 이래 많은 전쟁포로가 발생하였으나 관몰되지 않고 오히려 사노비화되는 경우가 일반적이

---

18) 高橋芳郎, 「宋元代の奴婢·雇傭人·佃僕について－法的身分の形成と特質－」『北海道大學文學部紀要』 26권2호, 1978에 송대의 노비제에 대한 연구성과가 정리되어 있다.

19) 李錫炫, 「宋代 隸屬民의 성립과 身分性格」, 2001 ; 「'忠僕'과 '頑伏'－宋代의 隸屬民像과 關聯하여－」『中國史研究』 23, 2005.

20) 이러한 인식이 반영된 것이 『袁氏世範』 卷3, 治家, 「待奴僕當寬恕」에서 "노복은 小人으로 남에게 부림을 당하는 존재이다."라고 언급한 부분이다.

21) 戴建國, 「"主僕名分"與宋代奴婢的法律地位」『歷史研究』 2004-4, 中國社會科學雜志社, 58쪽 ;『長編』 卷344, 仁宗 7年 3月 乙巳條.

었다.[22] 따라서 송대에는 고용노동의 형태가 이전과 달라져 고용의 형태가 영속적인 속박과는 일정한 거리가 있어 채무로 인한 노비라고 할지라도 그에 대한 채무변제만 있으면 언제라도 해방이 가능하였다.[23]

이러한 천인제의 변질은 송대가 황제권이 강력한 시기라는 것과 매우 괴리되는 점 또한 중요한 부분이다. 이것에 대한 설명으로 적합한 것은 아니지만 당과 송의 통치시스템의 차이에서 찾을 수 있지 않을까 한다. 송대는 당대와 다른 통치시스템이 작동되어 강력한 황제권의 실현에 관료제가 정착되었던 시기이다. 예를 들어 표류민 송환에서 송의 경우는 사신이든 일반인이든 그에 대한 처리를 지방에 위임하였다. 사신의 표류는 매우 중대한 사안임에도 불구하고 이러한 방식으로 처리했다는 것은 이것이 지방의 자치행정에 일정 부분 전담되었던 것이 아닌가 추측한다.[24] 오히려 당대에는 이 모든 것을 중앙에서 주도하여 처리하였던 것과는 매우 달랐던 것이다. 이것은 지방의 地主權의 성장과도 관련이 있으리라 본다.

(2) 일본[25]

일본에서도 율령제의 도입은 바로 예제의 도입과 맥을 같이 하고 있다. 다음의 사료는 예를 도입하는 이유에 대한 설명이다.

四曰 群卿百寮 以礼爲本 其治民之本 要在乎礼 上不礼而下非齊 下無礼 以必有罪 是以群臣有礼 位次不亂 百姓有礼 國家自治[26]

---

22) 『五代會要』 卷25, 奴婢條 ; 戴建國, 위의 논문, 58쪽.
23) 高橋芳郎, 앞의 논문, 1978.
24) 全永燮, 「10~13세기 漂流民 送還體制를 통해 본 동아시아 교통권의 구조와 특성」, 『석당논총』 50, 동아대학교 석당학술원, 2011, 422~425쪽.
25) 神野清一, 『律令國家と賤民』, 吉川弘文館, 1986에 일본 천인제 성립에 대한 전반적인 흐름이 기술되어 있다.

위의 사료에서 보듯이 백성을 다스리는 근본은 예에 있다고 하며, 이것을 바로 국가통치질서로 보고 있다. 즉 국가를 다스리는 데 있어 가장 중요하게 생각하는 것이 바로 유교의 예이다. 일본에서 율령의 도입은 국가의 정치적 질서를 사실적으로 구현하는 것으로 국가권력 정립을 위한 것이었다. 따라서 일본의 양천제도 천황제의 정비과정 속에서 자연히 도입되었다고 보인다. 다만 기존의 연구에서도 밝혔듯이 일본은 중국의 예를 도입하여 제도정비에 있어서 일정한 차이를 보이고 있는 것은 명백하다.[27]

따라서 율령제의 실현인 양천제도 중국과 다른 양상이 나타나는 것은 당연하다고 하겠다. 『養老令』 戶令에 의하면 일본의 천인제는 관천으로 陵戶·官戶·官奴婢, 사천으로 家人·私奴婢 등 5종으로 나눠진다. 이들을 五色賤이라고 한다. 이 가운데 능호는 천황·황족 등의 능묘를 지키고 관호와 관노비는 관전(황실어진)경작, 가인·사노비는 소유주의 경지나 잡역에 종사하였다.

일본의 천인은 大化前代 이전에는 '얏코'라고 불렀는데, 이들은 대개 천인이라기보다는 단순히 복속자 또는 예속자로 보았다. 율령제가 도입되면서 이들은 국가신분제로 정리되었던 것이다. 양천이 처음 발령되는 것은 654년에 시행된 男女法에서였다. 이 법령은 태어난 남녀의 신분을 귀속하는 것이다. 양인 남자와 양인 여자 사이의 자식은 아버지에게, 양인 남자와 婢 사이의 자식은 어머니에게, 양인 여자와 奴 사이의 자식은 아버지에게, 노비 사이의 자식은 어머니에게 귀속된다고 규정하고 있다. 즉 이 법은 양천간의 소생에 대한 신분변정에 대한 것이지만 양천질서의 가장 핵심이라고 할 수 있는 良賤交婚이 금지되지 않아 율령제적 질서는

---

26) 『日本書紀』 卷22, 推古 12년(604) 4月 戊辰條에 보이는 헌법17조 제4조.

27) 大隅淸陽, 「儀制令と律令國家-古代國家の支配秩序」 『中國禮法と日本律令制』(池田 溫 編), 東方書店, 1992.

정착되지 않았음을 시사하고 있다.

그리고 670년에 전국을 대상으로 庚午年籍이 만들어졌다. 이 호적은 全民에게 氏姓을 부여하고, 양천으로 나누어 기재하였다. 다만 아직 율령에서 말하는 천인의 개념은 없었다고 보인다. 이는 개인이 소유하는 민에까지는 중앙의 지배력이 미치지 못하였기 때문이다. 그러나 676년(천무4) 시행된 部曲制의 폐지는 호족의 사유민이 해방되어 모두 공민화가 되는 길을 열었다. 이제 본격적으로 이들을 대상으로 신분제의 정비가 가능하였다. 그리고 677년(천수5)에 노비의 원천 가운데의 하나인 沒官規定이 만들어졌다.[28] 즉 공노비의 주요연원을 제정하기에 이르렀던 것이다. 그리고 또 하나 눈여겨볼 것은 이때 인신매매에 의한 노비화는 엄금하였다는 점이다. 이는 개인적으로 매매를 통하여 인민을 노비화하는 것을 금하는 것을 의미하였다.

이로써 690년 전계층을 대상으로 작성된 庚寅年籍에 율령에 의한 양천제가 성립되었다. 경인년적의 특징은 다음과 같다. 첫째로 경인년적은 全民을 대상으로 처음으로 良賤 2대 신분으로 구분하여 기재하였다는 것, 둘째는 이 호적에서 국가적 신분으로서의 노비(賤)는 無姓을 강제한 것, 셋째는 경인년적에 천신분으로 되었던 사람들은 그 후 그 신분을 세습화시켰다는 것, 넷째로 천신분은 아니지만 양인신분 하한에 잡호신분을 설정하였다는 것이다. 물론 대보율령이 반포되기 이전까지는 공천으로는 관노비만 보인다. 692년 班田을 실시하였고, 이후 693년 노비복식 규정, 698년 노비도망금지령이 내려졌다. 이후 노비를 대상으로 구분전

---

28) 養老令에서 찾아지는 官沒사례이다. ① 모반 대역의 죄를 범했던 사람의 부자와 가인노비(적도율 모반조, 호령광노비조, 잡령범죄피륙조) ② 어릴 때 약유되어 소유주를 알지 못한 노비로 관의 수색에 의해서도 만1년간에 본주를 인지할 수 없는 경우(포망령 관사노비조) ③ 가인, 노가 본주 또는 그 오둥 이상의 친족을 간하고 생겨난 자식(호령 노간주조) ④ 도망노비를 잡고 관에 10일이 지나도 소유주가 나타나지 않는 경우(포망령 도망조) 등이다.

이 지급되었다.

이상과 같은 제도는 대개 천무조에서 지통조(673~697)에 이르기까지 마련되었다. 이 기간은 일본의 국왕이 '천왕'으로 칭한 시기이기도 하다. 일본이 이렇게 노비제를 엄격히 하고자 한 것은 이 시기가 바로 전제적이고 고대제국적인 성격을 가지며, 인민에 대해서 엄격한 지배를 관철하려고 하였던 국가지배질서 확립에 관련되기 때문이었다.

701년에 반포된 대보율령의 가장 큰 특징은 바로 唐의 영향을 많이 받았다는 점이다. 형법에 해당하는 율은 거의 唐律과 동일하였다. 그러나 의례와 의식의 체계, 행정조직, 조세 노역, 관인의 복무규정 등 국가통치에 필요한 법인 슈은 唐슈을 수용하면서도 일본사회의 실상에 맞게 개정하였다.29) 그리고 천인제도 관호, 관노비, 가인, 사노비의 4등급으로 구분되었고, 당색혼규정 등 천인제와 관련한 법안이 마련되었다.

천인제는 養老슈(718)에 능호가 추가되어 오색천으로 확립되었다. 그러나 일본의 통치체제는 당 율령체제로 정착하기에는 많은 한계가 있었다. 전통적으로 氏姓制를 비롯한 고유의 전통이 그대로 남아있었던 것이다. 따라서 당률을 거의 그대로 계승한 율의 규정이 큰 권위를 가지고 있었으나 그것이 사회 일반에 깊이 침투되기는 어려웠다. 예를 들어 천황 및 국가에 대한 모반, 존속에 대한 불효 등을 八虐이라고 하여 가장 중대한 범죄로 간주하였다. 그런데 귀족이나 관인은 그 신분적 특권으로 8학의 형을 감면받을 수 있었다.30)

이러한 율령제의 변질이 양천제에도 영향을 끼쳐 789년 양천통혼에 의한 자식을 양인으로 하는 등 천인제의 기본틀인 양천불혼제가 붕괴되었다. 그리고 10세기에 마련된 연희식에 의하여 천인제는 붕괴되었다.

천인제의 붕괴 이후 율령제가 지향하던 중앙집권제적인 국가질서는

---

29) 아미노 요시히코 저, 이근우 역, 『일본의 사회와 역사(上)』, 소화, 1999, 148쪽.
30) 『養老律』 名例律, 八虐.

이전과 달라졌다. 따라서 10세기 전후 지방분권화가 실현되어 양천질서는 변질되어 천인들의 형태도 이전과 다르게 나타났다. 물론 천인제의 동요는 여러 측면에서 감지되었다.[31] 우선 첫째로 노비의 도망, 양인과의 통혼을 둘러싼 家人의 자립화 등 천인 자신의 계급투쟁에 의하여 본래 세습적이며 고정적인 천인신분이 제도적으로는 축소·재생산되었다. 둘째로 공민(평민)과 잡색인의 계급적·계층적인 분화가 진행하고 부호층 ↔ 채무노예관계=새로운 생산관계가 성장하여 채무노예와 천인의 경제적인 차가 거의 없어졌다. 이 두 개의 요인에 의하여 9세기의 사회는 이미 율령제 본래의 신분질서가 현저하게 형해화되었다.

노비해방령 이후 공노비들은 收良制로 정착되었다. 사천의 경우는 학자들간에 이론이 분분하다. 이 법령은 노비해방령이 아니라 노비확대금지령, 신규의 노비매매금지령, 매매노비화금지령이라는 것이다. 그러나 사노비의 존재가 여러 곳에서 목격되기 때문에 공노비의 해방령이 사노비에게는 직접적으로 영향을 미치지는 않았으리라 본다.

다만 이후 사노비의 구성에는 많은 변화가 발생하였다. 일본의 중세의 천인을 지칭하는 것으로 노비뿐만 아니라 다양한 이름이 등장하고 있다. 그 가운데 가장 대표적인 것이 下人, 非人 등이다. 이는 기존의 천인신분의 다양성을 내포하는 것이다. 이러한 배경에는 10세기 이후의 일본의 정치사회경제의 변화상과 맥을 같이 한다. 일본의 중세사회 즉 장원제 사회에서 사적 지배권력의 최고 강력한 기구는 권문의 家産支配組織이다. 그것에는 각종의 '所領'지배에서 百姓·下人의 예속 봉사까지 다양한 신분관계를 포함하고 있다. 이 권문기구 내의 제신분은 권문의 사적 권한이 배타적으로 행하고 있는 한에서는 확실히 그 권문 내의 신분이지만 다른 한편으로 권문이 국가권력을 분장하고 공적 성격을 가지고 있는

---

31) 小山靖憲, 「現代における封建制研究の基本問題－日本中世成立期の身分と階級－」 『歷史學研究』 328, 1967, 29~30쪽.

점에서는 이들 제신분은 국왕을 정점으로 했던 '君－臣－民'의 관계에 포섭되어 서열화되었다.[32] 따라서 이러한 체제에서 존재하는 천인은 다양한 형태와 명칭으로 불리었던 것이다.

(3) 신라·고려

우리나라의 노비는 고조선의 팔조법금에서 처음 보인다. 『高麗史』 형법지 노비조 서문에 의하면 남의 물건을 훔친 자를 노비로 삼으며, 귀천을 구별하는 예의 실천이 노비제에서부터 시작된다고 언급하고 있다. 이 점에서 보면 우리나라의 노비도 범법자를 그 대상으로 하고 있어 중국이나 일본과 같음을 알 수 있다. 즉 국가질서에 위배되는 사람을 노비로 만들어 그들에게 양인이 가질 수 있는 권리 등을 박탈하는 차례를 밟고 있는 것이다.

신라율령에 대해서는 이견이 있다. 신라율령의 존재 자체를 부정하는 것에서 신라율령이 중국의 晉의 泰始律 또는 北魏의 太和律令의 영향을 받았는가에 대한 설이 분분하다.[33] 일단 금석문에 신라율에 대한 정확한 전거가 있으므로 신라에서 율령의 반포는 법흥왕대에 이루어졌고[34] 이후 통일이 되면서 다시 정리되었던 것으로 보인다.[35] 그런데 신라시기에 등장하는 노비가 율령에 의한 천인인가에 대해서는 의문이다.

이 점은 다음에 언급하겠지만 『삼국사기』에 언급된 지은의 사례나 이 시기에 보이는 庸作에 의한 노비노동은 율령제 하의 노비신분으로

---

32) 峰安純夫, 「日本中·近世における身分制の構造と展開」 『中世史講座』 4, 學生社, 1985, 238~243쪽.

33) 全鳳德, 「新羅律令攷」 『서울大學校論文集(人文·社會科學)』, 1956 ; 林紀昭, 「新羅律令に關する二·三の問題」 『法制史研究』 17, 147~168쪽 ; 李仁哲, 「新羅律令의 編目과 그 內容」 『精神文化研究』 54, 1994.

34) 『朝鮮金石總覽』 上, 鳳巖寺智證大師寂照塔碑, "我法興王制律條八載也."

35) 李仁哲, 앞의 논문, 24쪽.

보기에는 어려운 점이 발견되기 때문이다. 또 「울진봉평비문」에 법흥왕 7년 '奴人法'이라고 하는 것이 보이지만 이것을 통상의 노비라고 보기에는 어려운 점이 많다.[36] 또한 실제로 『삼국사기』에 나타난 '奴'란 용어를 분석하면 법제적인 신분용어인 노비와 다른 의미로 해석된다.[37]

물론 이러한 한계는 통일 이후 정리되었던 듯이 보인다. 촌락문서 상에 나타난 노비는 5.4%에 불과하지만 왕경에서 멀리 떨어진 지방에도 노비가 존재하였다는 사실은 전국에 노비가 분포하고 있음을 말해준 다.[38] 또한 문서상에 양과 노비로 나누어 기록하고 있다는 점에서 양천제 의 단면은 확인이 된다.

고려시기 율령의 정리는 성종대를 중심으로 이루어졌다.[39] 최승로의 상소문에 고려시기의 신분제가 양천제임을 밝히고 있다.[40] 앞서도 언급하 였듯이 천인제는 예의 실현인 율령제적 신분질서이다. 그렇기 때문에 신분 의 세습과 변동을 금지하기 위하여 여러 조치를 취하고 있다. 그러한 법안으 로 대표적인 것이 一賤則賤法이나 賤者隨母之法, 그리고 同色婚制이다.[41]

한편, 충렬왕대에 몽골의 활리길사가 고려의 노비제를 변혁하려고

---

36) 金昌錫, 「新羅中古期의 奴人과 奴婢-城山山城 木簡과 「鳳坪碑」의 분석을 중심으로-」『한국고대사연구』54, 2009.

37) 李榮薰, 「한국사에 있어서 奴婢制의 추이와 성격」『노비·농노·노예-隸屬民의 比較史-』, 一潮閣, 1998, 314~324쪽에 의하면, 삼국시대에 있어서 '奴'라는 글자 는 한편에서 인명 지명의 鄕音을 표기하기 위한 借字로 쓰이면서 다른 한편 토착사정에 규정된 令에서 정치적 군사적 신속관계를 대변하였다.

38) 김종선, 『한국고대국가의 노예와 농민』, 한림대학교출판부, 1997, 253~257쪽.

39) 고려율령에 관한 것은 辛虎雄, 『高麗法制史研究』, 國學資料院, 1999 ; 韓容根, 『高麗律』, 서경문화사, 1999 ; 仁井田陞, 「唐宋法高麗法」『東方學』30, 1965 ; 연정열, 「원률이 고려률과 몽골사회에 끼친 영향에 관한 일연구」『한성대논문집』23, 1999 ; 김인호, 「고려의 元律 수용과 高麗律의 변화」『韓國史論』33, 국사편찬위 원회, 2002 ; 이정훈, 「고려시대 지배체제의 변화와 중국율의 수용」『한국사론』 33, 2002 참조.

40) 『高麗史』卷93, 崔承老傳.

41) 『高麗史』卷85, 刑法2 奴婢條.

하자 충렬왕이 교서를 내려 다음과 같이 언급하고 있다. "옛날 우리 시조께서 후손들에게 훈계하시기를, '모든 천인들은 그 류가 다른 것이니 아예 이들을 속량시키지 말라. … 천인의 류에 속한 자는 그의 부모 중에서 어느 한 편이 천인이면 곧 천인으로 되고 설사 본 주인이 속량을 시켰더라도 그가 낳은 자손은 다시 천인으로 되며 본 주인이 후계자가 없이 죽었을 경우에도 그 주인의 同族에 붙였다. 이렇게 하는 이유는 그들을 끝까지 양인으로 되지 못하게 하자는 것이다."[42] 이 사료에서 당시 양천제의 엄격함을 알 수 있다. 충렬왕은 노비는 양인과 근본부터 다른 존재이기 때문에 양천은 서로 섞일 수 없다고 강변하고 있다.

그러나 이러한 천인제는 고려후기 국가권력이 흔들리고 노비에 다양한 구성원이 포함되면서 존립에 많은 문제가 제기되었다. 노비출신으로 정계에 진출하여 국왕 측근으로서 활동을 하거나 상당한 부를 축적한 인물노 석지 않게 등상하였다.[43] 즉 부인집권시기, 원간섭기를 거치면서 왕권이 약화되어 公的秩序보다는 私的秩序가 전면에 등장하여 율령제적 질서인 노비제의 근간이 무너지기 시작하였다.

이러한 노비제의 변질은 지배층의 불안을 초래하였고 특히 앞서 언급한 바와 같이 몽골의 활리길사가 고려 노비제를 변화시키려고 하자 국왕뿐만 아니라 권문세족층들도 함께 이에 대한 반대에 한 목소리를 내었던 것이다. 물론 이 시기에도 국왕들은 자신의 권력을 강화하기 위하여 양천질서를 유지하고자 노력하였다. 『高麗史』노비조에 기재되어 있는 사료 가운데 많은 부분이 국왕이 노비제의 근간을 바로잡으려는 것이었다. 그리고 이러한 노력이 공양왕대의 奴婢決訟法으로 나아갈 수 있었던 것이다.[44]

---

42) 『高麗史』卷85, 刑法2 奴婢條, 忠烈王 26年 10月條.
43) 고려후기 노비들의 정계진출 등은 본서 제4장 참조.
44) 공민왕대의 노비결송법의 의미에 대해서 본서 제4장 참조.

2) 삼국의 천인제의 차이

앞서도 언급하였듯이 삼국의 천인제는 차이를 보이고 있다. 그러한 정황을 〈표 4·5·6〉으로 나타나면 다음과 같다. 삼국 천인제의 공통점은 同色婚이다. 이 제도는 천인을 양인에서 격리하여 그 신분을 세습, 혈통적으로 고정시켜 이들을 이른바 '신분적 內婚制'에 근거를 둔 봉쇄적인 신분집단으로 만들었다.

다음은 삼국간의 차별적인 면을 살펴보도록 한다.[45] 가장 큰 차이는 바로 천인신분의 다양성이다. 앞서도 언급한 바와 같이 중국과 일본은 다양한 천인이 존재하였으나 고려는 노비만이 그 대상이 되었다. 중국과 일본이 이러한 천인신분이 있게 된 것은 다양한 役의 발생에 따른 신분제도의 재편 때문이다.

다음은 토지지급면을 보도록 한다. 당의 경우 관천인의 일부에게만 지급하는데, 그 대상은 관호까지이다. 〈표 4〉에서도 제시한 바와 같이 관호까지는 구분전을 지급하고 있다.[46] 다만 악호와 관노비는 무상으로 관에 상시 사역을 하는 존재이므로 구분전을 경작할 시간적 여유가 없다는 이유로 토지를 지급하지 않았다. 그러나 일본은 모든 천인에게 양인과 동량으로 구분전을 지급하고 있다. 물론 사천인의 경우는 그들이 거주하는 지역의 협소성을 이유로 들어 양인에 비하여 1/3을 지급하였다.[47] 그러나 고려는 천인에 대한 토지지급 규정이 없다. 이 점에서 본다면 고려는 중국의 일부 천인과 동일하다. 다만 중국과 일본이 천인에

---

45) 삼국천인제의 차별성 가운데 중일에 대한 일정부분은 榎本淳一, 「律令賤民制の構造と特質」 『中國禮法と日本律令制』(池田溫編), 東方書店, 1992를 참조.

46) ① 雜戶 : 『唐令拾遺』 田令25條, "老免進丁受田 依百姓例" ② 官戶 : 『唐令拾遺』 田令25條, "受田 減百姓口分之半."

47) 『養老令』 田令27, 官戶奴婢條, "官戶奴婢口分田 與良人同 家人奴婢 隨鄉寬狹 並給三分之一."

게 토지를 지급한 것은 이들을 토지에 긴박시켜 안정적인 생활을 영위하기 위해서였다.

다음은 노동의무부담 부분을 살펴보도록 한다. 이 부분은 앞의 구분전 지급과 연계되어 있다. 당의 관천인 가운데 관노비는 長役無番으로서 구분전을 경작할 겨를이 없다는 이유로 토지 대신에 公糧을 지급받고 있다.[48] 그러나 일본은 관호, 관노비의 구별 없이 기본적으로 구분전 경작에 의한 자급생활을 전제로 충역기간에만 공량을 지급하고 있다.[49] 고려의 경우는 공노비는 별사미로 2~4석을 지급받고 있다.[50] 그러나 삼국의 사천인은 이러한 대우와 관계가 없다.

특히 주인과 사천인의 관계에서 보면 각국의 특색이 잘 드러난다. 당은 身喪戶絶 즉 사천인은 주인의 家가 死絶되었을 때, 당령에서는 부곡 객녀는 轉役, 사노비는 和賣 식으로 兩者는 신분에 따라 그 처리가 구별되었나.[51] 그러나 일본은 가인·노비는 모두 放賤從良되고 있다.[52] 당령에서는 주인의 一家가 사절하여 친족이 없는 경우에서도 사천인의 신분은 변경되지 않지만, 일본령에서는 사천인은 그 신분에서 해방되었다.

이것은 그들의 천신분에 대한 인식의 차이에서 비롯되었다. 당령에서 主家가 호절되어도 사천인의 신분이 소실되지 않고 주인만 바뀔 뿐이라는 것은 이들이 속한 천인신분이 불특정 다수의 주인을 섬길 가능성을 가진 것으로, 양인일반에 대하여 보편적 신분이라는 것을 말해주는 것이다. 이와는 달리 일본의 사천인은 특정의 주인(일족)으로의 譜第隷屬을 규정하는 한편, 그 주인(일족)의 사망이 천신분의 소실을 의미한다는

---

48) 『唐六典』 卷6, 都官郎中員外郎條, 『唐令拾遺』 倉庫令 7條, "諸官奴婢 皆給公糧 其官戶 上番充役者 亦如之."
49) 『養老令』 雜令33, 充役條, "凡官奴婢充役者 本司明立功課案記 不得虛費公粮."
50) 『高麗史』 卷80, 食貨3 祿俸雜別賜, 文宗 30年條.
51) 『唐令拾遺』 喪葬令21, 諸身喪戶絶者.
52) 『養老令』 喪葬令 13條.

것이다.[53] 또한 당령에서는 주인만 아니고 양인일반에 대해 奴가 奸을 행하면 그 사이에 난 자식들은 몰관되고 있는 규정에 대해[54] 일본령에서는 家人과 奴가 주인과 그 오등 이상의 친족에 대해 간을 행했던 경우만 한정하고 있다.[55] 이것은 일본의 사천인이 특정의 주인일족과의 관계에 있어서만 의미를 가지는 것이고, 그 이외의 양인 일반에 대해서는 의미를 가지지 못한 신분이었던 것을 가리키는 것이다. 따라서 이들은 양천통혼도 가능하였다.

移鄕부분에서도 이 점은 확인된다. 이향은 살해당한 자의 친척이 살인자에게 가해질 수 있는 복수를 방지하기 위하여 살인자의 거주지를 강제적으로 옮기는 조치이다. 당률에서는 천인은 그 신분대로 이향되었지만[56] 일본율에서 잡호와 천인은 이향이 실시되지 못하였다.[57] 당률에서는 천인을 특정의 주인(관천인의 경우는 관사)과 장소에 고정시킨 것이 없고, 그 신분에 보편성을 가졌던 것에 대해서 일본율에서는 역으로 이들을 특정의 주인(관사)이나 장소에 고정시키고 신분의 보편성을 빼앗았던 것이다. 즉 일본의 잡호와 관천민은 일정의 관사, 장소에 결합이 고정되었던 비보편적인 존재였던 것이다. 고려의 천인제는 당과 매우 흡사하다. 즉 주인이 호절되면 이들은 관몰되어 그대로 천신분이 유지되었으며, 이는 양인신분에 대한 천인신분으로서 보편성을 가졌던 것이다.[58]

다음은 의복 부분을 보도록 한다. 중국은 『唐書』 24, 거복지에 "서인·부곡·노비는 紬絹絁布를 착용하고 색깔은 黃白을 사용한다."라고 되어 있기

---

53) 『養老令』 戶令17, 絕貫條, "凡浮逃絕貫 及家人奴婢 被放爲良."
54) 『唐令拾遺』 戶令 47條.
55) 『養老令』 戶令 43條.
56) 『唐律疏議』 賊盜18, 殺人移鄕條.
57) 『養老律』 賊盜律 18條.
58) 『高麗史』 卷85, 刑法2 奴婢條, "인종 10년에 결정하기를 자손이 없는 사람의 노비는 관청에 예속시키게 하였다."

때문에 당대의 노비는 서인과 같이 황백을 복색으로 하였다. 이에 대해 일본은 흑색을 착용하였다.[59] 그러나 고려는 이러한 규정이 없다. 이렇 듯 중국이나 일본에서 천인의 복색이 규정되었던 것은 율령제 하에서 관복의 색깔이 지정되는 계층적 서열질서와 무관하지 않다고 보인다. 특히 일본의 경우 추고 11년(603)의 이른바 관위 12계의 기간을 이루는 덕, 인, 예, 신, 의, 지라는 서열구성 가운데에 최하위의 지에 흑색을 배당하고, 천인이 이 색깔의 의복을 입는다는 것은 바로 이러한 면을 보여주는 중요한 사례라고 생각된다.[60]

마지막으로 노비의 해방 부분을 보도록 한다. 당이나 일본에서는 관천인이든 사천인이든 해방절차가 있다. 먼저 당의 것을 보면 다음과 같다. 관노비는 번호, 잡호, 양인의 절차로 해방되고 있다.[61] 그리고 사천인인 경우도 다음과 같은 절차를 거치고 있다. 『唐律疏議』 호혼조에 이르기를, "「호령」에 의하면 '노비를 방면하여 양인이나 부곡 색녀로 삼는 것을 모두 허용한다. (이때에는) 모두 가장이 손수 쓴 문서를 지급하고 長子 이하가 차례로 서명한다. 이어서 관할 관청을 거쳐 문서로 보고하여 노비적을 삭제하고 (따로) 호적을 만들어야 한다.'고 하였다."라고 되어 있다.[62] 그리고 일본도 일정한 나이, 즉 66세 이상이나 폐질자면 관호로, 다시 76세 이상이면 양인이 되는 절차를 밟고 있다.[63] 그리고

---

59) 『養老令』衣服令6, 制服條.
60) 神野清一, 『律令國家と賤民』, 吉川弘文館, 1986, 12~13쪽.
61) 『唐令拾遺』戶令9, 舊凡四十八條, "四一甲 [開七] 凡反逆相坐 沒其家爲官奴婢(反逆家男女及奴婢沒官 皆謂之官奴婢 男年十四以下者 配司農 十五已上者 以其年長命遠京邑 配嶺南爲城奴) 一免爲番戶 再免爲雜戶 三免爲良人 皆因赦有所及 則免之(凡免 皆因恩言之 得降一等二等 或直入良人 諸律令格式 有言官戶者 是番戶之總號 非謂別有一色) 年六十及廢(廢 近衛本唐六典作癈)疾 雖赦令不該 亦免爲番戶 七十則免爲良人 任所居樂處 而編附之."
62) 『唐律疏議』戶婚11, 放部曲爲良條.
63) 『養老令』戶令38, 官奴婢條.

282

가인·노비도 주인이 양인으로 만들 수 있었는데, 당과 달리 문서를 작성하지는 않고 관에 신고를 하는 의무조항이 있었다.[64]

그러나 고려는 이러한 공식적인 노비해방 절차가 전혀 나타나지 않는다. 굳이 이를 찾자면, 강도나 절도사건에서 범인을 검거하거나 주인을 대신하여 뱃길로 싸움터에 나갔거나 혹은 주인을 위하여 3년 시묘살이를 하는 경우로, 나이가 40 이상인 자에만 해당되었다. 다만 관노비의 경우 그 역의 차감 또는 면역에 대한 조치는 보인다.[65] 이러한 면에서 볼 때 삼국 가운데서도 고려의 노비가 가장 가혹한 대우를 받았던 것이다.

이상에서 살펴보았듯이 당의 율령체제를 받아들인 고려와 일본의 천인제 양상은 매우 달랐다. 삼국을 비교해보면 고려는 당과 흡사하지만 일본과는 차별성을 보인다. 즉 일본은 당에 비하여 양천간에 차별성이 모호하고, 또 천인은 그가 속한 主人 개인에게 예속되었을 뿐 그 집안과는 별개인 존재였다.

이는 결국 국가질서체제와 관련지을 수 있다. 중국은 군신질서가 황제를 정점으로 하는 均質·專制的인 것이고 官人 상호의 관계도 율령관제의 구조에 밀착했던 것에 대하여 일본은 중앙집권을 표방하기는 했지만 실제로는 다분히 귀족제적이기 때문이었다.

그렇다면 고려시기의 노비제는 어떻게 정비되었는가를 알아보도록 한다. 이 점은 고려의 국가질서를 살펴보는 것으로, 이를 통하여 고려만의 천인제의 특질을 추출해 보도록 한다.

---

64) 『養老令』 戶令39, 放家人奴婢爲良及家人條.
65) 『高麗史』 卷85, 刑法2 奴婢條, "公賤의 나이가 60세에 달하면 부역을 면제한다."

〈표 4〉 중국의 천인66)

성격	종별	소속관청	역할	취역의무기간(상번)연간 비율	등재호적	급전 구분전	급전 영업전	급전 원택지	양인과의 통혼	상속	해방
관천인	태상음성인	태상시	음악가무	2개월	(양인과 동일) 주현에 부적	양인과 동일			가능	관몰	일정한 나이에 이르면 순서를 밟아 양인으로 해방됨
	잡호	사농시 외	관청관할의 잡역	2개월 반					불가능		
	관호(번호·공해호)			3개월	배속관청에 부적	양인의 반	없음	5인 이내 1무, 5인 증가당 1무		관몰	
	공호	소부감	궁중기물류의 제작								
	악호	태상시	음악가무							관몰	
	(관)노비	사농시·액정 외	관청관할의 잡역, 또 변경에서의 노역	연간		없음					
사천인	부곡·객녀				주인집의 호적에 부재				남성만 가능	호 절되면 轉役	
	(사)노비								불가능	호 절되면 和賣	

〈표 5〉 일본의 천인

성격	종별	소속관청	역할	취역의무기간(상번)연간 비율	등재호적	급전 구분전	양인과의 통혼	상속	해방
관천인	능호	諸陵司	황제의 능 수호	연간	잡호와 함께 호적을 두 부 복사하여 제능사에 보냄 호적작성시기: 양인과 같이 6년마다 11월 상순	양인과 동일	불가능		
	관호	官奴司	관전(황실어진)경작	연간	매년 정월(2통-태정관, 관노사), 工에 능한 자는 따로 구분.	양인과 동일	불가능		*관노비→관호(폐질, 66세 이상)→양인(77세이상) *자발하여 돌아오면 양인으로 만듬
	관노비	官奴司	관전경작	연간		양인과 동일			
사천인	가인				주인집의 호적에 부재	양인의 1/3	불가능	가인은 대를 이어 구사 또는 상속	호절이 되면 가인, 노비는 전부 해방되어 양인이 됨
	(사)노비								

---

66) 미형용, 全永燮 옮김, 앞의 글, 119쪽의 표를 수정·보완한 것이다.

<표 6> 고려의 천인

성격 \ 종별		소속 관청	역 할	취역의무 기간 (상번) 연간 비율	등재호적	급전 / 구분전	양인과 의 통혼	상속	해방
관천인	공노비	상서도관(후에 도관)	관전경작이나 관청의 잡다한 역	연간	상서도관에서 관리	급전 없음	불가능		*나이 60이 되면 부역에서 면제 *강도나 절도사건에서 범인을 검거하면 천인은 방량한다.
사천인	사노비		개인의 토지경작이나 잡다한 역	연간	주인의 호적에 부적됨(외거노비의 호적이 따로 만들어졌다는 학설도 있음) 상서도관에서 관리	급전없음	불가능	호절되면 노비는 관속한다.	뱃길로 싸움터에 나아갔거나 혹은 주인을 위하여 3년 여묘살이를 한 자 가운데 40세 이상인 자를 양인으로 함 *강도나 절도사건에서 범인을 검거하면 천인은 방량한다.

3) 고려 천인질서의 정착과 의미

고려시기의 노비제는 신라의 노비제를 계승하여 이를 정비하였다. 앞서도 언급하였듯이 천인제는 예의 도입과 강력한 국가질서 수립에 필요한 율령제의 일부분으로 출발한 것이다. 이에 먼저 신라의 천인제를 알아보도록 한다. 다음은 그러한 정황을 알 수 있는 사료이다.

가-1) 왕이 일찍이 양전과 포로 200구로써 상을 주었다. 사다함이 세 번 사양하니 왕이 강제하였다. 이에 그 생구를 받아 방량하여 양인으로 만들고 토지를 전사와 더불어 나누니 국인들이 아름답다고 하였다.[67]

---

67) 『三國史記』 卷4, 眞興王 23年 7月條.

가-2) 孝女知恩은 韓歧部의 백성인 連權의 딸이었다. … 그런데 봉양할 거리가 없어, 혹은 품팔이도 하고 혹은 구걸도 하여 얻어다 봉양하기를 오래하니 피곤함을 이길 수가 없었다. 부잣집에 가서 자청하여 몸을 팔아 婢子(비자)가 되고 쌀 10여 석을 받았다. … 이때 孝宗郞이 나다니다가 (이 광경을) 보고 돌아와 부모에게 청하여 집의 곡식 100석과 옷가지를 실어다 주었다. 또 (그를) 산 主人에게 몸값을 갚아 주고 良民이 되게 하였다.[68]

사료 가-1)은 사다함이 포로노비를 방량하여 양인으로 만들었다는 것이다(물론 사다함의 사료에는 노비가 등장하지 않고 生口라고 표현하고 있지만 생구는 포로라는 의미를 가지고 있고, 이것은 삼국시대 당시 노비의 발생의 큰 비중을 차지하고 있다). 사료 가-2)는 통일신라 말기의 것으로, 효니 시은이 생활고로 스스로 몸을 팔아 婢가 되었고, 이후 화랑 효종랑이 이를 불쌍히 여겨 지은의 값을 주인에게 주고 다시 양인이 되게 하였다는 것이다. 이 두 사료에 등장하는 노비의 출자는 포로와 自賣이다. 포로는 전통적인 노비의 출원으로써 범죄노예를 충족하는 것이지만 후자의 지은의 경우는 그렇지 않다. 즉 이것은 율령제 하의 국가신분제인 노비라고 언급하기에는 적절하지 않다. 이 점은 신라시대의 노비제가 철저하지 못했음을 방증하는 것이라고 할 수 있다.[69]

이러한 노비제는 고려시기에 들어가면 다른 양상을 보인다. 먼저 율령제의 도입은 유학의 이해와 맞물려 있다. 신라는 중국의 예를 부분적으로 수용하였다. 즉 신라 신문왕조에 五禮 가운데 길례와 흉례를 도입하

---

68) 『三國史記』 卷48, 孝女知恩條.

69) 高慶錫, 「三國 및 統一新羅期 奴婢에 대한 고찰」 『韓國史論』 28, 1992, 46~48쪽에도 경제적 이유로 매신하여 노비가 된 경우도 환량이 가능했다. 이 경우 賣身者와 買入者 간 상호계약에 의해 일정 한도의 유예기간을 두고, 매신자에게 그 가능성은 매우 낮지만 追贖의 가능성은 열려 있었다고 한다.

였다.[70] 그러나 고려왕조는 중국의 정치이념인 유교사상을 유교이념의 전체구조로서 오례를 수용하고자 하였다. 물론 사회적으로 유교의 속성과 재래의 관습의 차이 때문에 예제의 시간적 변용을 고려해야 했고, 국가례 운영 속에서 고려 나름의 예제로 변용하여야 했다. 따라서 법흥왕대에 이어 통일신라 무열왕대에도 중국유학의 도입이 이루어지지만 유학의 이해는 고려시기에 와서 본격적으로 이루어진다고 할 수 있다.[71]

고려는 건국 후 민본에 바탕을 두면서도 천명을 받는다는 이해 속에서 그 실현을 위하여 덕목과 제도 등의 내용을 담고 있는 유교정치 사상에 많은 관심을 기울이게 된다. 특히 그것은 天時와 人事의 문제로 요약되면서 이를 군주가 어떻게 조정관리할 것인가가 문제의 초점이었다. 이러한 문제를 해결하는 데 있어 구체적인 해결방법이 때에 맞는 정령인 時令이고, 이것이 『예기』月令편이었다. 천과 천시의 움직임에 대한 파악이 군주의 정치를 가늠하는 주요한 잣대가 되었다. 그리고 그 중요 목표는 바로 왕도정치의 실현에 두었던 것이다. 왕도정치의 실현은 결국 代天理物의 주체인 군주에 의해 좌우되는 것이며, 그 중요한 요소인 천시와 인사를 조절하는 주체 또한 군주가 된다. 천명이라는 계승의식과 함께 군주의 자질, 賢否 등은 군주를 평가하는 기준이 된다. 이를 본다면 군주의 존재야말로 매우 중요한 변수라고 할 수 있다. 『예기』 월령편에 나타난 천시와 인사의 조화는 이러한 군주의 존재가 전제된다.

따라서 성종대 최승로는 『예기』 월령에 대한 근본적인 뜻을 상소하였으며,[72] 이후 성종 7년 2월 임자에 左補闕兼知起居注 李陽은 의례제도의

---

70) 『三國史記』卷8, 神文王 6年 2月條. 이에 대한 연구는 이범직, 『한국중세예사상연구』, 일조각, 1991을 참조. 신라는 하늘의 견책을 왕이 아닌 신하에게 그 책임을 돌리고 있다. 즉 신하가 국왕을 잘 보필하지 못하였기 때문에 이러한 현상이 출현한다는 것이다. 이희덕, 『韓國古代自然觀과 王道政治』, 韓國學研究院, 1994, 232~235쪽.
71) 인종대에 『詳定古今禮文』의 편찬이 그러한 것을 보여주는 것이라 할 수 있다.

고증과 월령에 따른 시령의 行用을 주장하게 된다.[73] 당시 이러한 내용에 대해서는 구체적으로 알 수는 없지만 당제를 모범으로 삼았을 것이라 생각되는데, 그것은 당대에 오례 중심의 국가례가 정비되어 『개원례』로 정리되었기 때문이다.[74]

이렇듯 월령이 국가적인 예제로 수용된 이후 변화가 감응되었다.[75] 즉 왕도정치의 실현이 이루어졌다. 다음은 그러한 정황을 보여주는 사료이다.

옛날 聖帝 明王은 모두 災異를 면할 수 없었으나 오직 修德과 정사를 잘 돌봄으로써 재해를 바꾸어 복으로 만들었습니다. 금년에는 봄부터 가뭄이 몹시 심하여 성상께서 避殿 減膳 宵旰 憂勞 責躬 自省하시니 때에 맞추어 비가 내려 널리 田野를 적시어 풍년을 기다릴 수 있게 되었으니 엎드려 바라건대 正殿으로 돌아오시고 다시 常膳을 하시며 일을 보기를 전같이 하십시오.[76]

이 자료에서 군주가 천시와 인사를 연결하고 조절할 수 있는 정령을 펴는 존재라는 인식을 살필 수 있다. 즉 하늘에서 보여주는 이상기후증상 은 모두 국왕의 실정에 대한 견책이지만, 한편으로 국왕은 이러한 증상을 잘 이행하면 바로 하늘의 대행자로서 국가통수권자로서의 절대적인

---

72) 『高麗史』 卷93, 崔承老傳.

73) 『高麗史』 卷3, 成宗 7年 2月 壬子條.

74) 월령에 대한 연구는 채웅석·한정수·김정식, 『국가와 월령』, 민속원, 2011 참조.

75) 태조로부터 경종에 이르는 건국 초기의 재이관은 신라시대와 같이 점술적인 파악이 강하였다. 또한 천재지변의 발생원인을 군주의 부덕한 정치로 일어난 다고 파악한 흔적이 보이기는 하나 오히려 신자의 부덕하고 불충한 보필로 일어난다고 파악하였다. 따라서 천재에 대한 消災에 대한 방법도 신라시대와 유사하게 신료들의 충성과 덕치가 촉구되고 있다(이희덕, 앞의 책, 50쪽).

76) 『高麗史』 卷6, 靖宗 2年 6月 丙寅條.

위상을 가질 수 있는 것이다. 이처럼 국왕은 매년 시령에 맞는 정책을 펴고자 노력하였던 것이다. 또 이러한 정책을 위해서 지방관으로부터 중앙의 백관에 이르는 관료층에게 월령의 시령을 유념하여 준수하도록 독려 또는 명령을 내리고 있다.

이상과 같은 유교의 이해는 天人感應論과 관련한다. 이러한 天人合一思想은 董仲舒의 災異說에 영향을 받은 것이다. 그는 자연현상의 변화와 인간사와의 결합관계를 설명하기 위해 陰陽五行說을 도입하였다. 또한 天은 의지가 있어 인간과 상응할 수 있으며, 인간의 모든 행위의 선악은 천의 喜怒와 賞罰을 불러들일 수 있다 하여 천을 인간의 행위에 따라 감응할 수 있는 지각과 감정을 가진 主宰的 존재로 정립하였다. 즉 "천에는 음양이 있으며 인간에게도 또한 음양이 있어서 천지의 음기가 일어나면 인간의 음기도 이에 응하여 일어나며, 인간의 음기가 일어나면 천지의 음기도 이에 마땅히 응하여 일어나니, 그 도는 하나이다."라고 하였던 것이다.[77]

이러한 음기를 만들어내는 것으로는 寃氣가 있다. 이것이 쌓여 和氣를 없애고, 음양의 조화를 부적절하게 한다는 것이다. 따라서 화기를 북돋기 위해서는 원기가 나오는 근원을 없애면 될 것이라는 이해가 나타날 수 있다. 고려왕조에서 가뭄과 같은 災異가 발생했을 때 특히 斬·絞의 二罪를 제외한 죄수들을 석방하는 조치들은 이를 반영한다. 이러한 경우들은 이미 寃枉한 죄수들이 있을 때의 경우이다. 보다 우선적인 것은 이러한 죄수가 생겨나지 않도록 예방하는 조치였다. 고려왕조에서는 이를 『고려사』 형법지 恤刑조에서 마련하고 있다. 즉 월령에 따른 형정의 운영을 강조하고 있는 것이다.[78]

한편 고려는 이러한 『禮記』를 장려하기 위하여 일찍부터 과거의 한

---

77) 董仲舒, 『春秋繁露』 同類相同, 世界書局(臺北).
78) 『高麗史』 卷85, 刑法2 恤刑, 顯宗 9年 閏4月條.

과목으로 선정하였다. 앞서 살폈듯이 경전 가운데 『예기』는 예적질서의 실현과 관련한다. 고려왕조는 과거시험에 "諸對策試以論 必用禮記中義爲題"(『高麗史』卷74, 선거 현종 10년)라 한 것은 일찍부터 『예기』의 연구가 유교학문의 수용에서 기초적 경전임을 시사하여 준다. 예기에 대한 강론이 이루어졌다는 점은 바로 예기의 중요성을 인식하였음을 보여준다.

예제의 문제는 항상 유교교육 전반에 관한 이해와 그리고 과거운영 문제와 함께 제기되었다. 그 사실은 유교문화이념 안에서 예제를 수용함에는 『예기』 등 禮書뿐만 아니라 유교경전 전반에 걸친 이해가 필요했기 때문이고, 현실적으로 경전에 대한 지식은 과거시험에서 요긴하였기 때문이다. 동시에 유교문화 내에서의 禮制라 하더라도 고려의 전통적 질서의 요소와 큰 충돌이 없어야 했다. 예제의 수용 문제는 고려사회 각 계승산의 이해와도 조화되어야 했다. 仁宗대 『古今詳定禮』의 정립은 이러한 고려초기 이래 유교경전에 대한 이해와 고려 왕실과 문무반 관료와의 정치권력구조 상황이 만들어 낸 고려왕조의 정치질서의 체계라고 할 것이다.

그리고 예제는 율령으로서 표현되고 지켜졌다. 이것이 바로 禮主刑補의 원칙이었던 것이다. 이러한 관계를 구체적으로 알 수 있는 것은 다음의 사례이다.

정책으로써 법을 세우고 형벌로써 理를 돕는 것이니 법이 시행되지 않을 때에는 형벌을 적용하여 이를 바로 잡지 않을 수 없습니다. 그러나 『書經』에 "조심하고 조심하여 형벌을 신중히 하라(敬哉敬哉 惟刑之恤哉)."고 하였고, 또 "덕을 밝히고 형벌을 삼가라(明德愼罰)."고 하였으니 형벌은 없을 수도 없고 신중히 하지 않을 수도 없습니다. 예로부터 천하와 국가를 다스리는 데는 반드시 법전을 먼저 정비하여 경중에

차등을 두었으므로 형을 다스리는 자는 미혹되지 않았고, 벌을 받는
자도 불만이 없었습니다.[79]

위의 사료에 의하면, 정치는 법을 세우는 것이고 刑은 理를 보완하는
것이라 하고 있다. 여기의 理는 유가가 주장하는 天理, 즉 유가적 禮的秩序
임에 다름 아니다. 그런데 위의 사례에서 주목되는 것은 예적질서의
실현을 위해서는 형벌이 필요함을 역설하지만, 그 전제로서 『書經』에
있는 恤刑과 明德愼罰을 강조하고 있는 점이다. 이는 고려시기도 예와
법이 相補관계로서 서로 밀접하게 결합되어 있고, 게다가 그 형식은
'禮主刑(法)補' 구조였음을 잘 말해 준다.[80]

이와 아울러 고려시기도 당대와 마찬가지로 양천제의 구별기준을
예적질서의 참가유무에 두고 있다. 즉, 『高麗史』 卷85, 刑法2 奴婢에 의하
면, 東國, 즉 고려에서 노비의 설정은 風敎에 도움이 되고, 내외의 엄격,
귀천의 구분, 예의의 遵行은 모두 이에서 비롯된다고 한다. 여기에서
말하는 풍교와 그 구체적 표현인 내외의 엄격, 귀천의 구분, 예의의
준행 등이 유교적 사회규범, 곧 예적질서인 것은 말할 나위도 없다.
또한 五逆·五賤·不忠·不孝·鄕·部曲·樂工·雜類의 子孫은 과거에 응시하는
것을 허락하지 않는다는 사례[81]나, 앞서 언급한 범죄인을 관몰하여 노비
로 삼는다는 것 등은 고려시기의 양천제도 예적질서와 직결되어 있음을
말해주는 것이다.

더욱이 고려는 당이나 일본보다도 더 엄격한 예제의 시행을 보여주고
있다. 위에서 언급한 오역, 오천 등의 자손이 과거에 응시할 수 없다는

---

79) 『高麗史』 卷84, 刑法1 職制, 辛禑 14年 9月條.

80) 全永燮, 「高麗의 律令制와 唐의 禮法－'禮主刑(法)補'의 繼受에 대한 一試論－」 『역
    사와 경계』 70, 2009.

81) 『高麗史』 卷73, 選擧1 科目1, 靖宗 11年 4月條.

것에서 당률과 달리 오역·불충·불효가 포함된다는 점은 고려가 중국보다도 더 예의 적용을 엄격하게 하고 있음을 보여주는 사례가 아닌가 한다. 즉 국가의 존립기반인 예적질서, 그 구체적인 표현으로서 국가질서, 가족질서에 저촉되는 반역행위에 대해서는 엄격하게 규제하였던 것이다.[82]

양인이 예적질서의 문란으로 천인이 되면, 신분고정화에 필요한 여러 가지 금지·제한 규정이 적용되지만, 이는 대략 두 가지 방향에서 진행되었다. 첫째는 국가와의 관계에서의 차별이다. 주지하듯이 본래 공민인 양인에게는 국가로부터 권리 즉 사환권, 출가권, 학습권, 토지소유권, 입양권 등과 의무, 즉 과역, 군역 등이 부여되지만, 양인이 범죄·포로 등에 의해 비양인 곧 천인신분으로 전락하면 고유의 권리가 박탈됨과 동시에 의무에서도 새로운 규정이 적용되었다. 둘째는 신분이동의 금지이다. 곧 交婚금지(同色婚 :『高麗史』卷85, 형법2, 노비 공양왕 4년조) 규정에 단적으로 보이듯이, 천인은 양인과의 결합 내지 교류도 기본적으로 금지되었고, 심지어 이미 교혼이 성립되었다고 하더라도 소생신분에 대하여는 一賤則賤 원칙이 적용되듯이, 결합·교류를 통한 신분이동까지도 차단되었다. 이처럼 천인은 국가와의 관계에서 국법에 의해 명확하게 양인과 차별되었을 뿐만 아니라 양인과의 결합을 통한 신분변동까지도 엄격하게 통제되었던 것이다.[83]

이러한 고려의 천인제는 앞서도 살펴보았듯이 당의 영향을 받은 것이지만 당과는 또 다른 특수한 부분이 있다. 다시 말하면 중국이나 일본은 대개 10세기를 전후로 천인제가 변질되었다. 그러나 고려는 그러한 주변의 영향을 그렇게 받지 않은 듯하다. 표면적으로는 인근의 나라와 비교하여 천인이 분화되지 않고 노비만의 단일 신분제로 지속되었다.

---

82) 全永燮, 앞의 논문, 150쪽.
83) 全永燮, 「高麗時代 身分制에 대한 再檢討」『民族文化論叢』37, 2007, 57쪽.

그렇다면 고려의 지배계층의 노비관은 어떠한지를 살펴서 이러한 원인을 알아보도록 한다.

> 나-1) 신해일에 다음과 같은 조서를 내렸다. "… 세포(가는 마포) 한 필 값이 겨우 쌀 5승밖에 못되어 백성들은 자기 몸과 처자를 팔아 남의 노비로 되는 자가 많았다. 나는 이를 심히 불쌍히 여기노니 이들을 다 그 현재 있는 곳에서 등록하여 나에게 보고하라." 이에 이렇게 노비로 된 사람들 1천여 명을 조사하여 국고에 있는 포백으로 그들의 몸값을 물어 주어 본가로 돌려보냈다.[84]
>
> 나-2) 천한 노비들이 뜻을 얻어 윗사람을 능욕하고 저마다 거짓말을 꾸며 본주인을 모함하는 자가 이루 헤아릴 수 없었습니다. … 원컨대 전하께서는 옛일을 깊이 살펴 천으로서 귀를 능멸하지 못하게 하고, 노와 주 사이의 명분을 분명히 세우십시오. … 어찌 양을 천으로 만들 수 있겠습니까?[85]

이상의 사료 나는 『高麗史』 노비조에 보이는 것이다. 사료 나-1)은 태조의 노비환속조치이고, 사료 나-2)는 최승로의 노비관을 나타내는 것이다. 앞의 것은 국왕의, 뒤의 것은 귀족의 노비관을 보여주는 사료이다.

먼저 국왕의 노비관을 보도록 한다. 노비제는 앞서 언급한 바와 같이 국왕권 강화와 관련되므로 지배계층 내에서도 국왕과 귀족은 노비환량 문제를 둘러싸고 첨예하게 대립하였다. 위의 사료 나-1)에서 보듯이 태조는 고려를 세운 첫 해인 918년에 당시 경제적인 곤궁으로 노비가 된 자를 환속시켰다.[86] 이러한 노비환속이 대대적으로 이루어진 것은

---

84) 『高麗史』 卷1, 太祖 元年 8月 辛亥條.

85) 『高麗史』 卷93, 崔承老傳.

광종의 노비안검법에 이르러서이다. 기존의 연구에서 언급하였듯이 국왕은 이 제도를 실시하여 노비소유주 즉 개국공신세력을 억압하고자 하였다. 그러나 이를 양천제라는 신분제의 시각에서 보면 국왕은 국가에서 용인되는 전래노비 등 이외에 발생되는 노비, 특히 경제적 문제로 인한 채무나 매매에 의한 노비화는 금지하고자 하였던 것이다. 이 점은 『高麗史』형법지에도 잘 나와 있다.[87] 즉 인신약탈 등 불법적인 과정을 통해 양인을 노비로 만드는 것을 원천적으로 엄금하였던 것이다. 노비의 발생은 국가신분제인 양천제의 입장에서는 규제를 해야 되며, 그리고 그 규제는 국가의 간섭이 개입되어야 되는 것이었다. 그런데 국가가 통제할 수 없는 방법으로 노비가 발생하면, 국가는 이를 간섭할 명분을 잃어버리게 되고, 상대적으로 노비소유주의 위상은 올라간다고 할 수 있다.

그런데 4대 광종대에 이르면 노비환속 조치를 태조와 달리 본격적으로 시행하고 있다. 『고려사』최승로전의 상소문에 의하면, 광종은 노비를 심사하여 그 시비를 분간하게 하였더니 공신들이 원망하고 천한 노예들이 주인을 능멸하기에 이르렀다고 하여, 노비환속에 대한 광종의 조치를 그는 비판하고 있다. 즉 태조는 위의 사료 나-1)에서 보듯이 노비소유주에게 내고의 포백을 지불하고 노비를 환속시켰고, 태조의 이러한 조치는 군신들의 반발을 무마하고자 한 것이라고 하였다. 이에 광종은 태조보다도 더 나아가 이를 군신에게 억압적으로 강요하였던 것이다. 이 점은 국왕이 노비주인 귀족에 대한 억제력이 보다 강해졌음을 보여주는 것이며, 이는 왕권 강화와 직결된다.

---

86) 최승로의 상소문에서 언급하였듯이 태조의 노비환속조치는 노비소유주에게 내고의 포백을 지급하고 난 이후 이루어진 것이라는 점이다. 즉 노비소유주에게 태조가 노비가격을 지불하였다는 것인데, 최승로가 이러한 이유로 노비소유주의 반발을 막기 위한 조치라고 하였다.

87) 『高麗史』卷85, 刑法2 禁令, "禁京外豪富劫占負債貧人 仍爲奴婢使喚者."

다음은 귀족들의 노비관을 보도록 한다. 사료 나-2)에 언급하고 있는 최승로 상소문에 보면, 최승로는 일련의 노비환속정책의 문제점을 언급하고, 다시는 이러한 일이 발생해서는 안 된다는 점을 강조하였다. 그의 입장에서 보면 크게 두 가지 노비관이 들어진다. 먼저 최승로는 노비제를 국가신분제로서 인식하여 이 제도가 제대로 정착되지 않으면 국가존립에 위협이 된다고 보고 있다.[88] 따라서 국왕의 자의적인 노비환속은 엄금해야 한다는 입장이었다. 그런데 최승로의 이러한 인식에는 노비를 보는 다른 시각이 숨겨져 있다. 즉 그는 노비제가 흔들리면 국가질서에 위협이 있다고 하면서 主奴관계를 강조하고 있다. 다시 말하면 그는 국왕이 주노관계를 임의로 침범하면 노비는 주인을 능멸하여 신분제의 근간을 해칠 것이며, 바로 이 점이 국가에 위협이 된다는 것이다. 따라서 국왕이 어떠한 명분이더라도 개인의 노비소유권에 대한 침범은 부당한 것이라는 점을 지적하고 있다. 노비제를 바라보는 국왕과의 시각의 차이가 드러나는 부분이다.

노비제의 문제는 국왕과 귀족간의 대립과 공존을 모색해 온 부분이다. 어느 쪽이 그 사회에서 장악력을 가지는가에 따라서 노비제의 양상도 달리 나타나고 있다.

이상에서 살펴보듯이 고려시기 노비제는 국왕권을 강화하는 율령제적 신분제를 어느 정도 실현하고 있다. 그러나 한편으로 귀족층이 지향하는 主奴權을 인정하는 측면도 있었다고 보인다. 이것이 중국이나 일본과

---

88) 연구사에서 최승로는 노비를 국가안위에 위협적인 존재라고만 보았다는 것에 의미를 부여하고 있다(이상국, 「고려 정종 5년(1039) '천자수모지법(賤者隨母之法)'의 제정과 그 의의」『史林』34, 2009, 98~99쪽). 하지만 이것은 노비제도가 국가신분제로서 국가를 운영하는 데 절대적으로 필요한 신분이라는 것은 인식하지 못한 것에서 나온 것이라고 할 수 있다. 즉 노비는 국가를 운영하는 데 걸림돌이 된 자를 그 대상으로 하고 있다. 따라서 노비제 운영에 이 원칙이 무너지면 국가존립에 위협이 가는 것이지 노비가 국가의 위협적인 존재는 아니라는 의미이다.

달리 천인제가 분화되지 못하고 노비라는 단일 신분으로 강제된 것으로 나타났던 것이다. 그러나 한편으로 국가가 다양한 하층민을 신분으로 편제하지 못한 결과 천인제는 점차 그 기능을 상실하기에 이르렀다. 이것이 고려말의 노비제의 문란으로 야기되어 노비결송법 등 새로운 노비개혁안이 제정되기에 이르렀던 것이다.

2. 高麗·唐·日本의 율령과 良賤秩序

전근대 법규인 율령은 예적질서를 바탕으로 성립하고 있다. 즉 예적질서에 어긋나는 자에 대한 처벌조항이 바로 율령인 것이다. 따라서 율령에는 다양한 유교경전 즉 『儀禮』, 『禮記』 등이 법령규정의 배경으로 등장하고 있다.

이렇듯 율령은 국가의 근간을 규정하는 것으로, 그 가운데 양천제는 기본적인 국가질서를 반영하고 있다. 국가질서를 위배하는 자에 대한 처벌과 함께 그 정도가 심한 자에 대하여는 양천신분 가운데 천인으로 규정함으로써 신분적 차별을 통하여 국가기강을 세우고자 하는 것이다.

특히 양천제는 국왕권 강화와 직결되는 것이므로 율령이 정비되는 시기에는 이 제도가 엄격하게 유지되었다. 그러나 율령제의 이완과 함께 양천제도 여러 측면에서 변질되어 나타났다. 이러한 율령제의 흐름을 잘 보여주는 것이 주인과 노비의 관계를 나타내는 主從 또는 主奴秩序이다. 주노질서는 노비를 공노비와 사노비로 구분하였을 때 전자는 국가 또는 官이, 후자는 개인이 주인으로서 그들이 소유하고 있는 노비와의 관계이다.

율령제가 강화되었을 때는 주노질서는 매우 엄격하였다. 이는 主人 국가뿐만 아니라 개인도 해당되었고, 더 나아가 개인의 소유권인 사노비에 대한 권한마저도 국가가 간섭을 하였다. 이것은 주인권이 국가권력에 의하여 제약을 받고 있기 때문이다. 그러나 율령제가 이완될 때 도드라지게 드러나는 것이 이런 주노질서의 해이이다. 즉 국가의 사적 주인권에 대한 개입 정도의 약화와 함께 사적 주인권 약화 또는 강화 등으로 나타난다.

율령체제가 엄격하게 운영되던 시기의 주노질서 연구는 고려·당·일본에서도 그 성과를 찾아보기 어렵다. 그것은 이 시기에 주인권에 종속되어 있는 천인의 존재를 찾는 것에 큰 의미를 두지 않았기 때문이다. 그러나 삼국의 천인제는 각 왕조의 국가질서와 관련되기 때문에 그에 따른 주노질서도 다양하게 나타난다. 주노질서에 대한 본격적인 연구는 율령제가 해체되어 가는 중국의 경우 송대 이후, 일본은 중세 이후에 집중되어 있다. 주지하듯 송대는 당대의 천인제와 다른 양상이 나타나고, 일본의 경우는 중세에 들어서기 전에 국가에서 노비제를 혁파하고 있다. 이후 중국이나 일본에서 장원제의 발달을 통한 주노질서는 매우 다양하게 전개되어 나타난다.[89] 고려도 주노질서에 대한 연구는 잘 찾아지지 않는다. 최근에 호혼법을 통해 당·송·원과 고려를 비교하는 천인질서를 연구한 논문이 있는데, 특히 형벌과 관련하여 이를 살피고 있다.[90]

이상과 같은 율령에 나타난 주노질서는 가족 내의 질서와도 그 맥락을 잇고 있다. 그렇다면 율령에서 가족질서를 가장 잘 보여주는 것이 호혼법이다. 호혼법에 대한 연구는 일찍부터 진행되었지만 기존의 연구는

---

89) 최근 연구로 대표적인 저서를 소개하면, 중국의 경우, 柳田節子, 『宋元社會經濟史研究』, 創文社, 1995가 있고, 일본의 경우, 日本史研究會史料研究部會編, 『中世社會の基本構造』, 創元社(1978년 복간) ; 園部壽樹, 『日本中世村落内身分の研究』, 校倉書房, 2002 ; 峰岸純夫, 『日本中世の社會構成·階級と身分』, 校倉書房, 2010 ; 磯貝富士男, 『日本中世奴隷論』, 校倉書房, 2007을 들 수 있다.

90) 전영섭, 「戶婚法을 통해 본 唐宋元과 高麗의 가족질서와 賤人」 『역사와 경계』 65, 2007.

개별 왕조별로만 한정하여 연구를 하였기 때문에 상호 유기적인 면에서 호혼법의 차이 등을 구명하는 연구는 부족하였다.[91] 최근 삼국의 호혼율령에 대한 연구가 있어 주목된다.[92] 이들 연구는 고려·당·일본의 호혼율령의 비교를 검토하고 있다. 이러한 연구를 바탕으로 고려·당·일본의 호혼법의 상호비교와 그를 통한 주노질서의 변화를 살펴보고자 한다.[93]

1) 고려·당·일본의 율령의 구성과 신분법규

(1) 호혼법의 구성과 내용

당과 일본, 그리고 고려시기 법제의 비교·분석을 통하여 각 왕조의 대민지배체제의 특징을 구명할 때, 기준이자 출발이 되는 것은 唐代이고, 게다가 律과 令으로 이루어진 당대의 법에서 그 중심에 있는 것이 율이다. 이는 호혼법도 동일하다고 할 수 있다. 따라서 먼저 당대 호혼율을 중심에 두고 고려와의 비교를 검토하기로 한다. 일본에서는 율이 잘 보이지 않아 이 부분은 생략하기로 한다.

당·고려의 호혼율의 구성은 크게 호구와 혼인으로 나뉘고, 그 안에 細目으로 구성되어 있다. 당대 호혼율의 세목은 戶口(8조문), 收養·立嫡(3조문), 壓良爲賤(1조문), 田宅·財物(2조문), 農桑(3조문), 賦役(3조문)의 7항

---

91) 대표적으로 중국의 경우, 沈家本, 『歷代刑法考』, 中華書局, 1985 ; 張晉藩 總主編, 『中國法制通史』, 法律出版社, 1999 가운데 제4권 隋唐편, 고려의 경우는 권순형, 『고려의 혼인제와 여성의 삶』, 혜안, 2006, 일본의 경우 義江明子, 『婚姻と家族·親族』, 吉川弘文館, 2002 참조.

92) 전영섭, 앞의 논문, 2007 ; 이정희, 「고려시대 戶令의 내용과 그 성격-당·일과의 비교를 중심으로-」 『지역과 역사』 32, 2013.

93) 삼국의 호혼법의 비교는 唐代는 『唐律疏議』, 『唐令拾遺』, 일본은 『養老令』, 그리고 고려는 『고려시대 율령의 복원과 정리』(영남대학교 민족문화연구소편, 2009)와 『高麗史』를 기준으로 정리하였다. 이 가운데 고려법은 그 체계가 정확히 복원되지 않았기 때문에 상호비교에 한계를 가지고 있지만, 대강의 비교는 되리라 본다.

으로, 혼인은 許嫁(1조문), 혼인(13조문), 離妻(2조문), 良賤相婚(2조문), 通例(3조문)의 5항으로 세분되어 있다.[94] 고려의 호혼율도 당의 기준으로 구분하면 호구(7조문), 수양·입적(2조문), 압량위천(7조문), 田宅·財物(2조문), 農桑(3조문), 賦役(3조문)의 항으로, 혼인은 許嫁(1조문), 혼인(13조문), 離妻(2조문), 良賤相婚(2조문), 通例(3조문)의 항으로 되어 있다.

이상의 구성에서 본서에서 살피고자 하는 주노권을 살필 수 있는 부분만 비교 검토하기로 한다. 우선 호구 부분을 보도록 한다.

<표 7> 당과 고려의 호구조문

당	1) 諸脫戶者 家長徒三年 無課役者 減二等 女戶 又減三等 謂一戶俱不附貫 若不由家長 罪其所由 卽見在役任者 雖脫戶及計口多者 各從漏口法 2) 諸里正不覺脫漏增減者 一答四十 三口加一等 過杖一百 十口加一等 罪止徒三年 不覺脫戶者 聽從漏口法 州縣脫戶亦準此 若知情者 各同家長法 3) 諸州縣不覺脫漏增減者 縣內十口答三十 三十口加一等 過杖一百 五十口加一等 州隨所管縣多少 通計爲罪 通計 謂管二縣者 二十口答三十 管三縣者 三十口答三十之類 計口亦準此 若脫漏增減倂在一縣者 得之諸縣通之 若止管一縣者 減縣罪一等 餘條通計準此 各罪止徒三年 知情者 各同里正法 [二] 不覺脫漏增減 無文簿者 官長爲首 有文簿者 主典爲首 佐職以下 節級連坐 4) 諸里正及官司 妄脫漏增減以出入課役 一口徒一年 [四] 二口加一等 贓重 入己者以枉法論 至死者加役流 入官者坐贓論 5) 諸私入道及度之者 杖一百 若由家長 家長當罪 已除貫者 徒一年 本貫主司及觀寺三綱知情者 與同罪 若犯法合出觀寺 經斷不還俗者 從私度法 卽監臨之官 私輒度人者 一人杖一百 二人加一等 6) 諸祖父母父母在 而子孫別籍異財者 徒三年 別籍異財不相須 下條準此 7) 諸居父母喪 生子及兄弟別籍異財者 徒一年 12) 諸相冒合戶者 徒二年 無課役者 減二等 謂以疎爲親及有所規避者 主司知情 與同罪
고려	1) 家長 漏口及增減年壯 免課役者 一口徒一年 二口一年 半五口二年 七口二年 半九口三年 若增減非免課役 四口爲一口 罪止徒一年半(『高麗史』卷84, 刑法1 戶婚) 2) 里正 不覺漏脫增減 出入課役 一口答四十 四口五十 七口杖六十 十口七十 十三口八十 十六口九十 二十口一百 三十口徒一年 四十口一年半 五十口二年 六十口二年半 若知情同家長 法科之(『高麗史』卷84, 刑法1 戶婚) 4) 隣里被强盜 聞而不救杖八十 告而不救九十 官司不救一百 竊盜減二等(『高麗史』卷84, 刑法1 戶婚) 5) 同五保內 徒罪不糺杖六十 流罪不糺一百 死罪不糺徒一年 徒以下罪不糺 不坐(『高麗史』卷84, 刑法1 戶婚) 7) 祖父母父母在 子孫別籍異財 供養有闕徒二年 服內別籍徒一年(『高麗史』卷84, 刑法1 戶婚)

94) 唐代 호혼율의 분류는 戴炎輝, 『唐律各論』(上), 成文出版社, 1988, 第3編 戶婚律, 173~174쪽에 의거하였다.

	15) 禾尺才人 所在州郡課 其生口成籍 不得流移 擇曠地勒 令耕種與平民同 違者 所在官司 繩之以法(『高麗史』卷84, 刑法1 戶婚, 辛禑 14年 8月 憲司上疏)
	32) 貧民鬻子女 如過三年不放者 監察司按廉使痛加理罪(『高麗史』卷38, 恭愍王 元年 2月 丙子)

위의 〈표 7〉에서 정리한 호구 부분은 양국의 호혼조에서 가장 서두에 실린 것이다. 호구파악의 목적은 과세에 있기 때문에 戶口의 脫漏에 대한 처벌규정이 제1조에 있다. 다만 이 탈루의 행위가 누구든 상관없이 처벌대 상은 양국이 모두 家長에만 한정시키고 있다(당-1, 고려-1). 이 호구를 유지하기 위하여 다음 조항에 나오는 감독소홀에 따른 里正, 주현의 감시소 홀(당-2), 실정을 알고도 탈루시킨 행위에 대한 처벌(당-3) 그리고 함부로 탈루한 행위에 대한 처벌(당-4, 고려-2)이 그 뒤를 잇고 있다. 아울러 과역의 기피 가운데 중요한 범죄, 즉 사사로이 피역이나 면역의 대상이 되는 행위에 대한 처벌(당-5, 고려-32)을 규정하고 있다.

또한 호구의 변동사유가 되는 행위, 즉 別籍異財에 대한 처벌(당-6·7, 고려-7), 합호(당-12), 화척·재인·빈민자녀들을 대상으로 하는 강제적인 구인조치에 대한 처벌(고려-15·32)도 기술하고 있다. 그리고 이러한 호구 가 파괴되는 행위에 대한 처벌조항도 함께 들어 있다(고려-4·5).

둘째는 收養·立嫡이다.

〈표 8〉 당과 고려의 收養·立嫡 조문

당	8) 諸養子 所養父母無子而捨去者 徒二年 若自生子及本生無子 欲還者 聽之 9) 諸立嫡違法者 徒一年 卽嫡妻年五十以上無子者 得立嫡以長 〔七〕 不以長者亦如之 10) 諸養雜戶男爲子孫者 徒一年半 養女 杖一百 官戶 各加一等 與者 亦如之
고려	6) 養異姓男 與者笞五十 養徒一年 無子而捨去者二年 養女不坐 其遺弃小兒 三歲以下 異姓聽 養(『高麗史』卷84, 刑法1 戶婚)

唐과 고려의 수양·입적에 대한 처벌조문은 간단하여 각각 3조, 1조로 구성되어 있다. 우선 養子捨去條와 입적위법조, 그리고 雜戶·官戶·部曲·노 비 등 천인의 수양에 대한 처벌이 규정되어 있다. 고려는 양자에 대한

법조항을 만들어 양자의 대상을 한정하고 있다.

셋째 壓良爲賤 조문은 당은 단 1조뿐이지만 고려는 상대적으로 많은 기사가 기재되어 있다. 즉 이 점은 고려시기에는 압량위천에 대한 사례가 빈발하였음을 나타낸다. 각 항을 기술하면 다음과 같다.

<표 9> 당과 고려의 압량위천 조문

당	11) 諸放部曲爲良 已給書 而壓爲賤者 徒二年 若壓爲部曲及放奴婢爲良 而壓爲賤者 各減一等 即壓爲部曲及放爲部曲 而壓爲賤者 又各減一等 各還正之
고려	8) 和賣子孫爲奴婢徒一年 略賣一年半 而而故賣者加一等 和賣親弟姪·外孫爲奴婢徒二年半 略賣徒三年 未售減一等 而而故賣者減一等 和賣堂弟堂一等 孫爲奴婢流二千里 略賣流三千里 不售減一等 知而故賣者 亦減一等 餘親同凡和賣(『高麗史』 卷84, 刑法1 戶婚)
	9) 官私奴婢 招誘良人子賣買者 女人則初犯 依律斷之 再犯歸鄕 男人則初犯歸鄕 再犯充常戶 (『高麗史』 卷84, 刑法1 戶婚)
	21) 人有怙權昧理 擅奪人田民者 又有托勢得官 超資越序者 甚無謂也. 脫或不改 非惟其人 所托附者 亦皆罪之 其含寃抱屈者 無論貴賤尊卑 宜各上書駕前 聽訟官遷延不決 必罰無貰 (『高麗史』 卷29, 忠烈王 5年 3月 丙寅敎)
	27) 郞将徐敖 誘良家子女來托豪勢之家 不進謁王所 又聞 母喪 不奔飮酒食肉 故執送之 其置鎭邊所 永不敍用 諸道刷卷別監所申 慶尚道提察使姜璉全羅道提察使李仲丘楊廣道提察使金薈江陵道安集使韓仲熙判別監崔子安鄭子溫及守令九十六人 橫斂[斂]於民 而私用之罪 宜痛斷 然係赦前所犯 只徵其物 盡行罷職(『高麗史』 卷34, 忠宣王 3年 7月 丙戌)
	30) 凡吾親戚 勿倚勢奪人田民 如有違異 必罪之 法司知而故縱 亦當罪之(『高麗史』 卷37, 忠穆王 卽位年 8月 丙戌)
	31) 整治都監 以奇皇后族弟 三萬奪人田 杖之 下獄死(『高麗史』 卷37, 忠穆王 3年 3月 戊辰)
	33) 以檢校大護軍崔龍角 私役全州良民七十餘戶 奪人土田 肆行侵漁 籍其家 充戍卒9(『高麗史』 卷39, 恭愍王 6年 8月 癸卯朔)

위의 <표 9>에서 당률은 적법한 절차를 거쳐 良人이나 部曲이 된 부곡과 노비를 다시 본래의 신분으로 한 행위에 대한 처벌이다. 고려의 조문은 압량위천뿐만 아니라 이를 포괄할 수 있는 인민은닉죄에 관한 처벌이다. 고려는 주지하듯 『高麗史』 형법지에 당이나 일본에 보이지 않는 노비조문이 따로 구분되어 있어 노비 즉 천인에 대한 규제가 매우 강함을 알 수 있다. 이는 호혼율에서도 확인할 수 있다. 자손을 和賣하여 노비로 삼은 자(고려-8), 양인이나 남의 노비를 매매한 자에 대한 처벌(고려-9)을 자세히 기록하고 있다. 이와 더불어 인민은닉죄도 함께 기술하고 있다 (고려-21·27·30·31·33).

넷째는 혼인과 이혼에 관한 처벌 조항이다. 당은 21조항이고, 고려는 11조항으로 조문의 수로는 당이 많다. 먼저 혼인조문으로, 女家에서 혼인을 허락한 이후 후회하거나 타인과 혼인을 허락한 행위에 대한 처벌(당-26), 妄冒罪(당-27), 妻妾이 次序를 잃은 범죄(당-28), 憂戚 기간에 혼인한 범죄(당-30), 親屬 내의 혼인죄(당-33), 守志하는 寡婦를 强娶한 죄(당-35), 특수신분의 婦女를 娶한 죄(당-36), 卑幼가 教令을 위반하고 娶妻한 죄(당-39)와 그에 대한 처벌로 나뉜다. 해당 조문에 의하면, 이러한 행위들은 모두 불법이기 때문에 이혼되고 있다.

또한 이혼에 관한 것으로, 불법으로 이혼한 행위에 대한 처벌(당-40)과, 이혼에 응하지 않는 죄와 남편을 배신하고 마음대로 나가버리거나 改嫁한 죄에 대한 처벌(당-41)이라는 2개 조문으로 되어 있다. 그외 양천상혼(당-29·42·43)에 대한 처벌조항이 보인다.

다음 고려의 것을 보도록 한다. 당과 같이 혼인에 대한 구세식인 금혼규정 등은 나타나지 않는다. 다만 부모의 상중의 혼인금지(고려-29), 마음대로 처가 도망가거나 개가했을 때의 처벌규정(고려-10·16)이 있다. 또한 棄妻에 대한 규정(고려-13), 그 외는 양천상혼에 대한 규정이 많다(고려-11·14·24).

이러한 혼인율에서 당이 21개 조항에서 양천혼인에 대한 것이 3개인 것에 비하여 고려는 11개 조항에서 3개를 차지하므로 그 비율이 높다. 이 점은 앞서도 살폈듯이 고려가 노비제에 대한 억제가 매우 강했음을 보여주는 것이다.

〈표 10〉 당과 고려의 혼인관련 조문

당	26) 諸許嫁女 已報婚書及有私約 約 謂先知夫身老幼疾殘養庶之類 而輒悔者 杖六十 男家自悔者 不坐 不追娉財 27) 諸爲婚而女家妄冒者 徒一年 男家妄冒 加一等 未成者 依本約 已成者 離之 28) 諸有妻更娶妻者 徒一年 女家 減一等 若欺妄而娶者 徒一年半 女家不坐 各離之 29) 諸以妻爲妾 以婢爲妻者 徒二年 以妾及客女爲妻 以婢爲妾者 徒一年半 各還正之

	30) 諸居父母及夫喪而嫁娶者 徒三年 妾減三等 各離之 知而共爲婚姻者 各減五等 不知者 不坐 31) 諸祖父母父母被囚禁而嫁娶者 死罪 徒一年半 流罪 減一等 徒罪 杖一百 祖父母父母命者 勿論[一八] 32) 諸居父母喪 與應嫁娶人主婚者 杖一百 33) 諸同姓爲婚者 各徒二年 緦麻以上 以姦論 34) 諸嘗爲袒免親之妻 而嫁娶者 各杖一百 緦麻及舅甥妻 徒一年 小功以上 以姦論 妾 各減二等 並離之 35) 諸夫喪服除而欲守志 非女之祖父母父母而强嫁之者 徒一年 期親嫁者 減二等 各離之 女追歸前家 娶者不坐 36) 諸娶逃亡婦女爲妻妾 知情者與同罪 至死者減一等 離之 卽無夫 會恩免罪者 不離 37) 諸監臨之官 娶所監臨女爲妾者 杖一百 若爲親屬娶者 亦如之 其在官非監臨者 減一等 女家不坐 38) 諸和娶人妻及嫁之者 各徒二年 妾 減二等 各離之 卽夫自嫁者 亦同 仍兩離之 39) 諸卑幼在外 尊長後爲定婚 而卑幼自娶妻 已成者 婚如法 未成者 從尊長 違者 杖一百 40) 諸妻無七出及義絶之狀 而出之者 徒一年半 雖犯七出 有三不去 而出之者 杖一百 追還合 若犯惡疾及姦者 不用此律 41) 諸犯義絶者離之 違者 徒一年 若夫妻不相安諧而和離者 不坐 42) 諸與奴娶良人女爲妻者 徒一年半 女家 減一等 離之 其奴自娶者 亦如之 主知情者 杖一百 因而上籍爲婢者 流三千里 43) 諸雜戶不得與良人爲婚 違者 杖一百 官戶娶良人女者 亦如之 良人娶官戶女者 加二等 44) 諸違律爲婚 雖有媒娉 而恐喝娶者 加本罪一等 强娶者 又加一等 被强者 止依未成法 45) 諸違律爲婚 當條稱離之正之者 雖會赦 猶離之正之 定而未成 亦是 娉財不追 女家妄冒者 追還 46) 諸嫁娶違律 祖父母父母主婚者 獨坐主婚 本條稱以姦論者 各從本法 至死者減一等
고려	10) 妻擅去徒二年 改嫁流二千里 妾擅去徒一年半 改嫁二年半 娶者同罪 不知有夫 不坐(『高麗史』卷84, 刑法1 戶婚) 13) 無父母和論無故弃妻者 停職付處(『高麗史』卷84, 刑法1 戶婚) 14) 官私奴子妄稱南班 引誘良家婦女婚嫁 據法禁理(『高麗史』卷84, 刑法1 戶婚, 忠肅王 12年 10月敎) 16) 散騎以上妻 爲命婦者 母使再嫁 判事以下至六品妻 夫亡三年 不許再嫁 違者 坐以失節 散騎以上妾 及六品以上妻妾 自願守節者 旌表門閭 仍加賞賜(『高麗史』卷84, 刑法1 戶婚, 恭讓王 元年 9月 都堂啓) 24) 又(移書中書省)曰 照得本國舊例 自來驅良 種類各別 若有良人嫁娶奴婢者 其所生兒女 俱作奴婢 若有本主放許爲良 所生兒女 却還爲賤 … 從高麗王依本俗施行 以此本國驅良公事 止依本俗舊例理斷 … 除已前年分 已成婚聘 所生兒女者 止令依舊住坐外 自今以後 諸奴婢不交嫁娶 招占良人爲夫婦(『高麗史』卷31, 忠烈王 26年 11月 丙寅) 26) 前王命都評議司 女年十六歲以下十三歲以上 母得擅嫁 必須申聞而後許嫁 違者 罪之(『高麗史』卷32, 忠烈王 33年 9月 癸酉) 29) 以尹碩爲中贊 宋瑞爲監察大夫 朴連亦拜典理判書 連居母喪娶妻 每入見 王不之咎 嘗有僧 白王曰 官寺之奴 或有拜高官大職者 不可與士族齒 王怒曰 以吾愛朴連耶 連聞之涕泣曰 他日豈念吾等功乎 王賜酒慰諭之(『高麗史』卷36, 忠惠王 元年 8月 丙辰) 34) 憲府劾 漢陽府尹柳爰廷 媒其子而自娶 又奉使 京師 恣行買賣 削職 流于南原府 爰廷本無子者也(『高麗史』卷46, 恭讓王 3年 12月 癸丑朔) 35) 樂人倡妓爲室者 杖八十 離異政曹外敍用(『高麗史』卷46, 恭讓王 4年 2月 甲寅)

이외에 당에서는 전택, 재물, 농상에 관한 것이 있고, 고려는 부역기피, 토지강점에 대한 처벌규정이 들어 있다.

다음은 당, 일본, 고려를 살필 수 있는 호령을 분석하도록 한다.[95] 이것도 율과 같이 호구조, 수양입적, 압량위천, 그리고 혼인에 관하여 살펴보도록 한다. 먼저 호구에 대한 것이다.

당의 호구조항을 기준으로, 지방행정조직으로 호에 대한 편성원리에 대한 것은 1조에서 5조까지이고, 여기에 養老令은 1~4조, 고려령은 1조, 3조이다. 그리고 호구파악과 호적상의 유별 구별은 6~9조, 양노령은 5~8조, 고려는 2조이며, 편호제부의 원칙은 10~20조, 양노령은 9~17조, 고려령은 5~7조, 9조, 12조이며, 계장작성과 보존규정은 당은 21~25조, 일본은 18~23조, 고려는 2조, 13조이다.

당의 호령조를 자세히 분석하면, 먼저 호의 편성원리에 관한 것으로, 里鄕保坊村 제정원칙(1), 주의 구분(2), 현의 구분(3), 坊과 坊正의 역할(4), 里正의 선출과 역할(5)이다. 양노령에서는 里와 里正의 설치기준과 역할 (1), 군의 구분(2), 坊과 坊長의 역할(3), 坊令의 선출과 역할(4)이다. 고려는 지방제도의 편제방식(1), 9등호의 편호방식(3)이다.

호구파악과 호적상의 유별 구별은 당의 경우, 호주와 課戶와 不課戶의 설정(6), 불과호의 대상(7), 호구파악방식(黃, 小, 中, 丁, 老)(8), 폐질의 기준(9), 9등의 구분(23)이며, 양노령은 호주와 과호와 불과호의 기준 (5), 호구파악방식(黃, 小, 中, 丁, 老, 耆)(6), 폐질의 기준(7), 次丁의 기준(8) 이며, 고려는 호구파악방식(丁, 老)(2)이다. 편호제부 원칙은 당은 隣保制 와 그 운영(10·11), 侍丁지급(12·13), 養子와 상속(14·27), 子孫絶孫(15), 析戶·移住·歸化·良人化 된 천인 등 다양한 유형의 편호제부 원칙(15~20)이 있다. 일본은 인보제와 그 운용(9·10), 시정지급(11), 양자(12), 이주·귀화

---

95) 삼국의 戶令에 대한 비교는 이정희, 앞의 논문, 2013에 의거하였다.

·양인화된 천인 등 다양한 유형의 편호제부 원칙(13·17, 23)이 기재되어
있다. 고려는 양자(5·6조), 인보제의 운영(7), 불법적인 호적작성(9·10·
24), 호적작성의 기준(12)으로 규정되어 있다.

計帳작성과 보존규정을 보면 당은 계장 작성간기와 책임자(21), 호적작
성 시기(22), 호적작성기준(23), 호족의 보존규정(25)이 기록되어 있다.
일본은 계장작성시기(18), 호적작성간기(19), 호적작성방법(20), 작성된
호족의 상납(21), 호적보존규정(22)으로 되어 있다. 고려는 호적작성간
기와 보존(13)이 언급되어 있다.

〈표 11〉 당과 일본·고려의 호구조문(호령)

당	1-3) 諸戶以百戶爲里 五里爲鄉 四家爲鄰 五家爲保 每里置正一人(若山谷阻險 地遠人稀之處 聽隨便量置)…在邑居者爲坊 別置正一人 掌坊門管鑰 督察姦非 並免其課役 在田野者爲村 村別置村正一人 其村滿百家增置一人 掌同坊正 其村居如不滿十家者 隸入大村 不得別置 村正 2-3) 準舊令 州爲三等(上中下) 3-3) 準舊令…縣爲五等(赤畿上中下) 4) 諸兩京城及州縣郭下 坊別置正一人 掌坊門管鑰 督察姦非 5) 諸里正 縣司選勳官六品以下 白丁淸平强幹者充 其次爲坊正 若當里無人 聽於比鄰里簡用 其村正取白丁充 無人處 里正等並通取十八以上中男殘疾等充 6) 諸戶主 皆以家長爲之 戶內有課口者爲課戶 無課口者爲不課戶 7) 諸視流內九品以上官 及男子二十以上 老男廢疾妻妾 部曲客女奴婢 皆爲不課戶 8) 諸男女三歲以下爲黃 十五歲以下爲小 二十以下爲中 其男年二十一爲丁 六十爲老 無夫者 爲寡妻妾 9) 諸一目盲 兩耳聾 手無二指 足無三指 手足無大拇指 禿瘡無髮 久漏下重 大癭瘻 如此之類 皆爲殘疾 癲癇 侏儒 腰脊折 一肢廢 如此之類 皆爲廢疾 惡疾 癲狂 兩肢廢 兩目盲 如此之類 皆爲篤疾 10-2) [開25]諸戶皆以鄰聚相保 以相檢察 勿造非違 如有遠客 來過止宿 及保內之人 有所行 並語同保知 11) 租調代輸 各無田者 不出租也 此文與唐令改替故也 但調五保及三等均出 不論地有無也 12) [開7][開25]諸年八十及篤疾 給侍一人 九十二人 百歲五人 皆先盡子孫 課取近親 皆先輕色 無近親外取白丁者 人取家內中男者並聽 13) 應侍 戶內無周親 年二十一以上五十九以下者 皆申刑部具狀上請 聽敕處分 若敕許充侍家 有周親進丁 及親終 更奏 如元奉進止者不奏 14) 諸無子者 聽養同宗於昭穆相當(相當 唐律疏議卷四 宋刑統卷四並作合)者 15) 諸以子孫繼絶 應析戶者 非年十八已(已 通典 通考並作以)上 不得析 其年十七已下 命繼者 但於本生籍內 注云年十八然聽 卽所繼處 有母在者 雖小亦聽析出 16) 諸戶欲析出口爲戶者 非成丁 皆不合析 應分者 不用此令 17) 諸先有兩貫者 從邊州爲定 次從關內爲定 又復(又復 唐六典作次)從軍府州爲(爲 以意補之)定 卽俱是邊州關內 俱軍府州 從先貫爲定 其於法不合分析 而因失鄉分貫 應(其以下十四字 據日本令補之)合戶者 亦如之(者以下四字據日本令補之)

<table>
<tr><td></td><td>

18) 諸居狹鄉者 聽其從寬 居遠者 聽其從近 居輕役之地者 聽其從重(畿內諸州 不得樂住畿外 京兆河南府 不得樂住餘州 其京城 縣 不得住餘縣 有軍府州 不得住無軍府州)

19) 諸沒落外蕃(沒以下四字 據日本令補修之 白氏六帖作沒蕃 又作落蕃)得還 及化外人(人 據日本令補之)歸朝(朝 日本令作化)者 所在州鎮 給衣食 具狀送省奏聞 化外人 於寬鄉附貫 安置 洛蕃人(落蕃 日本令作沒蕃) 依舊貫 無舊貫 任於近親附貫

20) 訴良得免

21) 諸每歲一造計帳 里正責所部手實 具注家口年紀

22) 諸三年一造戶籍 起正月畢三月 一留縣 一送州 一送戶部 所須紙筆裝潢軸帙 皆出當戶內 口別一錢 州亦注手實及籍

23) 諸天下人戶 量其資產 定爲九等 每三年縣司定之 州司覆之 然後注籍而申之於省 每定戶以 中年(子卯午酉) 造籍以季年(丑辰未戌)

24) 諸戶 季年將入丁老疾 應征免課役及給侍者 皆縣令貌形狀 以爲定簿 一定以後 不須更貌 若疑有姦欺者 隨事貌定 以附於實

25-2) 州縣之籍 恒留五比 省籍留九比

25-3) 戶籍 常留三比在州縣 五比送省

27) 諸應分田宅及財物者 兄弟均分(其父祖亡後 各自異居 又不同爨 經三載以上 逃亡 經六載以 上 若無父祖舊田宅邸店碾磑部曲奴婢見在可分者 不得輒言分)

</td></tr>
<tr><td>일본</td><td>

1) 凡戶以五十戶爲里 每里置長一人(掌檢校戶口 課植農桑 禁察非違 催驅賦役) 若山谷阻險 地遠人稀之處 隨便量置

2) 凡郡 以廿里以下十六里以上 爲大郡 十二里以上爲上郡 八里以上爲中郡 四里以上爲下郡 二里以上爲小郡

3) 凡京 每坊置長一人 四坊置令一人(掌檢校戶口 督察奸非 催驅賦徭)

4) 凡坊令 取正八位以下 明廉强直 堪時務者充 里長坊長 並取丁淸正 强幹者充 若當里當坊 無人 聽於比里比坊簡用(若八位以下情願者聽)

5) 凡戶主 皆以家長爲之 戶內有課口者 爲課戶 無課口者 爲不課戶(不課謂 皇親及八位以上 男年十六以下 幷蔭子者癈疾篤疾妻妾女家人奴婢)

6) 凡男女 三歲以下爲黃 十六以下爲小 廿以下爲中 其男廿一爲丁 六十一爲老 六十六爲耆 無夫者 爲寡妻妾

7) 凡一目盲 兩耳聾 手無二指 足無三指 手足無大拇指 禿瘡無髮 久漏下重 大瘻瘇 如此之類 皆爲殘疾 癲癭侏儒 腰背折 一支癈 如此之類 皆爲癈疾 惡疾顚狂 二支癈 兩目盲 如此之類 皆爲篤疾

8) 凡老殘疾爲次丁

9) 凡戶 皆五家相保 一人爲長 以相檢察 勿造非違 如有遠客來過止宿 及保內之人有所行詣 並語同保知

10) 戶逃走條 凡戶逃走者 令五保追訪 三周不獲除帳 其地歸公 未還之間 五保及三等以上親 均分佃食 租調代輸(三等以上親 謂同里居住者) 戶內口逃者 同戶代輸 六年不獲亦除帳地 准上法

11) 凡年八十及篤疾 給侍一人 九十二人 百歲五人 皆先盡子孫 若無子孫 聽取近親 無近親 外取白丁 若欲取同家中男者 並聽 郡領以下官人 數加巡察 若供侍不如法者 隨便推決 其篤疾十歲以下 有二等以上親者 並不給侍

12) 凡無子者 聽養四等以上親於昭穆合者 卽経本屬除附

13) 凡戶內欲析出口爲戶者 非成中男 及妻妾妾者 並不合折 応分者 不用此令

14) 新付條 凡新附戶 皆須保証 本問元由 知非逃亡詐冒 然後聽之 其先有兩貫者 從本國爲定. 唯大宰府內 及三越陸奧石城石背等國者 從見住爲定 若有兩貫者 從先貫爲定 其於法不合 分折 而因失鄉分貫 応合戶者 亦加之

15) 居狹條 凡戶居狹鄉 有樂遷就寬 不出國境者 於本郡申牒 当國處分 若出國堺 申官待報 於閑月 國郡領送 付領訖 各申官

16) 沒落外蕃條 凡沒落外蕃得還 及化外人歸化者 所在國郡 給衣糧 具狀發飛驛申奏 化外人於

</td></tr>
</table>

	寬國附貫安置 沒落人依旧貫 無旧貫 任於近親附貫 並給糧遞送 使達前所
	17) 凡浮逃絶貫 及家人奴婢 被放爲良 若訴良得免者 並於所在附貫 若欲還本屬者聽
	18) 凡造計帳 每年六月三十日以前 京國官司 責所部人實 具注家口年紀 若全戶不在鄉者 卽依旧籍轉寫 并顯不在所由 收訖 依式造帳 連署 八月三十日以前 申送太政官
	19) 凡戶籍 六年一造 起十一月上旬 依式勘造 里別爲卷 惣寫三通 其縫皆注其國其郡其里其年籍 五月三十日內訖 二通申送太政官 一通留國(其雜戶陵戶籍 則更寫一通 各送本司)所須紙筆等調度 皆出公戶
	20) 造帳籍條 凡戶口 當造帳籍之次 計年 將入丁老疾 応徵免課役 及給侍者 皆國司親貌形狀 以爲定簿 一定以後 不須更貌 若疑有奸欺者 亦隨事貌定 以附帳籍
	21) 籍送條 凡籍 応送太政官者 附當國調使送 若調不入京 專使送之
	22) 凡戶籍 恒留五比 其遠年者 依次除(近江大津宮庚午年籍 不除)
	23) 凡応分者 家人奴婢(氏賤 不在此限) 田宅資財(其功田功府 唯入男女) 摠計作法 嫡母継母 及嫡子 各二分(妾同女子之分) 庶子一分 妻家所得 不在分限 兄弟亡者 子承父分(養子亦同)
高麗	1) 定州府郡縣舘驛田 千丁以上州縣 公須田三百結 五百丁以上 公須田一百五十結 紙田十五結 長田五結 二百丁以上缺 一百丁以上 公須田七十結 紙田十結 一百丁以下 公須田六十結 長田四結 六十丁以上 公須田四十結 三十丁以上 公須田二十結 二十丁以下 公須田十結 紙田七結 長田三結 鄉部曲千丁以上 公須田二十結 一百丁以上 公須田十五結 五十丁以下 公須田十結 紙田三結 長田二結 大路驛 公須田六十結 紙田五結 長田二結 中路驛 公須田四十結紙田 長田各二結 小路驛 公須田二十結 紙田二結 大路 舘田五結 中路四結 小路三結96)
	2) 民年十六爲丁 始服國役 六十爲老而免役 州郡 每歲計口籍民 貢于戶部 凡徵兵調役 以戶籍抄定97)
	3) 編戶 以人丁多寡 分爲九等 定其賦役98)
	5) 凡人無後者 無兄弟之子 則收他人 三歲前弃兒 養以爲子 卽從其姓 繼後付籍 已有成法 其有子孫及兄弟之子 而收養異姓者 一禁99)
	6) 禁以伯叔及孫子行者 爲養子100)
	7) 諸州縣公私田 川河漂損 樹木叢生 不得耕種 如有官吏 當其佃戶 及諸族類隣保人 徵斂稅粮 侵害作弊者 內外所司 察訪禁除101)
	9) 居京大小人員子弟 謀避徭役 各於本貫親戚戶籍類付 以致名實混淆 自今 京人付外籍者 痛禁102)
	10) 開城府五部 及外方州縣 以百姓爲兩班 以賤人爲良人 僞造戶口者 據法斷罪103)
	11) 本國戶口之法 近因播遷 皆失其舊 自壬子年爲始 并依舊制 良賤生口 分揀成籍 隨其式年 解納民部 以備參考 東西兩界新附人戶 理宜安集 其令都巡問使 給糧與田 無令失業。104)
	12) 大司憲趙浚上疏曰 近來戶籍法壞 守令不知其州之戶口 按廉不知一道之戶口 當徵發之際 鄉吏欺蔽招納賄賂富 壯免 而貧弱行 貧弱之戶 不堪其苦而逃 則富壯之戶 代受其苦 亦貧弱而逃矣 其任徵發者憤鄉吏之欺蔽 痛加酷刑 割耳劓鼻 無所不至 鄉吏亦不堪其苦而逃矣 鄉吏百姓 流亡四散 州郡空虛者 戶口不籍之流禍也 願今當量田 審其耕作之田 以所耕多寡 定其戶上中下三等 良賤生口分揀成籍 守令貢于按廉 按廉貢于版圖 朝廷有所憑依 及時發遣而守令按廉 如有違法者 輒繩以理105)
	13) 都堂啓 舊制 兩班戶口 必於三年一成籍 一件納於官 一件藏於家 各於戶籍內 戶主世系 及同居子息兄弟姪壻之 族派 至於奴婢所傳宗派 所生名歲 奴妻婢夫之良賤 一皆備錄 易以考閱 近年以來 戶籍法廢 不唯兩班世系之難尋 或壓良爲賤 或以賤從良 遂致訟獄盈庭 案牘紛紜 願自今倣舊制施行 其無戶籍者 不許出告身 立朝 且戶籍不付奴婢 一皆屬公王納之106)

96) 『高麗史』卷78, 食貨1 田制, 公廨田柴 成宗 2年 6月條.

97) 『高麗史』卷78, 食貨2 戶口, 國制.

다음은 혼인과 이혼에 관한 규정이다. 혼인에 관한 것은 당은 28~32조이고, 일본은 24~26조, 그리고 이혼에 관한 규정은 33~36조, 일본은 27~31조까지이다. 먼저 혼인령 가운데에서 세분하여 보면, 당의 경우, 혼인나이의 규정(28), 혼주범주(29), 첩을 맞아들일 때의 예(30), 첩과 잉의 구별(31), 빙재문제(32)이고, 이혼에 관한 것으로, 혼인에서의 혼주의 위상(33), 지방관이 자기 통치하의 백성과의 혼인금지(34), 기처(35), 처의 부모에 대한 상해죄(36)에 대한 기록이다. 일본은 혼인부분은 혼인의 나이(24), 혼주의 범주(25), 성혼의 기간과 기준(26)이고, 이혼에 대한 것은 간통 후에 혼인하는 것(25), 칠출(기처)(28·29·30), 처의 친족을 상해한 경우(31)가 기록되어 있다. 고려의 경우는 양천교혼(14), 근친혼 금지(15~25)조항이다.

〈표 12〉 당과 일본·고려의 혼인 조문(호령)

| 당 | 28) [開25]諸男年十五 女年十三以上 並聽婚嫁
29) [唐代]依令 婚先由伯叔 伯叔若無 始及兄弟
30) [開25]娶妾仍立婚契
31) [開25]以妾爲媵 令旣有制
32) [唐代]不還聘財
33) [唐代]假令 先不由主婚 和合姦通 後由祖父母等立主婚已訖後 先姦通事發者 縱生子孫猶離之耳 常赦所不免 悉赦除者不離 唐令 猶離者非
34) [開25]諸州縣官人在任之日 不得共部下百姓交婚 違者雖會赦 仍離之
35) 棄妻七出條
36) 毆妻之祖父母條 |
| 일본 | 24) 凡男年十五 女年十三以上 聽婚嫁 |

98) 『高麗史』卷84, 刑法1 公式, 戶婚.
99) 『高麗史』卷85, 刑法2 戶婚, 文宗 22年 制.
100) 『高麗史』卷85, 刑法2 戶婚, 文宗 22年 6月 制.
101) 『高麗史』卷78 食貨1 田制, 租稅, 睿宗 3年 2月 制.
102) 『高麗史』卷79, 食貨2 戶口, 仁宗 13年 2月 判.
103) 『高麗史』卷79 食貨2 戶口, 忠肅王 12年 10月 下敎.
104) 『高麗史』卷79, 食貨2 戶口, 恭愍王 21年 12月 下敎.
105) 『高麗史』卷79, 食貨2 戶口, 辛禑 14年 8月條.
106) 『高麗史』卷79, 食貨2 戶口, 恭讓王 2年 7月條.

	25) 凡嫁女 皆先由祖父母父母伯叔父姑兄弟外祖父母次及舅從母從父兄弟若從母從父兄弟 不同居共財 及無此親者 並任女所欲 爲婚主
	26) 凡結婚已定 無故三月不成 及逃亡一月不還 若沒落外蕃 一年不還 及犯徒罪以上 女家欲離 者 聽之 雖已成 其夫沒落外蕃 有子五年 無子三年不歸 及逃亡 有子三年 無子二年不出者 並聽改嫁
	27) 凡先奸 後娶爲妻妾 雖會赦 猶離之
	28) 凡棄妻 須有七出之狀 一無子 二淫 三不事舅姑 四口舌 五盜竊 六妬忌 七惡疾 皆夫手書棄之 與尊屬近親同署 若不解書 畫指爲記 妻雖有棄狀 有三不去 一經持舅姑之喪 二娶時賤後貴 三有所受無所歸 卽犯義絶 淫疾惡疾 不拘此令
	29) 凡棄妻 先由祖父母父母 若無祖父母父母 夫得自由 皆還其賷見在之財 若將婢有子 亦還 之
	30) 凡嫁女棄妻 不由所由 皆不成婚 不成棄 所由後知 滿三月不理 皆不得更論
	31) 凡毆妻之祖父母父母 及殺妻外祖父母伯叔父姑兄弟姊妹若夫妻祖父母父母外祖父母伯叔 父姑弟姊妹 自相殺 及妻毆詈夫之祖父母父母 殺傷夫外祖父母伯叔父姑兄弟姊妹 及欲 害夫者 雖會赦 皆爲義絶
고려	1) 郡縣人與津驛部曲人 交嫁所生 皆屬津驛部曲 津驛部曲與雜尺人 交嫁所産 中分之 剩數從 母[107]
	15) 嫁大功親所産 禁仕路[108]
	16) 同父異母姉妹犯嫁所産 仕路禁錮[109]
	17) 嫁小功親所産 依大功親例 禁仕路[110]
	18) 禁功親婚嫁[111]
	19) 嫁大小功親所産 竝許通[112]
	20) 大小功親犯嫁者 禁錮[113]
	21) 嫁大小功親所産 曾限七品 今後仕路一禁[114]
	22) 禁堂姑從姉妹堂姪女兄孫女相婚[115]
	23) 大小功親內只禁四寸以上嫁 五六寸親薫 不曾禁嫁緣此多相婚嫁 遂成風俗 未易卒禁 已 前犯産人 許通仕路 今後一皆禁錮[116]
	24) 憲司請 禁外家四寸通婚[117]
	25) 監察司請 禁人妻死繼娶妻之姉妹 及娶異姓再從姉妹[118]

107) 『高麗史』 卷84, 刑法1 戶婚.
108) 『高麗史』 卷75, 選擧3 銓注, 限職, 文宗 12年 5月 判.
109) 『高麗史』 卷75, 選擧3 銓注, 限職, 宣宗 2年 4月 判.
110) 『高麗史』 卷75, 選擧3 銓注, 限職, 肅宗 元年 2月 判.
111) 『高麗史』 卷84, 刑法1 奸非, 肅宗 元年 6月.
112) 『高麗史』 卷75, 選擧3 銓注, 限職, 肅宗 6年 10月 判.
113) 『高麗史』 卷75, 選擧3 銓注, 限職, 睿宗 11年 8月 判.
114) 『高麗史』 卷75, 選擧3 銓注, 限職, 仁宗 12年 12月 判.
115) 『高麗史』 卷84, 刑法1 奸非, 毅宗 卽位年條.
116) 『高麗史』 卷75, 選擧3 銓注, 限職, 毅宗 元年 12月 判.
117) 『高麗史』 卷84, 刑法1 奸非, 忠烈王 34年 閏11月.
118) 『高麗史』 卷84, 刑法1 奸非, 恭愍王 16年 5月.

마지막으로 천인신분에 관한 규정이다.

<표 13> 당과 일본·고려의 천인조문(호령)

당	39) [開25]諸工樂 雜戶 官戶 部曲 客女 公私奴婢 皆當色爲婚
	40) [開25]太常音聲人 依令婚同百姓
	41-1) [開7]凡反相坐沒 其家爲官奴婢… 一免爲番戶 再免爲雜戶 三免爲良人 皆因赦有所及則免之…年六十及廢疾 雖赦令不該 並免爲番戶 七十則免爲良人 任所居樂處 而編附之
	41-2) [開25]今請諸司諸使 各勘官戶 奴婢 有廢疾及年近七十者 請準各令處分
	42) 放部曲客女奴婢條
	43) [開25]自贖免賤 本主不留爲部曲者 任其所樂
	44) [唐代]諸部曲所生子孫 相承爲部曲
	45) [開25]轉易部曲事人 聽量酬衣食之直
	46) [開諸25]奴婢詐稱良人 而與良人及部曲客女 爲夫妻者…不知情者 竝從良 部曲客女詐稱良人 而與良人爲夫妻者…皆離之 其良人及部曲客女 被詐爲夫妻 所生男女…各同知情法 如奴婢等逃亡 在別所 詐稱良人者 從上法
	47) [開27]諸良人相姦 所生男女隨父 若姦雜戶官戶 他人部曲妻 客女 及官私婢 並同類相姦 所生男女 並隨母 即雜戶 官戶 部曲姦良人者 所生男女 各聽爲良 其部曲及奴 姦主緦麻以上親之妻者 若奴姦良人者 所生男女 各合沒官
	48) [唐代]聽贖爲良 其人任意
일본	35) 当色爲婚條 凡陵戶官戶家人公私奴婢 皆當色爲婚
	36) 凡官戶奴婢 每年正月 本司色別 各造籍二通 一通送太政官 一通留本司 有工能者 色別具注
	37) 凡良人及家人 被壓略充賤 配奴婢而生男女者 後訴得免 所生男女 並從良人及家人
	38) 凡官奴婢 年六十六以上 及廢疾 若被配沒 令爲戶者 並爲官戶 至年七十六以上 並放爲良(任所樂處附貫 反逆緣坐 八十以上 亦聽從良)
	39) 凡放家人奴婢 爲良及家人者 仍経本屬 申牒除附
	40) 凡家人所生子孫 相承爲家人 皆任本主驅使 唯不得盡頭驅使 及賣買
	41) 凡官戶家人公私奴婢 被抄略 沒在外蕃 自拔得還者 皆放爲良 非抄略 及背主入蕃 後得歸者 各還官主
	42) 凡官戶 陵戶 家人 公私奴婢 与良人爲夫妻 所生男女 不知情者 從良 皆離之 其逃亡所生男女 皆從賤
	43) 凡家人奴 奸主及主五等以上親 所生男女 各沒官
	44) 凡化外奴婢 自來投國者 悉放爲良 即附籍貫 本主雖先來投國 亦不得認 若是境外之人 先於化內充賤 其二等以上親 後來投化者 聽贖爲良
고려	34) 公賤 年滿六十 放役[119]
	35) 禁京外豪富劫占負債貧人 仍爲奴婢使喚者[120]
	36) 放良奴婢 年代漸遠 則必輕侮本主 今或代本主 水路赴戰 或廬墓三年者其主告于攸司 考閱其功 年過四十者 放許免賤 若有罵本主 又與本主親族相抗者 還賤役使[121]
	37) 立賤者隨母之法[122]
	38) 無後人奴婢 屬官[123]
	39) 私奴婢背主 因而有恨自縊者 勿罪其主[124]
	40) 今後 奴婢相訟 駕前申呈 及紫門敎授判付 一皆除之[125]
	41) 一近來 壓良爲賤者甚多 其令有司 劾其無文契 及詐僞者 罪之 一不念公理 的望外官奴婢 冒受賜牌者一切禁斷 一兩班奴婢 以其主役各別 自古未有公役雜斂 今良民盡入勢家 不供官役 反以兩班奴婢代爲良民之役 今後一禁 乃至奴妻婢夫 任許其主[126]
	42) 外方奴婢 各有本役 權勢之家 冒受賜牌 宜一切禁斷 四件奴婢[四件奴婢 曰寄上 曰投屬 曰先王所嘗賜與 及人相貿易者]若有藏閃不出者 徵銀二斤 以其奴婢 准數充役[127]

43) 憲司上疏 一都官所屬奴婢 宮司倉庫奴婢 及近日誅流員將祖業奴婢 新得奴婢令辨正都監
亦計口成籍 毋 使遺漏每有土木營繕之役 賓客佛神之供 皆以役之 其於坊里雜役 一皆除去
以安其生 以衛王室[128)]

44) 郎舍 上疏曰… 奴婢 雖賤 亦天民也… 伏惟 殿下幷察焉 祖業人口 不許孫外相傳 雖無後者
養其夫婦中 同宗者相傳 其買賣之人 納寺之弊 并行禁 治則豈無補於聖理之萬一乎 從之[129)]

45) 人物推辨都監 定奴婢決訟法… 一將自己奴婢 投贈權勢施納佛宇神祠者 痛行禁理 一同宗
之子及三歲前遺弃小兒 戶口付籍爲收養者 卽同己子傳給外 自今窺得奴婢 冒稱收養者 一
切禁之 無子孫 無收養者 使孫告官平分其成文契錄 恩功與他人者 雖親戚 毋得爭 奴婢役價
依成王五年判 年月雖多 不過其直… 一今後奴婢買者 無孫許親戚 無親戚者沒官 賣者毋得
還執 一奴婢放賣 痛行禁理 其爲飢寒所迫 及因公私宿債 勢不得已者 具狀告官 方許買賣
如以酒色博弈 狗馬財貨之故 放賣者 奴婢沒官 一財主未分奴婢 合執者 微劣人奴婢奪占者
派別奴婢濫執者 他人奴婢容隱者 文契僞造使用者 壓良爲賤者 典當奴婢永執者 中國人拘
占役使者 官司決後仍執者 京中以當年二月爲限 外方以三月爲限 一皆放還自首者免罪 其
出限外者 以不從判旨論 其內雖有合使奴婢 亦令沒官[130)]

46) 人物推辨都監定決訟法… 一凡公私奴婢決斷文案 分作二本 一給其主 一置於官 以憑考驗
永爲恒式[131)]

47) 都官上書曰… 奴婢爭訟所起 多原於合執 願自今財主 未分奴婢合執者 或分執而不均者
許人陳告 又祖奴婢爲人所有 其子孫能爭訟得決者 理合全執 願自今 其使孫不與同訟者
一禁爭望… 從之[132)]

48) 都官上書 無子孫身死者 其夫得全妻之奴婢 其妻守信 則亦得夫之奴婢 止待終身 沒後
各歸本孫其別有文契者 不在此限 奴婢放役者 不慮後弊 有放至子孫者 其子孫閑役 因有非
分之心 冒名受職結婚良族 以致名器混淆 或謀害本主 不畏官法 敢於訴訟 願自今 論情愛功
勞而放役奴婢 但止其身 勿及子孫[133)]

---

119) 『高麗史』卷85, 刑法2 奴婢.

120) 『高麗史』卷85, 刑法2 禁令.

121) 『高麗史』卷85, 刑法2 奴婢, 成宗 6年 7月 敎.

122) 『高麗史』卷85, 刑法2 奴婢, 靖宗 5年.

123) 『高麗史』卷85, 刑法2 奴婢, 仁宗 10年 判.

124) 『高麗史』卷85, 刑法2 奴婢, 仁宗 14年 判.

125) 『高麗史』卷85, 刑法2 奴婢, 忠烈王 5年 7月 下旨.

126) 『高麗史』卷85, 刑法2 奴婢, 忠烈王 24年 正月 敎.

127) 『高麗史』卷85, 刑法2 奴婢, 忠烈王 34年 忠宣王復位 敎.

128) 『高麗史』卷85, 刑法2 奴婢, 辛禑 14年 6月 辛昌立 8月條.

129) 『高麗史』卷85, 刑法2 奴婢, 恭讓王 3年.

130) 『高麗史』卷85, 刑法2 奴婢, 恭讓王 4年.

131) 『高麗史』卷85, 刑法2 訴訟, 恭讓王 4年 2月條.

132) 『高麗史』卷85, 刑法2 訴訟, 恭讓王 4年 2月條.

133) 『高麗史』卷85, 刑法2 奴婢, 恭讓王 4年.

천인에 대한 규정은 삼국 가운데 고려가 조문수로 보면 가장 많다. 먼저 당의 천인신분규제령을 보면, 당색혼(39), 태상음성인의 혼인(40), 범죄에 의한 몰관에 따른 규정과 관노비해방규정(41), 사노비의 해방조항(42), 부곡(43·44·45), 양천교혼(46), 강간이나 간통에 따른 천인의 소생규정(47), 귀화인의 속량(48)이 있다. 일본의 경우는 당색혼(35), 공노비의 호적(36), 양천교혼과 소생의 신분귀속(37·42·43), 공노비 해방(38), 사노비해방(39), 가인(40), 관호해방(41), 귀화인에 대한 신분(44)이 있다. 고려는 공천의 방역(34), 압량위천(35·41), 노비의 방량(36), 천자수모법(37), 絶戶노비(38), 사노비의 주인에 대한 배신(40), 외방노비, 사건노비(42), 공노비의 역규정(43), 사사로이 노비를 전매하거나 대여금지(44), 노비결송법(45·46), 노비소유권문제(47), 자손이 없이 죽었을 때의 노비소유문제(48) 등이다.

이상에서 낭·일본·고려의 율령에 나타난 각 조문의 구성과 그 내용에 대하여 알아보았다. 다음은 이러한 호혼법에 보이는 신분법규의 특징을 알아보기로 한다.

(2) 신분법규의 특징

당·일본·고려의 율령에 나타난 각 신분에 대해 언급하도록 한다. 이는 다음에 논할 主奴관계를 설명하기 위해서 필요한 부분이라고 생각한다. 삼국을 비교하기 위하여 호령을 중심으로 분석하기로 한다. 먼저 양인에 대한 것을 보면 삼국 가운데 당령에만 보이는 단 하나의 조문이지만 매우 자세히 기록되어 있다.[134] 일본이나 고려에서는 호등제나 호별편제

---

134) 『唐令拾遺』戶令9, "諸習學文武者爲士 肆力耕桑者爲農 巧(巧 明本 近衛本等唐六典作工 今據宋本 日本大寶令逸文作功)作貿(貿 日本大寶令逸文作貨)易者爲工 屠沽興販者爲商(工商皆謂家專其業 以求利者 其織紝組紃之類非也) 工商之家(之家 舊志作雜類)不得預於士(士下 同上有伍字) 食祿之人(人 同上作家) 不得奪(奪 同上作與)下人之(之 同上作爭)利 (食祿以下十一字 同上在於工商上)."

부분만 기록되어 있거나 천인과의 구분에서 단순히 '양인'으로만 기록되어 있는 것이 대부분이었다. 이 점에서 보면 삼국 가운데 양인에 대한 기록을 그나마 남긴 것은 당뿐이라고 할 수 있다. 당은 법제적 신분인 양천제에 입각하여 양인 내에 신분은 사회적 분업에 기초로 편성한 四民(士農工商) 체제를 규정하고 있다. 이에 의하면, 당대의 사회적 신분은 사농공상으로 나뉘고, 이 가운데 工商은 士伍로의 참여가 금지되어 있으며, '食祿之人'은 工商 등과 이익을 다투는 것을 금지시키고 있다.

다음은 천인에 대한 기록이다. 삼국 모두 이에 대한 기록이 많이 남아 있다. 먼저 당의 것을 보도록 한다. 천인의 과역·상속, 해방(면천)·해방 이후의 거주·혼인·소생자 귀속 등 법적 지위 일반에 대하여 규정되어 있다.[135] 당의 천인은 관천인(태상음성인·잡호·관호·관노비)과 사천인(부곡·객녀·사노비)으로 양분되어 있다. 호령에 보이는 천인과 관련된 신분규정을 간략하게 살펴보기로 한다.

우선 호구법에 명시되어 있는 천인신분에 대한 규정이다. 이에 의하면, 사천인은 視流內9品 이상의 품관과 廢疾者·처첩과 아울러 不課戶로 분류되어 있다.[136] 실제 家産인 전택·재물의 상속에서 부곡·사노비는 전택·邸店 등과 함께 均分이 원칙으로 명시되어 있다.[137] 다만, 부곡은 축산·재물과 동류로 취급된 노비와는 달리 轉易 즉 주인을 교체할 경우에는 後主人이 前主人에게 의식의 비용을 지급하고 있다.[138]

호구법에서 천인에 대하여 많은 부분을 차지하는 것이 해방(면천)규정

---

135) 여기서는 제시하지 않았지만 『唐律疏議』 호혼율은 이러한 호령의 법규를 기초로 양천 각각이나 상호간에 발생하는 여러 가지 위법행위에 대한 처벌을 규정하고 있다. 당대 천인의 내원과 법률상의 지위 전반에 대하여는 濱口重國, 『唐王朝の賤人制度』, 東京大學出版會, 1966 ; 尾形勇, 全永燮 옮김, 「良賤制의 展開와 그 性格」 참조.

136) 『唐令拾遺』 戶令 第7條.

137) 『唐令拾遺』 戶令 第26條.

138) 『唐令拾遺』 戶令 第45條.

이다. 천인의 해방도 관·사천인이 차이가 있다. 우선 일반적인 규정으로서 천인이 양인임을 호소하면 면천할 수 있다는 조문이 있다.[139] 이밖에 관천인의 해방규정이『唐令拾遺』호령 제41조이다. 여기에는 관노비의 면천과정이 자세히 규정되어 있다. 이에 의하면, 관노비의 면천은 관노비 → 번호(관호)→ 잡호→ 양인의 절차를 거치고 있고, 해방의 방식도 赦宥와 연령·질병이라는 세 가지를 명시하고 있다.[140] 이와는 달리 사천인을 해방할 경우에는 家長이 手書, 즉 직접 해방문서를 작성하고 장자 이하가 연서하여 해당 관청에 제출하는 절차를 거치고 있다.[141] 그리고 호구법에는 사천인의 해방에는 이러한 방법 이외에도 사천인이 스스로 贖金을 지불하여 면천이 되는 自贖이라는 방식도 명시되어 있다.[142] 마지막으로 천인이 贖良 이후 거주에 대하여는 해방자에게 일임하고 있다.[143]

다음은 일본의 養老令의 호구법상의 천인의 기록을 보도록 한다. 속량된 사노비의 호적부재문제, 공사노비의 호적작성방법, 사노비의 상속문제, 압량위천과 그에 따른 소생자녀의 신분귀속문제, 관사노비의 해방, 가인의 신분귀속, 귀화노비 등이 기록되어 있다. 먼저 천인에 대해서는 관천과 사천으로 구분되는데, 관천은 陵戶, 官戶, 公奴婢(官奴婢)로, 사천은 家人과 私奴婢이다. 이들은 皇親, 8위 이상, 남자 나이 16이하와 음자·폐질자 등과 함께 불과호로 기록되어 있다.[144] 그리고 이들 가인, 사노비는 전택, 자재와 함께 상속의 대상이 되었다. 그러나 이들에게서 당의 천인과의 異同點이 찾아지는데, 먼저 일본의 가인이 중국의 부곡과 같은 존재라는 점이다. 당의 부곡은 위에서 언급하였듯이 轉役할 때 後主人이

---

139)『唐令拾遺』戶令 第20條.
140)『唐令拾遺』戶令 第41條.
141)『唐令拾遺』戶令 第42條.
142)『唐令拾遺』戶令 第43條.
143)『唐令拾遺』戶令 第48條.
144)『養老令』戶令5, 戶主條.

前主人에게 부곡의 의식비용을 지급한 것에 비하여 일본의 가인은 머릿수대로의 사역과 매매를 금지하여 그 家에 종속하게 하였다.[145] 또한 사천인의 경우 호절이 되면 당은 전역 또는 화매되는 것에 비하여 일본은 모두 양인으로 해방된다는 점이다.[146]

다만 일본의 5천 가운데 능호는 일반적인 천인과 다른 특수성이 발견된다. 능호는 대보령에서는 천인의 범주에 들어 있지 않았는데, 養老令에 비로소 관천이 되었다. 그리고 다른 천인과 달리 호적작성도 양인인 잡호와 같은 절차를 거치고 있다.[147] 더 나아가 양노령 관천해방 규정에서도 나이 66세나 폐질 그리고 76세 이상이라는 기준에 입각하여 관노비 → 관호→ 양인으로 해방되는데, 이 규정에도 능호는 빠져있다.[148] 이 점에서 같은 천인이지만 능호는 특수한 역을 담당한 계층임을 알 수 있다. 다만 능호도 천인이므로 당색혼의 규제를 받고 있다.[149] 이외에도 천인에 대한 해방 규정은 다른 지역에 억지로 갔던 천인이 자의로 도망하여 온 경우, 自贖하는 경우 등 다양하였다. 그리고 이들의 거주지는 본래 살던 곳에 거주하도록 하였다.

이들은 호적에도 관천은 매년 정월에 본사(官奴司)에서 별도로 각각 호적 2통을 만들어 한 통은 태정관에, 나머지는 관노사에 두도록 했다. 다만 공예에 뛰어난 자는 따로 관리하도록 하고 있다.[150] 이 점은 10세기 노비해방 이후 관천이 잡호로 이동하고 있는 것과 관련된다.[151] 잡호는 일본의 양인 가운데 하부계층으로, 소속된 관청에서 공예의 기능을 담당

---

145) 『養老令』 戶令40, 家人所生條.
146) 『養老令』 喪葬令 13條, 『養老令』 戶令 17條.
147) 『養老令』 戶令19, 造戶籍條.
148) 『養老令』 戶令28, 官奴婢條.
149) 『養老令』 戶令42, 爲夫妻條.
150) 「養老令」 戶令36, 造官戶籍條.
151) 본서 제6장 제1절 참조.

하였던 계층이므로 관천과의 유사성이 짐작된다.

　고려의 경우를 보도록 한다. 고려의 천인은 당이나 일본과 달리 노비만
이 존재하고 있다. 이 점은 여러 가지 이유를 추측할 수 있는데, 그
가운데 가장 큰 것은 역의 분화의 억제에 의해 천인이 분화되지 못했다는
점이다. 즉 고려는 당·일본과 달리 천인제에 대한 국가의 억제력, 그리고
부곡제에 의한 역의 분배 등으로 천인제의 분화가 상대적으로 약하였
다.[152)

　이러한 천인에 대한 규제는 호령의 비중에서 상당한 부분을 차지하고
있다. 이 점은 앞서 고려율에서도 확인할 수 있었다. 호구법에서의 고려
천인제의 특징을 보도록 한다. 즉 상속의 대상, 방역, 압량위천, 노비
자식에 대한 귀속문제, 고려말 노비신분변정문제 등을 들 수 있다. 고려
는 양천으로 구분하여 成籍하고 있다.[153) 이들은 불과호로서 상속의
내상이 뇌었으며,[154) 노비의 호적도 3년에 한번 작성하고, 사노비의
경우 한 건은 관에, 한 건은 집에 보관하도록 하였다. 호적에 노비의
기재시, 그 노비의 유래, 소유관계를 정확히 명시하도록 하고 있다.[155)
또한 노비의 해방의 경우 공노비의 경우는 해방기사가 없고 다만 60세가
되면 방역되고 있다.[156) 그리고 사노비의 경우도 해방은 그 당사자만
되고, 그 후손은 해방되지 못하였다.[157) 또한 호절의 경우 사노비는
관몰되었다.[158) 그 외 압량위천과 노비신분변정에 대한 기사가 이어지고
있다. 사료의 비율상 이 부분이 상당히 많고 그 시기가 고려후기에

---

152) 위와 같음.

153)『高麗史』卷79, 食貨2 戶口, 恭愍王 21年 12月條.

154)『高麗史』卷79, 食貨2 戶口, 恭讓王 2年 7月條.

155)『高麗史』卷79, 食貨2 戶口, 恭讓王 2年 7月條.

156)『高麗史』卷85, 刑法2 奴婢條.

157)『高麗史』卷79, 食貨2 戶口, 恭讓王 2年 7月條 ;『高麗史』卷85, 刑法2 奴婢條, 成宗
　　6年 7月 敎.

158)『高麗史』卷85, 刑法2 奴婢, 仁宗 10年 判.

집중되어 있는 것에서 당시 노비제의 문란을 읽을 수 있다.

다음은 혼인법과 관련한 것이다. 당의 것을 보도록 한다. 대부분 양천 교혼 문제에 따른 자식의 신분귀속문제이다. 첫째는 지배층인 官人이 州縣官으로 재임 중에 관할 내의 백성과의 交婚을 금지하는 규정이다.[159] 이는 지방장관과 재지유력자의 혼인에 의한 관계를 차단하려는 의도로 보인다. 둘째는 천인의 혼인규정이다. 양인인 백성과 혼인이 가능한 태상음성인을 제외하고는[160] 천인은 관사천인을 불문하고 當色婚이 원칙이었다.[161] 셋째는 천인신분에서 태어난 자식의 귀속이다. 우선 부곡의 소생자는 부곡이 되고 있다.[162] 이는 천인의 신분세습을 규정한 것으로 주목된다. 그리고 법을 어기고 혼인하여 출생한 소생자의 귀속이 찾아진다. 혼인법에서는 부곡·노비 등 천인이 양인·부곡을 사칭하여 혼인한 범법행위로 출생한 자식에 대한 귀속과,[163] 그리고 양인이 相姦하거나 양천이 서로 상간하여 출생한 자식의 귀속이라는 두 가지 사항에 대하여 구체적으로 규정하고 있다.[164]

일본의 養老令에서도 같은 신분내의 혼인을 규정하고 있다.[165] 또 양인이나 가인을 강압적으로 천인으로 만들어 노비와 혼인시켜 태어난 자식은 본래의 신분으로 환속시키며,[166] 가인소생은 가인이 되도록 하였다.[167] 그리고 당색혼을 어기고 이들이 양인과 혼인하여 낳은 자식에 대한 신분귀속으로, 그 사정을 몰랐을 경우는 모두 양인으로 하고, 도망

---

159) 『唐令拾遺』 戶令 第39條.
160) 『唐令拾遺』 戶令 第40條.
161) 『唐令拾遺』 戶令 第39條.
162) 『唐令拾遺』 戶令 第44條.
163) 『唐令拾遺』 戶令 第46條.
164) 『唐令拾遺』 戶令 第47條.
165) 『養老令』 戶令35, 當色爲婚條.
166) 『養老令』 戶令37, 良人家人條.
167) 『養老令』 戶令40, 家人所生條.

하여 낳은 자녀는 이전 신분여부를 불문하고 모두 천인으로 하였다.[168]
또한 사천이 주인과 주인의 오등이상 친척을 강간하였을 경우 태어난
소생남녀는 모두 몰관하고 있다.[169]

고려의 경우는 먼저 賤者隨母法을 내세우고 있다.[170] 또한 양천교혼에
의한 신분귀속으로 군현인과 부곡인이 교혼하여 출생한 남녀는 모두
부곡인으로 하고, 부곡인과 잡척인 사이에 난 자식은 둘로 나누고 나머지
는 從母하라는 것이다.[171] 唐代도 기본적으로 천인의 경우에는 신분을
세습하는 것이 원칙이었다. 그러나 당대에는 노비·부곡·잡호 등 천인이
동류 사이에 간통하거나 상급천인을 사칭하여 교합한 이후 출생한 자식
은 상황에 따라 신분의 귀속에 차이를 보인다. 이러한 점에서 고려는
천인의 신분세습이라는 당대의 원칙을 계수하였을 가능성은 있다.

고려 호령의 가장 큰 특징은 고려후기 노비결송법이 많이 보인다는
점이다. 이것은 노비제가 해이해졌음을 밝히는 것으로 양천신분이 모호
한 자에 대한 처리와 노비제의 재정비라는 부분에서 이해해야 할 것이다.
즉 원간섭기 이후의 조문이 전체의 50%이상을 차지한다. 특히 원이
활리길사를 파견하고, 고려노비법을 개혁하려고 하는 움직임 속에서
이러한 규제는 더욱 강화되었으리라 본다. 고려의 노비법 가운데 원의
개혁 압력을 받은 핵심은 고려 전통인 '賤者隨母法'의 혁파와 양천불명자
의 양인화였다.[172] 충선왕대에 이에 대한 정비책이 등장하는데, 대개의
흐름이 공적영역의 정비 또는 강화에 있었다. 예를 들어 압량위천의
금지, 관노비 모수사패의 금지, 양반노비의 관역동원 금지의 제정 등이
그것이었다. 이는 고려말기 노비제에 대한 정비시책에 계속적으로 적용

---

168)『養老令』戶令42, 爲夫妻條.
169)『養老令』戶令43, 奴奸主條.
170)『高麗史』卷85, 刑法2 奴婢, 靖宗 5年條.
171)『高麗史』卷84, 刑法1 公式, 戶婚條.
172) 노비신분의 변화는 본서 제4장 참조.

되는 원칙이었다.

이상에서 호령에 나타난 천인제의 특질을 알아보았다. 삼국의 천인제는 당의 것을 받아들여 계수법으로 고려와 일본이 정착을 본 것이지만 각 왕조마다의 특수성으로 인하여 다양한 차별성을 보유하였다.

2) 호혼법과 삼국의 主奴秩序의 특질

양천제는 모든 국가의 구성원이 그 대상이 되고 있다. 이 점은 예적질서 속에 편제되었던 국가질서 속에 양천제가 근간을 이루고 있다는 의미이다. 양천 가운데 천인은 삼국에서 어떠한 위치에 있었는가는 여러 측면에서 조망해 볼 수 있지만 본서에서는 가족질서와 관련하여 살펴보도록 한다. 그러한 것을 위하여 당·일본·고려의 호혼법을 중심에 두고 主奴질서를 조망해보고자 한다.

먼저 삼국에서 家와 그것의 대표인 家長의 위상에 대해 알아보도록 한다. 이것은 가족질서 속에서 천인의 위치를 알아보기 위한 전제로서 필요한 부분이다. 다음은 그러한 정황을 알 수 있는 각국의 호혼법 사료이다.

다-1) 조부모·부모가 생존해 있을 때 자손이 별적 이재한 자는 도3년에 처한다.[173]

다-2) 조부모·부모 생존시에 자손이 별적 이재하거나 공양을 하지 않은 자는 도2년에, 복상기간에 별적하면 도1년에 처한다.[174]

다-3) 전택과 재물을 나누는데, 형제균분하라.[175]

---

173) 『唐律疏議』 戶婚 第6條.
174) 『高麗史』 卷84, 刑法1 戶婚, "祖父母父母在 子孫別籍異財 供養有闕徒二年 服內別籍徒一年."

다-4) 가인·노비〈씨천은 이 제한에 두지 않는다.〉·전택·자재는 총계하
여 법대로 한다. 적모 계모와 적자에 각 이분하고 서자에 일분한다.
… 만약 동거공재하고자 하거나 망인이 살아있을 때 처분하여 그
증거가 명확할 때는 이 령에 의거하지 않는다.176)

다-5) 윤선좌는 임종시에 아들과 딸을 앞에 불러 균분가업하고 서로
화목할 것을 말하였다.177)

사료 다-1)은 당률에 보이는 別籍異財에 대한 처벌조항이다. 조부모·부
모가 생존해 있을 때 별적이재한 경우는 모두 徒3년형에 처해진다는
것이다. 이 조문과 비슷한 것이 고려율이다. 즉 조부모·부모 생존시
별적이재하거나 공양하지 않으면 徒2년형에 처해지고 있다. 그런데 일본
의 경우는 이와 다르다. 사료 다-4)는 『養老令』에 나오는 상속기사이다.
이 기사 후반부에 同居共財하고자 하는 자에 대한 특별예우가 등장하고
있다. 즉 동거공재한 자와 죽은 자가 살아있을 때 처분하여 증거가
확연한 경우는 이 令에 의거하지 말라는 것이다. 이는 일본에서는 당과

175) 『唐律疏議』 戶婚27, "諸應分田宅及財物者 兄弟均分(其父祖亡後 各自異居 又不同爨
經三載以上 逃亡 經六載以上 若無父祖舊田宅邸店碾磑部曲奴婢 見在可分者 不得輒更
論分) 妻家所得之財 不在分限(妻雖亡沒 所有資財 及奴婢 妻家並不得追理) 兄弟亡者
子承父分(繼絶亦同) 兄弟俱亡 則諸子均分(其父祖永業田 及賜田亦均分 口分田卽准丁
中老小法 若田少者 亦依此法爲分) 其未娶妻者 別與娉財 姑姉妹在室者 減男娉財之半
寡妻無男者 承夫分 若夫兄弟皆亡 同一子之分(有男者 不別得分 謂在夫家守志者 若改
適 其見在部曲奴婢田宅 不得費用 皆應分人均分)."

176) 『養老令』 戶令23, 応分條, "凡応分者家人奴婢〈氏賤不在此限〉田宅資財〈其功田功封
唯入男女〉 摠計作法 嫡母継母及嫡子 各二分〈妾同女子之分〉庶子一分 妻家所得 不在
分限 兄弟亡者 子承父分〈養子亦同〉兄弟俱亡 則諸子均分 其姑姉妹在室者 各減男子
之半〈雖已出嫁 未経分財者 亦同〉寡妻妾無男者 承夫分〈女分同上 若夫兄弟皆亡
各同一子之分 有男無男等 謂在夫家守志者〉若欲同財共居 及亡人存日處分 証據灼然
者 不用此令."

177) 『高麗史』 卷109, 尹宣佐傳, "忠惠後四年 得微疾 呼子女而前曰 今之兄弟多不上相能者
由有爭也 命子粲書文契均分家業."

고려와 달리 동거공재가 원칙적이지 않다는 것을 보여주는 것이다.

이상의 사료에서 우선 확인할 수 있는 것은 각 왕조마다 家를 이루는 구성원의 차이다. 즉 당은 동거공재의 대상이 형제이지만 고려와 일본은 자식과 부모이다. 이어서 사료 다-3)·다-4)·다-5)를 통하여 삼국의 재산상속을 살펴볼 수 있는데, 여기서도 동거공재와의 관련성, 재산의 의미를 알 수 있다.

이 사료에서 가장 큰 차이는 바로 상속의 대상이다. 당에서는 家를 이루는 구성원이 형제이므로 이들에게 상속이 이루어지는 것에 비하여, 고려와 일본은 자녀상속을 하고 있다. 물론 고려와 일본의 이러한 상속체계에도 차이점은 있다. 그것은 일본에서는 嫡母와 繼母를 구분하여 적서 이분법으로 자녀상속을 하고 있지만, 고려는 처와 첩을 구분하지 않고 자녀균분상속을 한다는 점이다.[178]

이러한 삼국의 차이는 어디서 오는 것일까? 이것을 해결하기 위하여 먼저 살펴볼 것이 각국의 '家'의 의미이다. 가라는 것은 사전적으로는 같은 호적에 올라있는 친족집단을 가리킨다. 그렇다면 삼국에서는 '가'의 의미가 어떻게 이해되어 왔는가를 보도록 한다.

중국에서 家의 개념은 다의적이고 적어도 광협의 2개의 의미를 가진다.[179] 광의에 있어서 家는 가계를 같이하는 사람을 총칭하며, 本家·族家·自家 등의 단어도 같은 일족을 지칭한다. 또한 이것은 一族의 계도였던 宗普를 칭하고 家譜, 家乘 등으로 불리기도 한다. 이럴 경우는 家는 宗과

---

178) 고려의 재산상속에 대해서는 여러 이견이 있다. 대체적으로 奴婢의 상속은 자녀균분상속이라고 하는 설에 동의를 하지만 토지상속은 장자상속, 자녀균분 상속 등이 있다. 이에 대한 대표적인 논고는 旗田巍,「高麗時代における土地の嫡長子相續と奴婢の子女均分相續」『朝鮮中世社會史の研究』, 法政大學出版局(東京), 1972 ; 崔在錫,「高麗後期家族의 類型과 構成」『韓國學報』3, 1976 ; 許興植,『高麗社會史研究』, 아세아문화사, 1981이다.

179) 중국의 家의 의미는 다음의 滋賀秀三,『中國家族法の原理』, 創文社, 1967, 50~107쪽 참조.

同義로 보는 것이 좋다. 이 의미에서의 가는 같은 男系의 피를 이은 세대라는 의미를 띤다. 협의로서는 가계를 함께 하는 생활공동체를 칭하여 가라고 한다. 보통 가족이라고 하는 것, 그래서 공법적인 의미에서 하나의 호로 파악되는 것이 바로 그것이다. 예를 들어 사료에 많이 등장하는 가산분할을 행할 때의 가를 가리킨다. 또한 그 가가 소유하는 재산을 지칭하기도 한다. '敗家' '破家' 또는 '家敗' '家破'라고 하면 가의 재산 특히 부동산이 다른 사람 손에 넘어가 버려 빈털터리가 된 것을 의미한다.

요약하면 중국의 '가'는 家系 또는 家計를 함께 하는 사람의 관념적인 집단 내지는 그 집단의 생활을 지탱하는 재산의 총칭을 가리킨다. 그러나 궁극적으로 이것은 家라는 집단보다는 개인이 친족관계－같은 남계의 피를 나눈다는 동종 동류의 관계－를 계기로 결집한 집합체에 의미를 누었다. 이러한 점을 가장 잘 보여주는 것이 바로 형제상속이다. 고려와 일본과는 달리 형제균분상속이라는 점은 아버지의 피를 이은 동류라는 의식을 가지고 있다.

家父 사망 이후 공동상속인인 형제 사이에 여전히 얼마동안 가계를 공유하면서 동거하는 관계가 계속되었다. 따라서 동거의 친족 사이에는 형법상 盜의 죄가 성립하지 않고 다만 卑幼가 尊長의 허가를 받지 않고 가의 재물을 소비한 경우에만 '私擅用財'의 죄를 묻고 있다. 즉 이러한 동거공재생활이 바로 하나의 가로써 파악되는 것이다.

일본의 家는 단순한 거주가 아닌 사회집단으로서의 성격이 강하다.[180] 이는 가의 발생과 연관된다. 율령국가가 형성되기 이전의 國制의 기초적인 단위는 '氏(우지)'였다. 즉 우지는 중앙과 지방의 호족 조직으로, 이것은 정치적 성격이 강하였다. 율령사회에 들어서면서 중앙정부는 이러한

---

180) 일본의 家의 의미는 滋賀秀三, 위의 책, 58~67쪽 ; 吉田孝, 「律令制と村落」, 岩波講座 『日本歷史』 3, 岩波書店, 1976, 150~155쪽을 참조.

우지에게 정치적 지위를 가리키는 姓(카바네)을 내려주면서 이들을 점차 하나의 家로 해체시켰다. 이때 家內에는 그 직계·방계의 친족, 특히 우지에 예속되어 있던 혈연관계가 없는 종속민이나 노비도 포함되었다. 家로 해체된 계기는 推古朝 이래의 位階, 대화 이후의 관직설치에 의한 官人制의 형성이다.

율령관인제는 우지가 가지고 있었던 정치적·경제적 기능의 주요부분을 개개의 가로 옮겼다. 즉 유력한 카바네에 상응하는 집단이 유력한 가장에 장악되는 가로 분해되었다.[181] 이러한 과정으로 家가 발생되기 때문에 가 내부의 동종의식 등이 중국에 비하여 상대적으로 약할 수밖에 없다. 따라서 가산분할법으로서의 당의 호령응분조를 일본이 개인재산의 유산상속법으로 고친 것도 이같은 일본의 가의 구조와 밀접한 관련이 있다고 추정된다. 당대는 동거공재가 가족생활의 기본원리를 이루고 있고 가장의 사망에 의하여 가산은 남은 가족원의 공재로서 그대로 계승되고 있다. 그것에는 보통의 유산상속과 다른 의미의 상속이 존재하였다.

일본의 가는 이상과 같은 과정을 통하여 발생하므로 중국과 달리 가에 속한 개인이 아닌 정치 또는 사회집단에 초점이 두어진다. 이는 한편으로 일본에서는 당과 같은 부계제가 아직까지 정착되지 못한 측면도 반영되고 있다. 이러한 가에 대한 관념이 현저히 나타나는 것은 중세이다. 예를 들어 家業이 武士인 경우 이들은 대를 이어 봉건관계에 편입되어 주군에 대한 봉공의 의무를 지고 있다. 당시의 가는 이러한 가업을 중심으로 이루어진 결합이고, 가를 잇는다는 것은 가업을 계승했다는 것이다. 이러한 가업상속의 관념은 율령시대의 위계가 실질적 의미를 잃어버렸던 결과로서 나타났던 것이지만 소급하면 上代에 있어서

---

181) 삼국 가운데 가장의 계승을 적자로 제한하는 것은 일본의 『養老令』에서만 찾아진다. 이는 가의 운영이 그만큼 국가로서는 중요하였던 것을 반영한 것이다.

우지 중심의 상속이 형태를 바꾸어 재생하였던 것이다. 가업을 실질적인 중심으로 하는 가의 외적인 상징이 즉 家名이고, 이러한 상징으로서의 가명이 중시되어 가명상속이라는 관념을 만들게 되었던 것이다.

　이상에서 보듯 중국과 일본의 가의 개념은 상당히 달랐다. 그렇다면 고려의 家의 의미는 무엇일까? 앞서 보았듯이 고려의 동거공재는 원칙적으로는 중국의 그것과 같았으나 그 대상이 부모와 자식이라는 점에서는 일본과 비슷하다. 고려의 가족제도를 동거공재 또는 상속과 연계시킨 연구는 드문 편이다. 다만 전론적인 고려시기 가족의 모습은 연구를 통해 밝혀지고 있다.[182] 그러나 최근 이혜옥의 연구에서 가와 관련한 것을 찾을 수 있으며,[183] 그는 고려시기의 家를 혈연과 가업을 토대로 가, 가문, 국가, 천하일가로 구분하였다. 이것은 고려인의 '가'에 대한 관념 속에서 비롯되었다. 고려인이 생각하는 가는 가문을 의미하는 족류의식과 현실적 가업의 계승이라는 두 측면을 모두 포함하고 있다. 그런데 가업계승의 원리에서 부계중심의 혈연의식이 그렇게 강하지 않은 시기이므로 그들은 '가'의 일원이라기보다는 본족·외족 등 다양한 계보의 족인으로 여러 개의 친족집단에 복수로 소속되어 있는 존재였다. 따라서 고려는 혈연의식으로서 공동체의 가보다는 가업의 계승이라는 비중이 상대적으로 강하였다.[184]

　이러한 이혜옥의 연구를 전제로 고려시기의 가에 대해 살펴보도록 한다. 고려시기 자료에 가가 쓰인 예를 보면, 家人,[185] 家奴, 家僮, 家舍,

---

182) 노명호, 『高麗社會의 兩側的 親屬組織 硏究』, 서울대학교 박사학위논문, 1987 ; 권두규, 『高麗時代의 家族形態와 戶의 構造』, 경북대학교 박사학위논문, 1999 참조.

183) 이혜옥, 「고려시대의 家와 家意識」 『東方學志』 129, 2005.

184) 이혜옥, 위의 논문, 44~45쪽.

185) 『高麗史』 卷79, 食貨2 戶口, 恭讓王 2年 7月條, "恭讓王二年七月都堂啓 : '舊制兩班戶口必於三年一成籍一件納於官一件藏於家各於戶籍內戶主世系及同居子息兄弟姪壻之族派至於奴婢所傳宗派所生名歲奴妻婢夫之良賤一皆備錄易以考閱近年以來戶籍法廢不唯兩班世系之難尋或壓良爲賤或以賤從良遂致訟獄盈庭案牘紛紜願自今倣舊制施行

家田, 家産, 家財 등을 들 수 있다. 이를 종합해보면, 가는 가인과 같은 인적요소와 가전·가사와 같은 물적요소가 결합하여 사용하고 있다는 것을 알 수 있다.

이러한 쓰임새를 보면 家라는 용어는 집안이라는 큰 범주에서 나아가 그 속에 포함되어 있는 개인 또는 그들이 가지고 있는 재산에 중점이 두어진다. 또한 이는 중국의 경우와 같이 내외간의 친속의 의미를 가진 뜻으로 사용되는데, 이는 服制의 시행에서도 알 수 있다. 중국의 복제와는 그 내용을 달리 하지만 고려도 오복제에 의하여 친족관계를 규정하고 있다. 이렇듯 고려의 가의 의미는 그 속에 살아가는 인간관계를 중시하고 있다. 그러나 고려는 이것만을 나타내는 것은 아니다. 병가, 의가의 의미에서 나타나듯이 가업에 대한 것도 함께 포함하고 있다.

이렇듯 중국은 인적요소를, 일본은 가업에 방점이 주어진 것에 대하여 고려는 인적요소와 가업의 두 측면을 모두 가진 것으로 추측된다. 이는 앞의 사료 다-2)의 별적이재에 대한 처벌조항에서 그 일면을 엿볼 수 있다. 이 율문은 당의 그것과 몇 가지 차이점이 들어진다. 우선은 형량의 차이이다. 이는 당과 고려의 사회현실이 다르므로 형집행의 차이는 자연 발생될 수 있다. 그런데 이 율문의 앞의 부분에 중대한 다름이 있다. 즉 당은 별적이재하면 처벌을 하는데, 고려는 별적이재와 궐공양이라는 조문을 함께 쓰고 있다.[186) 당의 조문인 별적이재에 궐공양이 첨가되었던 것이다. 물론 당률에서는 궐공양에 대한 처벌이 『당률소의』 鬪訟條에 기재되어 있고, 친고죄에 의해 처벌된다고 명시되어 있다.[187) 즉

其無戶籍者不許出告身立朝且戶籍不付奴婢一皆屬公王納之.' 然竟未能行."

186) 이 조문에 대한 해석은 두 가지로 나뉘어져 있다. 즉 '자손이 호적을 분리하여 따로 하거나, 재산을 분할하여 달리하거나, 공양을 하지 않으면'과 '자손이 호적을 분리하여 따로 하거나, 재산을 분할하여 달리하여 공양을 하지 않으면'이다. 이러한 해석의 방법은 고려시기의 가족의 구조 등과 관련된다.

187) 『唐律疏議』 鬪訟47, 子孫違犯敎令條.

조부모나 부모가 고발하지 않으면 궐공양에 대한 죄는 성립하지 않는다는 점이다.[188]

앞서 살폈듯이 당은 가산분할이 형제상속이기 때문에 동거공재의 형태가 자연스럽게 이루어진다. 즉 당대의 가내에 생활하는 형제들은 함께 생활하면서 부모로부터 받은 재산을 공동관리하였다. 따라서 이들 간의 결속력은 자연적으로 발생하는 것이다. 그런데 고려는 당과 달리 자녀상속이면서 동거공재를 하고 있다. 자녀상속은 앞서 일본의 예에서 보았듯이 개별결속력은 중국보다 상대적으로 약한 면이 있었다. 이 점이 상속령을 당으로부터 받아들이면서 굳이 '궐공양'이라는 문구를 첨가한 듯하다. 즉 중국의 개별 인신적 의미의 가와 일본의 정치적 사회적 의미의 가가 중복되었던 고려의 家의 특징이 이 조문에서 드러난 것이다.

이상에서 '가'의 의미를 살펴보았다. 그렇다면 이러한 가에서 호주 즉 가장권의 권한이 어느 정도인가를 알아보도록 한다. 가장은 가족공동체의 수장 또는 대표이었다. 이 점은 당과 일본 그리고 고려에서도 공통적인 부분이었다. 다음은 그러한 정황을 볼 수 있는 자료이다.

　라-1) 호주는 가장으로 한다.[189]

　라-2) 호주는 모두 가장으로 한다.〈적자를 이른다. 후사를 잇는 방법은
　　　　적자로서 한다. 만약 백숙이 있어도 이들은 방친이므로 적자가 호주
　　　　가 된다〉.[190]

---

188) 『唐律疏議』戶婚律에서 별적이재와 궐공양을 함께 기재하지 못하고 궐공양만 따로 구분하여 투송조에 있는 것은 궐공양이 친고죄에 의해 처벌되는 것이기 때문이다.

189) 『唐令拾遺』戶令6, "諸戶主 皆以家長爲之 戶內有課口者爲課戶 無課口者爲不課戶."

190) 『令義解』卷2, 戶令8, "凡戶主皆以家長(謂嫡子也 凡繼嗣之道 正嫡相承 雖有伯叔 是爲傍親 故以嫡子 爲戶主也."

라-3) 집 주인이 가족 수를 빼거나 장정을 늘리고 줄이며 부역을 모면하
였을 때에는 1명에 대하여 도형 1년, 2명에 대하여 1년 반, 5명에
대하여 2년, 7명에 대하여 2년 반, 9명에 대하여 3년에 각각 처한다.
만일 늘리고 줄인 것이 부역을 모면하려는 의도가 아닐 경우에는
4명을 1명으로 계산하고 도형은 1년 반으로 하였다.[191]

이상의 사료 라는 각 왕조의 家長의 위상을 살펴볼 수 있는 것이다.
먼저 사료 라-1)·라-2)에서 당과 일본은 가장을 호주라고 명시하고 있지
만, 고려는 이러한 기사는 보이지 않는다. 다만 사료 라-3)에서 고려의
가장도 각 호의 책임자임을 알 수 있다. 뿐만 아니라 가장은 국가의
지배대상이며, 가의 책임을 지고 있다는 면에서도 삼국이 동일하다고
할 수 있다. 그리고 삼국 가운데 당은 가장을 尊長으로도 표현하고,
일본은 사료 라-2)에서 보이듯이 嫡子만이 戶主를 승계할 수 있다고 되어
있다.

삼국 가운데 가장권이 가장 강한 것은 唐이었다. 당의 가장은 동거공재
의 가를 운영하는 대표적인 성격을 가진 자이다. 이는 『唐律疏議』에
나타난 家長法에서 알 수 있다. 즉 만약 어떤 사람이 불법적으로 경계를
넘었을 경우 이 행위가 가장의 지시에 이루어졌으면 그 행위를 한 사람이
아닌 가장만이 처벌을 받고 있다.[192] 또한 가장의 허락없는 노비매매는
불법으로 간주하고 노비는 그 주인에게 돌려주고 매매대금은 관몰하게
하였다는 것[193]에서도 가장이 그 집의 재산에 대한 전반적인 관리자임을

---

191) 『高麗史』 卷84, 刑法1 戶婚, "家長 漏口及增減年壯 免課役者 一口徒一年 二口一年半
五口二年 七口二年半 九口三年 若增減非免課役 四口爲一口 罪止徒一年半."

192) 『唐律疏議』 戶婚1, 奪戶條.

193) 『唐令拾遺』 雜令33, "諸家長在 (在謂三百里內 非隔關者) 而子孫弟姪等 不得輒以奴婢
六畜田宅 及餘財物 私自舉擧 及賣田宅 田宅 疑衍 (無質而擧者亦准此) 其有質擧賣者
皆得本司文牒 然後聽之 若不相本問 違而與及買者 物卽還主 錢沒不追."

알 수 있다. 가장권은 남녀뿐만 아니라 심지어 여성의 경우에는 妻妾에게
도 그대로 적용되고 있다. 이는 당대의 가족질서가 가부장적 질서에
입각하고 있음을 말해준다.[194]

그러나 고려의 경우, 戶主의 용례는 율령에서 한 번의 사례가 찾아진다.
즉 공양왕 2년에 도당에서 올리는 내용에 호적작성 방법에 대한 것이
있다. 이 가운데 戶主世系와 동거자식 등등을 아주 상세히 기록하라는
내용이 있는데,[195] 여기에 호주에 대한 언급을 찾을 수 있다. 이 사료에서
고려의 호주도 앞서 언급한 가장의 또 다른 이름임을 알 수 있다. 이러한
호주의 기록을 더 자세히 볼 수 있는 것이 바로 호적이다. 그런데 고려시
기 남아 있는 호적의 몇몇 사례에서는 호주의 권한이 그렇게 중시되지
못했던 것으로 보인다. 이는 고려의 가족유형이 비직계가족이며, 또
출생순서로 기재하는 호적의 기재방식, 여호주의 존재,[196] 妻邊傳來財産
의 구별 등으로 낭보다는 호수 또는 가장권이 상대적으로 미약하였음을
알 수 있다.[197]

일본은 삼국 가운데 유일하게 가장의 승계를 嫡子에게만 한정하고
있다. 이 점만을 보면 가장권이 강력한 듯 보인다. 그런데 이 시기는
일본에서 가부장권이 당과 같이 정착되지 못한 시기인데도 불구하고
이러한 사료가 등장한 것은 아마 일본에서의 가의 의미가 가업의 계승이
라는 사회적 정치적 의미가 강하였기 때문일 것이다. 따라서 일본은

---

194) 이종봉, 「고려·당·일본의 율령제와 혼인제」『한국민족문화』43, 2012, 11~14쪽.
195) 『高麗史』卷79, 食貨2 戶口, 恭讓王 2年 7月條.
196) 당률에도 女戶의 존재를 확인할 수는 있다. 다만 이때 여호는 가족구성원이
    여자로만 이루어져 있을 경우만을 말한다. 중국 당의 호적에 미성년자가 호주
    인 경우 가족구성원에 그의 모가 함께 기재한 것으로 보아 미성년이더라도
    호주로 승계됨을 알 수 있다(『唐律疏議』戶令 탈호조). 그러나 고려는 여자가
    호주를 승계한 경우 남자 가족원이 존재한다는 점에서 당과 차별성을 확인할
    수 있다(허흥식, 앞의 책, 1981, 140~142쪽).
197) 최재석, 앞의 논문, 1976, 40~42쪽.

가업을 잇기 위하여 당과 같은 가산분할권을 수정하여 유산상속권으로 법령을 정리하였고, 가장을 중심으로 가를 유지하였던 것이다.

이러한 가와 가장권 하에 있었던 노비의 존재는 어떠하였는가를 알아보도록 한다. 즉 노비를 소유한 주인과의 관계인 주노질서를 파악하고자 한다. 이것은 여러 가지 측면에서 살펴볼 수 있겠으나 그 가운데 戶絶, 노비의 해방, 강간 등을 중심으로 살펴보도록 한다.

다음은 호절의 경우에 관련한 사료이다.

　　마-1) 상을 당하여 호절이 되었을 경우 소유한 부곡·객녀·노비·점택·자
　　　　재는 모두 근친으로 하여금 전역하거나 팔도록 하라.198)
　　마-2) 상을 당하여 호절이 되어 친척이 없는 자가 소유한 가인·노비·택
　　　　자는 마을 사람들이 함께 검교하고 재물은 초상하는 데 다하고 가인
　　　　노비는 양인이 되게 하라.199)
　　마-3) 자손이 없는 사람의 노비는 관청에 예속시키게 하였다.200)

이상의 사료 마에서 호절되었을 경우 각 왕조마다 차별성을 확인할 수 있다. 먼저 당의 경우는 사료 마-1)에서 사천인 부곡·객녀·사노비는 轉役 또는 和賣하도록 되어 있다. 다만 자식이나 근친도 없는 경우는 망자의 유언에 의한 처분을 인정하였다. 이 점에서 노비의 신분은 큰 변동없이 그대로 유지되고 있음을 알 수 있다. 이와 비슷한 것이 고려이

---

198) 『唐令拾遺』 喪葬令21, "諸身喪戶絶者 所有部曲·客女·奴婢·店宅·資財 並令近親 (親依本服 不以出降) 轉易貨賣 葬營葬事及量營功德之外 餘財 並與女(戶雖同 資財先別者亦准此) 無女 均入以次近親 無親戚者 官爲檢校 若亡人存日 自有遺囑處分 證驗分明者不用此令."

199) 『養老令』 喪葬令13, 身喪戶絶條, "凡身喪 戶絶無親者 所有家人奴婢及宅資 四隣五保共爲檢校 財物營盡功德 其家人奴婢者 放爲良人 若亡人存日處分 証驗分明者 不用此令."

200) 『高麗史』 卷85, 刑法2 奴婢, "仁宗 10年判 無後人奴婢 屬官."

다. 사료 마-3)에서 고려는 호절되었을 경우 사노비는 관몰되어 관노비가 되었다. 물론 당과는 그 소속이 달라진다는 점에서는 차이를 발견할 수 있지만, 천인이라는 신분이 그대로 유지된다는 점에서는 같은 양상이 다. 그러나 일본은 사료 마-2)를 보면 호절되면 가인·노비가 모두 양인이 되었다.

전근대사회에서 천인신분에 대한 처우가 이렇듯 삼국이 다르게 나타나는 것은 앞서 살펴보았던 家의 의미와 관련된다. 즉 당의 가는 개별인신적 요소가 강하였다. 이에 반해 고려의 가는 개별인신적 요소와 함께 가업의 의미도 함께 가지고 있었다. 그러나 가에 속한 노비의 경우는 개별인신적 지배가 우선적이었다. 이것은 고려말기 공양왕대에 노비결송법의 내용을 보면 잘 알 수 있다.[201] 이 내용을 조금 요약하면 자기노비를 마음대로 사원에 기진하지 말 것, 개인소유의 노비를 함부로 관역에 종사하지 말도록 할 것 등이 담겨 있다. 따라서 고려도 당과 같이 호절되면, 즉 더 이상 노비를 소유할 사람이 없을 경우 자연스럽게 화매되어 다른 사람의 소유로 넘어가거나 관몰되었던 것이다. 특히 고려는 사노비가 관몰되어 관천이 된다는 점은 당보다도 국가개입이 더 많다는 면을 엿볼 수 있다. 『高麗史』에 많이 보이는 사노비에 대한 국가개입, 즉 강제적인 노비해방정책은 바로 그러한 국가개입을 보여주는 아주 중요한 실례이다.

---

201) 『高麗史』卷85, 刑法2 奴婢, 恭讓王 4年條, "人物推辨都監 定奴婢決訟法… ① 一將自己奴婢 投贈權勢施納佛宇神祠者 痛行禁理 ② 一同宗之子及三歲前遺弃小兒 戶口付籍爲收養者 卽同己子傳給外 自今窺得奴婢 冒稱收養者 一切禁之 無子孫 無收養者 使孫告官 平分其成文契錄 恩功與他人者 雖親戚 毋得爭 ③ 奴婢役價 依成王五年判 年月雖多不過其直…④ 一今後奴婢買者 無孫許親戚 無親戚者沒官 賣者毋得還執 ⑤ 一奴婢放賣痛行禁理 其爲飢寒所迫 及因公私宿債 勢不得已者 具狀告官 方許買賣 如以酒色博奕狗馬財貨之故 放賣者 奴婢沒官 ⑥ 一財主未分奴婢 合執者 微劣人奴婢奪占者 派別奴婢濫執者 他人奴婢容隱者 文契僞造使用者 壓良爲賤者 典當奴婢永執者 中國人拘占役使者 官司決後仍執者 京中以當年二月爲限 外方以三月爲限 一皆放還自首者免罪 其出限外者 以不從判旨論 其內雖有合使奴婢 亦令沒官."

그러나 일본의 경우는 가의 의미가 인적요소보다는 가업 등에 초점이 두어지므로 가가 호절되었을 경우 가 자체가 없어졌기 때문에 자연스럽게 이들은 양인으로 해방되었던 것이다. 그리고 이 점은 일본의 노비발생과도 관련된다. 일본의 노비는 부곡 등 개인에게 예속된 집단을 해방시켜 국가편제하에 두어지면서 자연스럽게 발생한 것이다. 그러나 천황권이 약화되면서 자연스럽게 국가의 개입은 상대적으로 약해질 수밖에 없었다.

다음은 주노관계를 보기 위하여 노비의 해방을 살펴보도록 한다.

　　바-1) (관천은) 한 번 면하면 번호로, 두 번 면하면 잡호로, 세 번째는 면해서 양인이 되게 한다. … 나이 60이거나 폐질이면 비록 사면령에 해당되지 않더라도 또한 면해서 번호로, 70이면 면해서 양인이 되게 한다. (이들은) 거주지에서 살게 하고 편호에 부친다.[202]

　　바-2) 관노비는 나이 66세 이상과 폐질을 앓거나 관몰되었더라도 호로 삼아야 한다면 모두 관호로 하고 나이 76세 이상에 이르면 모두 방량한다.[203]

　　바-3) 공천은 나이 만 60세에 방역한다.[204]

위의 사료 바는 삼국의 官賤 해방에 대한 것이다. 이는 국가에서 공식적으로 관천을 해방하는 것으로, 삼국 가운데 당과 일본은 제도적으로

---

202) 『唐令拾遺』 戶令41, "一免爲番戶 再免爲雜戶 三免爲良人 皆因赦宥所及 則免之 (凡免皆因恩言之 得降一等二等 或直入良人 諸律令格式 有言官戶者 是番戶之總號 非謂別有一色) 年六十及廢 (廢 近衞本唐六典作廢)疾 雖赦令不該 亦免爲番戶 七十則免爲良人 任所居樂處 而編附之."

203) 『養老令』 戶令38, "凡官奴婢 年六十六以上 及癈疾 若被配沒 令爲戶者 並爲官戶 至年七十 以上 並放爲良 (任所樂處附貫反逆緣坐八十以上) 亦聽從良."

204) 『高麗史』 卷85, 刑法2 奴婢, "公賤 年滿六十 放役."

정해져 있었다. 즉 사료 바-1)에서 당은 관천의 경우, 번호→ 잡호→ 양인의 순으로 해방되었다. 해방의 기준은 나이 60세나 폐질, 그리고 70세였다. 일본은 사료 바-2)에서 관노비→ 관호→ 양인의 순으로, 그리고 그 기준은 나이 66세, 폐질, 그리고 76세였다. 이러한 천인해방조항이 당이나 일본의 호령에 있는 것에 비하여 고려는 그러한 것이 없다. 즉 사료 바-3)에서 보듯이 공천은 나이 60세에 면역만 되고 있다.

私賤의 해방은 당의 경우 앞서 살폈듯이 호절의 경우와 함께 가장이 쓴 문서에 장자 이하가 차례로 서명하고, 이어서 관할관청을 거쳐 문서로 보관하고 노비적을 삭제하고 (따로) 호적을 만드는 과정을 거치고 있다. 일본은 사천의 경우 주인이 임의로 양인을 만들어 줄 수 있었는데, 당과 달리 해방되기 이전에 관에 신고를 하는 의무조항이 있었다. 고려는 강도나 절도사건에서 범인을 검거하거나 주인을 대신하여 뱃길로 싸움터에 나갔거나 혹은 수인을 위하여 3년 시묘살이를 하는 징우로 나이가 40 이상인 자에만 해당되었다. 또한 노비가 해방되었다고 하더라도 본인 당대에만 한정하고 있다.205)

이렇듯 노비의 해방 부분에서도 각 왕조마다 차이점을 발견할 수 있다. 천인에서 양인으로 공식적으로 해방조항이 있다는 점에서는 당과 일본이 동일하다. 그러나 고려는 천인신분에서 공식적인 해방기사는 보이지 않는다. 이에 대한 해석을 내리기는 어렵지만 고려는 법적 신분의 변동을 허가하지 않은 점을 확인할 수 있다. 이는 고려만의 천인제의 특성과 관련지어 볼 수 있는데, 즉 고려는 당과 일본과는 달리 천인으로 노비만으로 한정하였던 것이다. 직역의 분화에 따른 천인제가 다양하게 형성되었던 인근의 왕조와 달리 고려는 천인신분에 대한 국가억제력이

---

205) 『高麗史』卷85, 刑法2 奴婢, "成宗 6年 7月 敎放良奴婢 年代漸遠 則必輕侮本主 今或代本主 水路赴戰 或廬墓三年者其主告于攸司 考閱其功 年過四十者 放許免賤 若有罵本主 又與本主親族相抗者 還賤役使."

강했음을 알 수 있다.

마지막으로 형벌과 관련된 주노질서를 보도록 한다. 이 부분에 대해서는 기존의 연구가 있어 참조된다.[206] 다만 여기서는 주인을 강간하였을 경우만 보도록 한다.

사-1) 부곡과 노가 주인의 시마이상 친척의 처를 간하였을 경우, 노가 양인을 간하였을 경우 소생남녀는 각각 관몰하라.[207]

사-2) 가인노비가 주인과 주인의 오등친 이상을 간하여서 낳은 남녀는 모두 관몰한다.[208]

사-3) 부곡인과 노가 주인과 주인의 주친존장을 간하였을 경우 화간이면 교수하고, 강간이면 참형에 처하라. 주인의 시마이상 친을 강간하면 일등을 감하라.[209]

이상의 사료 사는 노비가 주인과 그 친척을 강간하였을 경우이다. 사료 사-1)은 당의 기록으로 부곡과 노가 주인과 주인의 시마이상 친족을 강간하였을 경우 그 소생남녀는 관몰하라는 것이고, 사료 사-2)는 일본 『養老令』의 기록으로, 가인과 사노비가 주인과 주인의 오등이상 친족을 간하여 낳은 남녀는 관몰하라는 것이다. 다만 고려의 경우는 사료 사-3)에서 보이듯이 관몰의 여부는 알 수 없고 이러한 행위에 대한 처벌만 있다. 그런데 공양왕 4년 인물추고도감에서 양천상혼의 금지를 어길

---

206) 전영섭, 앞의 논문, 31~34쪽 ; 仁井田陞, 『中國法制史硏究－奴隷農奴法·家族村落法』, 東京大學出版會, 1962, 350~364쪽.

207) 『唐令拾遺』戶令47, "諸良人相姦 所生男女隨父 若姦雜戶官戶 他人部曲妻客女 及官私婢 並同類相姦 所生男女 並隨母 卽雜戶官戶部曲 姦良人者 所生男女 各聽爲良 其部曲及奴 姦主總麻以上親之妻者 若奴姦良人者 所生男女 各合沒官."

208) 『養老令』戶令43, "凡家人奴姦主及主五等以上親 所生男女 各沒官."

209) 『高麗史』卷84, 刑法1 姦非, "部曲人及奴 姦主及主之周親尊長 和絞强斬 和者婦女 減一等 姦主總麻以上親 減一等."

시에 노비는 주인을 간할 때의 처벌을 받지만, 그 소생은 양인으로 하라고
되어 있다. 이 법령이 고려 전시기에 적용되었는지의 여부는 알 수
없다. 공양왕대는 그 시기의 특수성으로 양인확대정책을 시행하고자
하는 국가의 의도로 한정된 시기에 적용된 사례로 보인다.[210] 따라서
노비가 주인과 그 친인척을 강간하여 낳은 자식은 범죄에 의해 발생되는
것이므로 관몰되는 것이 우선이었으리라 추측된다.

  그렇다면 당과 고려·일본 모두 관몰되는 점은 동일하다. 다만 그 범주
가 다양하다. 당과 고려는 주인과 주인의 시마이상 친족으로, 일본은
오등친족 이상으로 범주가 정해졌다. 이때 고려의 주친존장의 범주가
어디까지인가는 알 수 없지만 당의 조문과 비교하면 당과 같은 기친으로
추정된다. 그렇다면 당과 고려는 기친과 시마이상 친족으로 구분되는
것으로 보아 그 대상 범주도 동일하다. 시마친은 8촌을 가리킨다. 그렇다
면 삼국 가운데 가장 넓은 신속의 범주를 가리키는 것은 일본이나.
養老令에서 언급하는 5등친은 조부모·부모뿐만 아니라 전처의 자식,
이부형제자매까지 포함하고 있다. 이렇듯 일본의 강간대상자는 당과
고려에 비하여 대단히 포괄적이다. 이는 앞서도 언급하였듯이 일본은
家를 인신적 지배보다는 정치사회적 기구로 보았기 때문에 가를 형성하
는 범주가 넓을 수밖에 없다.[211]

---

210) 채웅석, 『『高麗史』刑法志 譯註』, 신서원, 2009, 618~619쪽에 이 조문에 대한
    역주로 종래 지켜오던 一賤則賤 원칙과는 달라진 것이며, 충렬왕 때 활리길사의
    노비제 개혁 때 지향하던 방향과 동일하다고 언급하고 있다.

211) 『養老令』儀制令25, 五等條, "凡五等親者 父母養父母夫子 爲一等 祖父母嫡母継母伯叔
    父姑兄弟姉妹夫之父母妻妾姪孫子婦 爲二等 曾祖父母伯叔婦夫姪従父兄弟姉妹異父兄
    弟姉妹夫之祖父母夫之伯叔姑婦継父同居夫前妻妾子 爲三等 高祖父母従祖父母姑従
    祖伯叔父姑夫兄弟姉妹兄弟妻妾再従兄弟姉妹外祖父母舅姨兄弟孫従父兄弟子外甥曾
    孫孫婦妻妾前夫子 爲四等 妻妾父母姑子舅子姨子玄孫外孫女聟 爲五等."

맺음말

　본서에서는 고려후기 사회 전반의 변화 속에서 하층민의 신분변동에 대하여 살펴보았다. 12세기를 전후하여 국왕은 귀족권과의 갈등 속에서 왕권 강화를 위한 노력을 경주하였다. 그러나 이러한 노력 속에 하층민은 배제되었고 이것마저도 무인집권기에는 이행되지 않아 국왕중심의 개혁은 크게 후퇴하였다. 특히 무인집권기와 같이 사적지배가 공적지배보다 우위에 있던 시기에는 이러한 사회질서에 편승하는 무리들도 출현하게 된다. 그 결과 나타난 것이 하층민의 다양한 대응양상이다. 원간섭기에는 국왕권의 강화와 함께 이들 하층민을 공적인 지배질서 속에 편제시키고자 하였다. 그러나 이 시기의 특수성으로 큰 성과는 거두지 못하였다. 그 결과 反元시기인 공민왕대에 들어가면 이전의 정치질서에 대한 극복과 함께 다양한 하층민을 공적지배 속에 흡수·편제시키려는 여러 가지 정책이 시행되었던 것이다. 이하 지금까지 논술한 내용을 종합·정리함으로써 맺음말에 대신하고자 한다.

　1장에서는 고려후기 신분변화의 사회·경제적 배경과 하층민층에 대한 정책을 살펴보았다. 고려의 신분제는 양천제라는 외피 속에 역과 토지의 결합으로 이루어졌다. 이 속에서 구분되는 것이 정호층과 백정층이다. 이러한 고려전기의 신분제는 12세기를 전후로 변질되었는데, 그 원인은 田制와 役制의 결합이 무너졌기 때문이다. 토지의 집중현상은 전기 이래 유지되어 오던 토지지배관계를 붕괴시켜 정호층에게 지급해야 할 분급

수조지가 부족하게 되고, 한편으로 세금의 과중과 생산력발달에 의한 농민층 몰락은 전시과의 기반이었던 민전마저 붕괴시켰다. 특히 하층민의 신분변화는 토지탈점과 수취부담, 그리고 농업기술의 발달로 인한 백정농민의 유망이 가장 큰 이유이다. 권세가에 의한 토지탈점, 왕권 강화를 위한 사업과 귀족지배를 위한 과도한 수탈로 하층민의 유망은 12세기 이래 계속되었다. 따라서 유망민은 수취제도와 함께 정비의 대상이었고 이 속에서 신분제가 재편되었다.

다음으로는 무인집권기 전후 하층민 정책의 추이를 살펴보았다. 11세기 이래 고려사회의 안팎으로 일어나는 강력한 귀족권의 대두와 외세의 침입으로 국왕은 개혁의 필요성을 절감하였다. 그러나 이 시기의 개혁은 국왕 중심의 왕권 강화에만 중점을 두었기 때문에 하층민은 그 고려의 대상이 되지 못하였다. 이 시기 하층민 정책으로 살펴보았던 것은 감무의 파견과 음사정책이다. 감무는 앞서 말한 유망을 억제하고 하층민을 안정화시키기 위해 파견된 지방관이다. 이를 위해 지방관은 하층민의 유망을 조장하는 지방세력을 견제·장악하는 한편 그들 스스로 권농사의 임무를 겸대하여 수리사업 등을 통해 농업진흥책을 독려하였다. 감무의 파견은 군현제 지역뿐만 아니라 부곡제 지역도 그 대상이 되었다. 이는 군현제 지역보다 부곡제 지역의 유망이 더 많이 이루어졌기 때문이다. 그러나 무인집권기에 들어서면 지방관은 오히려 지방세력과 결탁 또는 중앙 무인들의 경제력의 확대를 위해 하층민을 수탈하는 모습을 띠게 되었다.

한편 이 시기 중앙정부의 하층민 정책 중 또 하나 주목되는 것은 음사를 금지한 것이다. 음사는 하층민의 동향과 의식에 밀접한 영향을 주었다. 그런데 12세기부터 고려사회에 음사가 유행하고 있음에도 정부는 이를 단지 금지 또는 지방관을 통한 간섭으로만 일관하고 있는데, 이것도 하층민의 의식 성장을 고려하지 않은 국가정책의 한 단면이었다.

다음은 원간섭기의 정책을 보도록 한다. 이 시기 대민정책 중 가장 중요한 것은 유망민에 대한 환본정책을 포기하고 현거주지정책의 시행과 함께 이들에 대한 과세기준이 변화한 점이다. 즉 과세기준이 戶口로 이루어지는 정책이 나타났는데, 그것이 바로 貢戶制이다. 공호제는 몽골과의 오랜 전쟁과 하층민의 유망으로 고갈된 재정을 확보하기 위해 등장하였다. 이는 공호가 은호나 도호가 그 대상이었다는 점에서도 그 의도를 추측할 수 있다. 그러나 공호제는 신분변정을 우선하지 않은 상태에서 시행된 것이므로 신분제의 혼란을 가져오게 된다. 이에 원종대부터 전민변정도감을 통해 이들의 변정을 시도하였다.

또 하나의 대민정책으로는 음사정책의 변화를 볼 수 있다. 무인집권기 전후의 음사정책은 단순히 금지 또는 규제로만 일관하였는데 이 시기에는 하층민을 적극적으로 국가정책에 흡수하기 위하여 하층민과 가장 습합되어 있는 성황신사에 덕호와 함께 위전까지도 지급하였다. 이러한 하층민 정책이 출현하게 된 것은 향도의 변화에서도 엿볼 수 있다. 고려전기의 향도는 거국적이며 대규모적이었는 데 비하여 이 시기의 것은 규모면에서도 상대적으로 작았다. 그것은 불교신앙 그 자체 보다는 지역민의 공동체적인 유대 강화에 그 목적이 있었고, 사회구성이 소단위로 전환한 것과 연관된다.

하층민 정책의 또 하나는 부곡제 지역의 군현제 지역으로의 승격이다. 이 승격의 사료는 비율로 보아도 상당하다. 이것은 이 시기 부곡제 지역의 변질로 군현제 지역과 질적인 차이가 없었기 때문에 가능한 것이기도 하지만 원간섭기 왕권 강화를 위해 그 측근세력을 양성하고자 하는 목적도 함께 포함되었다.

마지막으로 노비제에 대한 정비이다. 노비제는 전민변정사업의 일환으로 그 정비가 실시되었는데, 이는 유망민 가운데 포함된 노비층과 권세가의 대농장에 포섭된 양인층을 구별하기 위한 것이었다. 노비제

문제는 원의 압력도 많이 작용한다. 원은 노비가 권세가의 경제적인 원천이므로 이에 대한 제재의 필요성과 함께 공물의 다량 필요성으로 양인 확보가 꼭 필요한 일이었기 때문이다.

다음은 공민왕대 이후의 하층민 정책을 살펴보았다. 이 시기는 원간섭기 하층민 정책의 장애물이었던 부원세력의 견제와 간섭이 소강 또는 소멸되어갔다. 이는 공적질서의 회복과 함께 하층민 정책이 이전보다는 적극적으로 시행될 수 있는 여지가 마련되었다. 하층민 정책으로 토지문제와 신분제, 고리대, 유망과 피역문제를 살펴보았다. 먼저 토지와 신분은 전민변정도감의 성과로 드러났다. 공민왕 15년 신돈에 의해 시행된 전민변정은 권세가가 주현의 하층민을 은닉하고 이들의 토지를 차지하여 대농장주가 되어 있는 현실에 국가가 적극적으로 개입하여 전민을 본래의 상태로 환원시키고자 한 것이었다. 이러한 변정의 절차를 거쳐 공민왕과 공양왕대에 호적이 작성되어 양천제의 기틀을 마련하였던 것이다. 또한 유망과 피역문제도 도첩제나 과거제 응시를 제한하는 방법으로 규제하고자 하였다.

다음은 부곡제의 문제와 관련하여 이 시기 대부분의 부곡제는 소멸되어 갔다. 그것은 부곡제가 주현으로 승격되는 경우, 다른 군현에 이속되는 경우, 부곡제 지역이 혁파되어 직촌화하는 경우로 나타났다. 이 가운데 부곡제의 다른 군현으로의 이속이 가장 많이 보였다.

공민왕대 이후의 하층민 정책은 표면적으로는 전대의 하층민 정책의 한계를 어느 정도 극복한 것처럼 보였다. 그러나 이때의 하층민 정책도 사회불안의 근본적인 치유보다는 미봉책에 그치는 경우가 많아 고려말기 조선개국세력에 의해 본격적인 개혁이 가능하였다.

2장은 백정농민과 공호제의 시행에 대해 살펴보았다. 공호제는 하층민의 유망과 국가의 세금부족으로 실현된 정책이다. 이속에 백정농민의 성장을 엿볼 수 있다. 먼저 공호제 시행의 배경을 알아보기 위하여 무인집권기 전후의 하층민의 동향에 대해 살펴보았다. 1장에서도 언급했듯이 이 시기 백정농민은 국가정책 속에 적극적으로 습합되지 못하고 권세가의 토지탈점과 함께 수취의 과도한 부담 등으로 대부분 유망하였다. 유망은 민란으로 발전되고 이것은 대몽항쟁기에 몽골지역의 투탁이라는 극단적인 형태로까지 나아갔다.

한편 국가는 11세기 이래 왕권 강화를 위한 개혁과 원간섭기 일본정벌의 준비, 원의 과도한 공물요구 등으로 재정이 부족하였다. 이에 정부에서는 현거주지정책과 함께 수세의 기준을 戶口로만 하는 공호제를 시행하였다. 공호제의 시행은 신분제에 몇 가지 변화를 보였다. 먼저 신분변정을 하지 않고 공호로만 하층민을 파악하였기 때문에 고려 이래 계서적인 지배관계인 군현제와 부곡제 지역의 차별이 파괴되었다. 또한 공호제는 유망에 대한 국가대응책이지만 이들을 양인화하고자 하는 목적이 담겨 있었다.

공민왕대 이후에 국가는 공호제를 정비하였다. 이는 공호제의 실시 이전에 신분변정이 이루어지지 않은 한계를 극복하고자 하는 것이었다. 이 시기의 신분변정의 구체적인 기준으로 볼 수 있는 것이 바로 '百姓'이다. 고려시기에 나타나는 백성의 용례와 의미를 『高麗史』의 사료를 통해 살펴보았다. 이로써 백성은 법제적인 신분층으로 위로는 君臣과 吏 계층, 아래로는 공사노비와 구별되기도 하지만, 과역(과세)의 대상자였던 것이다. 과역의 대상자로 백성을 구분할 때 공호는 자연히 백성층으로 포함되고, 이들의 신분은 양인층으로 변정될 수 있게 된다. 이러한 신분변정의 방향은 조선초기의 전조판정백성 예와도 관련된다.

전조판정백성은 干尺·百官 등의 女孫으로서 1412년 이후 종량한 자, 公私婢子와 양부 사이의 소생, 공사비와 보충군 사이의 소생, 공사비자와 평민 소생, 공사비와 평민 소생을 가리킨다. 조선정부가 이들을 전조판정 백성 예에 의거하여 차역시키고 있는 것에서 과역의 대상자로 백성층으로 이들을 구분하고 있음을 알 수 있다.

이상과 같은 양인층의 확보는 고려의 신분제를 재편하는 것이었고 이로써 정호층과 백정층의 계서적 관계는 모호해졌다. 고려말에 나타나는 정책은 백성을 대상으로 하는 것이었고, 그 속에 나타나는 백성의 지위는 이전의 백정보다 상당히 높아졌다. 이러한 양상을 살펴볼 수 있는 것이 군역의 신역화와 과전법의 시행이다.

3장에서는 부곡제민의 소멸과 칭간칭척자의 편제에 대해 알아보았다. 이는 유망과 함께 일어난 부곡제의 소멸에 따른 역의 재편성과정을 통해 하층민의 편제방향과 신분변화를 보고자 하는 것이다. 먼저 부곡제민의 신분에 대한 제설을 검토하여 이들이 어떠한 차별을 받았는가를 알아보았다. 과거입사, 혼인율, 奸主律 등이 그것인데, 특히 간주율은 부곡제민이 노비 또는 그것에 준하는 차별을 받고 있음을 보여주고 있다. 고려의 간주율에는 부곡인과 노비가 자신의 주인을 간했을 때의 처벌 규정이 나와 있다. 여기에는 부곡인이 노비와 같은 취급을 받고 있다. 부곡양인설에서는 고려의 부곡은 지역으로 설정된 것이므로 이 율문의 적용을 받지 않았다고 주장하였다. 그런데 이 율문의 적용대상을 奴만으로 보는 것은 문제다. 사노일 경우는 그 주인이 명시될 수 있지만 공노인 경우는 그 주인으로 누구를 설정할 것인가 하는 것이다. 또한 부곡인이 이 율문의 적용대상이 아니라고 한다면 굳이 당률의 '부곡' 부분을 '부곡인'으로 수정하지는 않았을 것이다. 따라서 고려율에 수정을 가했다는 것은 이들도 이 율문의 적용대상으로 보아야 한다.

부곡제민은 12세기의 사회 변화에 편승하여 그들의 신분적 차별을 극복하기 위해 노력하였다. 한편, 이 시기를 전후하여 부곡제는 소멸되어 가는데, 이러한 소멸을 가져오게 된 이유로 첫째 부곡제민의 유망, 둘째 군현제의 개편을 들고 있다. 이 가운데 군현제의 개편은 국가가 지방세력을 장악하기 위한 목적도 있지만 한편으로는 수취문제 등에서도 거의 문제가 발생되지 않을 만큼 두 지역의 차별이 많이 해소되었기에 가능하였다. 따라서 고려정부에서는 부곡제 소멸을 적극적으로 국가정책 속에 수용하고자 하였고 이것이 북방지역으로의 사민정책으로 나타났다.

원간섭기 북방지역은 反고려지역으로 고려의 유망민을 적극 받아들인 곳이었다. 또 일찍부터 이 지역은 동녕부가 설치되어 원의 직접 지배하에 있었다. 원간섭기 충렬왕은 이 지역의 유망민을 추쇄하고 동녕부 반환을 위한 외교적 노력을 경주하였다. 그후 이 지역은 고려로 반환되었다. 그러나 이 지역의 반고려적인 세력은 계속 잔존하고 있었다. 따라서 충렬왕은 이 지역을 장악하기 위해 사민정책을 실시하였다. 이러한 사민정책으로 등장하는 것이 영성이리간이다. 영성이리간의 설치는 원 황제의 조빙을 원활히 하기 위한 것이 표면적인 목적이지만, 이는 단지 명분에 불과한 것이고 사민을 통해 북방지역에 대한 지배를 강화하기 위한 것이었다. 이때 사민의 대상이 된 자들은 富民들이었다. 그러나 이후 부민의 수급에 차질이 생기자 국가는 새로운 대안을 찾았고, 그 결과 부곡제민이 그 대상이 되었다.

부곡제는 군현제 지역과 달리 국가에 예속된 지역이므로 강제사민의 경우 매우 합당한 대상이었다. 고려후기 사민의 한 형태가 이리간이다. 즉 이 시기에 이리간이라는 강제 사민과 촌락의 조성은 결국 국가에 의한 강제적인 대민편제의 방식으로 나타난 것이다. 한편 국가는 부곡제민을 사민한 뒤에는 이들의 부역을 면제함과 동시에 이들을 둔전경영에도 적극 활용하였다.

이상과 같이 부곡제가 정부정책 속에서 해소된 이후 그 소멸의 정도는 빠르게 나타났다. 또한 군현제의 정비와 함께 수취구조의 변화를 가져오게 된다. 따라서 정부에서도 역의 부과 대상이었던 칭간칭척자에 대한 정비를 서둘렀다. 이는 부곡제민을 법의 테두리 안에서 그 신분을 변정하여 양천제를 확립하려는 여말선초 정부의 의지 표현이었다. 칭간칭척자의 정비에서 주목되는 것은 염간이다.

고려후기 소제도의 소멸로 소금에 대한 전매정책이 실시되었다. 이러한 전매정책으로 나타난 것이 염호이다. 염호는 전매정책 이전에도 보이지만 이 시기의 염호는 이전의 소체제 하의 염호와는 다른 하층 민호 가운데 소금을 공물로 바치는 공호였다. 공호가 세습이 되고 일정한 기술을 가지고 있다는 것에서 칭척자와 유사하지만 염척이라고 부르지 않은 것은 이들이 일부 군현인으로 편재되었기 때문이다.

그러나 염호 제도는 신분과 역이 일치하지 않은 점이 문제가 되어 제대로 운영되지 않았다. 이러한 염호에 대한 정비가 조선초기의 염간층으로 등장하였다. 염간층은 조선의 칭간칭척제의 정비와 함께 발생하였다. 고려의 칭간칭척자는 태종대의 신분변정으로 법적 신분인 양인층에 속하게 된다. 그런데 염간만은 그렇지 못했다. 염간층은 태조 때 신분이 불명확한 자를 대상으로 구성한 신량역천계층으로 등장하였고, 이것이 조선의 새로운 칭간층이었다.

그러나 조선의 신량역천층은 군공으로 보충군의 입속이 제도적으로 마련되어 양인으로 나아갈 수 있었다. 조선정부는 역역중심의 대민편제를 통해 양인층을 확보하게 되고, 이 속에 염간을 비롯한 새로운 신량역천층 조차도 고려시기와 달리 양인화하는 제도를 마련해 두었다.

4장에서는 고려후기 노비제의 변화양상을 살펴보았다. 12세기를 전후로 사회 전반에 많은 모순이 드러나기 시작했다. 그 중의 하나가 신분제의 동요인데, 이것은 전제의 문란과 맞물려 더욱 혼란된 양상으로 나타났다. 특히 하층신분인 노비제의 변질은 이러한 양상을 단적으로 보여주는 것이라고 할 수 있다.

고려전기의 노비제는 그 기능에 있어서 농경을 담당하는 것보다는 잡다한 사역에 종사하는 경우가 일반적이었다. 이러한 노비제의 성격은 농장제가 발달하면서 변질되었다. 농장제의 발달은 경작민을 대거 필요

로 하게 되었고 여기에 유망농민이 농장의 경작민으로 흡수되어 경작노
비화 되어 갔다. 이 과정에서 기존 노비의 기능도 잡역에 종사하는
것에서 농경을 담당하는 것으로 변질되었다.

이와 같이 농장 경영에 참여하고 있던 몰락농민과 노비는 무인집권기
라는 특수한 시기에 자신들의 처지를 개선하고자 노력하게 되었는데,
그 과정에서 난이라는 극단적인 형태로 나타났다. 이 시기의 난은 두
가지 양상으로 대별된다. 하나는 일반농민층이 자신들의 처지를 개선하
기 위해 일으킨 것이고, 또 하나는 기존의 노비가 그들의 신분해방을
위해 일으킨 것이다. 이러한 노력은 12세기 이후 하층민들의 사회의식의
상승과도 연결된다. 무인집권기 하에서 당시 집정자들이 하층신분 출신
이었다는 것은 하층민들의 입장에서 보면 신분에 대한 관념이 희박해질
가능성이 있었다.

대몽항쟁기에 기존의 노비항쟁은 몽골이라는 이민족이 침입하게 되
자 구국이라는 대의명분하에 대몽항쟁에 적극 참여하였지만, 아울러
기존의 지배계급에 대한 저항의 성격도 여전히 지니고 있었다. 이와
같이 이 시기의 노비의 항쟁은 대몽항쟁을 통한 민족모순의 해결과
지배권력에 반대함으로써 계급모순을 해결하고자 하는 이원적인 성격
을 전개하였다. 그럼에도 불구하고 이러한 항쟁들은 실패로 끝나고
있다.

한편, 이러한 실패로 인해 노비들의 처지개선운동은 원간섭기에는
이전의 집단적인 대항에서 개별 분산적인 방향으로 전개되었다. 이
단계에서도 두 가지의 양상을 띠고 있는데, 즉 원이나 국내의 권세가에
붙어 개별적인 신분상승을 꾀하는 것과 당시 확대되어 가던 농장 속에
경작민으로 투탁하는 것으로 대별된다. 전자의 모습은 당시 원간섭
하에 있었던 고려에서 노비출신들이 원의 세력가나 왕의 세력을 배경으
로 관직에 진출하고 있음을 볼 수 있고, 후자는 12세기 이후 특히 원간섭

기 하에서 확대되어 가던 농장의 경작민으로 흡수되어 가는 모습이다. 이러한 농장에로의 투탁 이외에 경제적인 발달에 따라 일어나고 있었던 사회적 분화에 편승하여 고용 등을 통해 생계를 도모하는 자도 있었다.

원간섭기의 이러한 노비의 존재양태에 대하여 정부는 정비의 필요성을 느꼈다. 이것은 노비의 구성원에 양인농민도 포함되어 있어 국가의 지배체제가 거의 파탄상태에까지 이르렀기 때문이었다. 따라서 유망민을 포함한 노비제의 정비방향은 국외로 유망한 자에 대한 추쇄와 국내에서 유망한 자의 안정화로 나타났다.

우선, 만주지방으로 도망한 자들에 대한 추쇄는 일찍부터 실시되었지만, 큰 효과는 없었다. 그러나 이러한 계속적인 추쇄는 원이 쇠퇴하면서 성과를 거두어 귀환자가 점차 증가하였다. 정부는 고려에 돌아온 귀환자에 대해 이들의 재유망을 방지하는 것이 급선무였다. 그리고 국내에서 유망한 사들에 내한 안정화 내색도 필요하였다. 이리하어 실시된 것이 토지의 개간이다. 이 시기의 토지 개간은 진전뿐 아니라 지방 군현을 단위로 연해지방에까지 실시되었다. 이러한 개간으로 유망민은 개간된 토지에 정착하게 되었다. 또한 이미 유망한 지역에 어느 정도의 기반을 이루고 생활하고 있었던 자들은 추쇄의 대상에서 제외시킴으로써 신분제가 재차 동요되는 것을 방지하였다.

한편, 농장 속의 사민의 증대와 노비들의 사회신분의식의 성장 등으로 노비제가 변질됨에 따라 노비제 자체에 대한 정비가 필요하게 되었고, 이에 실시한 것이 노비결송법이었다. 노비결송법은 공인의 확대에 일차적인 목적을 두고, 사노비 가운데 양인화의 근거가 있는 노비는 모두 양인화하고, 또 양인화할 수 없는 경우는 공노비로 전환하였다. 결국 이러한 노비제의 정비는 노비의 지위가 어느 정도 상승된 것을 전제로 가능한 것이었다.

5장은 12세기 이후 혼란된 사회상에 편승하여 출현한 새로운 계층을 살펴보았다. 이들이 바로 악소와 악승이다. 먼저 정치세력으로 등장한 악소를 살펴보았다. 12세기를 전후하여 고려사회는 많은 변화를 보이게 되는데 그 중 하층민에 한해서 보면 농업의 발달과 유망과 항쟁 그리고 대농장에로의 투탁 등이 나타난다. 이 결과 국가의 대민지배의 이완과 생산력 발달에 따른 농민층 분해로 신분제 동요가 일어났다. 특히 하층신분은 유랑이나 항쟁을 통해 그들의 처지나 신분을 개선하려고 하였다. 이러한 상황에서 다양한 계층이 형성되었는데 그 하나가 무뢰배들이다. 이들은 일단 勇力이 있는 사람들이었으므로 그들의 장점을 활용하는 쪽으로 생존의 방법을 택했을 것이다. 그것이 바로 세력가의 무장세력으로 들어가거나 농민군의 항쟁세력으로 이입하는 것 등이다.

당시는 특히 용력을 가지고 있는 인적 자원이 많이 필요로 한 시기이다. 귀족, 무인들의 사병집단의 규모가 그들의 세력을 나타내는 기준이 될 정도로 중요성을 띠었기 때문이다. 따라서 이러한 사병집단으로 들어갈 수 있는 계층들이 생겨났는데 바로 무뢰의 하나인 勇士나 死士들이다. 용사나 사사의 형성은 전국적으로 유행처럼 퍼져 나갔던 것으로 보인다. 무인집권기에 이들의 초모 기록이 많이 보이는 것은 이를 단적으로 증명해 준다. 이들이 악소로서 소지를 가지고 있는 자들이다.

악소는 정치세력권과의 연계 속에서 무력집단으로 성장하였다. 특히 귀족정치기, 무인집권기에는 권세가의 무력기반으로 생활하다가 원간섭기에는 실질적인 왕의 측근세력으로 부상하였다. 이전과는 달리 이들은 많은 경제력을 보유할 수 있었고 또 국왕에 의해서 관직을 하사받음으로써 정치제도권에서 그들의 행동을 합법화할 수 있었다.

특히 원간섭기의 충혜왕은 이들을 적극 활용하고 있다. 충혜왕은 그의 지지기반이 미약했기 때문에 공식적인 기구를 통해서 그만의 정치를 실현하기에는 어려움이 따랐다. 그리고 즉위나 복위가 원의 지원이 아닌 당시 정치상황에 의한 어부지리였기 때문에 그만의 독자적인 세력이 필요했다. 그리고 더 나아가 원과의 갈등 속에서 부원세력들의 입지를 축소시키는 등 반원적인 모습을 견지하는 데에도 이들 악소세력이 필요했다.

이에 악소세력은 호군직제를 통하여 국가 직제에 유입될 수 있었다. 호군직은 고려전기에는 훈직이었지만 후기에는 실직으로 국왕의 친위 부대적인 성격을 띠고 있다. 원간섭기의 국왕은 자신의 반대세력이나 견제세력, 예를 들어 부원세력, 심왕세력 등에 의해 많은 제약을 받았다. 이러한 정세 속에서 자신의 권력 강화를 위해 여러 가지 제도적인 장치들을 마련하였고, 이에 설치된 것이 자문기관인 필도치·신문색, 국왕의 호위 전담인 호군직제였다. 이 가운데 호군직제는 충렬왕이 원의 겁설직을 도입하면서 고려식으로 응용한 것이었다. 이는 호군직제가 설치된 충렬왕 9년이 숙위직제의 전반적인 개편 시기인 것에서 추측할 수 있다. 충렬왕이 복위한 이후의 호군직제는 호군뿐만 아니라 대호군·상호군까지 볼 수 있게 되어 기존의 상장군·대장군·장군의 서반직을 대신하게 되었다.

호군직제를 구성한 인물들은 하층 신분이 대부분이었다. 더욱이 양인이라고 하더라도 몰락농민, 상인이며 그밖에 노비도 있었다. 이는 국왕의 입장에서는 자신에게만 충성할 수 있는 세력권의 형성이 필요하였고, 또 이들은 국왕을 배경으로 관로로의 진출과 출세가 가능하였던 것이다.

다음으로는 사원세력의 일부로서 등장하는 악승에 대해 살펴보았다. 악승도 악소와 더불어 고려후기의 하층민의 다양한 모습 중의 일부이다. 먼저 악승의 개념을 정리하면, 승려의 기본적인 의무인 수행과 포교라는 모습에서 일탈한 자를 가리킨다. 악승은 사원의 승려집단에 속하는 부류로서 사원을 위한 식리활동이나 사원의 무장보호에 적극적으로 참여하였다. 또한 그들은 사원이나 승려 세력을 배경으로 개인적인 부도 많이 축적하였다. 이들은 사원의 식리활동을 위하여 삼강직제의 구성원이 되었다. 삼강직제 중 이들과 연계될 수 있는 직제는 '직세' 또는 '사'로 보인다. 이 직제는 사원전에 대한 조세를 담당하므로 사원의 식리활동과 연관된 일에 참여하였던 악승과 가장 관련이 깊은 직제이다. 또 악승은 이금이나 최산보 등의 예에서 보듯이 어느 정도 불교에 대한 소양을 가진 승려로 사료되지만 그들이 구족계를 받은 승려로는 볼 수 없다. 악승과 사원 또는 악승과 그 상부에 있는 승려는 기본적으로 보호와 충성이라는 관계로 맺어졌을 것으로 보인다.

악승의 신분은 다양하지만 본서에서 살펴본 악승은 대개가 하층민들이 피역을 위하여 사원에 투탁한 무리들이다. 이렇게 투탁한 무리 중에는 수원승도가 된 자들도 많겠지만 승려집단에 편입된 자도 많았을 것으로 추측된다. 신분적으로 열악한 경우는 승려가 되더라도 승려집단 내에서 중요한 지위를 점하지는 못하였을 것이다. 고려후기에는 사원도 원당화 되어 권문세족의 입김이 많이 작용하기 때문에 신분적으로 열등한 승려가 사원의 중요 핵심인물이 되기는 어려웠다. 또한 당시 하층민들은 자기가 살던 곳에서 유리하여 생활을 하는 경우가 많은데, 이럴 경우 생존의 수단으로써 활용한 것이 바로 그들이 가지고 있는 무뢰이다. 무뢰는 당시 사원으로서도 사원의 보호 차원에서 필요하였기 때문에 이들의 투탁도 무리 없이 받아들이고 있다.

이러한 악승 발생 배경은 불교의 폐단과 민의 유망 등이었다. 무인집권기 전후 불교계는 한편에서는 귀족세력과의 결탁을 통해 부와 권력을 지향해 나가지만 또 한편에서는 이러한 폐단을 없애고 불교 본래의 사회적 기능을 회복하기 위한 결사운동이 일어났다. 그러나 원간섭기에는 결사운동의 한 흐름인 천태종과 가지산문이 국왕권과 결탁하여 권력지향적인 모습으로 변하게 되어 적극적인 악승의 모습을 보이게 된다. 따라서 이들이 직접 또는 간접적인 사원의 수탈자로 등장하였던 것이다.

악승은 사원의 식리활동과 무장세력으로서 활동하고 있다. 이 가운데 악승은 식리활동면에서 주로 사원전의 경영이나 상업, 고리대, 그리고 보와 연관된다. 악승은 이러한 식리활동을 통해 사원의 세력을 증대시키거나 승려 개인의 재산 증식에 힘을 기울였다. 물론 악승이 사원이나 승려 계층에 기생하여 자신의 부도 증식했을 것임은 당연하다.

이러한 불교 폐단에 대한 억제책은 고려말에 점차로 실시되었다. 즉 寺舍濫建의 금제, 寺田의 환수, 寺奴 및 승려 증가의 방지, 승려 商販의 금지, 기타 신분상의 제약 등이 그것이다. 특히 공민왕 5년과 20년에 실시한 도첩제는 이러한 폐단을 국가제도 속에서 해결하려는 정책이었다. 이것이 태조 초기에 다시 도첩제, 사원 승려 수의 제한 등의 정책으로 이어졌다. 도첩제나 사원 승려 수의 제한은 하층민의 출가를 억제하거나 사원 승려를 환속시켜 양인을 확보하려는 정책의 일안이었다.

6장은 동아시아 율령에 나타난 고려의 천인제와 양천질서를 살펴보았다. 먼저 고려와 당, 그리고 일본의 천인제의 발전과정과 고려 천인제의 특질을 알아보았다. 율령은 禮를 기반으로 하는 제도이다. 예에 벗어나는 것을 刑으로 다스리는 것이기 때문에 예와 형은 함께 구현되었고, 이는 결국 율령제가 예적실현이라는 것을 보여주는 것이다. 삼국의 양천제는 중국의 율령제를 기반으로 성립하였다.

이러한 율령제의 일환이 신분제이다. 중국의 천인제는 황제권력이 강화되기 시작한 진한대에 정비되기 시작하였다. 이후 役의 분화와 禮制의 정비를 통하여 唐代에 율령신분제로 재편되었다. 그러나 당말에 이르러 이러한 천인제는 변질되었다. 즉 천인에 양인층 등 다양한 구성원이 포함되어 기존의 천인제와 다른 主奴關係가 형성되었다. 이러한 변질은 송대의 장원경제 등 사회경제적인 변화가 주도한 것이었다.

일본의 천인제는 男女法에서 시작하여 여러 차례의 사회개혁을 거쳐서 8세기 초에 발포된 대보율령과 양노령에서 완성되었다. 일본율령은 기본적으로 당령을 모본으로 하고는 있지만 그들이 가진 씨성제적 질서 등으로 인하여 일본만의 독특한 체제를 형성하였다. 이 점은 결국 율령제적 신분제 정착에 장애가 되어 10세기 연희식 때 노비제가 혁파되었다. 이때의 노비제의 소멸은 관천인을 대상으로 하는 것이 일반적인 견해지만, 사천인에도 영향을 주어 중세 장원에 다양한 구성원이 포함되어 노비뿐만 아니라 비인, 하인 등 다양한 호칭 또는 계층이 발생되었다.

고려의 천인제도 당령을 모본으로 하여 성립, 정비되었지만 당이나 일본과는 달리 천인제가 분화되지 못하고 노비라는 단일 신분으로만 형성되었다. 이 점은 고려의 신분제가 율령제의 이상인 왕권 강화를 실현하고자 하는 목적에서 제정된 것이라는 것을 반영하는 것이었다. 그러나 이러한 신분제가 사회제도로서 기능을 하려면 중앙정부가 그 사회를 지속적으로 장악해야 가능하였다. 그러나 고려후기에 이르면 왕권의 약화 등 공적 기능이 약화되어갔다. 이 점은 노비제의 변질을 초래하였고, 결국 고려말의 노비제의 개혁으로 나아갔던 것이다.

다음은 고려와 당, 일본의 호혼법을 비교하고 그 속에서 삼국의 主奴秩序를 알아보았다. 국가의 통치질서인 율령의 특색을 잘 알 수 있는 것은 양천질서, 그 가운데 주노질서이다. 이것은 호혼법에 가장 잘 구현되어 있는데, 대체적으로 양천질서를 억제하는 법규정이 일반적이었다. 특히 삼국의 주노질서의 이동점을 알아보기 위하여 그 전제로서 각국의 家와 家長의 의미를 알아보았다. 가의 의미를 살펴보면, 唐은 개별 인신적인 의미를 띠고 있었다. 일본은 당에 비하여 정치 사회적인 기구, 집단으로서의 의미, 고려는 당과 일본의 가의 특징을 중복적으로 나타내었다. 이러한 가의 의미는 戶絶의 경우 천인제의 신분변질과 관련되었다. 즉 당과 고려의 경우는 천인의 신분이 和賣 또는 官沒되어 주인은 바뀌었어도 그 신분은 유지되었다. 이는 양국의 가가 개별 인신적 지배로 이루어지는 부분이 있어, 천인의 주인이 호절되면 자연적으로 화매 또는 관몰될 수밖에 없었다. 이에 반하여 일본은 호절되면 양인으로 천인신분에서 벗어날 수 있었다. 일본의 가는 사회집단, 기구로서의 의미가 중시되어 가가 호절되면 천인이 속할 수 있는 데가 없어졌기 때문에 자연스럽게 양인으로 신분이 승격되었던 것이다.

또 家內에 속해 있던 가장의 의미도 살펴보았다. 삼국의 가장의 공통점은 그 가를 대표하며, 국가지배의 대상이 된다는 것이다. 삼국 가운데 가장의 지위가 가장 강력한 왕조는 당이었다. 당은 호혼법에서 家長法이라고 하여 가의 일원이 범법행위를 하였을 경우 범법행위를 한 당사자가 아닌 가장이 처벌의 대상이 되었다. 이러한 정황은 여러 면에서 확인이 가능하였다. 고려는 가장의 입지를 알 수 있는 자료가 호혼법에서는 잘 드러나지는 않지만 당과 같이 漏戶나 脫戶의 책임자인 점에서 가의 대표자임을 알 수 있었다. 다만 당과 달리 가족제도, 호주의 승계 등에서 가장의 권위가 그렇게 강하지는 않은 듯하다. 일본은 가장 즉 호주의 승계를 嫡子로 한정하고 있다. 이 점에서 본다면 삼국에서 일본의 가장권이 가장 강력한 듯하지만 실제 당시 일본에서는 가부장권이 강력한 시기가 아니었다. 이런 때에 가장의 승계를 적자로 제한한 것은 앞서 살폈듯이 가업의 계승과 연관된다.

이러한 가장권 하에 천인들의 입지는 어떠하였는가? 호절뿐만 아니라 천인해방과 주인에 대한 강간(간통) 사례를 통해 이를 알아보았다. 천인해방은 관천의 경우 당이나 일본에서는 제도적으로 마련되어 있었다. 즉 나이와 폐질이 기준이 되어 양인으로 해방이 점차적으로 가능하였다. 사노비의 경우도 당은 가장의 허락 하에 형제들의 연서를 받아 처리하고 있고, 일본도 주인의 의지에 의하여 해방이 가능하였다. 이때 해방은 천인 當代만 그치는 것이 아니고 그 후대까지 이어졌다. 그러나 고려는 당과 일본과 달리 제도적으로 노비해방이 마련되어 있지 않았고, 사노비의 해방도 주인의 의지로 될 수 있었지만 그 조건이 매우 까다로웠으며, 해방도 당대에만 그치고 있다.

이 점에서 고려는 당과 일본과 달리 천인신분에 대한 억제력이 매우 강하였음을 알 수 있다. 이는 당과 일본은 직역의 분화를 통해 천인이 다양하게 형성되었던 것에 비하여 고려는 노비만이 천인신분을 충당하고 있었던 것과 관련된다. 즉 고려는 주인의 자의 또는 국가제도로 양인의 길을 터놓게 되면 한정된 천인신분인 노비제의 운영은 차질을 가져오게 마련이었다. 이 점은 고려말기 노비결송법 등에서 사노비의 자의적인 이용마저도 금지하는 데서 잘 알 수 있다.

　특히 주노질서는 천인이 주인 또는 주인의 친인척을 강간(간통)하였을 경우의 처벌을 통해 잘 드러내고 있다. 처벌의 대상이 되는 것은 당과 고려는 천인이 주인의 기친과 시마친 이상을 강간하였을 경우이고, 일본은 5등친 이상이 그 대상이 되었다. 처벌을 받는 강간의 대상이 일본이 당과 고려보다 훨씬 넓었다. 이는 주인권의 문제라기 보다는 가업의 경영을 위주로 하는 일본의 가의 의미와 관련되기 때문이다. 즉 가업을 계승하는 데 참여하고 있는 친인척 전부가 천인의 강간처벌의 대상이 되었던 것이다.

참고문헌

1. 資料

『稼亭集』『經國大典』『高麗史』『高麗史節要』『高麗名賢集』『高麗墓誌銘集成』『高麗圖經』
『唐律疏議』『唐令拾遺』『唐六典』『東國李相國集』『東文選』『牧隱詩藁』『三國史記』
『三國遺事』『三峯集』『續大典』『養老令』『陽村集』『令義解』『五代會要』『龍飛御天歌』
『元高麗紀事』『袁氏世範』『益齋集』『日本書紀』『長編』『拙藁千百』『朝鮮金石總覽』
『朝鮮王朝實錄』『春秋繁露』『通度寺誌』『韓國의 古文書』『唐律疏議』

2. 硏究書

1) 著書

高慶錫,『한국 고대의 신분제와 관등제』, 아카넷, 2000.
具山祐,『高麗前期鄕村支配體制硏究』, 혜안, 2003.
권순형,『고려의 혼인제와 여성의 삶』, 혜안, 2006.
權丙卓,『傳統陶磁의 生産과 需要』, 嶺南大學校 民族文化硏究所, 1980.
權熹耕,『高麗寫經의 硏究』, 미진사, 1986.
金光哲,『高麗後期勢族層硏究』, 東亞大學校出版部, 1991.
金蘭玉,『高麗時代 賤事·賤役良人硏究』, 신서원, 2000.
金塘澤,『高麗武人政權硏究』, 새문사, 1987.
金塘澤,『元干涉下의 高麗政治史』, 一潮閣, 1998.
金成俊,『韓國中世政治法制史硏究』, 一潮閣, 1985.
김종선,『한국고대국가의 노예와 농민』, 한림대학교출판부, 1997.
金泰永,『朝鮮前期 土地制度史硏究』, 知識産業社, 1983.
金晧東,『고려 무신정권시대 文人知識層의 현실대응』, 景仁文化社, 2005.
朴京安,『高麗後期 土地制度硏究』, 혜안, 1996.
方相鉉,『朝鮮初期 水軍制度』, 민족문화사, 1991.
白南雲,『朝鮮封建社會經濟史』(上), 改造社, 1937.
朴龍雲,『高麗時代史』(上), 일지사, 1987.

朴龍雲, 『高麗時代 蔭敍制와 科擧制研究』, 일지사, 1990.

朴龍雲, 『高麗時代 官階·官職研究』, 고려대학교 출판부, 1997

朴宗基, 『高麗時代 部曲制研究』, 서울대학교 출판부, 1990.

朴宗基, 『지배와 자율의 공간, 고려의 지방사회』, 푸른역사, 2002.

박종기, 『고려의 부곡인, 〈경계인〉으로 살다』, 푸른역사, 2012.

박종진, 『고려시기 재정운영과 조세제도』, 서울대학교 출판부, 2000.

裵象鉉, 『高麗後期寺院田研究』, 國學資料院, 1998.

邊東明, 『高麗後期性理學受容研究』, 一潮閣, 1995.

西江大學校 人文科學研究所編, 『高慮末·朝鮮初 土地制度史의 諸問題』, 서강대학교출판부,
       1987.

宋俊浩, 『朝鮮社會史研究』, 一潮閣, 1987.

申安湜, 『高麗 武人政權과 地方社會』, 景仁文化社, 2002.

辛虎雄, 『高麗法制史研究』, 國學資料院, 1999.

아미노 요시히코 저, 이근우 역, 『일본의 사회와 역사(上)』, 소화, 1999.

영남대학교 민족문화연구소편, 『고려시대 율령의 복원과 정리』, 경인문화사, 2009.

오일순, 『高麗時代 役制와 身分制 變動』, 혜안, 2000.

雲虛 엮음, 『佛敎辭典』, 법통사, 1962.

위은숙, 『高麗後期 農業經濟研究』 혜안, 1998.

劉承源, 『朝鮮初期身分制研究』, 乙酉文化社, 1987.

陸軍士官學校 韓國軍事研究室 編, 『韓國軍制史－近世朝鮮前期篇』, 陸軍本部, 1968.

陸軍士官學校 韓國軍事研究室 編, 『高麗軍制史』, 陸軍本部편, 1987.

尹龍爀, 『高麗對蒙抗爭史研究』, 一志社, 1991.

이강한, 『고려와 원제국의 교역의 역사 : 13~14세기 감춰진 교류상의 재구성』, 창비,
       2013.

李景植, 『朝鮮前期土地制度史研究』, 一潮閣, 1986.

李基白, 『高麗兵制史研究』, 一潮閣, 1968.

李基白, 『高麗史 兵志 譯註 一』, 高麗史研究會, 1969.

李樹健, 『朝鮮中世社會史研究』, 一潮閣, 1985.

李樹健, 『朝鮮時代地方行政史』, 民音社, 1989.

이수건, 『한국의 성씨와 족보』, 서울대학교출판부, 2003.

李範稷, 『韓國中世禮思想研究－五禮를 中心으로－』, 一潮閣, 1991.

李成茂, 『朝鮮初期 兩班研究』, 一潮閣, 1985.

李成茂, 『朝鮮兩班社會研究』, 一潮閣, 1995.

李佑成, 『韓國中世社會研究』, 一潮閣, 1991.

이원순교수화갑기념사학논총간행위원회, 『이원순교수화갑기념사학논총』, 교학사,
       1986.

李載龒, 『朝鮮初期社會構造研究』, 一潮閣, 1984.

李貞信, 『高麗武臣政權期 農民·賤民抗爭研究』, 고려대 민족문화연구소, 1991.

이정희, 『고려시대 세제의 연구』, 國學資料院, 2000.

李宗峯, 『韓國中世度量衡制研究』, 혜안, 2001.

이태진, 『의술과 인구 그리고 농업기술』, 태학사, 2002.

이해준, 『조선시기 촌락사회사』, 민족문화사, 1996.

梨花女子大學校 史學科研究室編譯, 『朝鮮身分史研究』, 법문사, 1987.

이희덕, 『韓國古代自然觀과 王道政治』, 韓國學研究院, 1994.

임건상, 『임건상전집』, 혜안, 2001.

임대희 등 역, 『세미나 수당오대史』, 서경문화사, 2005.

張東翼, 『高麗後期外交史研究』, 一潮閣, 1994.

張東翼, 『宋代麗史資料集錄』, 서울대학교출판부, 1995.

張東翼, 『元代麗史資料集錄』, 서울대학교출판부, 1997.

全永燮, 『中國中世身分制研究』, 신서원, 2001.

鄭容淑, 『고려시대의 后妃』, 민음사, 1992.

池承鍾, 『朝鮮前期奴婢身分研究』, 一潮閣, 1995.

車文燮, 『朝鮮時代軍制研究』, 단국대학교출판부, 1995.

蔡尙植, 『高麗後期佛教史研究』, 一潮閣, 1991.

蔡雄錫, 『高麗時代의 國家와 地方社會』, 서울대학교출판부, 2000.

蔡雄錫, 『『高麗史』 刑法志 譯註』, 新書苑, 2009.

채웅석·한정수·김정식 지음, 『국가와 월령』, 민속원, 2011.

한국사회사연구회편, 『한국고·중세 사회의 구조와 변동』, 文學과 知性社, 1988.

韓基汶, 『高麗寺院의 構造와 機能』, 民族社, 1998.

韓永愚, 『朝鮮前期 社會經濟研究』, 乙酉文化社, 1983.

韓永愚, 『朝鮮前期 社會思想研究』, 知識産業社, 1983.

韓永愚, 『朝鮮時代身分史研究』, 集文堂, 1997.

韓永愚, 『改訂版 鄭道傳思想의 研究』, 서울대학교 출판부, 1999.

韓容根, 『高麗律』, 서경문화사, 1999.

韓㳓劤, 『儒教政治와 佛教』, 一潮閣, 1997.

許興植, 『高麗社會史研究』, 亞細亞文化社, 1983.

許興植, 『高麗佛教史研究』, 一潮閣, 1986.

許興植, 『韓國의 古文書』, 民音社, 1988.

許興植, 『韓國中世佛教史研究』, 一潮閣, 1997.

洪承基, 『高麗貴族社會와 奴婢』, 一潮閣, 1983.

洪承基, 『高麗社會史研究』, 一潮閣, 2001.

홍희유, 『조선중세수공업사연구』, 지양사, 1989.

14세기고려사회성격연구반, 『14세기 고려의 정치와 사회』, 민음사, 1993.

堀敏一, 『中國古代の身分制－良と賤』, 汲古書院, 1987.

旗田巍, 『元寇』, 中央公論社, 1965.

磯貝富士男, 『日本中世奴隷制論』, 校倉書房, 2007.

戴炎輝, 『唐律各論』(上), 成文出版社, 1988.

柳田節子, 『宋元社會經濟史研究』, 創文社, 1995.

尾形勇, 『中國古代の'家'と國家』, 岩波書店, 1979.

峰岸純夫, 『日本中世の社會構成·階級と身分』, 校倉書房, 2010.

濱口重國, 『唐王朝の賤人制度』, 東京大學出版會, 1966.

西嶋定生, 『中國古代國家と東アジア世界』, 東京大學出版會, 1983.

邵石, 『中國全史 中國隋唐五代軍事史』, 人民出版社, 1990.

神野清一, 『律令國家と賤民』, 吉川弘文館, 1986.

新井孝重, 『中世惡黨の研究』, 吉川弘文館, 1998.

沈家本, 『歷代刑法考』, 中華書局, 1985.

惡黨研究會編, 『惡黨の中世』, 岩田書院, 1998.

吳秀永·牛頌·何平, 『中國全史 中國元軍事史』, 人民出版社, 1990.

園部壽樹, 『日本中世村落內身分の研究』, 校倉書房, 2002.

義江明子, 『婚姻と家族·親族』, 吉川弘文館, 2002.

仁井田陞, 『中國法制史研究－奴隷農奴法·家族村落法』, 東京大學出版會, 1962.

日本史研究會史料研究部會編, 『中世社會の基本構造』, 創元社(1978년 복간).

滋賀秀三, 『中國家族法の原理』, 創文社, 1967.

張文强, 『中國全史 中國魏晉南北朝軍事史』, 人民出版社, 1990.

張晉藩 總主編, 『中國法制通史』, 法律出版社, 1999.

鄭顯文, 『唐代律令制研究』, 北京大學出版社, 2004.

鄭顯文, 『律令時代中國的法律與社會』, 知識産權出版社, 2007.

周良霄·順菊英, 『元代史』, 上海人民出版社, 1993.

增淵龍夫, 『中國古代の社會と國家』, 弘文堂, 1960.

織田得能, 『佛敎大辭典』, 大藏出版, 1954.

坂本太郎, 『律令制度』, 吉川弘文館, 1989.

2) 論文

강재구, 「몽골의 高麗 北界 분리 시도와 東寧府의 편제」『지역과 역사』 39, 2016.

高慶錫, 「三國 및 統一新羅期의 奴婢에 관한 고찰」『韓國史論』 28, 서울대학교 국사학과, 1992.

권두규, 「高麗時代의 家族形態와 戶의 構造」, 경북대학교 박사학위논문, 1999.

權寧國, 「高麗後期 軍事制度研究」, 서울대학교 박사학위논문, 1995.

金甲童, 「高麗時代의 城隍神仰과 地方統治」『韓國史研究』 74, 1991.

金光哲, 「高麗忠烈王代의 政治勢力의 動向」『昌原代論文集』 7-1, 1985.

金光哲, 「高麗 忠宣王의 現實認識과 對元活動」 『釜山史學』 11, 1986.

金光哲, 「고려 忠惠王의 왕위계승」 『釜大史學』 28, 1995.

金九鎭, 「元代 遼東地方의 高麗軍民」 『이원순교수화갑기념사학논총』, 교학사, 1986.

金九鎭, 「麗·元의 領土紛爭과 그 歸屬問題―元代에 있어서 高麗本土와 東寧府·雙城總管府
　　　·耽羅總管府의 分離政策을 中心으로―」 『國史館論叢』 7, 1989.

김기덕, 「14세기 후반 개혁정치의 내용과 그 성격」 『14세기 고려의 정치와 사회』, 민음사,
　　　1994.

金琪燮, 『高麗前期 田丁制 研究』, 부산대학교 박사학위논문, 1993.

金琪燮, 「고려후기 호등제 변화의 배경과 그 추이」 『釜大史學』 19, 1995.

金塘澤, 「李義旼 政權의 性格」 『歷史學報』 83, 1979.

金東洙, 「高麗 中·後期의 監務派遣」 『全南史學』 3, 1989.

金東仁, 「朝鮮前期 良賤交婚에 나타난 良人分化 樣態」 『崇實史學』 8, 1994.

김순자, 「원간섭기 민의 동향」 『역사와 현실』 7, 1992.

金龍德, 「鄕·所·部曲考」 『白樂濬博士華甲記念 國學論叢』, 1955.

金龍德, 「部曲의 規模 및 部曲人의 身分에 대하여(上)(下)」 『歷史學報』 88·89, 1980·1981.

金閏坤, 「李資謙의 勢力基盤에 對하여」 『大丘史學』 10, 1976.

金閏坤, 「麗代의 寺院田과 그 耕作農民―雲門寺와 通道寺를 中心으로」 『民族文化論叢』
　　　2·3, 1982.

金仁圭, 「太宗代의 公奴婢政策과 그 性格―태종 17년 公奴婢推刷事目 14조를 中心으로―」
　　　『歷史學報』 136, 1992.

김인호, 「무인집권기 문신관료의 정치이념과 정책―명종 18년 조서(詔書)와 봉사(封事)
　　　10조의 검토를 중심으로―」 『역사와 현실』 17, 1995.

김인호, 「고려의 원율 수용과 고려율의 변화」 『한국사론』 33, 국사편찬위원회, 2002.

金在應, 「新羅末·高麗初 禪宗寺院의 三綱典」 『震檀學報』 77, 1994.

金鍾璿, 「日本 正倉院所藏 新羅帳籍의 作成年度와 그 歷史的 背景」 『아시아문화』 5, 1989.

金昌錫, 「新羅 中古期의 奴人과 奴婢―城山山城 木簡과 「鳳坪碑」의 분석을 중심으로―」
　　　『한국고대사연구』 54, 2009.

金昌洙, 「麗代惡少考」 『史學研究』 12, 1961.

김태영, 「조선시대 농민의 사회적 지위」 『한국사시민강좌』 6, 1990.

金賢羅, 「高麗後期 奴婢制의 變化樣相」 『釜大史學』 17, 1993.

김현라, 「高麗後期 惡少의 存在形態와 그 性格」 『지역과 역사』 1, 1996.

김현라, 「高麗後期 惡僧의 存在와 經濟活動」 『역사와 경계』 44, 2002.

김현라, 「고려후기 護軍의 地位와 構成員」 『지역과 역사』 14, 2004.

김현라, 「고려후기 부곡제의 소멸과 徙民政策」 『지역과 역사』 20, 2007.

김현라, 「고려 忠烈王代의 麗·元關係의 형성과 그 특징」 『지역과 역사』 24, 2009.

김현라, 「高麗·唐·日本의 律令身分制 연구―천인제를 중심으로」 『한국민족문화』 43,
　　　2011.

김현라, 「고려·당·일본의 율령과 양천질서」『한국민족문화』 47, 2012.

김현라, 「원간섭기 호군 직제의 편성과 역할—왕권강화의 일면—」『역사와 세계』 45, 2014.

김현영, 「'고려판정백성'의 실체와 성격—14세기말·15세기초 양인확보정책과 관련하여—」『史學硏究』 38, 1984.

金炯秀, 「高麗前期 寺院田 經營과 隨院僧徒」『한국중세사연구』 2, 1995.

金炯秀, 「13世紀 後半 高麗의 奴婢辨正과 그 性格」『慶北史學』 19, 1996.

南東信, 「羅末麗初 華嚴宗團의 대응과 『(華嚴)神衆經』의 성립」『外大史論』 5, 1993.

南豊鉉, 「13世紀 奴婢文書의 吏讀」『檀國大論文集』 8, 1974.

노명호, 『高麗社會의 兩側的 親屬組織 硏究』, 서울대학교 박사학위논문, 1987.

柳昌圭, 「高麗末 趙浚과 鄭道傳의 改革 방안」『國史館論叢』 46, 1993.

文喆永, 「高麗末·朝鮮初 白丁의 身分과 差役」『韓國史論』 26, 1991.

閔賢九, 「辛旽의 執權과 그 政治的 性格(下)」『歷史學報』 40, 1968.

閔賢九, 「月條南寺址 眞覺國師碑 陰記에 대한 一考察」『震檀學報』 36, 1973.

閔賢九, 「高麗後期 權門世族의 成立」『湖南文化硏究』 6, 1974.

朴秉濠, 「高麗末의 奴婢贈與文書와 立案」『춘재현승종박사화갑기념논총』, 춘재현승종박사화갑기념논문집간행위원회, 1979.

朴宗基, 「13세기 조엽의 村落과 部曲」『韓國史硏究』 33, 1981.

朴宗基, 「14~15세기 越境地에 대한 재검토」『韓國史硏究』 36, 1982.

朴宗基, 「고려전기 향촌지배구조의 성립과 그 성격」『역사와 현실』 3, 1990.

朴宗基, 「12, 13세기 農民抗爭의 原因에 대한 考察」『東方學志』 69, 1990.

朴宗基, 「高麗 部曲人의 身分과 身分制 運營原理」『韓國學論叢』 13, 1991.

朴宗基, 「고려시대 민의 존재양태와 사회의식의 성장」『역사비평』 18, 1992.

朴宗基, 「14세기 군현구조의 변동과 향촌사회」『14세기 고려의 정치와 사회』, 1994.

朴宗基, 「조선 초기 부곡의 규모와 존재 형태」『東方學志』 133, 2006.

朴鍾進, 「忠宣王代의 財政改革策과 그 性格」『韓國史論』 9, 1983.

朴菖熙, 「高麗後期의 身分制 動搖」『國史館論叢』 4, 1989.

朴洪培, 「高麗鷹坊의 弊政—主로 忠烈王代를 中心으로—」『慶州史學』 5, 1986.

方東仁, 「麗·元關係의 再檢討—雙城總管府와 東寧府를 中心으로—」『國史館論叢』 17, 1990.

邊太燮, 「萬積亂 發生의 社會的 素地—武臣亂 후의 身分構成의 變質을 基盤으로—」『史學硏究』 4, 1959.

邊太燮, 「高麗後期의 武班에 대하여」『서울大論文集 人文社會科學』 12, 1966.

徐明禧, 「高麗時代 '鐵所'에 대한 硏究」『韓國史硏究』 69, 1990.

成鳳鉉, 「朝鮮初期 婢嫁良夫所生의 從良과 贖身法」『韓國史硏究』 82, 1993.

宋炳基, 「高麗時代의 農場—12세기 이후를 중심으로—」『韓國史硏究』 3, 1969.

辛聖坤, 「魏晉南北朝時期 部曲의 再考察」『東洋史學研究』 40, 1992.

辛聖坤, 「北周期 部曲·客女身分의 再編과 唐代 部曲의 性格」『魏晉隋唐史硏究』 1, 1994.

신안식, 「대몽항쟁기 민의 동향」『역사와 현실』 7, 1992.

安秉佑, 「高麗의 屯田에 관한 一考察」『韓國史論』 10, 1984.

梁元錫, 「麗末의 流民問題」『李丙燾博士華甲紀念論叢』, 一潮閣, 1956.

梁義淑, 「高麗 禿魯花에 대한 硏究」『南都泳博士古稀紀念歷史學論叢』, 民族文化社, 1993.

呂恩映, 「高麗時代의 勳制」『慶尙史學』 4·5合輯, 1989.

연정열, 「원률이 고려률과 몽골사회에 끼친 영향에 관한 일연구」『한성대논문집』 23, 1999.

오기승, 「요동 '고려인' 洪氏 세력의 형성과 洪君祥의 행적에 대한 고찰」『지역과 역사』 40, 2017.

오일순, 「高麗前期 部曲民에 관한 一試論」『學林』 7, 1985.

尹用出, 「15·16세기의 徭役制」『釜大史學』 10, 1986.

尹薰杓, 『麗末鮮初 軍制改革의 推移』, 연세대학교 박사학위논문, 1996.

元昌愛, 「高麗 中·後期 監務增置와 地方制度의 變遷」『淸溪史學』 1, 1984.

魏恩淑, 「高麗時代 驛에 대한 一考察–특히 郡縣制와의 관련을 중심으로–」, 부산대학교 석사학위논문, 1982.

魏恩淑, 「12세기 농업기술의 발전」『釜大史學』 12, 1988.

魏恩淑, 「高麗時代 農業技術과 生産力 硏究」『국사관논총』 17, 1990.

魏恩淑, 「원간섭기 對元貿易–『老乞大』를 중심으로–」『지역과 역사』 4, 1997.

李景植, 「朝鮮初期 屯田의 設置와 經營」『韓國史硏究』 21·22합집, 1978.

李景植, 「16世紀 場市의 成立과 그 基盤」『韓國史硏究』 57, 1987.

李景植, 「朝鮮初期의 北方開拓과 農業開發」『歷史敎育』 52, 1992.

李起男, 「忠宣王의 改革과 詞林院의 設置」『歷史學報』 52, 1971.

李基白, 「高麗時代 身分의 世襲과 變動–韓國 傳統社會에 있어서의 身分–」『民族과 歷史』, 一潮閣, 1971.

李範稷, 「朝鮮前期의 校生身分」『韓國史論』 3, 서울대학교 국사학과, 1976.

李炳熙, 『高麗後期 寺院經濟의 硏究』, 서울대학교 박사학위논문, 1992.

李相瑄, 「高麗時代 隨院僧徒에 대한 考察」『崇實史學』 2, 1984.

李錫炫, 「宋代 隸屬民의 성립과 身分性格」『東洋史學硏究』 73, 2001.

李錫炫, 「'忠僕'과 '頑伏'–宋代의 隸屬民像과 關聯하여–」『中國史硏究』 23, 2005.

李成茂, 「朝鮮前期의 身分秩序」『東亞文化』 13, 1976.

李樹健, 「高麗時代 北方移民에 대하여」『霞汀徐廷德敎授華甲紀念學術論叢』, 1970.

李樹健, 「朝鮮太宗朝에 있어서의 對奴婢施策」『大丘史學』 1, 1969.

이영훈, 「조선전기 토지소유와 농업경영」『한국사』 7, 한길사, 1994.

李榮薰, 「한국사에 있어서 奴婢制의 추이와 성격」『노비 농노 노예–隸屬民의 比較史』, 一潮閣, 1998.

李佑成, 「麗代 百姓考」『歷史學報』 14, 1961.

李佑成, 「高麗朝의 '吏'에 對하여」 『歷史學報』 23, 1964.

李佑成, 「高麗 武臣政權下의 文人知識層의 動向」 『嶺南大開校30週年紀念論文集』, 1977.

李佑成, 「李朝時代 密陽古買部曲에 대하여－部曲制의 發生 形成에 관한 一試論」 『震檀學報』 56, 1983.

李益柱, 「高麗 忠烈王代의 政治狀況과 政治勢力의 性格」 『韓國史論』 18, 1988.

李益柱, 『高麗·元 關係의 構造와 高麗後期 政治體制』, 서울대학교 박사학위논문, 1996.

李仁在, 「통도사지〈사지사방산천비보편〉의 분석」 『역사와 현실』 8, 1992.

李仁在, 「高麗後期 鷹坊의 設置와 運營」 『韓國史의 構造와 展開』, 河炫綱敎授定年紀念論叢 刊行委員會, 혜안, 2000.

李仁哲, 「新羅律令의 篇目과 그 內容」 『정신문화연구』 54, 1994.

李載龒, 「朝鮮初期 屯田考」 『歷史學報』 29, 1965.

이정훈, 「고려시대 지배체제의 변화와 중국율의 수용」 『한국사론』 33, 국사편찬위원회, 2002.

이정희, 「고려시대 戶令의 내용과 그 성격－당·일과의 비교를 중심으로－」 『지역과 역사』 32, 2013.

李宗峯, 「高麗後期 勸農政策과 土地開墾」 『釜大史學』 15·16합집, 1992.

이종봉, 「高麗·唐·日本의 律令制와 婚姻制」 『한국민족문화』 43, 2012.

李泰鎭, 「朝鮮前期의 鄕村秩序」 『농아분화』 13, 1976.

李泰鎭, 「高麗末·朝鮮初의 社會變化」 『震檀學報』 55, 1983.

이혜옥, 「고려시대의 家와 家意識」 『東方學志』 129, 2005.

李海濬, 「埋香信仰과 그 主導集團의 性格－14·15세기 埋香事例의 分析－」 『金哲埈博士華甲紀念史學論叢』, 知識産業社, 1983.

林英正, 「鮮初 補充軍 散稿」 『南溪曺佐鎬博士華甲紀念論叢 現代史學의 諸問題』, 一潮閣, 1977.

張東翼, 「高麗前期의 兼職制에 대하여」 『大丘史學』 11, 1976.

張東翼, 「高麗後期 銓注權의 行方－銓注參與官僚들을 中心으로－」 『大丘史學』 15·16합집, 1978.

張東翼, 「前期征東行省의 置廢에 대한 檢討」 『大丘史學』 32, 1987.

張東翼, 「元의 政治的干涉과 高麗政府의 對應」 『歷史敎育論集』 17, 1992.

張東翼, 「몽고에 투항한 홍복원·다구부자」 『역사비평』 가을호, 1999.

全美姬, 『新羅 骨品制의 成立과 運營』, 서강대학교 사학과 박사학위논문, 1997.

全鳳德, 「新羅律令攷」 『서울大學校論文集(人文·社會科學)』 4, 1956.

全永燮, 「北朝後期 厮役身分의 推移와 그 性格」 『釜山史學』 30, 1996.

全永燮, 「唐代 庶人·百姓의 用例와 身分的 性格」 『釜大史學』 27, 2003.

전영섭, 「戶婚法을 통해 본 唐宋元과 高麗의 가족질서와 賤人」 『역사와 경계』 65, 2007.

전영섭, 「高麗時代 身分制에 대한 再檢討」 『민족문화논총』 37, 2007.

전영섭, 「臨監自盜及受財枉法條를 통해 본 동아시아에서 高麗律의 위치 : 唐宋元의 刑律

체계와 관련하여」『지역과 역사』25, 2009.

全永燮, 「高麗의 律令制와 唐의 禮法-'禮主刑(法)補'의 繼受에 대한 一試論-」『역사와 경계』70, 2009.

전영섭, 「唐·日本·高麗의 部曲·家人·家奴 비교 연구 : 그 起源과 特徵을 중심으로」『지역과 역사』30, 2012.

전영섭, 「唐宋元,高麗의 恤刑 立法原則과 刑政認識-휼형사상의 原流와 관련하여-」『중국사연구』77, 2012.

전영섭, 「동아시아 율령네트워크의 형성과 律令體系 : 唐·日本·高麗의 律令格式 비교 연구」『역사와 세계』41, 2012.

전영섭, 「唐·高麗의 律典에 구현된 立法原則과 예치시스템 : 名例律 疏議의 引經決獄을 중심으로」『역사와 세계』43, 2013.

전영섭, 「唐律 '同居相爲隱條'의 '相容隱' 규정과 立法 원칙」『역사와 세계』48, 2015.

전영섭, 「唐宋元·高麗의 律典에 具顯된 謀反罪의 構成要件과 刑罰體系」『역사와 세계』51, 2017.

全炯澤, 「補充軍 立役規例를 통해 본 朝鮮初期의 身分構造」『歷史敎育』30·31합집, 1982.

鄭修芽, 『高麗中期 改革政治와 北宋新法의 受容』, 서강대학교 박사학위논문, 1999.

정요근, 「고려시대 鄕·部曲의 성격 재검토-下三道의 향·부곡 주요 밀집 분포 지역에 대한 분석을 중심으로-」『사학연구』124, 2016.

鄭鎭禹, 「高麗鷹坊考」『淸大史林』3, 1979.

趙法鍾, 「新羅寺院奴婢의 起源問題에 關한 一顧察」『史叢』32, 1987.

趙法鍾, 「韓國古代奴婢의 發生 및 存在樣態에 對한 考察」『百濟文化』22, 1992.

趙法鍾, 「한국 고대사회 노비제의 특성」『韓國史學報』15, 2003.

朱雄英, 「高麗朝 身分制 硏究의 成果와 課題」『歷史敎育論集』10, 1987.

최길성, 「1328년 통도사의 농장경영형태」『역사과학』1961-4, 1961.

崔炳云, 「朝鮮 太祖朝의 奴婢의 辨正에 관하여-太祖6년 所定의 「奴婢合行事宜」를 中心으로-」『全北史學』2, 1978.

崔柄憲, 「高麗時代 華嚴宗團의 展開過程과 그 歷史的 性格」『韓國史論』20, 國史編纂委員會, 1990.

蔡尙植, 「淨土寺址 法鏡大師碑 陰記의 分析-高麗初 地方社會와 禪門의 構造와 관련하여-」『韓國史研究』36, 1982.

채상식, 「한국 중세시기 香徒의 존재양상과 성격」『한국민족문화』45, 2012.

최영호, 「조선전기 과거제도와 양인-1392~1600년대 조선사회 구조의 한측면-」『朝鮮身分史研究』, 법문사, 1987.

蔡雄錫, 「高麗前期 貨幣流通의 기반」『韓國文化』9, 1988.

蔡雄錫, 「12, 13세기 향촌사회의 변동과 '민'의 대응」『역사와 현실』3, 1990.

蔡雄錫, 「고려중·후기 '무뢰(無賴)'와 '호협(豪俠)'의 행태와 그 성격」『역사와 현실』8, 1992.

蔡雄錫,「고려중기 사회변화와 정치동향」『한국사』 5, 한길사, 1994.

蔡雄錫,「고려시대 향촌지배질서와 신분제」『한국사』 6, 한길사, 1994.

蔡雄錫,「高麗後期 地方支配政策의 변화와 '貢戶'의 파악」『카톨릭대학교 성심교정 논문집』 1, 1994.

蔡雄錫,「군현제와 향촌사회」『한국역사입문』 2, 풀빛, 1995.

蔡雄錫,「고려사회의 변화와 고려중기론」『역사와 현실』 32, 1997.

蔡雄錫,「고려후기 流通經濟의 조건과 양상」『韓國古代·中世의 支配體制와 農民』, 1997.

蔡雄錫,「12세기초 고려의 개혁추진과 정치적 갈등」『韓國史研究』 112, 2001.

蔡雄錫,「여말선초 향촌사회의 변화와 埋香활동」『歷史學報』 173, 2002.

채웅석,「고려시대의 신분제」『한국 전근대사의 주요 쟁점』, 역사비평사, 2002.

채웅석,「고려전기 사회적 분업 편성의 다원성과 신분·계층질서」『한국중세사연구』 45, 2016.

崔在錫,「高麗後期家族의 類型과 構成」『韓國學報』 3, 1976.

秋萬鎬,「高麗僧軍考」『藍史鄭在覺博士古稀紀念 東洋史學論叢』, 高麗苑, 1984.

河泰奎,「高麗時代 百姓의 槪念과 그 存在形態－高麗 平民身分 理解를 위한 試論－」『國史館論叢』 20, 1990.

韓基汶,「高麗時代 寺院內의 管理組織과 所屬僧의 構成」『한국중세사연구』 2, 1995.

안형화,「7~8세기 신라의 형률과 그 운용－君臣關係에 관한 형률 적용 사례를 중심으로－」『한국고대사연구』 44, 2006.

韓㳓劤,「朝鮮王朝初期에 있어서의 儒敎理念의 實踐과 信仰·宗敎－祀祭問題를 中心으로－」『韓國史論』 3, 1976.

韓嬉淑,「趙浚의 社會政策方案」『淑大史論』 13·14·15합집, 1989.

洪淳鐸,「松廣寺 圓悟國師 奴婢帖」『湖南文化研究』 8, 1976.

홍승기,「신분제의 동요」『한국사』 20, 국사편찬위원회, 1994.

洪榮義,「高麗後期 富戶層의 존재형태」『허선도선생정년기념 한국사학논총』, 1992.

許興植,「國寶戶籍으로 본 高麗末의 社會構造」『韓國史研究』 16, 1977.

E. J. Schultz,「韓安仁派의 登場과 그 役割－12世紀 高麗 政治史의 展開에 나타나는 몇 가지 特徵－」『歷史學報』 99·100 합집, 1983.

高橋芳郎,「宋元代の奴婢·雇傭人·佃僕について－法的身分の形成と特質－」『北海道大學文學部紀要』 26권 2호, 1978.

高敏,「十六國前秦, 後秦時期的 "護軍"制」『中國史研究』 2, 1992.

關晃,「古代日本の身分と階級」『古代史講座』 7, 學生社, 1979.

旗田巍,「高麗の明宗·神宗時代における農民一揆」『歷史學研究』 2-4·5, 1934.

旗田巍,「高麗時代における土地の嫡長子相續と奴婢の子女均分相續」『朝鮮中世社會史の研究』, 法政大學出版局(東京), 1972.

旗田巍,「高麗武人の政權爭奪の形態と私兵の形成」『古代東アジア史論集(上)』, 吉川弘文館,

1978.

金鍾國, 「高麗武臣政權の特質に關する一考察－私兵集團と經濟的基礎を中心として－」『朝鮮學報』17, 1960.

吉田孝, 「隋唐帝國と日本の律令國家」『隋唐帝國と東アジア世界』, 汲古書院, 1979.

吉田孝, 「律令制と村落」岩波講座『日本歷史』3, 岩波書店, 1980.

內藤雋輔, 「高麗時代の鷹坊について」『朝鮮學報』8, 1955.

戴建國, 「"主僕名分"與宋代奴婢的法律地位」『歷史研究』, 2004-4, 中國社會科學雜志社, 2004.

大島立子, 「元代戶計と徭役」『歷史學研究』484, 1980.

大隅淸陽, 「儀制令と律令國家－古代國家の支配秩序」『中國禮法と日本律令制』(池田溫 편), 東方書店, 1992.

武田幸男, 「高麗時代の「百姓」」『朝鮮學報』28, 1963.

武田幸男, 「高麗時代通度寺の寺領支配」『東洋史研究』2-1, 1966.

武田幸男, 「朝鮮の律令制」『岩波講座 世界歷史』6, 1971.

尾形勇, 「良賤制の展開とその性格」『岩波講座 世界歷史』5, 岩波書店, 1970.

峰安純夫, 「日本中·近世における身分制の構造と展開」『中世史講座』4, 學生社, 1985.

北村秀仁, 「高麗時代の貢戶について」『大阪市立大學人文研究』32-9, 1981.

森平雅彦, 「高麗における元の站赤－ルートの比定を中心に－」『史淵』141, 九州大學文學部, 2004.

西嶋定生, 「中國古代奴婢制の再考察－その階級的性格と身分的性格」『古代史講座』7, 學生社, 1961.

石母田正, 「古代における奴隷の一考察－その進化の過程について」『中世的世界の形成』, 東京大學出版會, 1959.

石母田正, 「古代の身分秩序－日本の場合についての覺書－」『古代史講座』7, 學生社, 1963.

石母田正, 「律令法繼受の史的意義」『日本古代國家論第1部－官僚制と法の問題』, 岩波書店, 1973.

小山靖憲, 「現代における封建制研究の基本問題－日本中世成立期の身分と階級－」『歷史學研究』328, 1967.

新井孝重, 「惡僧武力と大衆蜂起」『中世惡黨の研究』, 吉川弘文館, 1998.

仁井田陞, 「唐宋の法と高麗法」『東方學』30, 1965.

林紀昭, 「新羅律令に關する二三の問題」『法制史研究』17, 1967.

箭內瓦, 「元朝 怯薛考」『東洋學報』6, 1916.

田村實造, 「元朝の衰亡と北元の運命」『中國征服王朝の研究』, 中書印刷株式會社, 1971.

鮎貝房之進, 「白丁, 附水尺, 禾尺, 楊水尺」『雜攷』5, 1932.

中田薰, 「支那における律令法系の發達について」『比較法制研究』1-4, 1951.

中田薰, 「古法雜觀」『法制史研究』1, 1952.

中田薰, 「支那法律法系の發達について補考」『法制史研究』3, 1953.

川北稔·鈴木正幸編,『中華帝國·律令法·禮的秩序』, 柏書房, 1995.

太田彌一郎,「元代において站戸の形態」『東洋史研究』36-1, 1977.

片山共夫,「元朝の昔寶赤について」『東洋史論集』10, 九州大學 文學部 東洋史研究會, 1982.

榎本淳一,「律令賤民制の構造と特質」『中國禮法と日本律令制』(池田溫編), 東方書店, 1992.

366

민족문화 학술총서를 내면서

21세기의 새로운 미래를 향해 나아가는 현 시점에서 한국학 연구는 새로운 전기를 맞이하고 있다. 한국은 물론이고, 아시아·구미 지역에서도 한국학에 대한 관심은 고조되고 있으며 여러 분야에서 다각도로 심층적인 분석이 이루어지고 있다. 이러한 추세에 발맞추어 우리나라의 한국학 연구자들도 지금까지의 연구를 기반으로 하여 방법론뿐 아니라, 연구 영역에서도 보다 심도 있는 연구가 요청되고 있는 형편이다. 따라서 우리는 동아시아 속의 한국, 더 나아가 세계속의 한국이라는 관점에서 민족문화의 주체적 발전과 세계 문화와의 상호 관련성을 중시하는 방향에서 연구를 진행하여야 할 것이다.

본 한국민족문화연구소는 한국문화연구소와 민족문화연구소를 하나로 합치면서 새롭게 도약의 발판을 마련한 이래 지금까지 민족문화의 산실로서 중요한 역할을 수행해 왔다. 그런 중에 기초 자료의 보존과 보급을 위한 자료총서, 기층문화에 대한 보고서, 민족문화총서 및 정기학술지 등을 간행함으로써 연구소의 본래 기능을 확충시켜 왔다. 이제 이러한 성과를 바탕으로 한국학 연구자의 연구 성과를 보다 집약적으로 발전시켜 나아가기 위해서 민족문화학술총서를 간행하고자 한다.

민족문화학술총서는 한국 민족문화 전반에 관한 각각의 연구를 체계적으로 정리함으로써 본 연구소의 연구 기능을 극대화하는 역할을 할 것으로 기대한다. 또한 본 학술총서의 간행을 계기로 부산대학교 한국학 연구자들의 연구 분위기를 활성화하고 학술 활동의 새로운 장이 되기를 바란다.

아울러 본 학술총서는 한국학 연구의 외연적 범위를 확대하는 의미에서 한국학 관련 학문과의 상호 교류의 장이자, 학제간 연구의 중심 기능을 수행함으로써 명실상부한 한국학 학술총서로서 자리잡을 수 있도록 해야 할 것이다.

1997년 11월 20일

부산대학교 한국민족문화연구소

김 현 라

부산에서 태어나 부산대학교 사학과에서 학사·석사·박사 학위를 받았다. 주로 고려시기 신분제, 여성사 등에 관심을 가지고 있다. 대표적인 글로는 「고려시기 여성의 지위」(2011), 「高麗와 元의 奸非律 비교와 여성의 지위」(2017) 등이 있다. 현재 부산대학교 한국민족문화연구소 전임연구원으로 연구활동 중이다.

민족문화학술총서 59

고려후기 신분변동 연구

김 현 라 지음

초판 1쇄 발행 2018년 11월 20일

펴낸이 오일주
펴낸곳 도서출판 혜안

등록번호 제22-471호
등록일자 1993년 7월 30일

주 소 ⑨04052 서울시 마포구 와우산로 35길 3(서교동) 102호
전 화 3141-3711~2
팩 스 3141-3710
이메일 hyeanpub@hanmail.net

ISBN 978-89-8494-617-0 93910

값 30,000 원